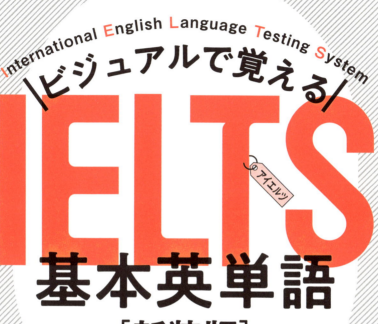

ビジュアルで覚える
International English Language Testing System
IELTS アイエルツ
基本英単語
[新装版]

嶋津幸樹
著

無料音声アプリ
PCでもダウンロードできる

the japan times出版

はじめに

　世の中に数ある IELTS 英単語帳の中から本書を手にとっていただき、ありがとうございます。1989 年に誕生した International English Language Testing System、通称 IELTS は、世界中で 400 万人以上が受験する世界基準の英語能力試験です。現存する英語能力試験の中でも最も信頼性が高く、自分の英語力の成長と共にスコアが上がる素晴らしいテストであると考えています。IELTS が日本でより普及し、本物の英語力を身につけて、国内外で活躍する人が増えることを期待しています。

　本書の特徴は、IELTS 受験者と指導者としての両方の視点から、バンドスコア 7.0 取得に必須の英単語を厳選し、イラストやストーリー、高頻出コロケーションや例文と共にまとめた点にあります。本書の前半は「最重要語 500」、後半は「分野別重要語 2000」という 2 部構成になっています。

　前半では上級者に軽視されがちな A1 レベルの基本語彙からスピーキング・ライティングで高得点を取るために欠かせない高頻出語彙を、コロケーションと例文、イラストやコラムと共に掲載。辞書を読む感覚で英単語を身につけることができます。後半では、IELTS で頻出の 10 の分野別に、それぞれ 200 の見出し語を、コロケーションまたは例文と共に取り上げました。収録したのは、実際に IELTS で出題された表現のほか、イギリスの新聞・放送で使われたものばかりです。私自身が大学院時代に IELTS 受験者として難しいと感じた語彙や表現を収集し、ノートにまとめていたものを再編成しました。

　IELTS の目標スコア獲得は簡単ではなく、時に進歩を感じられないことがあるかもしれません。それでも常に高みを目指し、目標を振り返り、本書を最大限活用して、目標スコアを達成していきましょう。海外留学や進学、移住や就職を目指す皆さんの、IELTS 受験の成功を心よりお祈りしています！

嶋津幸樹

Contents

はじめに ・・ **003**
本書の構成と使い方 ・・・・・・・・・・・・・・・・・・・・・・・・・・・・・・・・・・・ **005**
IELTS 試験の概要 ・・・・・・・・・・・・・・・・・・・・・・・・・・・・・・・・・・・・・ **007**
音声のご利用案内 ・・・・・・・・・・・・・・・・・・・・・・・・・・・・・・・・・・・・・ **010**

Part 1
最重要語 500

Level 1 (001-100) ・・・・・・・・・・・・・・・・・・・・・・・・・・・・・・・ **011**
Level 2 (101-200) ・・・・・・・・・・・・・・・・・・・・・・・・・・・・・・・ **055**
Level 3 (201-300) ・・・・・・・・・・・・・・・・・・・・・・・・・・・・・・・ **091**
Level 4 (301-400) ・・・・・・・・・・・・・・・・・・・・・・・・・・・・・・・ **129**
Level 5 (401-500) ・・・・・・・・・・・・・・・・・・・・・・・・・・・・・・・ **167**

Part 2
分野別 重要語 2000

1. General ・・ **208**
2. Nature ・・・ **228**
3. Education ・・・・・・・・・・・・・・・・・・・・・・・・・・・・・・・・・・・・・・ **248**
4. Science ・・ **268**
5. Society ・・ **288**
6. Transport ・・・・・・・・・・・・・・・・・・・・・・・・・・・・・・・・・・・・・ **308**
7. Health ・・・ **328**
8. Economy ・・・・・・・・・・・・・・・・・・・・・・・・・・・・・・・・・・・・・・ **348**
9. Speaking ・・・・・・・・・・・・・・・・・・・・・・・・・・・・・・・・・・・・・・ **368**
10. Writing ・・・・・・・・・・・・・・・・・・・・・・・・・・・・・・・・・・・・・・・ **388**

Index ・・・ **408**

編集協力：大塚智美　　　　　　　　　　　　　組版：秀文社
装幀・本文デザイン：清水裕久（Pesco Paint）　　イラスト：矢戸優人
ナレーション：Emma Howard（英）／ Guy Perryman（英）／ Nadia McKechnie（英）
録音・編集：ELEC 録音スタジオ

本書の構成と使い方

構成 本書は主に2つのPartで構成されています。

■ **重要語500**…必ず覚えておきたい基本的な単語を各100語ずつ、5つのLevel（難易度順）で掲載しています。

1. **Level内の難易度**
2. **トラック番号**
3. **見出し語** スペル・発音はイギリス英語です
4. **例文**…コロケーション、フレーズ、例文のいずれかを記載しています
5. **イラスト**…意味のイメージや、説明・比較をしています
6. **語源マップ**…語源の共通する単語をまとめて確認できます

コラム（2種）…
① 単語・表現関連
② IELTSのポイント

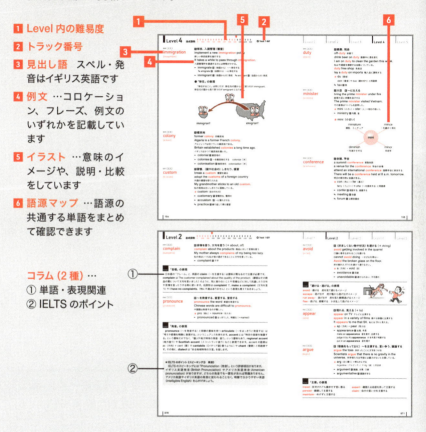

Part 1 おすすめの活用方法

・**読み進めながらアウトプットの実践**
　Part 1は、「見出し語 → 意味 → コロケーション・例文 → 関連語 → コラム」のセットで読み進めていきましょう。コロケーションや例文は、自分のコンテクストに置き換えてアウトプットする練習も大事です。

・**コラムで知識を増やそう**
　単純明快そうに見える英単語にも、奥深い歴史や意外な語法が隠れています。

■ **Part 2 分野別 2000 語** …IELTS で主要な 7 つのテーマと、3 つの基礎分野の単語を厳選してリストにしています。分野内は Level（難易度）順に掲載しています。

※語義については、IELTS の試験で活用しやすいものを優先して掲載しています。

語源、注意ポイント、
豆知識などもご紹介

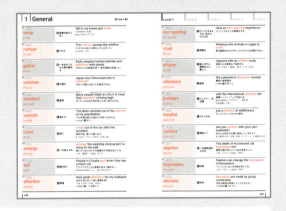

本書で使われている記号
〈　〉……………… 他動詞の目的語にあたる訳語の補足説明
（　）……………… 訳語の補足説明／語源の訳語
（＋）……………… 見出し語とセットで使われる前置詞の補足説明
［米］……………… アメリカ英語のスペル

動 動詞　　名 名詞　　形 形容詞　　副 副詞　　前 置詞　　► 派生語　　≒ 類義語
↔ 対義語　　★ 語源　　♀ ポイント・注意点

Part 2 おすすめの活用方法

・**目標は 1 日 100 語**
収録音声を聞き、声に出し、流し読みしていきましょう。「見てわかる・聞いてわかる」ようになることを意識して取り組みましょう。

・**日々の英語のインプットも大切に！**
掲載されている単語をマスターしたからといって、本物の力が身につくわけではありません。同時に英語のニュースや論文、エッセイを日々積極的に取り入れましょう。

※発音記号は主に『プログレッシブ英和中辞典〔第 5 版〕』を参照しています。

IELTS 試験の概要

■ IELTS とは？

　ELTS とは、International English Language Testing System の略で、コミュニケーションが主に英語で行われている世界中の地域で、勉学や就職を目指す人の英語能力を測る試験です。試験問題は英語能力評価の国際基準に合致するよう作成されています。ライティング、リーディング、リスニング、スピーキングの 4 分野のテストにより、受験者の英語運用スキルが評価されます。

　IELTS は、世界各国の大学や企業、政府機関によって認められている試験です。代表的な国は、オーストラリア、カナダ、ニュージーランド、イギリス、アメリカです。受験者についてはその受験年度で満 16 歳以上であることが望ましいとされています。

■ 「アカデミック・モジュール」 と 「ジェネラル・トレーニング・モジュール」

　IELTS には 2 つのフォーマットがあります

・アカデミック・モジュール（本書の主な学習者・一般的に留学を目指す方が対象）

　受験者が、英語を使用する環境下で、大学あるいは大学院レベルの訓練や勉学に従事するにあたり、十分な言語スキルを身につけているかを評価します。

・ジェネラル・トレーニング・モジュール

　英語圏で学業以外の研修を考えている方に向けた試験。オーストラリア、カナダ、ニュージーランドへの移住申請をする場合などに受験します。

※ その他に IELTS for UKVI(英国ビザ申請のための IELTS) もあります。

■ 出題形式（アカデミック・モジュール）

内容と所要時間

ライティングテスト 時間：60分	タスクが2つあります。 タスク1では、150語以上のエッセイを書きます。チャートや表、グラフや図や調査結果などで提示された情報を、エッセイで説明します。 タスク2では、250語以上のエッセイを書きます。提示された主張や問題に対して、自らの立場を明確にし、持論を展開し、抽象的な問題を筋道を立てて文章で説明します。
リーディングテスト 時間：60分	テストでは、3つのパッセージ（問題文）が提示され、それぞれにタスク問題が出題されます。パッセージは、本や雑誌、新聞から引用された、非専門家向けに書かれたものです。そのうち少なくとも1つは、詳細な議論を扱った内容です。
リスニングテスト 時間：約30分 （他に転記のための10分）	録音された英文を聞きます。内容には会話やアナウンス、さまざまな国の発音のなまりや方言の英語が含まれています。音声の再生は1回限りです。受験者は、録音を聞きながら答えを問題冊子に書き、テストの最後に与えられる10分間で、すべての答えを解答用紙に書き写します。
スピーキングテスト 時間：11〜14分	1人の試験官と対面で行われ、やりとりは録音されます。テストでは、短い質問に答えたり、身近な話題で簡単なトークをしたり、課題のテーマで試験官とディスカッションをします。

コンピューターで受験するIELTS（Computer-delivered IELTS = CDI）

　紙と鉛筆で受験する従来のIELTSをコンピューターでも受験することができます。試験の内容や採点基準、試験時間は、紙ベースの試験と同じです。リスニング、リーディング、ライティングの3つのテストはコンピューターを使用して行われますが、スピーキングのテストは、紙と鉛筆で受験する場合と同様に、試験官との1対1の対面形式で行われます。

■ 採点方法

結果は 1 〜 9 のバンドスケール（得点帯）上のスコアで示されます。4 つのテストそれぞれに、「バンドスコア」が与えられます。バンドスコアは、4.5 / 5.0 / 5.5 / 6.0 / 6.5 / 7.0 など、0.5 刻みです。4 つのテストのスコアを加算平均したものが、「総合バンドスコア」（Overall Band Score）となります。

9	Expert user	英語を十分に、自在に操ることができる。表現を完全に理解し、適切、正確、流暢に使うことができる。
8	Very good user	英語を十分に操ることができるが、散発的に不正確・不適切な表現が発現する。不慣れな状況下での誤解が散見されるが、複雑で細かい議論もよくこなせる。
7	Good user	英語を操ることができるが、ときどき不正確・不適切な表現が発現する。状況によっては誤解があるが、おおむね、複雑な表現をよく使いこなし、細かい筋道も理解できる。
6	Competent user	おおむね、通用する程度に英語を操ることができるが、不正確・不適切な点・誤解がある。馴染みのある状況下では、複雑な表現を使うことも、理解することもできる。
5	Modest user	限定的に英語を使うことができるが、ほとんどの場合だいたいの意味を汲みとることができる程度で、ミスが多い。得意な領域で、基本的なコミュニケーションができる。
4	Limited user	馴染みのある状況にかぎって、基本的な英語を使うことができる。理解することや自らを表現することが難しい。複雑な言葉や表現を使うことができない。
3	Extremely limited user	きわめて馴染みのある状況下で、おおまかな意味を伝え、理解する。頻繁にコミュニケーション不能に陥る。
2	Intermittent user	馴染みのある状況下で、単語や短い決まり文句で簡単なことを伝える以外、実質的なコミュニケーションができず、すぐに対応ができない。話された英語や書かれた英語の理解が困難。
1	Non user	いくつかの単語を知っている程度で、基本的に英語を使う能力がない。

■ その他

詳しい申し込み方法、最新の情報は以下のウェブサイトをご覧ください。

IELTS 公式テストセンター（日本英語検定協会）
https://www.eiken.or.jp/ielts/

ブリティッシュ・カウンシル
https://www.britishcouncil.jp/exam/ielts

音声のご利用案内

本書の音声は、スマートフォン（アプリ）やパソコンを通じて MP3 形式でダウンロードし、ご利用いただくことができます。

 スマートフォン
1. ジャパンタイムズ出版の音声アプリ「OTO Navi」をインストール
2. OTO Navi で本書を検索
3. OTO Navi で音声をダウンロードし、再生

3 秒早送り・早戻し、繰り返し再生などの便利機能つき。学習にお役立てください。

 パソコン
1. ブラウザからジャパンタイムズ出版のサイト「BOOK CLUB」にアクセス
   https://bookclub.japantimes.co.jp/book/b657791.html
2. 「ダウンロード」ボタンをクリック
3. 音声をダウンロードし、iTunes などに取り込んで再生
   ※音声は zip ファイルを展開（解凍）してご利用ください。

Part 1
最重要語 500

Level 1
001 ▸▸ 100

IELTS の基礎となる
500 語の最初のステージです。
見出し語には見慣れた
単語が多いかもしれませんが、
コロケーションやフレーズ、
例文にも目を通して、
表現を確認しておきましょう。

Level 1 達成語数 ◯ Track 1-001

0001 □□□
name
[néim]

名 名前、名声、評判 **動** ～に名前をつける、指定する、任命する
a common **name** ありふれた名前
give a bad **name** 汚名を着せる
How do you pronounce your **name**?
あなたの名前はどう発音しますか?
My family **name** was dragged through the mud.
私の家名を汚された。
to **name** a few ... いくつか例をあげると…
The baby was **named** after his father.
その赤ちゃんは父親の名前にちなんで命名された。
You **name** it. 君に任せる。 ❓決断を委ねる時に使う表現
★ noun（名詞）や nominate（～を指名する）と同語源
▶ namely **副** すなわち

POINT 「名前」の表現

First name　　　　　Last name
(given name)　　　(family name)　　　　　Full name

Koki　＋　Shimazu　＝　Koki Shimazu

■ IELTS のポイント《スピーキング① 自己紹介》
　IELTS のスピーキング冒頭では必ず自分の名前を言う必要があります。My name is ... や I am ... などの表現を使って自己紹介しますが、その際に自身の名前に関してひと言付け加えることが大切です。May I have your name, please? と尋ねられたら、ただ単に名前を伝えるだけでなく、例えば私の「幸樹」という漢字には幸せ（happy）と樹木（tree）の意味がある、というように紹介します。発音が難しい名前の場合は People call me ... などの情報を入れるのも良いでしょう。

0002 □□□
face
[féis]

名 顔、表面 **動** ～に直面する、～の方を向く
a new **face** 新人
lose **face** 面子を失う
two-**faced** 裏表がある
stand **face** to **face** 面と向かって立つ
keep a straight **face** 真顔でいる
face a problem 問題に直面する
The house **faces** north. その家は北向きである。
Let's **face** it. 現実を受け入れよう。
Japan will **face** a severe economic stagnation.
日本は厳しい景気停滞に直面するだろう。
▶ facial **形** 顔の

012

Level 1 | Level 2 | Level 3 | Level 4 | Level 5

POINT 「顔」の表現

顔周りの表現は確実に覚えておきましょう。**tongue**には「舌」以外に「言葉」という意味があり、例えば **mother tongue**(母語)といった語に使われています。

0003 □□□

hand
[hǽnd]

名 手 動〈人に〉~を手渡す
close at **hand** 手元に
give A a **hand** Aを手助けする(=help)
hold **hands** (恋愛感情を持って)手をつなぐ
I went out empty-**handed**. 手ぶらで出かけた。
Your mother will need you close at **hand** to help as she grows older.
あなたのお母さんは年を取るにつれ、あなたの身近な助けが必要になる。
hand in ~を提出する(=submit)
hand out ~を分配する(=distribute)
▶ handy 形 取り扱いに便利な
▶ handful 名 ひとつかみ

POINT 「手」の表現

下記は手の主要な部分の表現です。**"The Finger Family"** という童謡では、日本と同様に5本の指で家族を表し、親指は **daddy finger**、人差し指は **mommy finger**、中指は **brother finger**、薬指は **sister finger**、小指は **baby finger** と呼んでいます。

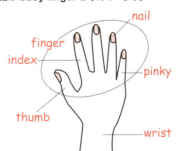

013

Level 1

達成語数 0 050 100 150 200 250 300 350 400 450 500　◀ Track 1-002

0004 □□□
music
[mjúːzik]

名 音楽、楽譜
music education　音楽教育
listen to the **music**　音楽を聴く
compose **music**　作曲する
Music was something people watched, not listened to.　音楽とは聴くものでなく観るものであった。

★ **muse**（見る）
museum（美術館）や amusement（娯楽）と同語源

► **musical** 形 音楽の 名 ミュージカル
► **musician** 名 音楽家

0005 □□□
movie
[múːvi]

名 映画［米］ film［英］
a **movie** theatre　映画館
go to see a **movie** / go to the **movies**
映画を観に行く
I've always been really into American **movies**.
私はアメリカ映画にずっとはまっている。

► **move** 動 動く、引っ越す、〜を感動させる
► **movement** 名 運動、動作
► **motion** 名 動き、動作

POINT 「映画」の表現

　映画の起源は 19 世紀後半にさかのぼります。静止画（**still images**）を連続的に見せて動きを再現したものが **motion picture** と呼ばれるようになりました。**motion**（動き）の語源は mot「動く」で、同じ語源に **motor**（モーター）、**motivation**（動機）、**emotion**（感情）などがあります。アメリカ英語の **movie**（映画）も同語源で、映画館は **movie theater** となります。IELTS では主にイギリス英語の **film**（映画）や **cinema**（映画館）が使われます。

0006 □□□
story
[stɔ́ːri]

名 物語、話、建物の階（＝storey［英］）
a ghost **story**　怪談
a heartbreaking **story**　悲しい話
a heartwarming **story**　心温まる話
to make a long **story** short　手短に言えば
My mother used to tell the **story**.
母はよくその話をしたものだ。
This film is based on a true **story**.
この映画は実話に基づいている。
a one-**story** house　平屋（＝bungalow）

POINT 「階層」の表現

　中世ヨーロッパの多くの建物の各階の窓には、さまざまな歴史物語が描かれていました。これは当時の人々の識字率が低かったため、文字ではなく絵で歴史を伝える必要があったからと言われて

Level 1

います。そのため今でも階層を表す語として **story** が使用されています。2階建ての家に住んでいる場合は **I live in a two-story house.** となり、3階に住んでいる場合は **I live on the third floor.** となります。イギリス英語ではスペルが **storey** となります。

建物の特定の階を表すときには **floor** が使われます。アメリカ英語では、1階、2階は序数を用いて **first floor**、**second floor** と表すのが基本ですが、イギリス英語では1階が **ground floor** となり、2階から **first floor** が続きます。

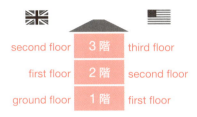

0007 □□□
train
[tréin]

名 電車、連続　**動** ～を訓練する
take the 9:00 train　9時の電車に乗る
catch the express train　急行列車に間に合う
get off the train　電車を降りる
a train of thought　一連の考え
I lost my train of thought.　私は一連の考えを失った。
I trained myself for the championship.
選手権に向けて訓練した。
train a dog　犬をしつける（訓練する）

★ train（引っ張る）

► trainer **名** トレーナー
► trainee **名** 訓練を受ける人
► training **名** 訓練

POINT　「電車」の表現

train の語源には「引っ張る」の意味があることから、動詞の「～を訓練する、鍛える」をイメージできます。ここで電車の種類に注目してみましょう。**local train** は各駅に停まる普通列車（地元の列車という意味ではない）、**rapid train** は快速列車、通勤時間のラッシュアワーに合わせた **commuter rapid train**（通勤快速電車）などがあります。その他、**express train**（急行列車）の **express** は限定用法の形容詞で「急行の」を意味します。**limited express**（特別急行列車）は停車する駅が制限されていることから **limited**（制限された）が使われています。

また高速鉄道については、**bullet train**（弾丸列車、新幹線）があり、その速さからも **bullet**（弾丸）がイメージしやすいでしょう。最後に、東京～大阪間を約1時間で結ぶ夢の乗り物と言われている **linear motor car**（リニアモーターカー）。この名称は日本特有のもので、英語では **maglev** (magnetic levitation) **train** と言います。空中浮揚を意味する levitation の lev の語源は「軽い、持ち上げる」で、**lever**（てこ）や **elevator**（エレベーター）と同語源です。

Level 1

達成語数 0 050 100 150 200 250 300 350 400 450 500　　◯ Track 1-003

0008 ☐☐☐
drive
[dráiv]

動 ～を運転する、駆り立てる、追いやる
名 ドライブ、車道

Automatic cars are easy to drive.
オートマチックの車は運転しやすい。

drive A nuts　A をイライラさせる

The death of my wife drove me mad.
妻の死は私を狂わせた。

self-driving car　自動走行車

take a drive to A　A にドライブに出かける

a four-wheel drive　四輪駆動、4WD

► driver **名** 運転手

0009 ☐☐☐
work
[wə́ːk]

動 働く、上手くいく、効く　**名** 仕事、作品

work until midnight　真夜中まで仕事をする

work on the project　プロジェクトに取り組む

This photocopier doesn't work for some reasons.
なぜかコピー機が機能しない。

► worker **名** 労働者
► workforce **名** 労働力
► workout **名** 筋トレ
► working **形** 仕事上の

POINT　「職業」の表現

job は「具体的な仕事、勤め口」、**occupation** は「一般的な職業」のことを指します。**career** は「生涯を通しての職業や経歴」、**business** は「営業や利益を目的とした仕事」、**profession** は「専門知識を必要とする仕事」です。また **vocation**「天職」は、語源の voc「声」から「神の声によって呼ばれる／選ばれし職業、使命感を持って行う仕事」となりました。**calling** も同様に「呼ばれた職業（天職）」の意味があります。**all walks of life** は「あらゆる職業」のことを指します。

architect

dentist

lecturer

| Level 1 | Level 2 | Level 3 | Level 4 | Level 5 |

■ IELTS のポイント《スピーキング② Part 1 職業》

IELTS スピーキングの Part 1 では Do you work or are you a student?（あなたは働いていますか、それとも学生ですか？）という質問から始まることが多くあります。学生ではなく、現在仕事をしている場合は、自分の職業について 2 ～ 3 文で回答できるようにしておきましょう。

0010 □□□
read
[ríːd]

動～を読む、解読する、気持ちを読みとる、読んで聞かせる、専攻する [英]

read out 声に出して読む

read between the lines 行間を読む

I **read** this book all at once.
私はこの本を一気に読んだ。

I **read** my daughter a bedtime story.
娘に就寝時のおとぎ話を読んで聞かせた。

I **read** literature at Cambridge.
私はケンブリッジ大学で文学を専攻している。

► reader **名** 読者

► reading **名** 読むこと、読書

0011 □□□
run
[rʌ́n]

動走る、流れる、経営する、立候補する (+ for) [米]
名走ること

run in the family 家族に遺伝する

run over a racoon dog タヌキを車でひく

run into an old friend 旧友に遭遇する

I am **running** a bit late. 少し遅れそうです。

I **run** a small company. 私は小さい会社を経営している。

run for election 選挙に出馬する

in the long **run** 長い目で見れば

► runner **名** 走者

► running **名** 走ること、ランニング

≒ jog **動** ゆっくりと走る

≒ dash **動** 突進する

017

Level 1

0012 □□□

carry
[kǽri]

動〜を身につけて持ち運ぶ、運搬する、伝える、伝染させる
carry a gun 銃を携帯する
carry out experiments on animals 動物実験をする
carry on a conversation 会話を続ける
The porters carry your baggage to your room.
ポーターがあなたの部屋まで荷物を運ぶ。

★ carry（運ぶ）

POINT 「運ぶ」の表現

carry は「身につけて持ち運ぶ」という意味で car（車）や carriage（四輪馬車）と同じ語源です。また、携帯電話会社の carrier（キャリア）や、馬車などが通った後にできる、わだちの意味から派生した career も同様です。carry は常に身につけて運んでいるイメージですが、ある場所へ人を連れて行く（どこかに移動させる）時には take を、bring の場合はある場所に物や人を（一緒にこちらへ）持ってくる・連れてくる時に使います。

0013 □□□

chair
[tʃéə]

名椅子、議長席　**動**（〜の）議長を務める
sit on a chair 椅子に座る
an immovable chair 固定席
I will take the chair at the next meeting.
次の会議で議長を務める予定である。
chair a virtual meeting オンライン会議の議長を務める
▶ chairperson **名**議長（かつては chairman と言われた）
▶ armchair **形**空論的な
　an armchair scientist 机上の空論を唱える科学者

0014 □□□

travel
[trǽvəl]

動旅行する　**名**長距離の旅
Bad news travels fast. 悪い話はすぐに伝わる。
Light travels faster than sound. 光は音よりも速く伝わる。
a travel ticket 旅行券
a travel agent 旅行代理店
travel industry 旅行業
▶ traveller **名**旅行者
▶ travelling **名**旅行　traveling［米］

| Level 1 | Level 2 | Level 3 | Level 4 | Level 5 |

POINT 「旅行」の表現

travel…一般的な長期の旅。air travel は「空の旅」、つまり「飛行機での旅行」のこと。air には飛行機 (aircraft) という意味も。travel は動詞でも使うことができる。travel by air (飛行機で旅行に行く)、travel abroad (海外旅行をする) は IELTS では頻出の表現

trip …短期間の旅行。go on a trip (小旅行に行く) は、よく使われる表現。期間を追加して go on a three-week trip (3週間の小旅行に行く) と表現することもできる。他にも take a trip (小旅行をする) や make a business trip (出張する) などの表現がある

tour…観光目的の旅行。日本語でいうツアーのイメージ。語源はギリシャ語の tornos で「回転」を意味する。turn「回転させる」や tornado「トルネード」を考えると連想しやすい。trip や travel に共通する tr も「回転」のイメージがある

journey…長期的で苦労を伴うこともある旅。jour の語源はフランス語で「1日」を意味し、英語の day (日) に相当する。journal (1日の出来事をまとめた日記や日誌)、journalist (1日の出来事をまとめる人＝ジャーナリスト)、adjourn (1日予定を延ばす＝延期する) が同語源。long journey (長旅) や dangerous journey (危険な旅) など、険しい旅の表現に使われる

voyage…船や飛行機での異国への長い旅。日常的な旅とは違い、記録に残るような歴史的な旅。フランス語ではこれから出かける人に対して Bon voyage!「良い旅を」、より広い意味で「ご機嫌よう」と挨拶の定型表現として使われる

expedition…環境の探索や研究などを目的とした旅。語源は ex (外に) + ped (足) なので、遠方に足を出して行くイメージ。ped が付く単語は他に pedal (足で漕ぐペダル)、pedestrian (歩行者)、pedometer (歩数計) など

excursion…グループでの小旅行。学校の遠足は school excursion。語源は ex (外) + cur (走る)。cur が付く英単語は他にも occur (自分に向かって走ってくる＝何かが起こる) などがある。go on an excursion (遠足に行く) という表現は要チェック

0015 ☐☐☐

clean

[kliːn]

形 きれいな、清潔な 動 ～を掃除する

clean water きれいな水 (「透き通った水」の意味)

clean the toilet トイレを掃除する

I need to **clean** my house before guests arrive.
お客様が来る前に家を片付けなければいけない。

POINT 掃除の表現

clean…汚れをとってきれいにする

tidy…散らかっているものを片付ける

sweep…ほうきで掃く 🔺過去形は swept

polish…ピカピカになるようにブラシで磨く

scrub…ゴシゴシ擦る

vacuum…掃除機をかける

0016 ☐☐☐

teach

[tiːtʃ]

動 ～を教える

teach English to foreign students 外国の生徒に英語を教える

To be honest, I don't know how to **teach** English.
正直に言うと、僕は英語の教え方が分からない。

▶ teacher 名 先生

▶ teaching 名 教えること

019

Level 1

達成語数 | | | | | | | | | | | | | | | | | | | | |
0 050 100 150 200 250 300 350 400 450 500

◀ Track 1-005

POINT 「教える」の表現

teach…技能を提示して、知識を分け与え教える

instruct…特定の分野について系統立てて教える

tutor…個別指導する　♀「家庭教師」の意味もある

educate…学校などの専門機関で教える。語源は e（外に）+ duc（導く）で、社会に導くための教育と解釈もできる

coach…指導する。ハンガリーの街の Kocs で製造されたサスペンション付きの四輪馬車が語源。ある点から次の目的地まで運ぶこと、つまり指導を受ける人の能力を次のレベルまで持っていくことを coach と呼ぶようになった

0017 □□□

record

名[rékɔːd]
動[rikɔ́ːd]

名記録、成績　**動**～を記録する、録音する

a medical **record** 診療記録

break the world **record** 世界記録を樹立する

for the **record** 覚えておいてもらいたいのですが、念のため

This is off the **record**. これはオフレコだよ。
=Just between us. ≒ Don't let this out.

★ re（再び）+ cord（心）

► recording **名**録音、録画

POINT 記録の表現

　record の語源は re（再び）+ cord（心）です。cord（心）は **cord**（電気のコード）や **core**（芯）などに派生します。また「分離」を意味する dis がついた **discord** は「不調和」を意味します。**courage**（勇気）の語源も「心」で、**encourage**（勇気づける）や **discourage**（落胆させる）もまとめて覚えておきましょう。**cordial** は「心からの」という意味で **cordial message**（心のこもったメッセージ）や **cordial welcome**（心からの歓迎）などが頻出です。副詞形の **cordially** は手紙の敬具として **Yours sincerely,** と同様に **Yours cordially,** が使えます。

0018 □□□

enjoy

[indʒɔ́i]

動～を楽しむ、有益なものを得る

enjoy learning English 英語学習を楽しむ

I've **enjoyed** myself tonight. 今夜は楽しかった。

My father **enjoys** watching sports on TV.
私の父はテレビでスポーツを見ることを楽しんでいる。

enjoy a significant growth in the number of tourists
旅行者数の大幅な増加を享受する

★ en（動詞）+ joy（喜び）

► enjoyable **形**楽しい、愉快な

► enjoyment **名**楽しみ

♀ joy **名**喜び

| Level 1 | Level 2 | Level 3 | Level 4 | Level 5 |

POINT　動詞化接頭辞の語彙

en は動詞化接頭辞（ある単語に付くことで、その語を動詞に変化させる）で、その代表的な動詞として下記があります。

enact…en + act（行動）＝法律を制定する　　**enable**…en + able（可能）＝可能にする
enlarge…en + large（巨大）＝拡大する　　　**enrich**…en + rich（豊富）＝豊かにする
embody…en + body（体）＝具体化する　　　**ensure**…en + sure（確実）＝確実にする

0019 □□□

reason

[ríːzn]

🈛 **理由、根拠、理性、分別**
by **reason** of A　A のために
for no **reason**　理由なく
for some **reasons**　なぜか
The main **reason** why I ...　…の主な理由
▶ **reasonable** 🈟 合理的な、手頃な
▶ **reasonably** 🈟 合理的に、適度に
▶ **reasoning** 🈛 推理、推論

POINT　「理由」の表現

後ろに続くのは名詞句であり、節は続かないので注意しましょう。
due to A…A のせいで
Due to the heavy rain, the train has been delayed. 大雨のせいで電車が遅れている。
because of A…A が原因で
Because of the rain, the BBQ was canceled. 雨のせいで、バーベキューはキャンセルされた。
owing to A…A によって
Attendance was scarce, **owing to** the fact that invitations have only been sent to limited people. 招待状が限られた人々にしか送られなかったことにより、参加率は低かった。
thanks to A…A のおかげで　💬好意的なニュアンスが強い
Thanks to the scholarship I received from the fund, I was able to study abroad for two years. 基金からもらった奨学金のおかげで、2 年間海外留学することができた。

0020 □□□

save

[séiv]

🈛 **～を救う、取っておく、節約する、貯金する**
save *one's* life　人の命を救う
　💬 rescue（救助する）は、より緊急性の高い危険から救う場合に使う
save A from B　A を B から救う
save a seat for you　あなたのために席を取っておく
save for a rainy day　非常事態に備えて貯金する
save money for the future　未来のために貯金する
Walking home instead of taking a taxi will **save** you 500 yen.
タクシーに乗る代わりに歩いて家に帰れば 500 円節約できるよ。
▶ **saving** 🈛 貯金

021

Level 1

達成語数 0 050 100 150 200 250 300 350 400 450 500　　◯ Track 1-006

0021 □□□
grow
[gróu]

動 育つ、成長する、増える

grow up in London　ロンドンで育つ
Rice grows from seeds.　米は種から育つ。
The number grows exponentially.　数が急に増した。
There is a growing controversy over family relationships.　家族のあり方についての議論が過熱している。

★ gr（成長する）
　green（緑）や grass（草）と同語源

▶ growth 名 成長

0022 □□□
store
[stɔ́ːr]

名 店、蓄え　動 〜を保存する、蓄える

💡 店を表す場合、shop［英］、store［米］が使われることが多い

a grocery store　食料雑貨店
a department store　百貨店
There are many animals that store food for winter.
冬に備えて食べ物を蓄える動物が多くいる。

▶ storage 名 倉庫
▶ storehouse 名 倉庫
≒ stock 名 在庫、株

0023 □□□
culture
[kʌ́ltʃər]

名 文化、教養、耕作、養殖

Japanese culture　日本文化
Japanese culture is unique in many respects.
日本の文化はあらゆる点において独特である。

★ cult（耕す）+ ture（されたもの）＝土を耕して生まれたもの
▶ cultural 形 文化の、文化的な
▶ cultivate 動 〜を耕す、育成する
▶ cultivated 形 教養のある、洗練された
▶ multicultural 形 多文化の

★ cult（耕す）

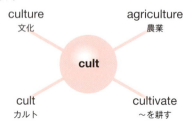

022

| **Level 1** | Level 2 | Level 3 | Level 4 | Level 5 |

0024 □□□

explain

[ikspléin]

動 ～を説明する
=account for A

explain the difference 違いを説明する
explain the meaning of the word
その単語の意味を説明する
Can you **explain** why you kissed my girlfriend?
僕の彼女にキスをした理由を説明できる?

★ ex（外に）+ plain（平らな）
► **explanation** 名 説明

POINT 「説明」の表現

illustrate…図を使って例証する
expound…学説や理論などを詳細に説明する

outline…概略を説明する
explicate…学問的に詳細に説明する

0025 □□□

important

[impɔ́ːtənt]

形 重要な、重大な、有力な

make an **important** decision 重要な決断をする
Time is more **important** than money.
時間はお金より重要である。
This information is **important** and must be kept top
secret. この情報は重要であり、極秘でなければなりません。

► **importance** 名 重要性
► **importantly** 副 重大に、さらに重要なことに

POINT 「重要」の表現

　重要性を表す最も一般的な語彙は **important** です。例えば仮主語の it を使って、**It is important for me to study English.**（私にとって英語を勉強することは重要である）というように使います。一方、必要性からくる重要さ（直前の例では「勉強をしなければならない」ということ）ではなく、自分にとって価値があり、より感情的な重要度を表す時には **You are important to me.**（あなたは私にとって大切である）のように表します。for と to の使い方でニュアンスが異なる点に注意が必要です。

　necessary（必要不可欠な）は、避けては通れないといった「必然性」が強い表現です。「極めて決定的で重大な」という意味の **crucial** Sherlock Holmes found a crucial piece of evidence at the crime scene.（シャーロックホームズは、犯罪現場で決定的な証拠を発見した）のように、運命を左右するような重大さを表します。**critical** は致命的で重要な時に使い、副詞形の **critically** は important を修飾して、Regular exercise is critically important to stay healthy.（健康でいるためには定期的な運動が極めて重要である）という使い方もできます。**significant**（重要な）も同様に副詞形で使うことが多く、特に IELTS のライティングでは **significantly** を有効に使うことで高得点が狙えます。

　その他、**vital** は「命に関わるほどの重要性」を表し、Vitamin D is a vital nutrient for the body.（ビタミン D は、体にとって必要不可欠な栄養素です）というように使います。vit には「生きる」という語源があり、**revive**（生き返る）や **survive**（生き延びる）と同語源です。

023

Level 1

0026 country
[kʌ́ntri]

名 国、田舎、地方

? nation は「国民を含む国家」、state は「法的な国家」

France is the most visited country in the world.
フランスは世界で最もよく訪問される国である。

live in the country 田舎に住む

★ count（反対側にある）+ ry（場所）= 都市の反対にあるもの

▶ countryside **名** 田舎

0027 land
[lǽnd]

名 陸地 **動** 着陸する

by land 陸路で

barren land 不毛の土地

agricultural land 農地

Japan is a land of contradictions.
日本は矛盾に溢れた国である。

One ladybird landed on a shoe.
てんとう虫が靴の上に止まった。

▶ landing **名** 上陸、着陸

0028 act
[ǽkt]

動 行動する、演じる **名** 行為

act as interpreter 通訳を務める

act for A A の代理を務める

Think before you act. 行動する前に考えろ。

As a child, I acted as Cinderella in a play.
子どもの頃に劇でシンデレラを演じた。

act of kindness 親切な行為

▶ action **名** 行動

POINT 「動作」の表現

一連の流れで覚えておきましょう。

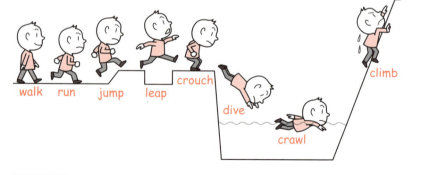

Level 1

0029 □□□
order
[ɔ́ːdə]

名 命令、順序、注文　**動** ～を命じる、注文する

in chronological order　年代順に、時系列で
in order for A to *do*　A が～するために
put A in order　A を整理する
be out of order　故障中である
People pay high medical costs in order to receive sufficient treatment.
人々は十分な治療を受けるために高額な医療費を支払う。
order a person around　人をこき使う

★ ord（順序）
▶ disorder **名** 無秩序、疾患

order

disorder

0030 □□□
mistake
[mistéik]

名 間違い　**動** ～を間違える

活用 mistake-mistook-mistaken

make a mistake　失敗する
send an email by mistake　誤ってメールを送る
mistake A for B　A を B と間違える
I was mistaken for a student.　学生に間違えられた。

★ mis（誤って）+ take（取る）
≒ error **名**（機械的な）ミス

0031 □□□
secret
[síːkrit]

名 秘密、神秘、不思議　**形** 秘密の

in secret　ひそかに
keep a secret　秘密を守る
Science unlocks the secrets of nature.
科学は自然の神秘をひもとく。

★ se（分離）+ cret（見分ける）
　crime（犯罪）や concern（懸念）と同語源

▶ secretary **名** 秘書
≒ top secret **名** 最高機密
≒ top-secret **形** 最高機密の
≒ confidential **形** 秘密の

025

Level 1

達成語数 | Track 1-008

0032 □□□
room
[rúːm]

名 部屋、空間、余白

room for improvement 改善の余地
make room for A A に場所を空ける
I have room for dessert. デザートは別腹である。

► roomy **形** 広々とした

POINT room の慣用句

There is an elephant in the room. を直訳すると「部屋の中に象がいる」となりますが、「触れてはいけない話題」という意味で捉えられます。例えば長年独身の人がいて、その人に Have you got married? と質問するのを止めるような状況でこの表現が使われます。これは日本語の「空気を読む」と似たような表現です。

0033 □□□
address
[ədrés]

名 住所、挨拶の言葉　**動** 〈問題など〉に対処する

home address 自宅の住所
deliver an opening address 開会の辞を述べる
address an issue immediately 直ちに問題に対処する
To address this problem, there are a large number of potential approaches.
この問題に対処するには、数多くの方法があり得る。

★ ad（方向）+ dress（真っ直ぐにする）＝正しい方向に持っていく

0034 □□□
begin
[bigín]

動 〜を始める

begin the class 授業を始める
to begin with まず第一に
from the beginning 最初から
I began to notice the change. 私は変化に気づき始めた。

► beginning **名** 初め、始まり、起源
in the beginning まずは
at the beginning of the 21st century 21 世紀の初めに

POINT 「開始」の表現

英語の語源の多くはフランス語に由来します。1096 年のノルマン人のイングランド征服以降、アングロサクソン系とフランス語系が融合し、庶民が使う言葉にはアングロサクソン系、上流階級にはフランス語系の言葉が多くなりました。例えば、庶民が **livestock**（家畜）として飼う羊はアングロサクソン系で **sheep**（羊）と呼び、それを食べる上流階級はフランス語の **mutton**（羊肉）を使うようになりました。**begin**（始まる）はアングロサクソン系の言葉で、**commence**（開始する）はフランス語系でより上品な表現となります。卒業式は **commencement ceremony** とも言われます。

026

| **Level 1** | Level 2 | Level 3 | Level 4 | Level 5 |

0035 ☐☐☐
dictionary
[díkʃənəri]

名辞書

a walking dictionary 生き字引き

an electronic dictionary 電子辞書

look up a word in a dictionary 辞書で単語を調べる

It is important to consult a dictionary to learn new vocabulary. 新しい単語を学ぶには辞書を引くことが大切だ。

★ dic (言う)＝言われたものの集積
  predict (〜を予言する) や dictation (書き取り) と同語源

≒ encyclopaedia 百科事典 encyclopedia [米]

0036 ☐☐☐
create
[kriéit]

動〜を創造する、生み出す、引き起こす

create A from scratch ゼロから A を創る

The Bible says that God created the world.
聖書には神が世界を創造したと書かれている。

All men are created equal.
人は皆平等に創られている。

★ cre (成長)＋ate (動詞)
  increase (増加) や recreation (レクリエーション) と同語源

► creation 名創造

► creative 形創造的な

► creativity 名創造性

► creature 名創造されたもの、生き物

POINT 「つくる」の表現

make…小さいものを作る   create…新しいものを創る
build…建物を造る   fabricate…〜をでっちあげる
knock up…間に合せに建てる   construct…建物を建設する

0037 ☐☐☐
die
[dái]

動死ぬ

die of A A が原因で死ぬ

die in an apparent suicide 一見自殺と思われる

My phone is dying. 私の電話の充電が切れそうだ。

The patient died of cancer. 患者はがんで亡くなった。

► death 名死

► dead 形死んでいる

POINT 「死」の表現

pass away…亡くなる   take one's life…自ら命を絶つ
commit suicide…自殺する   perish…死ぬ

027

Level 1

達成語数 0 050 100 150 200 250 300 350 400 450 500 ◀ Track 1-009

0038 □□□
age
[éidʒ]

名 年齢、時代　動 年をとる

middle **age** 中年

at the **age** of 17　17歳の時

come of **age**　成人する

❢ 成人式は coming of age ceremony

the Golden **Age** of the British Empire 大英帝国の黄金時代

I haven't seen you for **ages**. とても久しぶりですね。

► **aged** 形 年老いた

► **ageing** 形 老齢化している、熟成している　名 老化　aging［米］

0039 □□□
meal
[míːl]

名 食事

three **meals** a day　1日3食

have a light **meal** during the break　休み時間に軽食を取る

Breakfast is the morning **meal**, lunch is the daytime **meal**, and dinner is the evening **meal**.
朝食とは朝の食事、昼食とは昼の食事、夕食とは夜の食事のことである。

POINT　「食事」の表現

meal…時間と結びついた食事。朝食、昼食、夕食のいずれかを示す

cuisine…traditional cuisine（伝統料理）や Japanese cuisine（日本料理）など、地域や伝統に結びついた料理方法を示すことが多い

food…一般的な食べ物。動詞形は feed で「餌を与える」という意味

dish…vegetarian dish（野菜のみを使用した料理）など、特別な方法で調理された食事

diet…規定食や制限食といった治療や減量を目的とした食事

●食べ物の描写
bite-sized…一口サイズの
boneless…骨なしの
homemade…家庭で作られた
yummy…おいしい（幼児語）
mouth-watering…よだれが出そうな

●番外編：食べ物とは別の意味になる英単語
meaty…肉付きのよい
fishy…怪しい
cheesy…安っぽい
buttery…お世辞ばかりの
sugary…甘ったるい

| Level 1 | Level 2 | Level 3 | Level 4 | Level 5 |

0040 ☐☐☐
deep
[díːp]

形 深い、奥行きがある
=profound

deep snow 深い雪

deep red 濃い赤

deep voice 低く太い声

take a **deep** breath 深呼吸する

make a **deep** bow 深いお辞儀をする

How **deep** is your love? あなたの愛はどのくらい深い？

▶ **deeply** 副 深く

▶ **depth** 名 深さ

▶ **deepen** 動 ～を深める

0041 ☐☐☐
mean
[míːn]

動 ～を意味する、つもりである (+ to do)
形 意地の悪い　名 中間、(means の形で) 方法

♀ 活用は mean-meant-meant で meant [mént] の発音に注意

I **mean** it. 私は本気です。

I **meant** it as a joke. それは冗談のつもりだった。

Allowing more people to travel **means** that they can broaden their perspectives.
より多くの人が旅できるようになるということは、視野を広げることができるということを意味する。

What do you **mean** by that? それはどういう意味ですか？

♀ What does it mean? は直接的で堅い表現、What does that mean? は間接的で柔らかい表現

▶ **meaning** 名 意味

▶ **meaningful** 形 意味のある

▶ **meaningless** 形 意味のない

0042 ☐☐☐
understand
[ʌ̀ndəstǽnd]

動 〈内容〉を理解している、解釈する

understand the difference between Japan and Germany 日本とドイツの違いを理解する

make oneself **understood** 自分の考えを人に分からせる

I totally **understand** your feelings.
完全にあなたの気持ちを理解している。

▶ **understanding** 名 理解度

▶ **understandable** 形 理解できる

▶ **misunderstanding** 名 誤解

POINT 「理解」の表現

figure out…分析して分かる　　　　　**make out**…判読する

grasp…ポイントをつかんで理解する　　**comprehend**…精通して理解する

I get it…会話の返答としての「分かった」　**appreciate**…価値を理解する

take in A…A を取り入れて理解する　　**follow**…説明についていき、理解する

029

Level 1

達成語数 0　050　100　150　200　250　300　350　400　450　500　◀ Track 1-010

0043 □□□

include

[inklúːd]

動 ～を含む

tax **included** 税込み

The price **includes** your meal and accommodation.

その金額には食事と宿泊が含まれている。

★ **in**（中に）+ **clude**（閉める）

► **inclusive** 形 含めて（+ of）、包括的な

► **inclusion** 名 包含、含有

► **including** 前 ～を含んで

≒ **contain** 動 ～を（内に）含む　♀ include はあるものの全体の一部として含める、contain は許容できる範囲であるものの全体を含める

0044 □□□

memory

[méməri]

名 記憶、思い出

precious **memory** 貴重な思い出

loss of **memory** / **memory** loss 記憶喪失

have a good **memory** of A Aの良い思い出がある

to the best of my **memory** 私が記憶している限りでは

Memory begins to get weaker around 30 years old.

記憶力は 30 歳頃に衰え始める。

The older we grow, the weaker our **memory** becomes.

年を取れば取るほど記憶力は弱くなる。

► **memorise** 動 新しいことを記憶する、暗記する　memorize［米］

► **memorisation** 名 暗記

► **memorable** 形 記憶に残る、忘れられない

► **memorial** 形 記念の 名 記念物

POINT 「記憶」の表現

memorise…テスト直前などに詰め込む形の「覚える」（アメリカ英語は memorize）。memory（想い出、メモリー）の動詞形で、memorisation（記憶すること）の派生語

I had to **memorise** all the English grammar rules.

（私は全ての英文法を覚えなければならなかった）

remember…「過去のことを思い出す」「覚えている状態」というイメージ

My friend invited me to a party, but I remembered I still had a lot of homework left to do.（友達がパーティーに招待してくれたが、私にはまだたくさんの宿題が残っていることを思い出した）のように、必要なことを思い出すときに使う

recall…「努力して思い出す」「記憶を呼び起こす」という意味

It is difficult to recall something that you learned 10 years ago.

（10 年前に学んだことを思い出すのは難しい）

learn A by heart…「努力しなくても脳内で再生されるほどの記憶」。直訳すると「心で学ぶ」となり、遺伝子に切り刻まれるような記憶を意味する

Children learn the alphabet by heart at school.

（子どもは学校でアルファベットを暗記する）

030

Level 1

0045 □□□
sense
[séns]

名 感覚、分別、意義、センス　**動** ～を感じる
in a sense　ある意味
a sense of humour　ユーモアの感覚
feel a sense of accomplishment　達成感を感じる
have a sense of purpose　目的意識を持つ
That makes total sense.　それは完全に筋が通っている。

★ sense（感じる）
　sentence（文）や scent（匂い）と同語源

▶ sensible **形** 分別のある
▶ sensitive **形** 敏感な
▶ sentiment **名** 感情、情緒
▶ sensation **名** 五感による感覚

0046 □□□
laugh
[lǽf]

動 笑う　**名** 笑い
laugh at the joke　冗談に笑う
This person always makes me laugh.
この人はいつも私を笑わせてくる。
Don't laugh at my face.　私の顔を見て笑わないで。

▶ laughter **名** 笑い

POINT　「笑い」の表現

　smile（ほほ笑む）と似ている意味をもつ **grin**（ニャッと笑う）という単語があります。smile には優しさのあるほほ笑みや笑顔という意味があるのに対し、grin は smile よりもより大きな笑みで、歯が見えるほどニコッと笑う笑顔のことを言います。**smirk**（得意気に笑う）という単語は軽蔑したような、どこか冷めた笑いのことを指します。laugh は声を出して大笑いするような時に使います。ちなみに SNS などのやり取りで使われる lol は laugh out loud の省略で、日本語の（笑）と同じような具合で使われます。laugh の名詞形は **laughter** です。Laughter is the best medicine.（笑いは最良の薬）も覚えておきましょう。**giggle** も声を出して笑う時に使われる単語ですが、大笑いというよりはくだらないことに対してクスクス笑う時に使います。例えば、授業中に生徒達が授業に関係ない事でクスクスし始めると、先生が Stop that giggling!（クスクスしないで！）なんて言うことがあります。

shy smile

fake smile

satisfied smile

Level 1

0047 □□□
add
[ǽd]

動 ～を加える、追加する、増す（＋ to）
add A to B　A を B に加える
add up to A　合計で A になる、結局 A となる
Can you **add** me on Facebook?
Facebook で友達に追加してくれる？
If you **add** two and four you get six.　2 と 4 を足せば 6 になる。
The novel **added** to his reputation.
その小説は彼の評判を高めた。
► addition **名** 追加、増加、足し算
► additional **形** 追加の

0048 □□□
experience
[ikspíəriəns]

名 経験　**動** ～を経験する
from my **experience**　私の経験から
experience technical difficulties　機材トラブルに直面する
I have a lot of **experience** in teaching.
私は豊富な教職経験がある。
► experienced **形** 経験のある、経験を積んだ
≒ undergo **動** ～を経験する（＝go through）

★ experi（試みる）

0049 □□□
popular
[pɑ́pjulə]

形 人気の、評判の良い、民衆の
become **popular** among kids　子どもに人気が出る
visit a **popular** tourist spot　人気の観光地を訪問する
Japan is a **popular** tourist destination.
日本は人気の観光地である。
★ pop（人々）
　population（人口）や public（公共の）と同語源
► popularity **名** 人気

032

| Level 1 | Level 2 | Level 3 | Level 4 | Level 5 |

0050 □□□

famous
[féiməs]

形 有名な

become **famous** in the field of A　Aの分野で有名になる
The singer became internationally **famous**.
その歌手は国際的に有名になった。

★ fam（話す）
　fable（寓話）や infant（幼児）と同語源

► fame 名 名声

► infamous 形 悪名高い　♀ アクセントの位置に注意

≒ well-known 形 よく知られた

POINT 「有名」の表現

prestigious…名声がある、一流の
noted…特定の分野で有名な
distinguished…卓越して著名な
eminent... 地位が高く著名な

notorious…悪名高く有名な
reputable…評判が良いと有名な
renowned…名高く有名な

0051 □□□

exercise
[éksəsàiz]

名 運動、体操、練習　動 運動する、～を行使する

♀ リスニング問題でのスペル書き取りに頻出

do **exercise**　運動をする
lack of **exercise**　運動不足
The United Nations has **exercised** its authority.
国連は権威を行使した。

POINT 「運動」の表現

　gymnastics（体操）の短縮形として使われる語が **gym**（体育館、ジム）です。ここでトレーニングすることを **workout** と言います。動詞形で使う場合は I **work out** in the gym.（私はジムでトレーニングする）というように使います。**walking**（歩行）や **running**（ランニング）、**swimming**（水泳）などの基本的な動きや **resistance training**（ウエイトトレーニング）、**pushup**（腕立て伏せ）、**abs**（腹筋）などは覚えておきたい表現です。**burn the fat**（脂肪を燃やす）や **develop** *one's* **muscles**（筋肉をつける）といった身体的な運動は **physical exercise**（身体運動）ですが、頭や心の体操は **mental exercise**（心身運動）と言います。ちなみに **muscle**（筋肉）は筋肉の動作がネズミの動きに似ていることから mouse が語源です。日常的な運動とは異なり、繰り返し行うハードな訓練は **drill** と呼び、「避難訓練」は **fire drill** と言います。

0052 □□□

practice
[prǽktis]

名 練習、実践、実行、社会の習慣

in **practice**　実際のところ
theory and **practice**　理論と実践
put A into **practice**　Aを実践する
Practice makes perfect.　《ことわざ》習うより慣れろ。

► practise 動 練習する、～を訓練する

► practical 形 実践的な

033

Level 1

達成語数 0 050 100 150 200 250 300 350 400 450 500　　Track 1-012

0053 □□□
prepare
[pripéə]

動 ~を準備する（+ for）、調理する
prepare dinner 夕飯の準備をする
prepare for the exam 試験に向けて準備する
We should **prepare** for the next economic stagnation.
我々は次の景気停滞に向けて備えておかなければならない。

★ pre（前に）+ pare（整える）＝前もって整えておく

► **preparation** 名 準備
► **prepared** 形 準備された
► **poised** 形 用意ができている

★ pare（整える）

0054 □□□
natural
[nǽtʃərəl]

形 自然の、生まれつきの、当然の
natural disaster 天災
natural phenomenon 自然現象
Modern zoos provide more **natural** environments.
最近の動物園は、より自然な環境を提供している。
It's **natural** for parents to spoil children.
親にとって子どもを甘やかしてしまうのは自然なことである。

★ nat（生まれる）+ al（形容詞）

► **naturally** 副 自然に
► **nature** 名 自然、本質

★ nat（生まれる）

| **Level 1** | Level 2 | Level 3 | Level 4 | Level 5 |

0055 ☐☐☐

agree
[əgríː]

動賛成する、同意する、意見が一致する、体質に合う (+ with)
agree on the plan　その計画に同意する
I totally **agree** with you.　私はあなたに完全に賛成である。
Pork doesn't **agree** with me.　豚肉が体質に合わない。
➤ agreement 名協定、一致
➤ agreeable 形快適な、愛想の良い
≒ approve 動～を認める
≒ be in favour of A　A に賛成している
≒ consent 動～に同意する 名同意
♀ consent は agree よりも重大なことに対して使う

■ IELTS のポイント《ライティング①》
　IELTS のライティングでは agree disagree 問題が頻出です。To what extent do you agree or disagree with this statement? (この意見についてどの程度賛成、あるいは反対ですか?) という出題形式です。

0056 ☐☐☐

article
[áːtikl]

名記事、法律の箇条、品物、冠詞
magazine **article**　雑誌の記事
Article 9 of the Constitution　憲法第9条
Many Japanese English learners tend to fail to put **articles** before nouns.
多くの日本人英語学習者は名詞の前に冠詞をつけ忘れる傾向がある。

0057 ☐☐☐

conversation
[kɔ̀nvəséiʃən]

名会話
conversation in English　英会話
I had a **conversation** over a cup of coffee.
コーヒーを飲みながら会話をした。
★ con (共に) + verse (回転)
　　話す順番が回ってくる＝同じ方向を向いて行う「会話」
➤ converse 動会話する

POINT　「会話」の語源

　conversation の語根 (その単語の意味上の基本的な部分) verse は「回転してある方向を向く」イメージです。Oxford vs. Cambridge (オックスフォード対ケンブリッジ) の **versus** は反対方向を向くことを意味し、**divorce** (離婚) は別の方向を向く、**reverse** は後ろに回転することから「逆」という意味になります。ad (方向) + verse (回転)＝ある方向に回転して向くことから、**adverse** は「逆の、不利な」という意味になります。人の性格を表す **introvert** は intro (内側に) + vert (向く)＝「内向的な」、**extrovert** は extro (外側に) + vert (向く)＝「外向的な」となります。他に **universe** (宇宙) や **controversy** (論争)、**traverse** (横断) も同語源です。

Level 1

達成語数 0 | 050 | 100 | 150 | 200 | 250 | 300 | 350 | 400 | 450 | 500 ○ Track 1-013

0058 □□□
information
[ìnfəméiʃən]

名情報　♀省略形は info
information technology　IT=情報技術
exchange **information**　情報交換する
Summarise the **information** by selecting and reporting the main features.
主な特徴を選択して取り上げ、情報を要約しなさい。
► inform **動** ～を知らせる（+ of）
► informative **形** 情報量が多く有益な

0059 □□□
compare
[kəmpéə]

動～を比較する、～に例える（+ to）
compare apple and orange　リンゴとオレンジを比較する
People sometimes **compare** death to sleep.
死を睡眠に例えることがある。
The skills needed in today's society have changed as **compared** to a few decades ago.
数十年前と比べて、今日の社会で必要とされる能力は変化した。
★ com（共に）+ pare（整える）
► comparison **名** 比較
► comparable **形** 比較に値する
► comparative **形** 比較による
► comparatively **副** 比較的に
≒ contrast **動** ～を比較対照する　**名** 対照、差異

0060 □□□
vacation
[veikéiʃən]

名長期休暇
♀ イギリスでは holiday、短い休みは break
summer **vacation**　夏休み［米］
I am going to take a **vacation** next month.
来月長期休暇を取る。
★ vac（空）
vacuum（掃除機）や vacant（空席）と同語源

POINT イギリス英語とアメリカ英語で異なる表現

🇬🇧	意 味	🇺🇸
holiday	休暇	vacation
flat	アパート、寮	apartment
lift	エレベーター	elevator
film	映画	movie
pavement	歩道	sidewalk

Level 1　Level 2　Level 3　Level 4　Level 5

0061 □□□

company
[kʌ́mpəni]

名会社、仲間、一緒にいること
work for an insurance **company** 保険会社で働く
well-established **company** 安定した会社
I really enjoyed your **company**.
あなたとご一緒できて楽しかった。

★ com（共に）＋ pany（パン）＝共にパンを食べる

★ co（共に）

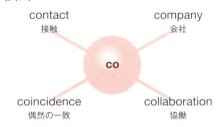

POINT 「会社関連」の表現

company（会社）の語源は com（共に）＋ pany（パン）から、「共にパンを食べる仲間や集団」となります。ラテン語のパン（panis）はポルトガルを経由して日本に輸入されたので、日本では英語の bread ではなく「パン」と呼称するようになりました。company には「会社」という意味以外にも「仲間」や「同伴」という意味があり、**accompany**「〜に付き添う」や **companion**「親密な仲間」なども同語源です。英語表記の会社名でよく見かける「Co.」は company の略称、「Co., Ltd」の場合は Company Limited の略称で、「有限責任である会社」、すなわち「株式会社」の意味になります。

0062 □□□

international
[intənǽʃənl]

形国際的な
international airport 国際空港
international relations 国際関係
I hope to work at an **international** company.
国際的な会社で働くことを望んでいる。
The World Cup attracts **international** spectators.
ワールドカップは世界の観客を魅了する。

★ inter（2つの間）

Level 1

達成語数 | 0 050 100 150 200 250 300 350 400 450 500 | ◐ Track 1-014

0063 ☐☐☐
foreign
[fɔ́rən]

形 外国の、異質の、無縁の

foreign people 外国人

visit **foreign** countries 外国を訪問する

English as a **foreign** language 外国語としての英語

Students should be required to learn **foreign** languages at school.
学生は学校で外国語を学ぶことを必修化されるべきである。

► foreigner 名 外国人

POINT 「外国」の表現

　外国人が自らを呼称するには問題ないですが、他人が **foreigner**（外人）と呼ぶのは直接的過ぎて失礼ですので、**foreign people**（外国の方々）と言うようにしましょう。在留外国人については、宇宙人と同じ **alien** ということがあります。形容詞形では「適合しない」という意味で、Luxury is quite alien to my nature.（贅沢は全く私の性に合わない）のように使います。

0064 ☐☐☐
abroad
[əbrɔ́ːd]

副 海外へ

go **abroad** 海外に行く

travel **abroad** once a year 年に一度海外旅行をする

♀ abroad は副詞なので動詞の後に前置詞を伴いません。
　　× go to abroad　○ go abroad

Studying **abroad** helps people grow.
留学することで人間は成長できる。

★ a（方向）+ broad（広い）= 広い方向へ行く

≒ overseas 副 海外へ 形 海外の

0065 ☐☐☐
describe
[diskráib]

動 ～を描写する、説明する

describe the situation 状況を描写する

I don't know how to **describe** my feeling.
自分の感情をどう表現すればよいかわからない。

★ de（下に）+ scribe（書く）

► description 名 描写、記述

► descriptive 形 描写した、記述的な

POINT 「書く・描く」の表現

write…文字を書く　　　　**draw**…絵を描く
paint…絵の具で描く　　　**scribble**…殴り書きする
jot down…メモを取る　　　**portray**…特徴を捉えて描き出す
sketch…大まかに描く　　　**depict**…細部まで描写する

Level 1

0066
detail
[díteil]

名 詳細、細部
explain in detail 詳しく説明する
go into detail 詳細に調べる
I just love every detail of the painting.
その絵画の細部に至るまで好きだ。

★ de（分離）+ tail（切る）
▶ detailed **形** 詳細な

★ tail（切る）

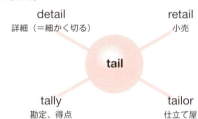

0067
sentence
[séntəns]

名 文章、判決　**動** ～に判決を下す
write a sentence 文章を書く
give a sentence 判決を下す
an imperative sentence 命令文
under sentence of A Aの宣告を受けて
The suspect was sentenced to death.
その容疑者は死刑判決を下された。

0068
degree
[digríː]

名 程度、温度、学位
to a certain degree ある程度までは
by degrees 徐々に（＝gradually / little by little）
get a master's degree 修士号を取る
The sound faded away by degrees.
音は徐々に消えていった。

★ de（下に）+ gree（進む）

★ degree, grade（進む）

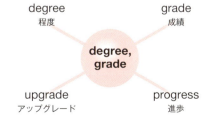

039

Level 1

0069
neighbour
[néibə]

名 近隣、近所の人　neighbor [米]
a next-door **neighbour** 隣に住む人
I talk to my **neighbours** every single time I see them.
近所の人と会うたびに話をする。
► neighbourhood 名 近所
► neighbouring 形 近所の

0070
improve
[imprúːv]

動 ～を向上させる、改善する、良くなる
improve with age 年齢と共に良くなる
improve one's skill 能力を向上させる
AI has **improved** our lives over the past decade.
人工知能は過去10年にわたり我々の生活を向上させた。
► improvement 名 向上、改善

0071
customer
[kʌ́stəmə]

名 客、顧客
a regular **customer** 固定客
customer service お客様対応
It is important to reach potential **customers**.
潜在顧客にリーチすることが重要である。
★ custom（自分のもの）
custom（慣習）や customise（注文通りに作る）と同語源

POINT 「顧客」の表現

customer…お店で買い物をしてお金を支払う客　**guest**…ホテルなどでもてなしを受ける客
client…技術的なサービスを受ける顧客や取引先　**spectator**…スタジアムなどに観戦にきた観客
audience…テレビやラジオ、公演などの聴衆　**passenger**…電車やバスの乗客

0072
introduce
[ìntrədjúːs]

動 ～を紹介する、導入する
introduce A to B AをBに紹介する
introduce a new method 新しい方法を導入する
Let me **introduce** myself. 自己紹介をさせてください。
★ intro（最初に）+ duce（導く）
► introduction 名 紹介、導入
► introductory 形 導入の

★ duc（導く）

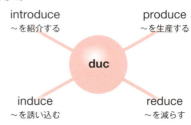

introduce
～を紹介する

produce
～を生産する

duc

induce
～を誘い込む

reduce
～を減らす

040

| Level 1 | Level 2 | Level 3 | Level 4 | Level 5 |

0073 □□□
note
[nóut]

名覚え書き、メモ、注意、注釈、紙幣 [英]
動〜を書き留める、注意する

write down the lecture **notes** 講義メモを書く
Noted. 分かった。 🔖メールの返信で使う
Another critical point to **note** is A.
もう1点注意すべき点は A である。
Thanks for the important **note**.
重要な注意点をありがとう。
a 100-pound **note** 100 ポンド紙幣

★ note（記す）
- notebook 名ノート
- notice 動〜に気付く 名注意、通知、掲示
- notify 動〜に通知する

★ note（記す）

note 覚え書き
notebook ノート
notification 通知
notorious 悪名高い

0074 □□□
environment
[inváiərənmənt]

名環境、周囲、自然環境

protect the **environment** 環境を守る
damage the **environment** 環境を破壊する
a pleasant working **environment** 働きやすい環境
Air pollution has a disastrous effect on the **environment**. 大気汚染は環境に破壊的な影響をもたらす。

- environmental 形環境の
- environmentally-friendly 形環境に優しい
- environmentalism 名環境保護主義
- ≒ surroundings 名周りを取り囲む環境
- ≒ circumstance 名環境、状況、事情

POINT 「環境問題関連」の表現

climate change…気候変動	**deforestation**…森林破壊
global warming…地球温暖化	**endangered animal**…絶滅危惧種
greenhouse gas…温室効果ガス	**water contamination**…水質汚染

041

Level 1

0075

disaster
[dizǽstə]

名災害、大惨事、大失敗
natural **disaster** 天災
The slightest mistake may lead to a fatal **disaster**.
わずかな誤りが、致命的な惨事につながるかもしれない。
The date was a **disaster**. そのデートは大失敗であった。

★ dis (悪い) + aster (星)
► **disastrous** 形 破壊的な
≒ **catastrophe** 名 大災害

POINT 「自然災害」の表現

storm…嵐
eruption…噴火
earthquake…地震

typhoon…台風
active volcano…活火山
thunder…雷

tornado…竜巻
dormant volcano…休火山
drought…干ばつ

eruption

thunder

drought

0076

pollution
[pəlúːʃən]

名汚染
air **pollution** 大気汚染
We need to take steps to reduce **pollution**.
我々は汚染を減らすための措置を講じる必要がある。
Marine **pollution** is more acute than first thought.
海洋汚染は当初考えられていたよりも深刻である。

► **pollute** 動 〜を汚染する
► **pollutant** 名 汚染物質

0077

accident
[ǽksədənt]

名事故、偶然
a dreadful **accident** 恐ろしい事故
report the **accident** to the police 警察に事故を通報する
get involved in the traffic **accident**
交通事故に巻き込まれる
Reckless driving causes **accidents**.
無謀な運転が事故を起こす。

★ ac (方向) + cid (落ちる) occasion (機会) や coincidence (偶然の一致) と同語源
► **accidental** 形 偶然の
► **accidentally** 副 偶然にも

Level 1	Level 2	Level 3	Level 4	Level 5

POINT 「出来事」の表現

accident…偶然であり、通常は事故など好ましくない出来事に使われる

incident…「出来事」というよりは、より事件性の高い時に使われる

happening…happen（起こる）の名詞形。hap の語源は「偶然」で、happiness（幸せ）や perhaps（多分）と同語源

event…計画された重要な出来事

affair…継続性がある出来事や事件に使われる。個人の「些細な問題」や「関心事」の意味もあり、have an affair with A（A と浮気する）という表現も要チェック

0078 ☐☐☐

borrow

[bɔ́rou]

動 〜を借りる

English words **borrowed** from French
フランス語から借入した英語

borrow books from the library 図書館から本を借りる

borrow money from the bank 銀行からお金を借りる

May I **borrow** your pen? あなたのペンを借りてもいい?

► borrowing **名**借用、借用語

POINT 「借りる」の表現

borrow…あるものを一時的に無料で借りる場合に使う

lend…物を貸す側が使う。I will lend you some money.（いくらかお金を貸してあげるよ）

rent…レンタルショップやレンタカーに象徴されるように、料金を払って借りる時に使う。不動産の賃貸物件で空室があるときには for rent［米］、to let［英］と使われる

hire…一時的に物を借りたり、サービスを受ける時に使う

lease…長期間契約を結んで借りる時に使う。日本語でもリース契約などと言う

use…固定されていて動かないものを借りる時

0079 ☐☐☐

accept

[æksépt]

動 〈贈り物や申し出〉を快く受け入れる、受諾する
※ p.44 POINT もチェック

accept A as B A を B として認める

accept an invitation 招待を受ける

The theory is widely **accepted**.
その理論は広く受け入れられている。

I got **accepted** into Harvard University.
ハーバード大学に合格した。

★ ac（方向）+ cept（取る）

► acceptable **形**許容できる範囲の

► acceptance **名**許容

043

Level 1

達成語数 | 0 050 100 150 200 250 300 350 400 450 500 ◑ Track 1-017

POINT 「受諾」の表現

receive…提供されたものや配達されたものを物理的に受け取るとき
catch…動いているものを取るとき
capture…犯人や逃げた動物を捕まえるとき
embrace…愛情や熱意を持って受け入れるとき（抱擁するという意味もある）
grab…強引に引っ張り掴むイメージで「食事をする」という意味もある
seize…突然握りしめて掴むイメージ

0080 □□□
invent
[invént]

動 ～を発明する

invent a game and get a patent
ゲームを発明して特許を得る

Alexander Graham Bell **invented** the telephone.
アレキサンダー・グラハム・ベルは電話を発明した。

★ in（中に）+ vent（来る）

► **invention** 名 発明

► **inventive** 形 発明の、発明の才がある

POINT 「発明」の表現

invent（まだ誰も思いついていない新しいことを発明する）という単語の成り立ちは、「in（中に）+ vent（来る）= 頭の中にいい考えが来る」というものです。名詞形は **invention**（発明）で **Necessity is the mother of invention.**「必要は発明の母」という言い回しで覚えましょう。発明したら **patent**（特許）を出願します。Thomas Edison got a patent for his light bulb invention.（トーマス・エジソンは電球の発明で特許を手に入れた）などと表現できます。

0081 □□□
consider
[kənsídə]

動 ～を熟考する、見なす

consider the situation 状況を熟考する

consider A to be B AをBと見なす

She **considers** herself to be a good writer.
彼女は自分が優れた作家であると考えている。

★ con（共に）+ sider（星）= 共に星を見て考える

► **considerable** 形 相当の、ずいぶん多くの

► **considerate** 形 思いやりのある (+ to, of)

► **consideration** 名 熟考、配慮

POINT 「思考」の表現

consider の語源は con（共に）+ sider（星）で共に星を見て考える様子がイメージができます。think（思う）よりも深く考える時に使い、**think over** と同義です。**considerable** は「星」から派生した形容詞で「ずいぶん多くの」という意味です。temple（神殿）の語源を持つ **contemplate**（～を熟考する）は、consider よりも重要で運命をつかさどるようなことを考える時に使います。

044

Level 1

0082 □□□
expect
[ikspékt]

動 ~を期待する、予期する
as expected 期待した通り
than I expected 私が期待した以上に
be expecting a baby 妊娠している (=pregnant)
Parents expect their children to eat home-cooked meals. 親は子どもに家で調理した料理を食べることを期待する。

★ ex (外を) + pect (見る) =外を見て何かを待つ
► expectation 名 期待
► expectant 形 期待している、妊娠中の
► expectancy 名 予期されるもの
► expected 形 期待する ↔ unexpected 形 思いがけない、不意の

★ pect (見る)

expect ~を期待する
respect ~を尊敬する
pect
prospect 見込み
suspect ~を疑う

0083 □□□
continue
[kəntínjuː]

動 ~を続ける、途中からまた継続する
continue drinking 飲み続ける
The rain continued until midnight.
雨は真夜中まで降り続いた。
Coronavirus cases continue to decrease in Japan.
日本でコロナウイルス感染者数は減り続けている。

★ con (共に) + tinue (保つ)
► continuous 形 連続的な
► continuity 名 連続
► continually 副 連続して

POINT 「継続」の表現

continue は continent (大陸) と同じ語源で、継続して続いているイメージです。テレビゲームでも「Continue (継続する)」か「Game over (ゲームを終了する)」のボタンが出てきますね。他にも継続に関連する単語で last (続く) があります。last は late の最上級なので「最も遅く最後まで続く」というイメージを持ちましょう。**Family connections last for a long time.** (家族とのつながりは長く続く) のように表現できます。前置詞の on が共通する熟語 go on、keep on、carry on は全て「~を続ける」という意味になります。

Level 1

達成語数 0 050 100 150 200 250 300 350 400 450 500 ◀ Track 1-018

0084 □□□
purpose
[pə́ːpəs]

名目的、目標、用途、意義

on **purpose** わざと

for the **purpose** of *do*ing ～という目的で

My **purpose** of studying German is to be a translator.
私がドイツ語を勉強する目的は翻訳家になるためである。

★ **pur**（前に）+ **pose**（置く）

POINT 「目的」の表現

goal…個人の目標　　　　　**end**…究極の目標
aim…努力して達成する目標　　**objective**…皆で目指す目標

0085 □□□
achieve
[ətʃíːv]

動 ～を成し遂げる、達成する

achieve my goal 個人の目標を達成する

I finally **achieved** my ambition to study abroad.
海外留学するという大望を成し遂げた。

★ **a**（方向）+ **chieve**（頭）＝頭（頂点）に達する

► **achievable** 形 達成できる
► **achievement** 名 達成

POINT 「達成」の表現

attain…大変な目標に向けて努力して成し遂げる
accomplish…目標や任務に対して全力を尽くして成し遂げる
fulfill…野望や夢を成し遂げる（通例受動態）

0086 □□□
succeed
[səksíːd]

動 成功する、～を続ける

succeed in the business ビジネスに成功する

He **succeeded** in solving the question.
彼はその問題を解くことに成功した。

He is a hard worker, and I'm sure that he will **succeed** in the new job.
彼は勤勉だから、きっと新しい仕事で成功すると思うよ。

He will **succeed** to the family business.
彼は家業を継ぐ予定である。

► **success** 名 成功
► **successful** 形 成功した
► **successfully** 副 幸運にも、首尾よく
► **succession** 名 連続
► **successive** 形 連続する
► **successor** 名 後継者
≒ **flourish** 動 繁栄する
≒ **thrive** 動 繁栄する、成功する

046

| Level 1 | Level 2 | Level 3 | Level 4 | Level 5 |

★ ceed, cest（進む）

exceed
〜を超える

access
アクセス

ceed, cest

ancestor
先祖

proceed
進む

0087 □□□
habit
[hǽbit]

名 癖　♀ 爪を噛むといった個人的なことを示す

change my dietary **habits** 食習慣を変える

be in the **habit** of A　A が習慣になっている

I have a bad **habit** of eating too many snacks.
お菓子を食べ過ぎてしまう悪い癖がある。

I'm in the **habit** of reading a book before bed.
寝る前に本を読むことが習慣になっている。

► habitual **形** 習慣的な

► habituate **動** 〜を慣らす

0088 □□□
taste
[téist]

名 味、味覚、好み、試食　**動** 〜を味わう、経験する

♀ flavour は特有の味、relish は特有の風味

sweet **taste** 甘い味

have a **taste** for A　A に対する好みがある

My ex-girlfriend gave me a **taste** of love.
私の元カノは恋の味を教えてくれた。

Good medicine **tastes** bitter to the mouth.
《ことわざ》良薬口に苦し。

POINT 「味」の表現

delicious…食事がおいしい

yummy…おいしい（幼児語）

awesome…最高においしい

excellent…絶品の

flavourful…風味が豊かでおいしい

juicy…水分や汁が多くておいしい

scrumptious…素晴らしくおいしい

dainty…風味があり味わい深い

insane…あり得ないほどおいしい

mouth-watering…よだれが出るほどおいしそうな

Level 1

達成語数 0 050 100 150 200 250 300 350 400 450 500 ◀ Track 1-019

0089 □□□
smell
[smél]

名 におい、嗅覚　**動** においを嗅ぐ、においがする

👤 過去・過去分詞形は smelled［米］、smelt［英］

an unpleasant **smell**　不快なにおい

Your hand **smells** funny.　あなたの手はおかしなおいがする。

POINT 「におい」の表現

perfume…香水の良いにおい　　scent…微かなにおい　　fragrance…芳香剤のにおい
aroma…アロマ（精油）のにおい　odour…化学物質のにおい　stench…悪臭

0090 □□□
prefer
[prifə́ː]

動 〜が好き、〜を好む

prefer A to B　B より A が好き

I definitely **prefer** coffee to tea.
私は絶対的に紅茶よりコーヒーの方が好きである。

I would **prefer** not to study English today.
今日はどちらかというと英語を勉強したくない。

★ pre（前に）+ fer（運ぶ）

► preference **名** 好み

POINT 「好き」の表現

　「好き」を表現するときは **like** を多用しがちですが、他にも様々な言い方があります。**love** は
like の強調表現です。**prefer** は、選択肢がある中で別の対象物と比較して「〜が好き」、と言いた
い時に使用します。**prefer A to B**（B より A の方が好き）となります。**be fond of A** は「A が好
き」という熟語で I get along with people who **are fond of drinking.**（私はお酒好きな人と
仲良くなる）などと言うことができます。好きの度合いが最も強いのが **adore**（〜を熱愛する）で
す。

0091 □□□
personality
[pə̀ːsənǽləti]

名 個性、人格、性格、有名人

👤 character は他人と明確な区別がつく性格や特徴

strong **personality**　強い個性

dual **personality**　二重人格

TV **personality**　テレビタレント

I have a warm **personality**.　私は穏やかな性格である。

► personal **形** 個人の、私的な

► interpersonal **形** 対人の

POINT 「性格」の表現

introvert…内向的な　　　　　extrovert…外交的な（＝outgoing）
reserved…控えめな　　　　　modest…謙虚な
candid…率直な　　　　　　　talkative…おしゃべりな

Level 1

0092 □□□

ability
[əbíləti]

名能力、才能
possess an exceptional **ability**
並外れた能力を持っている
The **ability** to communicate in English is important.
英語でコミュニケーションを取るための能力は重要である。
- ► able **形**可能 ◆ unable **形**できない
- ► enable **動**〜を可能にする
- ◆ disability **名**障害

POINT 「能力」の表現

skill…学習で身につけた能力
capacity…度量の広さを表す適性能力。日本語でも能力の範囲をキャパシティと言うのと同じ
faculty…生まれつき持っている能力
competence…求められている技能。「言語運用能力」は language competence や linguistic competence と表す
command…言語能力。I have a command of French.(フランス語を操る能力がある)と表現できる
proficiency…熟達度。My proficiency in Chinese is intermediate.(私の中国語熟達度は中級である)と表現できる
talent…アートなどの特殊な分野での才能。「多才な女優」は talented actress と表す
gift…天性の能力。You are gifted.(才能があるね)というように使う

0093 □□□

express
[iksprés]

動〜を表現する **形**急行の **名**速達
express one's opinion 自分の意見を表現する
Japanese people find it difficult to **express** themselves. 日本人にとって自分自身を表現することは難しい。
- ★ ex(外に)+ press(押す)=自分の考えや気持ちを外に押し出す
- ► expression **名**表現
- ► expressive **形**表現的な、表現豊かな

★ press(押す)

Level 1

達成語数 0 050 100 150 200 250 300 350 400 450 500　◀ Track 1-020

0094 □□□
salary
[sǽləri]

名給料
annual salary 年収
raise the monthly salary 月給を上げる
My current salary is double the amount of your salary. 僕の現在の給料は君の2倍だ。

★ salt（塩）

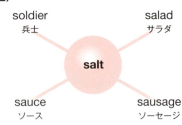

0095 □□□
role
[róul]

名役割、劇の役
play an important role in A Aにおいて重要な役割を果たす
The United Nations plays a pivotal role in international relations. 国連は国際関係で重要な役割を果たしている。

★ 役者のせりふが書かれた巻物 (roll) が語源
♀ RPG は role-playing game＝役を演じるゲーム

0096 □□□
predict
[pridíkt]

動〜を予言する、予測する
predict the future 未来を予測する
Even scientists cannot predict earthquakes accurately. 科学者でさえも地震を正確に予測できない。

★ pre（前に）＋ dict（言う）
　dictator（独裁者）や dictionary（辞書）と同語源

▶ prediction 名予言
▶ predictable 形予想できる ↔ unpredictable 形予想できない

POINT 「予言」の表現

predict…正確な情報に基づいて予言する　　foretell…方法や手段を問わずに予言する
prophesy…神秘的な知識や霊感などで予言する　forecast…天気などを予想する

0097 □□□
active
[ǽktiv]

形活発な、意欲的な、積極的な
physically active 身体的に活発な
My grandfather led a very active life.
私の祖父はとても活発な人生を送った。
Bats are active at dawn and dusk.
コウモリは夜明けと夕暮れ時に活動的である。

▶ activity 名活動、動き

050

| Level 1 | Level 2 | Level 3 | Level 4 | Level 5 |

0098 □□□
medicine
[médsin]

名 薬、医学

take a medicine 薬を飲む

My father specialised in medicine at university.

私の父は大学で医学を専攻しました。

► medical 形 医学の
► medication 名 薬物治療

POINT　「薬」の表現

　日本人英語学習者は「薬を飲む」を、drink medicine と直訳してしまうことがよくあります。英語の正しい表現は **take medicine** となるので注意が必要です。medicine には「医学」の意味もあります。My friend studies medicine at University College London. と言うと「私の友人はロンドン大学で医学を専攻している」の意味になります。medicine を使った表現では、ことわざの **Good medicine tastes bitter.**（良薬口に苦し）や **Laughter is the best medicine.**（笑いは最良の薬）なども大切です。しっかり覚えておきましょう。

●その他の「薬」を意味する単語

drug…取り入れると体に影響が出るもの。中毒性がある有害な麻薬やアルコールなども含む

pill…medicine の中でも固形で、水などと一緒に摂取する丸薬のこと。文脈によっては「避妊薬」という意味になる

remedy…medicine とは異なり、科学的根拠の元に立証されたものに限らず、「起こった問題に対する解決策」という意味合いがある。例えば、A good remedy to reduce anxiety is to eat a healthy diet.（不安を軽減するための良い方法は健康的な食事を取ることである）というように使うことができる

●薬の種類

powder…粉薬／**tablet**…錠剤／**liquid medicine**…液体の薬／**painkiller**…痛み止め

0099 □□□
danger
[déindʒə]

名 危険、脅威

perceive danger 危険に気付く

be in danger 危険な状態である

Some animals are in danger of extinction.

絶滅の危機にある動物もいる。

► dangerous 形 危険な

POINT　「危険」の表現

　「危険」を表す最も一般的な単語が **danger** です。He is in danger!（彼が危ない！）などと表現できます。車のハザードランプに代表される **hazard** は危険を引き起こす「もの」を指し、**risk** は実際の行為によって hazard にさらされ、自分に危険が起こる「可能性」のことを指します。例えば、There is a risk in swimming in the ocean.（海で泳ぐことは危険も伴う）や、Sharks in the ocean are hazards to visitors.（サメは海を訪れる人にとって危険である）のように言えます。他にも **peril** は「差し迫った危険」を表します。

051

Level 1

達成語数　0　050　100　150　200　250　300　350　400　450　500　◀ Track 1-021

0100 □□□
increase
動[inkríːs] **名**[ínkriːs]

動 増加する、〜を増やす　**名** 増加

increase by 50%　50% 増える
increase to 50%　50% に増える
The number of tourists has been **increasing** in Japan.
日本では旅行者の数が増えている。
twofold **increase**　2 倍の増加
be on the **increase**　増加している
show a rapid **increase**　急激な増加を見せる
There was a steady **increase** in the number of participants.
参加者の数は着実に増加した。
Crime is certainly on the **increase** in many of our big cities.　犯罪は、大都市の多くで確かに増加している。

★ in（中に）+ crease（作る）

► **increasingly** **副** ますます

「増加」の表現

grow…増大する
The number of tourists **grew** from 4 million to 6.5 million.
観光客の数が 400 万人から 650 万人に増えた。

escalate…次第に上がる
The amount of sugar used in baking cookies **escalated** to 50 grams after the improvement.
クッキーに使われる砂糖の量は改良後 50 グラムにまで増えた。

go up…増える
The consumption of rice in an average family **went up** by 10 kilograms each year.
平均的な家庭における米の消費量が毎年 10 キロずつ増えた。

climb…上がる
The rate of going outside has **climbed** up in seven months as the season changed.
季節が変わったので外出する割合は 7 ヶ月間で上昇した。

increase…増加する
As the number on the x-axis **increases**, the number on the y-axis also increases.
X 軸の数字が増加するとともに、Y 軸の数字も増加する。

skyrocket…急騰する
The price of gold **skyrocketed** at the end of last year.
金の価格は昨年末に急上昇した。

soar…暴騰する
Vegetables **soared** in price due to the bad weather conditions in the summer.
夏期の悪天候によって野菜の値段が急上昇した。

boost…〜を押し上げる、つり上げる、増加する
The oil industry **boosted** the country's economy.
石油産業は国の経済を押し上げた。

inflate…インフレになる、〜をつり上げる
The graph shows that the country's economy has been **inflating** for a few years.

国の経済が数年間インフレになっていることをグラフが示している。

surge…急上昇する

The value of masks **surged** up at the beginning of last year.

昨年の始めにマスクの価値が急上昇した。

■ IELTS のポイント《得点アップへの道》

　私が IELTS のスピーキングで 8.5 を取得した時に、パート3の最後に出題された問題は「音楽教育についてどう思いますか?」という質問でした。これに対して、私は次の要素を含めて回答しました。まず music の語源についてです。music の "mus" の語源は「見る」という意味で「音楽は聞くものではなく見るものだった」という点です。それから museum「博物館」や musical「ミュージカル」も本来見るためのものである、と述べました。このように英単語の語源についての知識を持っておくことで、幅広いトピックに対応できます。また「音楽」に関連付けて暗記していた以下のテンプレートも有効活用できました。

The main purpose of music education in childhood is to provide an effective outlet for feelings. (子ども時代の音楽教育とは、感情のはけ口を作ることが目的である)

　このような自分で創造することが難しい表現を日頃から意識してアウトプットできるようにしておくと、IELTS で高得点につながります。

Level 2
101 ▸▸ 200

ここでは引き続き、
初歩の単語をしっかり確認しましょう。
語源を同じくする単語はまとめて覚えたり、
イメージを見比べておきましょう。

Level 2

達成語数

0101 ☐☐☐

reduce
[ridjúːs]

動〈数量や値段〉を減少させる
reduce weight 体重を減らす
reduce the number of A Aの数を減らす
reduce the price of A Aの値段を下げる
reduce the risk of A Aのリスクを減らす
reduce the amount of A Aの量を減らす
The price of the ticket was reduced from £10 to £8.
チケットの価格は 10 ポンドから 8 ポンドに下げられた。
★ re（後ろに）+ duce（導く）
▶ reduction **名** 減少、削減

POINT 「減少」の表現

cut down…〜を減らす
diminish…〜を減らす、減少する
lessen…〜を少なくする

shrink…縮む、（〜を）縮める、減らす
dwindle…徐々に（〜を）減らす
curb…〜を抑制する

0102 ☐☐☐

surprise
[səpráiz]

名 驚き **形** 突然の **動**〈人〉を驚かせる、不意を打つ
take A by surprise Aの不意を打つ
pay a surprise visit 不意に訪問する
His marriage was a great surprise.
彼の結婚は大きな驚きだった。
It is no surprise that he got married at the age of 20.
彼が 20 歳で結婚したことについて驚きはない。
To my surprise, my father got married again.
驚いたことに父は再婚した。
▶ surprised **形** 驚いた
▶ surprising **形** 驚くべき
▶ surprisingly **副** 驚くべきことに

POINT 「驚き」の表現

surprise…予期しないことで驚かせる
amaze…びっくり仰天させる
astonish…度肝を抜かせる
astound…急に驚かせて仰天させる
startle…飛び上がるほど驚かせる
overwhelm…言葉が出ないほど驚かせる
stun…あぜんとするほど驚かせる
be blown away…ひどく驚く

| Level 1 | **Level 2** | Level 3 | Level 4 | Level 5 |

0103 ☐☐☐
control
[kəntróul]

名 支配、管理、抑制、統制
動 〜を支配する、管理する、操作する、抑制する
quality **control** 品質管理
remote **control** 遠隔操作
out of **control** 手に負えない
under the **control** of A Aに支配されて
control *one's* destiny 運命を司る
My parents **control** my budget.
両親は私の予算を管理している。
★ cont（反対に）＋ rol（回転する）

0104 ☐☐☐
own
[óun]

動 〜を所有する　**形** 自分自身の、独自の
own a company 会社を所有する
My sister **owns** a foreign car. 姉は外車を持っている。
run my **own** company 自分自身の会社を経営する
► owner **名** 所有者
► ownership **名** 所有権

0105 ☐☐☐
realise
[ríːəlàiz]

動 〜に気づく、悟る、〜を実現する　realize［米］
come to **realise** 気付く
I didn't **realise** she was a dentist.
彼女が歯科医だと気付かなかった。
realise a dream 夢を実現する
★ real（現実）＋ ise（動詞）
► real **形** 本当の
► realistic **形** 現実的な
► reality **名** 現実
► realism **名** 現実主義、リアリズム
► realisation **名** 理解、実現　realization［米］

POINT 「実現」の表現

realise…〜を実現する
I have **realised** my dream of studying abroad.
留学するという夢を叶えた。
come true…夢や願いが叶う
The desire he has had for years has **come true**.
彼が長年持ち続けた願いが叶った。
become a reality…現実となる
My dream of going abroad finally **became a reality**.
外国に行くという私の夢はついに現実となった。

057

Level 2

0106
marry
[mǽri]

動〈人〉と結婚する
marry a classmate from elementary school
小学校の同級生と結婚する
get married to A　Aと結婚する
I got married when I was 20 years old.
私は20歳の時に結婚した。
► marriage 名 結婚
► married 形 結婚した

0107
separate
形 [sépərət]
動 [sépərèit]

形 別れた、別々の　動 ～と切り離す、分ける、区切る
separate the students into two groups
生徒を2つのグループに分ける
The Sea of Japan separates Japan from the continent of Asia. 日本海が日本とアジア大陸を隔てている。
★ se（分離）+ pare（整える）
　repair（修理する）や prepare（準備する）と同語源
► separation 名 分離
► separately 副 離れて、別々に

POINT 「分離」の表現

separate は結びついているものや抽象的な関係を切り離すときに使います。カップルの関係が決裂するときには break up の方が自然です。divorce は「離婚する」という意味で get a divorce や get divorced というように名詞でも動詞でも使えます。split は1つのものを裂いたり分割したりする時に使い、split the bill で「割り勘にする」となります。divide は集合体を別々に分けるときに使い、divide the pizza「ピザを分ける」のように使います。

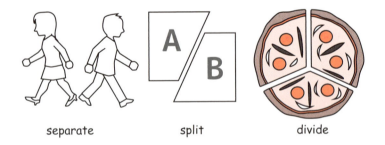

separate　　　split　　　divide

0108
replace
[ripléis]

動 ～を置き換える、入れ替える、～に取って代わる
replace A with B　AをBと取り替える
TV has been replaced by YouTube.
テレビは YouTube に取って代わられた。
Arabic script was replaced by Roman alphabet.

Level 2

アラビア文字はローマ文字に取って代わられた。
- ★ re（再び）+ place（置く）
- ▶ replacement 名 交換
- ▶ replaceable 形 取り替え可能な
- ≒ displace 動（押しのけるように）〜に取って代わる
- ≒ supersede 動〈古くなったもの〉に取って代わる

0109 □□□
repair
[ripέə]

動 〜を修理する　名 修理
repair a road 道路を修理する
repair shop 修理屋
My laptop is getting repaired.
私のノートパソコンは修理中である。
- ★ re（再び）+ pair（整える）
  parade（パレード）や prepare（準備する）と同語源

POINT　「修理」の表現

repair には「技術を用いて修理する」、一方 fix には「修理する（固定する）」という意味があります。mend は体調が良くなったりあるものを改善したりするときに使います。**I am on the mend.**（回復している）という表現で覚えましょう。amend（修正する）は間違いや悪いところを直したり修正したりするときに使います。

0110 □□□
president
[prézədənt]

名 大統領、社長、学長
the president of A Aの社長
the president of the United States of America
アメリカ合衆国の大統領　♀ 総理大臣は prime minister
Einsteín declined to be the president of Israel.
アインシュタインはイスラエルの大統領になることを拒否した。
- ★ pre（前に）+ sid（座る）+ ent（人）＝前に座る偉い人
- ▶ preside 動〈議長〉を務める
- ▶ presidency 名 大統領職の任期
- ▶ presidential 形 大統領の、総裁の

★ sit（座る）

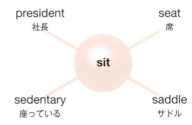

president 社長　　seat 席
sit
sedentary 座っている　　saddle サドル

059

Level 2　達成語数

Track 1-024

0111 ☐☐☐
traditional
[trədíʃənl]

形 伝統的な、古風な、伝来の
traditional clothes　伝統衣装
His way of teaching is quite **traditional**.
彼の教え方はとても伝統的である。

► tradition 名 伝統
≒ conventional 形 従来の
≒ orthodox 形 正統の

0112 ☐☐☐
original
[ərídʒənl]

形 独創的な、最初の、原始の、原作の
名 原物、原作、本物、本人
original story of the film　映画の原作
move to the **original** place　元の場所に移動する
My **original** plan was to visit Okinawa this summer.
私の元々の計画はこの夏沖縄に行くことであった。

★ ori (始まり)
orientation (方向決め) や oriental (東洋の) と同語源

► originality 名 独創性
► originally 副 元々は、当初は、独創的に

0113 ☐☐☐
attention
[əténʃən]

名 注意、注目、配慮、世話
receive **attention** / attract **attention**　注意を引く
pay **attention** to A　A に注意を払う
A lot of **attention** is paid to the entrepreneur.
その起業家に多くの注目が集まっている。
Music education has received a lot of **attention** in
recent years.　音楽教育が近年多くの注目を浴びている。

★ at (方向) + tent (伸ばす) + tion (名詞)
► attend 動 〜に注意する (+ to)、出席する
► attentive 形 注意深い、注意している

POINT 「注意」の表現

　汎用性があり、得点にもつながる表現として覚えておきたいのが「A に注目が集まっている」です。例えば **A great deal of attention has been paid to A.** (A に多くの注目が集まっている) などを使います。これは pay attention to A を受動態にしたものです。注意を引くときには **draw attention** や **bring attention** を使うと良いでしょう。**attract attention** や **grab attention** は自分の存在を知らしめるときに使います。また **catch people's eye** は「人々の注目を引く」という意味になります。「注目の的になる」という意味の **be in the spotlight** と **be in the limelight** もあわせて覚えておきましょう。

0114 ☐☐☐
climate
[kláimit]

名 気候、風土、社風
climate change　気候変動
mild **climate** in autumn　秋の穏やかな気候

The **climate** in Okinawa is warmer than that of Tokyo.
沖縄の気候は東京よりも暖かい。

★ clim (傾く) = 赤道から北極南極に向かって傾く

► climatic 形 気候の、風土の

★ clim, clin (傾く)

0115 □□□
ancient
[éinʃənt]

形 古代の、古来の
ancient Greek 古代ギリシャ
ancient civilisation 古代文明
The **ancient** Egyptians knew a lot about the human body. 古代エジプト人は人間の肉体についてよく知っていた。

★ anc (前に) + ient (形容詞) = 前の時代

► anciently 副 昔は、古代には

★ anc (前に)

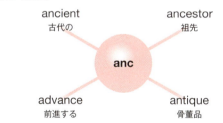

0116 □□□
advantage
[ədvǽntidʒ]

名 利点、長所
gain **advantage** over A Aより勝る
take **advantage** of A Aを利用する (=avail *oneself* of A)
One of the **advantages** of A is B.
Aの利点の一つはBである。
Do you think the **advantages** outweigh the disadvantages? 利益が不利益を上回ると思いますか？

► advantageous 形 有利な

≒ merit 名 長所、価値、メリット

≒ benefit 名 利点

061

Level 2 達成語数 0 050 100 150 200 250 300 350 400 450 500 ◐ Track 1-025

0117 □□□
beat
[bíːt]

動 〜を連打する、〜に打ち勝つ、心臓が鼓動する
名 連打、打つこと
beat up 〜を殴り倒す
beat a turtle with a stick　カメを棒で叩く
I really have to **beat** the deadline.
本当に締め切り前に仕上げなければならない。
beats of a drum　ドラムの連打

POINT 「叩く」の表現

hit…物を使って打つ　　　　**strike**……発強く叩く　　　**knock**…拳で叩く
tap…軽く叩く　　　　　　　**punch**…げんこつで殴る　**smash**…強打して粉砕する
thrash…懲罰としてムチで連打する

0118 □□□
industry
[índəstri]

名 産業、工業、勤勉
the development of **industry** in Vietnam
ベトナムにおける産業発展
The main **industry** in my country is automobile
manufacturing.　私の国の主な産業は自動車製造である。
► **industrial** **形** 産業の
► **industrialise** **動** 〜を産業化する　industrialize ［米］
► **industrious** **形** 勤勉な（＝diligent）

POINT 「産業」の表現

　industry には「産業」「工業」という意味以外に、「勤勉」という意味があります。派生語だと
industrial は「産業の」ですが、**industrious** は「勤勉な」という意味です。産業や業界に関する
表現には **farming**（農業）、**heavy industry**（重工業）、**manufacturing**（製造業）、
construction（建設業）、**retailing**（小売業）などがありますので覚えておきましょう。

0119 □□□
fail
[féil]

動 失敗する、〈試験など〉に落ちる
fail the exam　試験に落ちる
never **fail** to do　必ず〜する
without **fail**　必ず
I study English every day without **fail**.
私は毎日必ず英語を勉強する。
► **failure** **名** 失敗、落第

0120 □□□
colleague
[kɔ́liːg]

名 同僚、仲間
a former **colleague**　以前の同僚
My **colleague** is currently on maternity leave.
私の同僚は現在産休に入っている。
★ **co**（共に）＋ **league**（選ぶ）

| Level 1 | **Level 2** | Level 3 | Level 4 | Level 5 |

POINT 「同僚」の表現

colleague…同じ組織や職種のある仲間や同僚、同期。語源は co（共に）＋ league（選ぶ）＝共に選ばれた者／同僚。他にも語根の lect（選ぶ）は select（選ぶ）、elect（選挙で選ぶ）、intellect（知性）なども派生語

coworker…似た職種やポジションの同僚を指す。協力者という意味合いもあり、アメリカでは colleague よりも主流

associate…事業を一緒に行う仕事上のパートナー

mate…仲間、相棒。classmate、workmate、teammate でもお馴染み。イギリスでは Thanks mate! のように使う

fellow…mate と同様に口語的で、特に男性に向けて使われる。イギリスの大学では、研究基金から研究費を支給されている研究者のことを指す

peer…地位や能力が同等の仲間のことを指す。peer pressure（同調圧力）で覚えておくと便利

crew …口語では「仲間」という意味もあるが、主な語義は「乗組員、乗務員」

0121 ☐☐☐
crowd
[kráud]

名 群衆、大衆　**動** 〜に群がる、詰め込む
a large **crowd** in the park　公園にいる大群衆
The shopping mall is **crowded** with shoppers.
ショッピングモールは買い物客で混雑している。
► **crowded** 形 混雑している
≒ **swarm** 動 群がる

POINT 「群衆」の表現

　「人が群がる」と表現する際には **crowd** の他、**busy**（忙しい）を使うこともできます。例えば **busy street** で「繁華街」を表せます。身動きが取れないほど混雑しているときには **jammed**、交通や道路が混雑しているときには **congested**、動物や虫などがうじゃうじゃ群がるときには **swarm** を用います。名詞形で「群れ」を表す **flock** も、動詞形で People flocked to the event.（人々がイベントに殺到した）のように使えます。また口語では **pack**（群がる）を crowd と同じ用法で使って This train is packed with students.（この電車は学生で溢れている）と言ったりします。対照的に、閑散とした人の少ない状態は **less crowded** や **less people** と言えますが、全く人がいないときには **empty** を用いて **empty street**（人通りの少ない通り）や This street is empty of traffic.（この通りは交通量が少ない）と表現できます。

0122 ☐☐☐
manage
[mǽnidʒ]

動 〜を管理する、経営する、やりくりする
manage people in the company　会社の人々を管理する
manage to *do*　何とかして〜する
I **managed** to get good grades.
何とか良い成績を取った。
★ **man**（手）＝手を使って管理する
► **management** 名 管理
► **manager** 名 経営者、支配人、マネジャー
► **managerial** 形 経営の、管理の（＝administrative）

063

Level 2

達成語数 | 0 | 050 | 100 | 150 | 200 | 250 | 300 | 350 | 400 | 450 | 500 | ◀ Track 1-026

0123 □□□
organise
[ɔ́ːɡənàiz]

動 ~を組織する、整える organize［米］
organise a team チームを組織する
be **organised** on a nationwide basis
全国的基準で組織された
My desk is neatly **organised**.
私の机はきちんと整頓されている。
★ ギリシャ語「道具」
► organisation **名** 組織
► organisational **形** 組織的な
► organiser **名** 組織者、主催者

0124 □□□
government
[ɡÁvənmənt]

名 政府、政治
federal **government** 連邦政府
negotiate with the **government** 政府と交渉する
One reason for persistent poverty is the failure of the
government. 貧困が続いている理由の1つには政府の失敗がある。
► govern **動** ~を治める、統治する、支配する、管理する
► governance **名** 統治、支配
► governmental **形** 政府の
► governor **名** 知事
≒ reign **名** 統治、支配 **動** ~を統治する、支配する

0125 □□□
arrange
[əréindʒ]

動 ~を整える、取り決める、調停する、準備する
arrange my hair quickly 素早く自分の髪を整える
arrange a meeting ミーティングを設定する
I'll **arrange** for a taxi to pick you up.
あなたの迎えにタクシーを手配しよう。
► arrangement **名** 整理、取り決め、手配

0126 □□□
employ
[implɔ́i]

動 ~を雇う、雇用する、使う
employ A as a secretary 秘書として A を雇う
The venture company **employs** people from diverse
backgrounds.
そのベンチャー企業は多様な背景を持つ人々を雇用している。
I **employed** my precious time in watching films.
貴重な時間を映画鑑賞に使った。
► employee **名** 従業員
► employer **名** 雇用者
► employment **名** 雇用 ◄► unemployment **名** 失業
► employable **形** 雇用できる

064

Level 1　**Level 2**　Level 3　Level 4　Level 5

POINT 「雇用」の表現

会社に入社するときには **CV**（curriculum vitae 履歴書）を用意します。アメリカでは **resume** と呼ばれます。人材を **recruit**（〜を募集する）している会社を見つけて希望職の **job openings**（募集状況）を確認し、**apply for**（〜に応募する）します。

その後 **screening**（選別）のプロセスを経て **candidate**（候補者）となると **interview**（面接）に呼ばれます。日本語で interview と聞くと、取材のイメージがありますが、英語には「面接」という意味があります。面接を担当する部署は **HR**（human resources 人事部）と言います。

CV / resume

candidate　human resources
interview

そして正式採用となると **employ**（〜を雇用する）されます。また正社員になると I'm in full-time employment.（私は正社員です）と言うことができます。雇用する側は **employer**（雇用者）、雇用された側は **employee**（従業員）と呼ばれます。一時的に採用される場合は **hire**（〜を雇用する）が使われることもあります。

仕事でヘマをして You are fired!「お前はクビだ！」と言われるシーンが海外映画などにありますが、正式には **dismiss**（〜を解雇する）が使われます。dismiss の語源は dis（分離）+ miss（送る）から別の場所に送られるイメージです。

一時的に解雇されるときには **lay off**（〜を解雇する）が使われ、自らの意思で辞職する時には **resign**、定年を迎えて退職する時には **retire** を使います。ある理由により職を辞するときには **step down** を使うことで、He stepped down as CEO of the company for health reasons.（彼は健康上の理由から CEO の座を降りた）と表現できます。雇用されていない状況を **unemployment**（失業）と言い、国全体の会社の業績が悪化すると **unemployment rate**（失業率）が上がることになります。

0127 ☐☐☐

apply
[əpláɪ]

動 〜を応用する (+ to)、申し込む (+ for)

apply A to B　A を B に応用する
apply for A　A に申し込む

Applicants are requested to apply in person.
応募者本人が直接申し込むように求められている。

★ ap（方向）+ ply（折る）

▶ application 名 申し込み、アプリケーション、応用
▶ applicant 名 申込者、志願者、応募者
▶ applicable 形 適用できる、応用できる

Level 2

0128
publish
[pʌ́blɪʃ]

動 ~を出版する、発表する、公表する

publish a picture book for children
子ども向けの絵本を出版する

My first book was published in 2008.
私の最初の本は 2008 年に出版された。

★ pub (人々) + ish (動詞)
- publication 名 出版
- publicity 名 宣伝、広告、公表
- publishing 名 出版業
- publisher 名 出版社

POINT 「出版」の表現

本を「出版する」という場合の正式な表現は **publish** です。語源は「人々の前に出す」の意味なので、出版だけでなく「発表する」や「公表する」という時にも使います。映画やニュースを公開する時には **release** が使われます。よりカジュアルな表現では **come out** (世に出る) を使って This book came out last year. (この本は去年出版された) などと表現できます。本の冊数を表すときには **copy** を使い、I ordered 5 copies from Amazon. (Amazon で 5 冊の本を買った) と表現できます。また能動態と受動態の中間のような形式の **This book sells well.** (この本はよく売れている) という表現も覚えておきましょう。

0129
available
[əvéɪləbl]

形 利用できる、入手可能な

available resources 入手可能な資源

A lot of information is available in English on the Internet.
インターネット上では英語で多くの情報が利用できる。

★ a (方向) + vail (価値) + able (可能)
- avail 動 ~を利用する、(否定・疑問文で) ~が役に立つ
- availability 名 利用可能であること、有用性
- ⟷ unavailable 形 利用できない

0130
solve
[sɔ́lv]

動 〈問題やパズルなど〉を解く、解明する、解決する

solve a maths problem 数学の問題を解く
solve an urgent problem 緊急の問題を解決する

The manager solved a fundamental problem.
そのマネージャーは根本的な問題を解決した。

★ solve (解く)
- solution 名 解決法
- ≒ resolve 動 ~を解決する、決意する

| Level 1 | **Level 2** | Level 3 | Level 4 | Level 5 |

POINT 「解決」の表現

solve の意味は絡まっているものをきれいに解くイメージです。それに対して resolve はより抽象的で複雑なものを何とかして折り合いをつけさせるといった意味合いで使われます。resolve には「解決する」以外にも「決意する」という意味があり、名詞形の resolution を用いた New Year's resolution（新年の抱負）を覚えておきましょう。

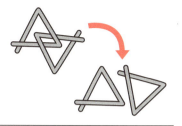

0131 ☐☐☐
provide
[prəváid]

動 ～を供給する

provide A with B A（人）に B（物）を与える（＝provide B for A）

A teacher provided students with textbooks.
教師が生徒に教科書を与えた。

★ pro（前に）＋ vid（見る）
▶ provision 名 供給

POINT 「供給」の表現

人に物を与えるときの一般的な表現は give です。次に覚えておきたい単語は provide で、その語源には pro（前に）＋ vid（見る）から「予め準備しておく」というイメージがあります。

offer は「善意を込めて提供する」の意味で使われることが多く、手を差し伸べるイメージがあります。supply には「不足しているものや必要なものを供給する」という意味があります。the balance of supply and demand（需要と供給のバランス）で覚えておきましょう。

0132 ☐☐☐
allow
[əláu]

動 ～を許す、与える、許容する、大目に見る

allow A to do A が～することを許す

allow for A A を考慮に入れる

If your sight is poor, you are not allowed to drive a car. 視力が弱いなら、車の運転をしてはならない。

▶ allowance 名 手当、お小遣い

POINT 「許可」の表現

acknowledge…～を認める　acknowledge the problem 問題を認める
permit…～を許可する　My parents permitted it. 両親がそれを許可してくれた。
admit…しぶしぶ自分の行為を認めて受け入れる
I admitted that I had made a mistake. 私は過ちを犯したことを認めた。
admission…入学、許可、入場許可、入場料
send an admission application to the university 大学に入学願書を送る
grant…～を承諾する、許可
grant a privilege 特権を付与する／ take A for granted A を当然のことと思う

067

Level 2

達成語数 0 050 100 150 200 250 300 350 400 450 500 ◀ Track 1-028

0133 ☐☐☐
destroy
[distrɔ́i]

動 ～を破壊する、消滅させる、抹殺する、無効にする

destroy the wall 壁を壊す

The commander ordered his troops to **destroy** the enemy. 司令官は彼の部隊に敵を滅ぼすよう命令した。

★ de（下に）+ st（立てる）

► **destruction** 名 破壊

► **destructive** 形 破壊的な

► **destruct** 動 自爆する

POINT 「破壊する」の表現

break…「壊す」の最も一般的な表現。物理的な物を壊すだけでなく、抽象的なものにも使う
damage…危害や損害を与える。災害による被害を受けた時にも使う
destroy…積み上げてきたものを破壊して台無しにする
demolish…建物を取り壊す時に使われる。IELTS ライティングで地図描写の問題などに使える
ruin…「修復不可能なほどに破壊する」という意味。名詞形では「廃墟」という意味になる
collapse…崩れ落ちて壊れる時に使う。健康の衰えや株価の暴落も表せる
wreck…「乱暴な方法でめちゃめちゃに壊す」という意味。名詞では「難破船」を意味する

0134 ☐☐☐
produce
[prədjúːs]

動 ～を生産する、〈映画など〉を製作する

produce good results 良い結果を生み出す

My grandparents **produce** their own homemade jam.
私の祖父母は自分たちでジャムを作る。

★ pro（前に）+ duce（導く）

► **producer** 名 製作者、演出家

► **product** 名 商品、製品

► **production** 名 生産

► **productive** 形 生産的な

► **productivity** 名 生産性

≒ **yield** 動 ～を生み出す

0135 ☐☐☐
recognise
[rékəgnàiz]

動 ～を認識する、認める　recognize［米］

recognise A as B　A を B として認識する

The Earth has been **recognised** as round.
地球は丸いと認められている。

It is generally **recognised** that the planets rotate around the Sun.
惑星は太陽の周囲を回ると一般的に知られている。

★ re（再び）+ co（共に）+ gn（知る）+ ise（動詞）

► **recognition** 名 認識

068

| Level 1 | **Level 2** | Level 3 | Level 4 | Level 5 |

0136 ☐☐☐

involve
[invɔ́lv]

動 〈人〉を（〜に）巻き込む、関与させる、伴う
be involved in A　Aに関わっている
Some parents are actively involved in their children's education.　子どもの教育に積極的に関わる親もいる。
Grandparents nowadays are frequently involved in parenting.
最近では祖父母が子育てに頻繁に携わっている。

★ in（中に）+ volve（回る）

▶ involvement 名 関与

0137 ☐☐☐

prevent
[privént]

動 〜を妨げる、防ぐ
prevent A from B （＝keep A from B）
prevent a disease　病気を予防する
prevent global warming　地球温暖化を防ぐ
Nothing will prevent me from studying abroad.
何があっても私は海外留学をする。

★ pre（前）+ vent（来る）＝目の前に来て妨げる

▶ prevention 名 防止、予防
▶ preventive 形 予防の、防止的な

★ vent（来る）

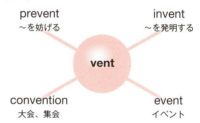

prevent 〜を妨げる　　invent 〜を発明する
vent
convention 大会、集会　　event イベント

0138 ☐☐☐

affect
[əfékt]

動 〜に（直接的に）影響する
affect *one's* health　健康に影響を与える
affect the environment　環境に影響を与える
The grades are affected by the rate of your attendance.
あなたの出席率が成績に影響する。
Diet affects not only our physical but our mental health.
食事は私たちの身体的健康ばかりでなく、精神衛生にも影響する。

▶ affection 名 愛情
▶ affectionate 形 愛情のこもった
▶ affective 形 感情的な

★ af（ある方向に）+ fect（作る）＝直接影響する

069

Level 2

達成語数 0 050 100 150 200 250 300 350 400 450 500 ◀ Track 1-029

0139 ☐☐☐
complain
[kəmpléin]

動 苦情を言う、文句を言う（＋ about, of）
complain about the products 商品に対して苦情を言う
My mother always complains of my being too lazy.
私の母はいつも私が怠け過ぎであることに文句を言っている。
► complaint 名 不平

POINT 「苦情」の表現

日本語の「クレーム」と、英語の claim（〜を主張する）は意味が異なるので注意が必要です。
complain は The customer complained about the quality of the product.（顧客はその商品の質について文句を言いました）のように、気に食わないことや苦痛などに対して抗議したり文句や苦情を言ったりする時に使います。名詞形は complaint で、make a complaint（文句を言う）や I have no complaints.（特に不満はありません）という表現も覚えておきましょう。

0140 ☐☐☐
pronounce
[prənáuns]

動 〜を発音する、宣言する、宣告する
pronounce the word 単語を発音する
Chinese words are difficult to pronounce.
中国語は発音するのが難しい。
★ pro（前に）＋ nounce（伝える）
► pronounced 形 はっきりした、明確な（＝marked）

POINT 「発音」の表現

pronounce（〜を発音する）と同様の意味を持つ articulate（〜をはっきりと発音する）は「考えや感情を明瞭に表現する」というニュアンスを持ちます。accent には「特定の音節を強調する」という意味だけでなく、「個人や地方特有の発音・訛り」という意味もあり、regional accent（地方訛り）や Scottish accent（スコットランド訛り）などと表現できます。accent の語源はac（方向）＋ cent（歌）で cantabile（《イタリア語》歌うように）や chant（聖歌）と同語源です。その他に、dialect は「ある地域特有の方言」を指します。

■ IELTS のポイント《スピーキング③　発音》
IELTS のスピーキングには「Pronunciation（発音）」という評価項目があります。イギリス英語発音 (British Pronunciation) やアメリカ英語発音 (American pronunciation) がありますが、どちらの発音でも一貫性があれば問題ありません。アメリカ英語やイギリス英語の発音に捉われることなく、明瞭で分かりやすい英語 (intelligible English) を心がけましょう。

Level 1　**Level 2**　Level 3　Level 4　Level 5

0141 ☐☐☐
avoid
[əvɔ́id]

動〈好ましくない物や状況〉を避ける（+ doing）
avoid getting involved in the quarrel
口論に巻き込まれることを避ける
cannot **avoid** *do*ing　〜せざるを得ない
Avoid the broken glass on the floor.
床に落ちている割れたガラスを避けて通りなさい。

★ a（方向）+ void（空）
▶ **avoidance** 名 回避
▶ **unavoidable** 形 避けられない、不可避の

POINT　「避ける・逃げる」の表現

avoid…避ける　虎を見て避けるイメージ
escape…逃げ出す　虎が檻から逃げ出すイメージ
run away…逃げ出す　虎を見た瞬間逃げるイメージ
flee…逃げる、避難する　かき乱して逃げるイメージ

0142 ☐☐☐
appear
[əpíə]

動 現れる、見える（+ to）
appear on TV　テレビに出演する
appear in a variety of films　様々な映画に出演する
It **appears** to me that SV.　私には SV に見える。

★ ap（方向）+ pear（見える）
▶ **appearance** 名 出現、外見
　make an **appearance**　姿を表す、出席する
　judge A by A's **appearance**　A を外見で判断する
　put in an **appearance**　姿を現す

0143 ☐☐☐
argue
[ɑ́ːgjuː]

動（根拠をもって公に）〜を主張する、言い争う、議論する
argue the toss　決まったことに文句をつける
Scientists **argue** that there is no gravity in the universe.　科学者たちは宇宙には重力がないと主張している。

★ arg（白く輝く）= 明らかにする
　Argentine（アルゼンチン）や Ag（銀の元素記号）と同語源
▶ **argument** 名 議論、主張、口論
▶ **argumentative** 形 議論好きな

POINT　「主張」の表現

insist…反対されても譲歩せず言い張る　　**assert**…確固たる自信を持って主張する
persist…継続して主張する　　　　　　　**claim**…自分の言い分を主張する
maintain…めげずに主張する

071

Level 2　達成語数 0 050 100 150 200 250 300 350 400 450 500　◀ Track 1-030

0144 □□□

recommend
[rèkəménd]

動 ～を推薦する、推奨する、すすめる

recommend the original story　原作をおすすめする

recommend an applicant for a position
そのポジションに候補者を推薦する

A cruise is highly **recommended**.
クルーズはとてもおすすめだ。

★ re（強調）＋ commend（命じる）
demand（要求する）や command（命令する）と同語源

► recommendation 名推薦

0145 □□□

exist
[igzíst]

動 存在する、生存する

Ghosts don't **exist**. お化けは存在しない。

Humans cannot **exist** without water.
人間は水なしでは生きることができない。

★ ex（外に）＋ ist（立つ）

► existence 名存在、生存
► existent 形実存する

0146 □□□

depend
[dipénd]

動 ～に頼る、依存する、次第である（＋ on）

depend on my wife　自分の妻に頼る

Children **depend** on their parents by nature.
子どもは生まれつき親に依存する。

That **depends** on the situation. その状況次第です。

★ de（下に）＋ pend（ぶら下がる）
pendant（ペンダント）や pendulum（振り子）と同語源

► dependence 名依存
► dependent 形依存した（＋ on）
► dependency 名依存（状態）、属国、保護領

POINT 「頼る」の表現

depend…語源の de（下に）＋ pend（ぶら下がる）から、当てになる誰かにぶら下がって頼る
※ p. 82 POINT もチェック
rely on…客観的な判断に基づいて頼る
turn to A…A の方向を向いて頼る
count on A…A に期待して頼る
be contingent on / upon…依存する

Level 1	**Level 2**	Level 3	Level 4	Level 5

0147 ☐☐☐

advertise

[ǽdvətàiz]

動 ～を宣伝する

advertise in a newspaper 新聞で宣伝する

It is no longer permitted to **advertise** cigarettes on television. テレビでタバコの宣伝をすることはもはや禁止されている。

► **advertisement** 名 宣伝 ⚲省略形は ad［米］、adverts［英］

► **advertising** 形 宣伝の

0148 ☐☐☐

benefit

[bénəfit]

名 利益　動 ～に利益を与える

for the **benefit** of A A の利益ために

The business brought little **benefit** to the company.
その事業は会社にほとんど利益をもたらさなかった。

Use of solar power will **benefit** all mankind.
太陽光発電の使用は全人類の利益になるだろう。

★ **bene**（良い）+ **fit**（作る）
bonus（ボーナス）や benediction（祝福）と同語源

► **beneficial** 形 有益な

► **beneficiary** 名 利益・恩恵を受ける人

► **benefactor** 名 恩人

≒ **profit** 名 （金銭的な）利益

0149 ☐☐☐

feature

[fíːtʃə]

名 特徴、顔つき、特集、呼び物　動 ～を特集する

a new **feature** on my smartphone スマホの新しい機能

a special **feature** on animal experimentation
動物実験に関する特別記事

The most unique **feature** of my house is the balcony.
我が家の最もユニークな特徴はバルコニーである。

≒ **characteristic** 名 特性

≒ **peculiarity** 名 特異（性）

0150 ☐☐☐

matter

[mǽtə]

名 問題、事柄、物質　動 問題となる、重要である

What's the **matter**? どうしたの？

as a **matter** of fact 実のところは

It is just a **matter** of personal preference.
それは個人の好みの問題に過ぎない。

It doesn't **matter**. 問題ないよ。

⚲ solid **matter** 固体

⚲ liquid **matter** 液体

POINT 「物質」の表現

matter…実体を持つ物質　　　　　　**substance**…構成要素となる物質
stuff…抽象的で漠然とした物（口語）　**material**…材料となる物質

073

Level 2

0151
transport
名 [trǽnspɔːt]
動 [trænspɔ́ːt]

名 輸送 動 〜を輸送する、運ぶ
mode of transport 交通手段
Bicycles are a cheap and efficient means of transport. 自転車は安価で効率の良い交通手段である。
James uses public transport to commute to work.
ジェームズは通勤に公共交通機関を利用している。
transport a patient by helicopter 患者をヘリコプターで運ぶ
★ trans（横切る）+ port（運ぶ）
▶ transportation 名 輸送

★ trans（横切る）

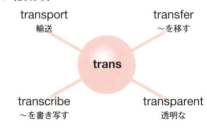

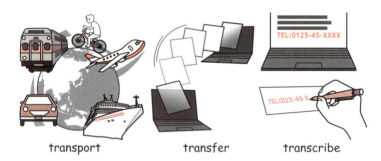

0152
vehicle
[víːikl]

名 乗り物、手段、伝達手段
motor vehicle 自動車
The vehicle broke down on the journey to Hokkaido.
北海道への旅の途中で乗り物が壊れた。
College is a vehicle for success.
大学とは成功の手段である。
Language is a vehicle of communication.
言語はコミュニケーションの一つの手段である。
▶ vehicular 形 乗り物の

Level 1	**Level 2**	Level 3	Level 4	Level 5

POINT 「乗り物」の表現

以下の単語を押さえておきましょう。
□ car（車）　□ bicycle（自転車）　□ bus（バス）　□ train（電車）
□ ferry（フェリー）　□ ship（船）　□ helicopter（ヘリコプター）
□ aeroplane（飛行機）／airplane［米］　□ rocket（ロケット）

0153 □□□

experiment

動 [ikspérəmènt]
名 [ikspérəmənt]

名 実験（＋ on）　動 実験をする
conduct an **experiment** 実験をする
carry out an **experiment** 実験をする
I believe that **experiments** on animals should be banned. 動物実験は禁止されるべきだと考えている。

★ **experi**（やってみる）＋ **ment**（名詞）
　expert（専門家）や experience（経験）と同語源

► **experimental** 形 実験の、実験的な

0154 □□□

crime

[kráim]

名 犯罪
crime rate 犯罪率
commit a **crime** 犯罪を犯す
be involved in organised **crime** 組織犯罪に関わる
The number of **crimes** has been on the rise in the city.
その街での犯罪件数は増加している。

► **criminal** 名 犯罪者　形 犯罪の

★ **crim**（判断、見分ける）
　secret（秘密）や concern（懸念）と同語源

POINT 「犯罪」の表現

　犯罪は **shoplifting**（万引き）や **theft**（窃盗）から **arson**（放火）、**murder**（殺人）など多岐にわたります。「泥棒」は **thief**、「犯罪者」は **criminal** と呼ばれますが、形式的に「犯罪者」は **offender** と呼ばれ、**offend** には「犯罪を犯す」という意味があります。犯罪を犯す（**commit a crime**）と、裁判所（**court**）で被害者（**victim**）と犯罪者（**criminal**）により裁判が行われ、有罪判決（**a guilty verdict**）が下ると刑務所（**prison**）に入れられます。刑務所に入る前の裁判待ちの犯罪者を拘束する場所を **jail** と呼びます。投獄されている状態を **behind bars** を使って The criminal is behind bars.（その犯罪者は投獄中である）と表現できます。刑務所に収容されている人のことを **inmate**（囚人、受刑者）と呼び、これは病院に強制的に入院させられている人にも使います。

0155 □□□

source

[sɔ́ːs]

名 もと、根源、源泉
a **source** of information 情報源
find an alternative **source** 代替源を見つける
Academic papers require outside **sources**.
学術論文には外部の情報が必要である。

► **outsource** 動 〜を外部調達する、外注する

075

Level 2 達成語数

Track 1-032

0156
relationship
[riléiʃənʃip]

名 関係、関連

cut off a **relationship** 関係を断つ
a long-standing **relationship** 長く続く関係
build an intimate **relationship** 親密な関係を築く
I developed a close **relationship** with my mentor.
メンターと親しい関係を築いた。

- relate 動 ~を関連づける
- related 形 ~と関係のある
- relation 名 関係
- relative 名 親戚 形 比較上の、関連した、親戚の
- relatively 副 比較的

POINT 「関係」の表現

ある物事に対して「関わりがある」という表現は **I am involved in A.** や **I am concerned with A.**（私は A に関わっています）を使います。また関係がないときには **I am not related to A.**（私は A に関係ありません）や **That has nothing to do with you.**（それはあなたに関係ありません）、または **It is none of your business.**（あなたには関係ありません）と強めの口調で言うこともあります。

0157
term
[tə́:m]

名 期間、学期、（terms の形で）条件、用語、間柄

in the long **term** 長期的には
at the end of the **term** 学期末に
agree to the **terms** and conditions 取引条件に同意する
coin the technical **term** 専門用語を作る
be on good **terms** with A A と良い間柄である
in **terms** of education 教育の観点から
In **terms** of culture, Japan is quite different from other countries. 文化の観点から言えば、日本は他の国々と大きく異なる。

- short-term 形 短期の ↔ long-term

★ term （限界）

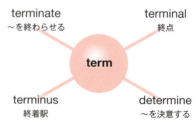

076

Level 1	**Level 2**	Level 3	Level 4	Level 5

0158 ☐☐☐
evidence
[évədəns]

名 証拠

gather evidence 証拠を集める

scientific evidence 科学的根拠

Evidence and experience are two important elements in writing. 証拠と経験はライティングにおける2つの重要な要素である。

★ e（外に）＋ vid（見る）

► evident 形 明らかな

0159 ☐☐☐
injure
[índʒə]

動（肉体的に）〜を傷つける

get injured 傷つく

I was seriously injured in a traffic accident.
交通事故で重傷を負った。

The sailor was found injured, but alive.
その船員は負傷していたが、生きている状態で見つかった。

★ in（否定）＋ jure（正しい）＝正しくないことをする

► injured 形 けがをした

► injury 名 けが

POINT 「傷」の表現

injure…肉体的に傷つける

hurt…精神的に傷つける

harm…物理的・精神的に傷つける

flaw…傷やひびで台無しにする

wound…武器を使って傷つける

damage…修復可能な程度に破壊する

bruise…打撲傷を与える

impair…長期的な傷や害を与える

0160 ☐☐☐
strategy
[strǽtədʒi]

名 戦略

develop a strategy 戦略を立てる

adopt an economic strategy 経済戦略を練る

It is critical to design a strategy for success in IELTS.
IELTS で成功するために戦略を練ることは重要である。

► strategic 形 戦略的な　※発音注意

≒ tactics 名 個々の戦術

≒ plot 名 道筋、陰謀

0161 ☐☐☐
petrol
[pétrəl]

名 ガソリン　gasoline［米］

petrol station ガソリンスタンド　gas station［米］

petrol tank ガソリンタンク

Petrol ignites easily. 石油は火がつきやすい。

The driver filled up the tank with petrol.
運転手はタンクをガソリンで満たした。

► petroleum 名 石油

≒ fossil fuel 名 化石燃料

077

Level 2　達成語数 ◀ Track 1-033

0162 □□□
instrument
[ínstrəmənt]

名器具、楽器
a musical **instrument** 楽器
The surgeon uses a variety of medical **instruments**.
外科医は多様な医療器具を使う。
▶ **instrumental** 形 〜の手段になって、助けになって、楽器の

POINT 「道具」の表現

tool…仕事や労働に使う道具
instrument…手術や科学、芸術で使う道具
utensil…台所で使う用具

appliance…家庭用の器具や電気製品
implement…農業や園芸の道具
props…舞台の小道具

0163 □□□
board
[bɔ́ːd]

名板、委員会、会議、卓、食事
動〜に乗り込む、下宿する
a notice **board** 掲示板　bulletin board ［米］
a **board** of education 教育委員会
go on **board** 乗り物に乗る
board and lodging 賄い付き下宿　room and board ［米］
♀ boarding school は「全寮制学校」を意味する
The flight attendant called all passengers to **board** the plane. 客室乗務員は全ての搭乗客に飛行機に乗るよう呼びかけた。
▶ **aboard** 副 乗って

0164 □□□
bill
[bíl]

名紙幣 ［米］、手形、請求書、張り紙、法案
動（請求書）を送る
♀ 紙幣はイギリス英語では note
pass a **bill** 法案が可決する
bill of exchange 為替手形
Can I have the **bill**, please? お会計お願いします。

0165 □□□
method
[méθəd]

名方法、体系、秩序
a teaching **method** 教授法（＝pedagogy）
a **method** of payment 支払い方法
develop a new **method** 新しい方法を開発する
The student devised a foolproof **method** of winning.
その学生は勝利のための確実な方法を考案した。
▶ **methodical** 形 順序立った、整然とした
▶ **methodological** 形 方法論の
▶ **methodology** 名 方法論
≒ **means** 名 方法、手段
≒ **way** 名 方法
≒ **manner** 名 （独特な）方法

| Level 1 | **Level 2** | Level 3 | Level 4 | Level 5 |

0166 □□□
physics
[fíziks]

名物理学
physics class 物理学のクラス
Physics is a science that deals with energy.
物理学はエネルギーを扱う科学である。
Newton's theory became the basis for modern physics. ニュートンの理論が現代物理学の素地となった。
► physicist **名**物理学者
► physical **形**物理的な

0167 □□□
biology
[baiɔ́lədʒi]

名生物学、生態
marine biology 海洋生物学
I failed the biology class.
生物学のクラス（単位）を落とした。
★ bio（生命）+ logy（学問）
► biological **形**生物学的な
► biologically **副**生物学的に
► biologist **名**生物学者

0168 □□□
major
[méidʒɚ]

形主要な　**名**主要専攻科目、成人
動専攻する（+ in）[米]（＝specialise [英]）
major league メジャーリーグ
major discoveries for science 科学における大発見
major in psychology 心理学を専攻する
Unemployment is a major cause of crime.
失業は犯罪の主な原因である。
► majority **名**大多数

★ major（大きい）

0169 □□□
destination
[dèstənéiʃən]

名目的地、行き先
ideal holiday destination 理想的な休暇旅行先
Mt. Fuji is a popular tourist destination.
富士山は人気の観光地である。
❓ 運命づけられた（destiny）場所ということ

079

Level 2

0170

thin
[θín]

形 薄い、細い、弱い、貧弱な、浅薄な
thin paper 薄い紙
thin soup 薄いスープ
thin hair 薄毛
The students had a **thin** argument.
その生徒らは浅薄な議論をした。

POINT 「細い」の表現

thin…細く痩せている
gaunt…病気などで痩せこけた
slender…すらっと細い
lean…引き締まっている
skinny…骨が浮き出るほどガリガリな
slim…華奢な

0171

fit
[fít]

動 〜にぴったり合う **形** 適した、健康な
Athletes choose sportswear that **fits** their body.
スポーツ選手は自分の体に合ったスポーツウェアを選ぶ。
perfect **fit** 完璧に合う
stay **fit** and healthy 健康を維持する
I am not **fit** for this job. 私はこの仕事に向いてない。
▶ **fitness** 名 健康、フィットネス

0172

ordinary
[ɔ́ːdənəri]

形 普通の
in an **ordinary** way いつも通りに
the lives of **ordinary** people 一般人の生活
I spend an **ordinary** life. 普通の生活を送る。
≒ **normal** 形 基準の ↔ abnormal
≒ **standard** 形 標準の
≒ **common** 形 共通の、ありふれた
↔ **extraordinary** 形 並外れた (＝special)

★ ord (順序)

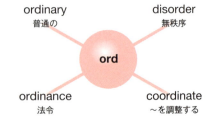

ordinary 普通の
disorder 無秩序
ordinance 法令
coordinate 〜を調整する

| Level 1 | **Level 2** | Level 3 | Level 4 | Level 5 |

0173 ☐☐☐
nervous
[nə́ːvəs]

形 緊張している
= be under mounting pressure

a **nervous** breakdown　神経衰弱
I get **nervous** before the IELTS speaking exam.
IELTS スピーキングの試験前は緊張します。

► nerve 名 神経
≒ anxious 形 不安な

0174 ☐☐☐
specific
[spisífik]

形 特定の、明確な、具体的な
talk about a **specific** topic　特定の話題について話す
Can you be more **specific** about the project?
より具体的にそのプロジェクトについて教えてくれますか？

► specifically 副 特に、具体的に
► specification 名 詳細、仕様書、明細書
► specify 動 ～を明確に述べる
≒ particular 形 特定の

0175 ☐☐☐
necessary
[nésəsəri]

形 必要な　名 （necessaries の形で）必需品
Your presence is not **necessary** in this meeting.
あたなはこの会議に出席する必要はない。

It is **necessary** to have a passport when you go
abroad.　外国に行く時にはパスポートが必要である。

► necessarily 副 必ずしも
► necessity 名 必要性

POINT　「必要」の表現

　necessary は避けられない必然性が伴う時に使われます。名詞形の複数形で **necessaries** は「必需品」という意味にもなります。本質的に欠かすことのできない必要な条件を表すときには **essential** が使われ、Water is essential while exercising.（運動中に水は不可欠です）といったように使われます。また **imperative** は「緊急の」といった意味があります。

0176 ☐☐☐
independent
[ìndipéndənt]

形 独立した　※ p.82 POINT もチェック
set up an **independent** sovereign nation
独立した主権国家を設立する
My older sister is financially **independent**.
姉は経済的に自立している。

★ in（否定）+ de（下に）+ pend（ぶら下げる）
► independence 名 独立

081

Level 2

POINT 「独立」の表現

independent のコアとなる depend の語源を見ていくと de（下に）+ pend（ぶら下がる）から、誰かに依存しているイメージがあります。名詞形の **dependence** が「依存」となるので反意語の independence は「独立」という意味になります。「自立学習」なら independent learning と言います。pend（ぶら下がる）がつく単語を他にも見てみましょう。首にぶら下げる **pendant**（ペンダント）、肩にかける **suspenders**（サスペンダー：通例複数形）、**pendulum**（振り子）も同語源です。

pendant

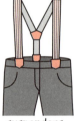
suspenders

pendulum

0177 □□□
general
[dʒénərəl]

形 一般的な、全体的な

the general public 一般の人々

In general, babies cry when they are hungry.
一般的に、赤ん坊はおなかがすくと泣く。

★ gen（生まれる）

▶ generally 副 一般的に

≒ on the whole 概して

≒ by and large 全体的に

0178 □□□
widespread
[wáidspréd]

形 広げた、広範囲に及ぶ、広く行き渡った

attract widespread criticism 広く批判を呼ぶ

At-home skincare has become widespread among the general public. 家庭でのスキンケアは一般の人々に普及している。

There has been a widespread agreement on the opinion.
その意見に対する同意が広がっている。

▶ wide 形 広い

▶ widely 副 広く

▶ width 名 広さ

POINT 「広い」の表現

broad…幅が広い　　　　spacious…空間が広い　　　　vast…広大な

massive…巨大な　　　　ample…広い、十分な　　　　roomy…広々とした

082

Level 2

0179 □□□
narrow
[nǽrou]

形 狭い、細い、ぎりぎりの　動 ～を狭くする
narrow bridge　幅の狭い橋
narrow-minded people　心が狭い人
narrow examination　精密検査
in a narrow sense　狭義には
win A by a narrow margin　僅差でAに勝つ
narrow down from 5 to 2　5から2に絞り込む
The gap between the U.S. and China had considerably narrowed.　アメリカと中国間の差異はずいぶん狭まった。

0180 □□□
alternative
[ɔːltə́ːnətiv]

形 二者択一の、代わりとなる（+ to）　名 二者択一
submit an alternative plan　代案を提出する
take an alternative route　迂回路を使う
You have the alternative of English or French.
英語かフランス語かの二者択一である。
▶ alter 動（部分的に）変化する
▶ alteration 名 変更、修正
▶ alternate 形 交互の
▶ alternatively 副 代わりに
▶ alternately 副 交互に

0181 □□□
immediate
[imíːdiət]

形 即座の、迅速な、直接の、隣接した
make an immediate response　すぐに返事をする
take immediate action　迅速な行動をとる
be in immediate proximity to A　Aのすぐ近くにいる
Greeting immediate neighbours is common in local areas.　地方では隣の人に挨拶することはよくある。
★ im（否定）+ med（中間）＝中間がない
▶ immediately 副 すぐに、直ちに（＝right away）

★ med（中間）

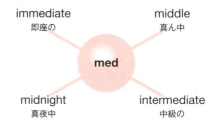

083

Level 2

達成語数 | Track 1-036

0182 □□□

alarming
[əláːmiŋ]

形 心配な、警戒すべき

in an **alarming** situation　心配な状況で
Insects are dying at an **alarming** rate.
虫が驚くべき速さで死んでいる。

★ al（全て）+ arm（武器）

► alarm 名 警報、アラーム 動 ～に警報を鳴らす
≒ alert 形 油断のない 動 警報を出す 名 警戒警報
≒ wary 形 用心深い

0183 □□□

enemy
[énəmi]

名 危害を与えてくるもの、敵

natural **enemy**　天敵
the enemy within the gate　裏切り者
Water is the worst **enemy** of paper.　水は紙にとって大敵である。

POINT 「敵」の表現

enemy…危害を与えてくる敵　　　　foe…敵意や嫌悪を含む敵
opponent…試合や競争での対戦相手　　rival…賞や順位を巡って競う相手

0184 □□□

aspect
[ǽspekt]

名 側面、角度、要望

from this **aspect**　この観点から
discuss a subject in all **aspects**
1つのテーマをあらゆる面にわたって討議する
Evidence is the most important **aspect** of the debate.
証拠がディベートの最も重要な側面である。

0185 □□□

laboratory
[ləbɔ́rətəri]

名 実験室、研究室　♀ 省略形は lab
形 実験室の

My friend is doing his research in the student
laboratory.　私の友人は学生用の実験室で研究している。
laboratory animals　実験動物

★ labor（働く）+ ry（場所）

POINT 「場所」の表現

laboratory…実験室　　　library…図書館　　　gallery…画廊
factory…工場　　　　　bakery…パン屋　　　laundry…洗濯屋、クリーニング店

0186 □□□

atmosphere
[ǽtməsfiə]

名 大気、雰囲気

I have been fascinated by the **atmosphere** of Oxford.
オックスフォードの雰囲気に魅了されている。
The earth and its **atmosphere** are kept warm by the
sun.　地球とその大気は太陽によって温かく保たれている。

★ atmos（蒸気）+ sphere（球）

084

Level 2

▶ atmospheric 形 大気の

≒ mood 名 気分、気持ち 💡 日本語の「ムード」は atmosphere に当たる

0187 □□□
fate
[féit]

名 運命、宿命、成り行き
discuss the fate of the earth 地球の運命について議論する
It must be fate. 運命に違いない。

★「神によって語られたもの」という語源を持つ

▶ fatal 形 致命的な

POINT 「運命」の表現

destiny は「後に幸運をもたらす物事」を意味します。doom は「不幸な運命」を表します。例えば私の場合、留学中にボーリングに行った時、投球するタイミングで対戦相手の友人にわざと Doom!（失敗しろ～）と言われたことがあります。その他に、よく聞く「運命」の単語として fate が挙げられますが、これは「不可避な運命」の意味です。また fortune は「将来に影響する（幸）運」のことで、fortune teller（占い師）などと言いますね。jinx（ジンクス）は、語源がギリシャ語の jugx で、古代ギリシャで魔術用に使われた不気味な風貌の鳥の名前に由来し、「縁起が悪い」という意味になります。日本語では運が良い時にも使われますが、英語では不幸な場合にのみ使われます。

0188 □□□
anchor
[ǽŋkə]

名 船の錨（いかり）、アンカー
動 ～を錨で留める、固定させる、総合司会をする
forge an anchor 錨を鍛造（たんぞう）する
anchor the tent with some pegs テントを杭で固定する
My father anchors a morning news program.
父は朝のニュース番組の司会を務めている。

★ anch（角）+ or（名詞）

POINT 「アングル (angle)」の表現

angle は単独で「角度」の意味があり、これを含む単語に triangle（三角形）、rectangle（長方形）、ankle（足首）などがあります。

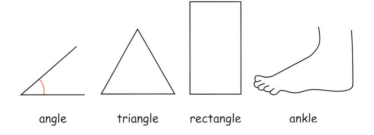

angle　　　triangle　　　rectangle　　　ankle

085

Level 2

0189
tension
[ténʃən]

名 緊張
tension of the muscles 筋肉の緊張
under extreme tension とても緊張して
break the tension between the two parties
両党の緊張を和らげる
I need to relieve some tension.
緊張をいくらか和らげる必要がある。
► tense 形 緊張した
≒ strain 名 緊張

★ tens, tend（伸ばす）

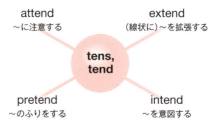

0190
display
[displéi]

動 ～を陳列する、展示する　名 ディスプレイ
display merchandise behind glass cases
ガラスケースの後ろに商品を展示する
People put animals on display without any hesitation.
人間はためらいなく動物を展示している。
★ dis（広げる）＋ ply（折る）＝折られていたものを広げて見せる

0191
award
[əwɔ́ːd]

名 賞　動〈賞〉を授与する
an award winner 受賞者
receive an award 賞を受け取る
win a civilian award 市民賞を得る
I was awarded the first prize in the golf competition.
ゴルフの大会で最優秀賞を受賞した。
≒ prize 名 賞

0192
principle
[prínsəpl]

名 原則、原理、主義、信条
in principle 原則的には
moral principle 道徳的原理、大道
stick to my principle 自分の主義を貫く
It goes against my principles to cheat.
カンニングをすることは自分の信条に反する。
★ prin（最初の）＝第一の考え方
prince（王子）princess（王女）と同語源

| Level 1 | **Level 2** | Level 3 | Level 4 | Level 5 |

0193 □□□

reserve
[rizə́ːv]

動 ～を予約する、取っておく　**名** 蓄え、予備、遠慮、保護区

reserve two seats at the café
カフェで座席を2つ予約する

All rights **reserved**. 許可なき複製を禁ず。

This table is **reserved** for the bride and groom.
このテーブルは新郎新婦用に確保されている。

I would like to **reserve** two seats on the 9:30 train to London.
ロンドン行き9時30分発の電車2席を予約したい。

set up **reserves** to protect animals
動物を護るために保護区を設立する

without **reserve**　遠慮なく

Tell me everything without **reserve**.
遠慮なく何でも言ってね。

▶ reservation **名** (席やホテルの) 予約

≒ appoint **動** (面会や病院等の) 約束・予約をする、任命する

POINT 「予約」の表現

reservation…レストランやホテルの予約など「席を確保する」時に使う。例えば I would like to make a reservation on the 10:30 train to London.（ロンドン行き10時30分発の電車を予約したいです）と言う。**make a reservation** は reserve より丁寧な表現になる

appointment…病院や面会の約束など「人に対面する」時に使われる。日本語でも「人との約束」のことをアポと言う。動詞形の **appoint** には「～を任命する、指名する」という意味があり、**begin at the appointed time** で「指定された時間に始める」となる

book…動詞形で「～を予約する」という意味になり、最もカジュアルな表現。日本語のダブルブッキング (booking は「記帳、予約」) でもお馴染み。**book a flight**（飛行機を予約する）、**book a hotel**（ホテルを予約する）、**book a seat**（席を予約する）などと言える。受動態にして **The theatre is fully booked.**（映画館は満席です）と表現することも可能

0194 □□□

leaflet
[líːflit]

名 チラシ、ビラ、若葉

hand out **leaflets** to the audience　観客にチラシを配る

All the detailed information is included in the **leaflet**.
すべての詳細情報はチラシに含まれている。

POINT 「チラシ」の表現

flyer…一度見たら捨てられてしまうチラシ
leaflet…案内や宣伝が書かれた折りたためるチラシ
brochure…販売促進用の折りたためる小冊子
pamphlet…宣伝ではなくある製品などの情報が書かれた小冊子
booklet…ページ数も情報量も多い、製本された小冊子

T Level 2

達成語数　　0　050　100　150　200　250　300　350　400　450　500　◐ Track 1-038

0195 □□□
priority
[praiɔ́ːrəti]

名優先順位
first priority　最優先
priority seat　優先席
The company gives high **priority** to improve production methods.
会社は生産方法を改善することを最も優先している。
My personal **priority** is to find a job that fits my interests and passion.
私の個人的な優先事項は、興味と情熱に合う仕事を見つけることである。
► **prior** 形 優先する、前の (+ to)
► **prioritise** 動 〜を優先する (=prioritize [米])

0196 □□□
myth
[míθ]

名神話、作り話
a Japanese **myth**　日本神話
in the realm of **myth**　神話の世界で
Myths are stories that explain the origin of events from the distant past.
神話とは遠い過去の出来事の起源を説明する物語である。
► **mythology** 名 神学
► **mythical** 形 神話の
≒ **legend** 名 伝説
≒ **fable** 名 寓話、架空の話
≒ **saga** 名 波乱万丈の英雄物語

0197 □□□
sympathy
[símpəθi]

名同情、共感
have **sympathy** for A　A に同情する
The funeral attendees expressed **sympathy** for the loss.　葬式の参列者は哀悼の意を表した。
★ **sym** (同じ) + **pathy** (感情)
telepathy (テレパシー) や empathy (共感) と同語源
► **sympathetic** 形 同情的な、思いやりのある
≒ **compassionate** 形 情け深い
≒ **considerate** 形 思いやりのある
◄► **antipathy** 名 反感

0198 □□□
accord
[əkɔ́ːd]

名一致、合意、協定、条約　　動一致する
be in **accord** with A　A に一致している
of *one's* own **accord**　自発的に (=voluntarily)
I am in **accord**.　私は賛成です。
His words and actions do not **accord**.
彼は言行が一致していない。
★ **ac** (方向) + **cord** (心) =心を向けて合わせる
► **accordance** 名 一致、調和
in **accordance** with A　A に一致して

088

| Level 1 | **Level 2** | Level 3 | Level 4 | Level 5 |

0199 □□□
issue
[íʃuː]

名問題、発行物、発表　**動**〜を発行する
at issue 論争中で
take issue with A Aに異論を唱える
come across a controversial issue
物議を醸す問題に出くわす
issue a speeding ticket 速度違反切符を切る
I have just bought the latest issue of *The Japan Times*.
ジャパンタイムズの最新号をちょうど買ったところである。

POINT 「問題」の表現

trouble…心配事や困難な点　　　　problem…難しいが解決されるべき問題
issue…主題や話題になっているもの　question…テスト等での問題

0200 □□□
switch
[swítʃ]

動〈電灯などの〉スイッチを入れる、切り替える、交換する
名切り替え、転換
switch A to B AをBに切り替える
switch off the TV テレビを消す　⇔ switch on A
switch position 場所を入れ替える
Bilingual children switch languages.
バイリンガルの子どもは言語を切り替える。

> 飛行機の予約済みのフライトを変更する場合は switch、機内で隣の人と席を変える場合は swap を使う

★ sw（掃く）

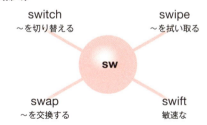

089

Level 3
201 ▸▸ 300

ここでは、POINT のコラムにある
さまざまな表現の仕方、
類語のそれぞれの意味の違いにも注目して、
自身で使える語彙を増やしていきましょう。

Level 3

達成語数 0　050　100　150　200　250　300　350　400　450　500　◀ Track 1-039

0201 □□□
exhibit
[igzíbit]

動 ～を展示する、示す　**名** 展示

exhibit some of Picasso's paintings at the art gallery
画廊でピカソの絵画を何点か展示する

exhibit animals in naturalistic settings
自然をまねた環境で動物を展示する

Zoos **exhibit** animals for recreational or educational purposes. 動物園は娯楽と教育的な目的で動物を展示する。

★ ex（外に）+ hib（持つ）

▶ exhibition **名** 展覧会

0202 □□□
remain
[riméin]

動 ～のままである　**名** (remains の形で) 残り、遺産、遺体

remain to be seen 不明のままである

remain shut for the indefinite future
無期限に休業したままである

Large quantities of coal **remain** in the Asia-Pacific region. アジア太平洋地域には大量の石炭が残されている。

Please **remain** seated. 座ったままでいてください。

★ re（後ろに）+ main（留まる）＝後に残っているもの

≒ heritage **名** 遺産

0203 □□□
handle
[hǽndl]

動 ～を扱う　**名** ハンドル

handle this problem この問題に対応する

Let me **handle** this complicated issue.
この厄介な問題は私に対応させてください。

★ hand（手）

▶ handling **名** 取り扱い、対応

POINT 「解決策」の表現

cope with A…A を何とか対処して乗り切る
The teacher can't **cope** well **with** this student.
その先生はこの生徒に上手く対応できない。

deal with A…A を自ら積極的に対処する
The international community is ready to **deal with** serious issues.
国際社会は深刻な問題に対処する準備ができている。
Sure, I will **deal with** it.
わかったよ、やっておくよ。（仕方なく対応しておく時に使う）

process…機械的に処理する
Humans **process** information in the brain.
人間は脳内で情報を処理する。

tackle…勢いを持って取り組む
Politicians need to **tackle** a difficult problem.
政治家は難しい問題に取り組む必要がある。

treat…特殊な技術を用いて処理する
It is essential to **treat** a problem before it becomes serious.
事態が深刻化する前に問題を処理することが重要である。

092

0204 □□□
emotion
[imóuʃən]

名 感情、情緒、情動
show *one's* emotions 感情をあらわにする
suppress *one's* emotions 感情を抑える
Hands reveal our inward **emotions**.
手は私たちの内なる感情を表す。
★ e（外に）＋ mot（動く）
► emotional **形** 感情的な
► emotionally **副** 感情的に

POINT 「感情」の表現

emotion の語源は e（外に）＋ mot（動く）から「自分の体の中から外に動き出てくるもの」と解釈できます。英語にも感情を示す表現はたくさんあります。基本的な表現としてポジティブな感情を表す **excited**（ワクワクしている）、**amazed**（びっくりしている）、**pleased**（嬉しい）、ネガティブな感情を表す **frustrated**（イライラしている）、**depressed**（落ち込んでいる）、**upset**（腹を立てている）などがあります。中でも **angry**（怒っている）、**anxious**（不安な）、**curious**（好奇心旺盛な）、**suspicious**（疑い深い）はよく使う表現です。

angry　　anxious　　curious　　suspicious

0205 □□□
appeal
[əpíːl]

動 訴える（＋ to）、アピールする　**名** 上訴、訴え
appeal to the customer 顧客に訴える
The story of Pinocchio **appeals** to the child who feels lonely.
ピノキオの話は孤独を感じる子どもに訴えるものがある。
► appealing **形** 魅力的な

POINT 「誘惑」の表現

lure…抵抗できないもので誘惑する　　**tempt**…悪いことに誘惑する
seduce…巧みに誘惑する　　　　　　　**flirt**…軽い気持ちで誘惑する

Level 3

達成語数 | 0 050 100 150 200 250 300 350 400 450 500 | ◀ Track 1-040

0206 □□□

trust
[trʌ́st]

動〈人・もの〉を信頼する、信用する　**名**信頼、信用

trust each other　互いを信頼する

People **trust** well-known companies more than unknown ones.
人々は無名の会社よりよく知られている会社を信用する。

take A on **trust**　A を鵜呑みにする

have **trust** in A　A を信頼する

≒ credit **動** ～を信じる、〈人に〉～の功績があると信じる　**名**信頼、信用

POINT 「信頼」の表現

trustworthy…責任感があり信頼できる
My colleagues are **trustworthy** people. 私の同僚は信頼できる人々である。
reliable…確実に信頼できる
When I feel alone, I talk to a **reliable** person. 孤独な時には信頼できる人に話をする。
dependable…依存しても大丈夫なほど信頼できる
This lady is a **dependable** assistant. この女性は頼りになる助手である。
faithful…忠実で信頼できる
It is important to have **faithful** friends. 信頼できる友人を持つことは重要である。

0207 □□□

contact
[kɑ́ntækt]

名接触　**動**〈人〉と連絡を取る、接触する
形接触の

be in **contact** with A　A と連絡をしている

get in **contact** with A　A と連絡を取る

restrict face-to-face **contact**　対面接触を制限する

wear **contact** lenses　コンタクトレンズをつける

I got in **contact** with the professor.
その教授に連絡した。

★ con（共に）+ tact（触る）

POINT 「連絡」の表現

　contact の語源は con（共に）+ tact（触る）で、お互いに触り合うこと、つまり接触している様子がイメージできます。語源の tact には他にも **contaminate**（接触して～を汚染する）や **contagious**（接触伝染病の）などの単語があります。人に連絡をする時には **contact** を使って I will contact you tomorrow.（明日連絡するね）と表現できます。また、初めて会った人には **Keep in touch!**（連絡を取り続けよう！）と言って今後の関係につなげたり、ビジネスシーンでは **I'll touch base with you!**（あなたに連絡を入れますね！）と伝えたりもします。

094

| Level 1 | Level 2 | **Level 3** | Level 4 | Level 5 |

0208 ☐☐☐

encounter
[inkáuntə]

動 〈人〉に遭遇する　名 遭遇

have an encounter with A　A に遭遇する

encounter an inevitable situation
避けられない状況にあう

I encountered an old friend from elementary school.
小学校の時の旧友に偶然出会った。

POINT 「遭遇する」の表現

meet A by chance…偶然出会う
I **met** the celebrity **by chance**. 偶然その芸能人に出会った。
run into A…A に遭遇する、困難にあう
I **ran into** my colleague from a previous company. 前の会社の同僚にばったり会った。
bump into A…A に遭遇する
I **bumped into** my ex-girlfriend on my way home. 帰宅途中に元カノに遭遇した。
stumble upon / across on A…偶然 A に出くわす
I **stumble upon** a nice restaurant near my school.
学校の近くに素敵なレストランを偶然見つけた。
come across A…A に出くわす
I **came across** my old friend on the way to work. 仕事に行く途中で旧友に出くわした。
happen to meet A…A にたまたま出会う
I **happened to meet** my boss in the lift. エレベーターで上司にたまたま会った。

0209 ☐☐☐

excuse
名 [ikskjúːs]
動 [ikskjúːz]

名 言い訳、理由、根拠　動 ～を許す

without excuse　理由もなく

May I be excused?
ちょっと失礼して良いですか?

I'm tired of your excuses.
君の言い訳は聞き飽きた。

★ ex（外に）+ cuse（原因）
　　because（なぜならば）や accuse（告訴する）と同語源

≒ pardon 名 許し　動 〈人〉を許す

095

Level 3

達成語数 0 050 100 150 200 250 300 350 400 450 500 ◀ Track 1-041

0210 □□□
crash
[krǽʃ]

動 衝突する、墜落する **名** 衝突、墜落
a terrible **crash** of thunder 恐ろしい雷鳴
The car **crashed** into the bush.
車が低木にぶつかった。
≒ **bump** 動 〜にドンとぶつかる ▶ **bumper** 名 バンパー、緩衝装置

POINT 「衝突」の表現

crash は固いもの同士が衝突し、ガシャンという音を立てて潰れるイメージ、**crush** は柔らかいものをぺちゃんこに押し潰すイメージです。後者については **I have a crush on you.**（あなたに好意を抱いている）という表現も覚えておきましょう。**clash** は金属のものがぶつかり合うイメージで、意見の相違から起こる衝突という意味にもなります。

crash   crush   clash

0211 □□□
stick
[stík]

動 〜を（…に）突き刺す、動けなくさせる、くっつく、固執する
名 棒、杖
💡 活用 stick- stuck- stuck

get **stuck** in a traffic jam 渋滞にはまる
support children **stuck** at home
家にこもっている子どもを支援する
Your words **stuck** in my mind. あなたの言葉が心に残った。
Einstein **stuck** his tongue out to the paparazzi.
アインシュタインはパパラッチに舌を突き出した。
▶ **sticky** 形 粘着性の、べたべたする

0212 □□□
value
[vǽljuː]

名 価値、評価、価値観 **動** 〜を評価する、尊重する
underestimate the **value** of A Aの価値を過小評価する
place a high **value** on A Aに高い価値を置く
Japanese products were highly **valued**.
日本製の商品は高く評価された。
Everyone wants to feel **valued**.
人は誰でも評価されていると感じたいものである。
▶ **valuable** 形 高価な、貴重な
　▶ invaluable 形 計り知れないほど価値がある
▶ **valuation** 名 評価

| Level 1 | Level 2 | **Level 3** | Level 4 | Level 5 |

0213 ☐☐☐
appreciate
[əpríːʃièit]

動 〜に感謝する、正当に評価する

feel **appreciated** 評価されていると感じる

appreciate the true value 真価を理解する

I **appreciate** your timely suggestion.
私はあなたの時機を得た提案に感謝している。

★ ap（方向）+ preci（価値）＝価値を理解する
precious（貴重な）や priceless（非常に貴重な）と同語源

► **appreciation** 名 感謝

► **appreciative** 形 感謝している（+ of）

POINT 「感謝」の表現

appreciate… 〜に感謝する
I **appreciate** your help. あなたの助けに感謝している。
grateful for… 〜のことで感謝して
I'm **grateful for** your understanding. あなたのご理解に感謝している。
thankful for… 〜に感謝して
I'm **thankful for** my mum and dad. 私は両親に感謝している。
be indebted to… 〜のおかげだ
I'm **indebted to** my wife for her support. 私は妻のサポートのお世話になっている。

0214 ☐☐☐
advise
[ədváiz]

動 〈人〉にアドバイスする、〜することを忠告する

be well **advised** to *do* 〜するのは賢明である

Experts **advise** that you should refrain from smoking.
あなたは禁煙すべきであると専門家は忠告している。

★ ad（方向）+ vise（見る）＝相手の目を見て忠告する

► **advice** 名 アドバイス、忠告

► **advisable** 形 望ましい、賢明な

≒ **counsel** 動 〈人〉に 助言する

0215 ☐☐☐
select
[silékt]

動 選択する、〈（慎重に）適切なもの〉を選ぶ

select the potential candidate carefully
慎重に有力な候補者を選ぶ

select the best players for the national team
代表チームのために最高の選手たちを選出する

► **selection** 名 選択、抜粋

► **selective** 形 選択的な

★ se（分離）+ lect（選ぶ）

POINT 「選択」の表現

choose…2つ以上のうちからどれにするか選ぶ
elect…選挙で選ぶ
select…慎重に適切なものを選ぶ

pick…複数ある中からいくつか選び取る
opt…複数ある中から1つに決める

097

Level 3

達成語数 0 050 100 150 200 250 300 350 400 450 500　◯ Track 1-042

0216 □□□
thoroughly
[θə́ːrəli]

副 徹底的に

thoroughly censored　徹底的に検閲された
wash my hands **thoroughly**　隅々まで自分の手を洗う
This case was **thoroughly** investigated.
その事件は徹底的に調べられた。

▶ thorough 形 徹底的な

POINT 「カタカナ」の表現

カタカナでお馴染みの日本語の単語は、英語だと次のように書きます。

サラブレッド…**thoroughbred**　　ワイシャツ…**shirt**
レモネード、ラムネ…**lemonade**　　バイキング…**buffet**
ナイーブ…**sensitive**　　ウイルス…**virus**
アレルギー…**allergy**　　ベビーカー…**buggy stroller** ［米］

0217 □□□
transform
[trænsfɔ́ːm]

動 〜を（…に）根本的に変える

transform A into B　AをBに変形させる
transform the way of life　生活様式を一変させる
The witch **transformed** the pumpkin into a carriage.
魔女はカボチャを馬車に変えた。
Designers **transform** raw materials into visually appealing products.
デザイナーは素材を視覚的に訴える製品に変える。

★ trans（横切る）＋ form（形）

▶ transformation 名 変形、変容

POINT 「変化」の表現

change…全面的に変える
The plan has been **changed** drastically.
計画は著しく変更された。

vary…部分的に変える
The custom **varies** from country to country.
習慣は国ごとに異なる。

transform…根本的に変える
A makeup artist **transformed** a girl into a lady.
メーキャップアーティストは少女を女性（の容貌）に一変させた。

convert…〜を（…に）転換させる、改宗する
I **converted** Japanese yen to Australian dollars.
日本円をオーストラリアドルに替えた。

shift…移動させる
He **shifted** his weight from one foot to the other.
彼は体重を片足からもう一方の足へ移動させた。

convert

098

| Level 1 | Level 2 | **Level 3** | Level 4 | Level 5 |

go bad…悪い方向に変わる
All the eggs in the fridge **went bad**.
冷蔵庫にある卵は全部腐ってしまった。
turn…徐々に違うものに変わる
The leaves **turn** red in autumn.
秋には葉が赤くなる。
mutate…突然変異する
The bacteria **mutated** into a different form.
そのバクテリアは別の形に突然変異した。

turn

0218 □□□

attract
[ətrǽkt]

動 ~を魅了する

attract a huge audience 多くの聴衆を魅了する
attract customers お客を呼び込む
attract a lot of attention たくさんの注意を引く

Discount stores **attract** customers by offering high-quality goods at low prices.
ディスカウントストアは高品質の商品を低価格で提供することで顧客を引きつける。

★ at (方向) + tract (引く)

▶ attraction 名 魅力
▶ attractive 形 魅力的な
≒ enchant 動 ~を魅了する

★ tract (引く)

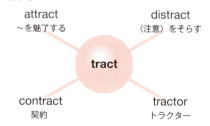

Level 3

達成語数 0 050 100 150 200 250 300 350 400 450 500 ◑ Track 1-043

0219 □□□
obtain
[əbtéin]

動 ～を獲得する

obtain a visa ビザを獲得する

obtain additional information 追加情報を得る

You need to **obtain** the headmaster's permission.
校長先生の許可を得る必要がある。

★ ob（強調）+ tain（保つ）

POINT 「獲得」の表現

get…～を得る、もらう
I **got** a present from my parents. 両親からプレゼントをもらった。
gain…～を得る、進む
The more I ate, the more I **gained** weight. 食べれば食べるほど体重が増えた。
come away with A…A を手に入れる
I **came away with** a sense of satisfaction. 私は満足感を得た。
come by…～を手に入れる
Happiness is difficult to **come by**. 幸福を手に入れるのは難しい。

0220 □□□
participate
[pɑːtísəpèit]

動 参加する（+ in）

participate in the discussion 討論に参加する

participate in a debate competition
ディベート大会に参加する

I **participated** in the swimming competition when I
was a child. 子どもの頃、私は水泳大会に参加した。

★ part（部分）+ cip（取る）+ ate

► participation 名 参加

► participant 名 参加者

≒ take part in A A に参加する

0221 □□□
perceive
[pəsíːv]

動 ～に気付く、認知する、見抜く

perceive A as B A を B と理解する

perceive danger in the dark 暗闇で危険に気付く

The detective **perceived** the difference on the spot.
探偵はその場で違いを見抜いた。

★ per（完全に）+ ceive（取る）

► perception 名 認知、知覚

0222 □□□
attach
[ətǽtʃ]

動 ～を添付する、愛着がある

attach a large file 大きいファイルを添付する

Please see the **attached** file. 添付ファイルをご確認ください。

I am **attached** to my old phone. 私は昔の電話機に愛着がある。

★ at（方向）+ tach（接触）

► attachment 名 添付、愛着

↔ detach 動 ～を取り外す、分離する

Level 1　Level 2　**Level 3**　Level 4　Level 5

0223 ☐☐☐
combine
[kəmbáin]

動 ～を組み合わせる、結合する、化合する
combine A with B　AとBを結びつける
Hydrogen and oxygen combine to form water.
水素と酸素が化合すると水になる。
Wisdom comes when we combine creativity with experience.　英知とは創造性と経験を結びつけた時に生まれるものだ。

★ com（共に）+ bine（2つ）
▶ combination **名** 組み合わせ、結合

0224 ☐☐☐
maintain
[meintéin]

動 ～を維持する、主張する
maintain a balance in the ecosystem
生態系のバランスを維持する
maintain a good relationship with my parents
両親と良い関係を築く
maintain social distancing　社会的距離を維持する

♀ 疫学（epidemiology）ではウイルス感染を防ぐため距離を置くことを social distancing と呼ぶ

The supply should be maintained with sensible management.　供給は良識的な管理のもとで維持されるべきである。

★ main（手で）+ tain（保つ）
▶ maintenance **名** 維持

★ tain（保つ）

maintain
〜を維持する

sustain
〜を維持する

tain

retain
〜を保持する

obtain
〜を獲得する

0225 ☐☐☐
deliver
[dilívə]

動 〈もの〉を（…に）配達する、分娩させる
deliver a speech　演説をする
deliver a baby　赤ちゃんを産む
deliver pizza by drone　ドローンでピザを配達する
The product is delivered within 24 hours.
商品は24時間以内に配達される。

★ de（分離）+ liver（自由にする）
▶ delivery **名** 配達

Level 3

達成語数 | Track 1-044

0226
anticipate
[æntísəpèit]

動 ~を期待する、予測する

anticipate ahead of time 前もって予期する

No one can **anticipate** the results of the games.
誰も試合の結果を予測できない。

★ anti（前に）+ cip（取る）+ ate（動詞）
► anticipation 名 期待、予測
► unanticipated 形 予期せぬ、不測の

0227
spread
[spréd]

動 ~が広がる、~を広げて塗る　名 広がり、普及

spread *one's* arms 腕を広げる

limit the **spread** of infections
感染の広がりを制限する

Coronavirus has been **spreading** across the globe.
コロナウイルスは世界中で広がっている。

The **spread** of electric kickboards began in 2020.
電動キックボードの普及は 2020 年に始まった。

≒ scatter 動 ~をまき散らす
≒ disperse 動 ~を散乱させる

0228
expand
[ikspǽnd]

動 ~を空間的に広げる、膨張する

expand business in Asia アジアで事業を拡大する

expand the market share 市場占有率を拡大する

Mercury **expands** with heat. 水銀は熱で膨張する。

► expansion 名 拡大

0229
extend
[iksténd]

動 ~を延長する、拡大する

extend my student visa 学生ビザを延長する

extend public awareness of A Aへの市民の意識を向上させる

My teacher **extended** the deadline.
先生は締め切りを延長した。

★ ex（外に）+ tend（伸ばす）
► extent 名 範囲、程度
► extension 名 拡張 ✎ 髪の毛の「エクステ」もこちらの意味
► extensive 形 広範囲な
► extensively 副 広範囲に

102

| Level 1 | Level 2 | **Level 3** | Level 4 | Level 5 |

POINT 「拡大」の表現

enlarge は小さいものが大きくなる、**expand** は広がって膨らむ、**extend** は線状に伸びていくイメージです。また **magnify** は虫眼鏡を使って見るように拡大すること、**spread** はパンにバターを塗るように伸ばして広げるという意味です。

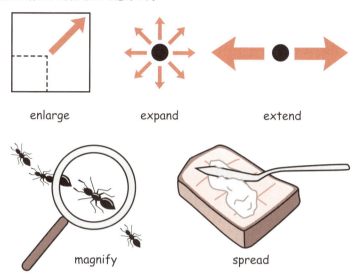

enlarge expand extend

magnify spread

0230 □□□

overcome
[òuvəkÁm]

動 〜に打ち勝つ、克服する

活用 overcome-overcame-overcome

overcome difficulties 困難に打ち勝つ
overcome obstacles 障害に打ち勝つ
With more patience, I could have **overcome** the hardship.
もう少し忍耐力があったら、私はその苦難に打ち勝てたかもしれない。

≒ get over 乗り切る

0231 □□□

adapt
[ədǽpt]

動 〈新しい状況や環境〉に適合させる、順応する (+ to, for)

adapt *one*self to A A に適応する
Languages are highly **adapted** to their environments.
言語は環境に高度に順応している。

★ **ad**（方向）+ **apt**（適切な）
▶ **adaptability** 名 適合性
▶ **adaptable** 形 適応できる (+ to, for)
▶ **adaptation** 名 適合
▶ **adaptive** 形 適応性のある
≒ **gear** 動 〜に適合させる 名 歯車

Level 3

達成語数 Track 1-045

0232

hesitate
[hézətèit]

動 ためらう、躊躇する

Many Japanese students **hesitate** to stand out among their classmates.
多くの日本人の学生はクラスメイトの中で目立つのをためらう。

► hesitant 形 躊躇して

► hesitation 名 ためらい

POINT 「躊躇」の表現

reluctant…嫌々ながらの
I was **reluctant** to finish the rest of the chocolate.
残りのチョコレートを食べ終えたくなかった。

unwilling…気が進まない
I was **unwilling** to pay extra for room service.
ルームサービスのための追加料金を払いたくなかった。

loath…全く気が進まない
I was **loath** to leave Japan. 日本を去りたくなかった。

0233

satisfy
[sǽtisfài]

動 ～を満足させる

be **satisfied** with A A に満足している

satisfy basic needs 基本的ニーズを満たす

satisfy *one's* taste buds 味覚を満たす

ℹ taste bud は味蕾（舌などにある味を感じる器官）のこと

I am quite **satisfied** with the current salary.
現在の給料にとても満足している。

My students **satisfied** all of the requirements for the university. 私の生徒たちは大学入学のための必要条件を全て満たした。

► satisfaction 名 満足

► satisfactory 形 満足のいく

► satisfied 形 満足した

0234

emerge
[imə́ːdʒ]

動 出てくる、現れる

emerge as a cause of A A の原因として現れる

The very first electronic computer **emerged** in the 1940s. 一番初めの電気計算機は 1940 年代に現れた。

► emergency 名 緊急

► emergence 名 出現、発生

≒ appearance 名 出現

104

| Level 1 | Level 2 | **Level 3** | Level 4 | Level 5 |

0235 □□□

pretend
[priténd]

動 〜のふりをする、欺く

pretend to sleep　寝たふりをする

Pretend to be dead when you encounter a bear.
クマに遭遇したら死んだふりをしなさい。

★ **pre**（前に）+ **tend**（伸ばす）

POINT 「模倣」の表現

imitate…手本としてまねする
In the first place, you should start from **imitating**.
まず、まねをすることから始めるべきである。

mimic…真似をしてばかにする
My friends **mimicked** my voice.
友人が私の声を真似してばかにした。

copy…同じことをする、複写する
Please **copy** this message into your notes.
このメッセージをメモに複写してください。

emulate…熱心に見習ってまねる
I tried to **emulate** a successful business model.
成功したビジネスモデルをまねしようとした。

0236 □□□

reject
[ridʒékt]

動〈申し出や提案など〉をきっぱり断る、拒絶する

reject an offer　申し出を断る

I got **rejected** from the company.
その会社から断られた。

★ **re**（再び）+ **ject**（投げる）

► **rejection** **名** 拒絶

POINT 「拒否」の表現

refuse…適切ではないとして提案などを断る
He **refused** to accept such an absurd proposal.
彼はそのようなばかげた提案を受け入れることを拒んだ。

turn down…（表のものを裏向きにする）きっぱり断る
The committee has **turned down** my application.
委員会は私の申し出を却下した。

decline…丁寧に断る、減少する
I politely **declined** a job offer.
仕事の依頼を丁寧に断った。

105

Level 3

0237 exclude
[iksklúːd]

動 ～を省く、除外する、考慮に入れない、～が入ることを拒む
exclude the possibility of A　Aの可能性を考慮しない
Students under 20 are **excluded** from the bar.
20歳以下の学生はそのバーに入れない。

★ **ex**（外に）+ **clude**（閉める）
- exclusion **名** 除外
- exclusive **形** 高級な、除外した
- exclusively **副** 排他的に

★ **close**（閉める）

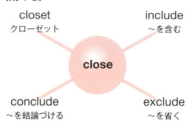

0238 eliminate
[ilímənèit]

動 ～を完全に除外する、取り除く、駆除する
eliminate the possibility　可能性を除外する
eliminate unnecessary expenses　不必要な出費を削る
eliminate unnecessary words from the thesis
論文から不必要な語を削除する
The likelihood of **eliminating** all greenhouse gases is low.　全ての温室効果ガスを除外する見込みは低い。

★ **e**（外）+ **limit**（制限）=制限から出す
- elimination **名** 除外
- 除外の表現には他にも get rid of A（Aを除外する）、exclude（～を除外する、省く）、remove（～を取り除く）がある

0239 ignore
[ignɔ́ːr]

動 ～を知らないふりをする
- neglect は「～を不注意のため怠る」、disregard は「～を軽視する」

ignore the traffic light　信号を無視する
My girlfriend **ignored** my message.
彼女は僕のメッセージを無視した。

★ **i**（否定）+ **gn**（知る）
recognise（認識する）や cognitive（認知の）と同語源
- ignorance **名** 無知
- ignorant **形** 無知の（+ of）

| Level 1 | Level 2 | **Level 3** | Level 4 | Level 5 |

★ i（否定）

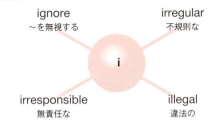

- ignore ～を無視する
- irregular 不規則な
- irresponsible 無責任な
- illegal 違法の

0240 □□□

reveal
[rivíːl]

動 ～を明らかにする、暴露する

reveal the fact 真実を明らかにする
reveal private information 個人情報を暴露する
Close investigation will reveal the truth.
詳細な調査で真実が明らかになるだろう。
▶ revelation **名** 暴露、意外な新事実

POINT 「暴露」の表現

秘密などを暴露するときや事実などが明らかになるときには reveal を使います。語源はラテン語の「ベール（veil）を脱ぐ」に由来しています。「ベールを取る」という意味の unveil には除幕式の意味があります。disclosure からは「dis（否定）＋ close（閉める）＝隠すことをしない」、つまり隠れていたものを見つけ出して摘発する様子を、uncover も同様にかかっているカバーを取り払う場面が連想できます。また bring A to light で「A を明るみに出す」という熟語も覚えておきましょう。

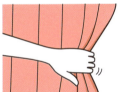

0241 □□□

operate
[ápərèit]

動 ～を操作する、機能する、手術する

operate a machine 機械を操作する
The surgeon operated on the patient.
その外科医は患者に手術を施した。
▶ operational **形** 活動中の、運転中の
▶ operator **名** 運転手、操作する人、オペレーター
▶ operation **名** 操作、活動、手術
▶ operative **形** 作用している、運転している
▶ operational **形** 機能している

Level 3

達成語数 0 050 100 150 200 250 300 350 400 450 500 ◀ Track 1-047

0242 ☐☐☐

annoy
[ənɔ́i]

動 〈人〉をいらいらさせる、悩ます
get **annoyed** with A A に腹が立つ
My boss is sometimes childish that he gets **annoyed**
so easily. 私の上司は時々とても子供っぽいので、簡単にいら立つ。

- ► **annoyance** 名 いら立ち、悩みの種
- ► **annoyed** 形 いら立って
- ► **annoying** 形 うるさい、じれったい
- ≒ **bother** 動 〈人〉に迷惑をかけて悩ます
- ≒ **irritate** 動 〈人〉をいら立たせてる

POINT 「憤慨」の表現

anger…怒り
rage…耐えられないほどの激怒
resentment…長く続く怒り

fury…激しい怒り
wrath…激怒 (文語表現)
irritation…イライラする怒り

0243 ☐☐☐

disturb
[distə́:b]

動 〜をかき乱す、騒いで邪魔する
disturb sleep patterns 睡眠パターンを乱す
Some pedestrians **disturb** the flow of traffic.
交通の流れを乱す歩行者もいる。

- ★ **dis** (完全に) + **turb** (回転)
- ► **disturbance** 名 妨害、騒動
- ► **disturbing** 形 気掛かりな、不安にするような

POINT 「妨害」の表現

interrupt…邪魔をして中断する
intervene…口出しする、介在する
impede…機能させないように妨げる
hamper…束縛や拘束をして妨げる

interfere…干渉する
meddle…お節介をする
hinder…行為や進行を遅らせる
disrupt…中断させる

0244 ☐☐☐

upset
[ʌ̀psét]

動 〜を動揺させる、ひっくり返す **形** 動揺した
♀ 活用 upset-upset-upset
upset a friendly relationship with A
A との友好的な関係を乱す
Your father will be very **upset** when he hears about it.
それを聞いたらあなたのお父さんはとても動揺するだろう。

- ≒ **beside** *oneself* 我を忘れて、気が動転して

108

| Level 1 | Level 2 | **Level 3** | Level 4 | Level 5 |

0245 □□□

confuse

[kənfjúːz]

動 ～を混乱させる、混同する

confuse A with B　AとBを混同する

I **confused** your wife with your mum.

あなたの妻とあなたのお母さんを間違えてしまった。

★ con（共に）+ fuse（注ぐ）

► confusion 名 混乱

► confused 形 混乱した、困惑した

► confusing 形 混乱させる

POINT 「混乱」の表現

puzzle…頭をかいてどうすべきかと混乱する　bewilder…何が起きているのか分からず混乱する
baffle…全く理解できず混乱する　　　　　　perplex…言葉にできないほど混乱する

0246 □□□

apologise

[əpɔ́lədʒàiz]

動 謝る、謝罪する　apologize［米］

apologise to A for B　AにBのことで謝る

My student **apologised** for being late.

私の生徒は遅刻したことを謝罪した。

★ ap（分離）+ log（言葉）

► apology 名 謝罪

0247 □□□

confirm

[kənfə́ːm]

動〈証拠など〉を確認する

confirm one's identity　身分を確認させる

One lady was **confirmed** dead in the accident.

その事故で女性一人の死亡が確認された。

★ con（共に）+ firm（堅い）

► confirmation 名 確認

0248 □□□

integrate

[íntəgrèit]

動 ～を統合する、調和させる

integrate into a new culture　新しい文化に調和させる

Quotes should be **integrated** into sentences and not reproduced separately.

引用は文章中に組み込まれているものであり、個々に再現されるべきではない。

► integrated 形 統合した、〈組織などが〉差別をしない

► integration 名 統合

► integrity 名 高潔、誠実

► integral 形 不可欠な、完全な

109

Level 3

0249 associate
[əsóuʃièit]

動 ～を連想する、～と関連づける、提携する
associate A with B　AとBを関連づける
The colour red is associated with love and fire.
赤色は愛や火を連想させる。
► association **名** 協会、連想、交際、提携
★ as（方向）+ soc（交わる）

★ soc（交わる）

0250 contradict
[kɑ́ntrədíkt]

動 ～と矛盾する
contradict an argument　主張と矛盾する
The results will not contradict the theory.
結果は理論に矛盾しないだろう。
The new research contradicts existing guidance on safe alcohol consumption.
最新の研究はこれまでの安全な飲酒に関する手引きと矛盾する。
★ contra（反対）+ tract（引く）
► contradiction **名** 矛盾

★ contro（反対の）

0251 oppose
[əpóuz]

動 ～に反対する
oppose the spread of nuclear weapons
核兵器の拡散に反対する
The patient was opposed to conventional medicine.
その患者は従来の薬に反対した。

| Level 1 | Level 2 | **Level 3** | Level 4 | Level 5 |

★ op (反対に) + pose (置く)
- opposition 名 反対
- opposite 形 反対の
- opponent 名 敵、対戦相手

POINT 「反対」の表現

protest…反対して抗議する　　disagree…意見が合わず賛成しない
object…異議を申し立てる　　be against A…A に反対している

0252 □□□

enhance
[inhǽːns]

動 〈能力など〉をさらに高める、増す
enhance accuracy　正確性を高める
enhance the value of A　A の価値を高める
enhance the quality of the products　商品の質を高める
enhance awareness of public hygiene
公衆衛生に対する意識を高める
It is necessary to enhance the scientific level in Japan.　日本の科学のレベルを高めることは必須だ。
- enhancement 名 向上

POINT 「向上」の表現

enhance…能力などをさらに高める　　improve…何か改善すべき点があるため改良する
heighten…物理的に高める　　hone… 磨きをかける

0253 □□□

imply
[implái]

動 ～を示唆する、暗に意味する
Silence sometimes implies consent.
沈黙は時に賛成を意味する。
Are you implying that I am the murderer?
私が殺人犯だとほのめかしているの?
★ im (中に) + ply (折る)
- implication 名 影響、結果、言外の意味
- implicit 形 暗示的な　⟷ explicit 形 明白な

0254 □□□

announce
[ənáuns]

動 ～を公式に発表する、知らせる　※ p.112 POINT もチェック
announce the winner of the competition
大会の勝者を発表する
The government announced a 21-day lockdown.
政府は 21 日間の都市封鎖を発表した。
★ a (方向) + nounce (伝える)
- announcement 名 発表

Level 3

達成語数 0 050 100 150 200 250 300 350 400 450 500　◯ Track 1-049

POINT 「発表」の表現

speech…決まった原稿を読む演説
business pitch…ビジネスプランなどの短い概要説明
presentation…資料を活用しての発表
public speaking…多くの聴衆の前での演説

0255 □□□

accurate
[ǽkjurət]

形 正確な

accurate information　正確な情報
give an accurate description　正確な描写をする
make an accurate judgement　正確な判断をする
The station clock is not as accurate as it should be.
駅の時計はそれほど正確ではない。
The song helps you learn accurate pronunciation.
その曲で正確な発音を学べる。

★ ac（〜の方向）+ cur（注意する）
► accuracy 名 正確さ ↔ inaccuracy 名 不正確
► accurately 副 正確に
↔ inaccurate 形 不正確

POINT 「正確な」の表現

　accurate は計算や予想を注意深く行い、それが「誤差がなく正確で、精度が高い」という場合に使用します。語源の ac（〜の方向へ）+ cure（注意する）は注意深く確認するイメージの語で、**accurate information**（間違いがなく正確な情報）や **accurate calculation**（正確な計算）のように使用します。cure（注意する）から派生した **curiosity**（好奇心）や **insurance**（保険）も同語源です。
　類語の **precise** は測定や言葉などが「数値のばらつきが少なく正確であり、的確である」場合に使用します。**precise information**（的を得て的確な情報）や **precise instruction**（的確な指示）などと言えます。さらに **correct** は「基準に合っていて適切な」という意味です。**Please correct my English.**（私の英語を訂正してください）のように動詞で「〜を正しく直す」という意味も覚えておきましょう。よりくだけた口語的な表現では **right** を使います。

0256 □□□

complex
[kɔ́mpleks]

形 複雑な、複合の　名 複合施設

complex sentence　複文（主語+述語を含む節が2つ以上ある文章）
an inferiority complex　劣等感（日本語のコンプレックスのこと）
face a complex problem　複雑な問題に直面する
She was amazed by the complex design of the art.
彼女はその芸術品の複雑なデザインに魅了された。

★ com（共に）+ plex（折る）
► complicate 動 〈事〉を複雑にする
► complicated 形 複雑な
► complexity 名 複雑さ
≒ intricate 形 複雑な、入り込んだ

112

| Level 1 | Level 2 | **Level 3** | Level 4 | Level 5 |

0257 □□□
brief
[bríːf]

形 簡潔な、手短な、短時間の
名 概要、短い記事

to be **brief** 手短に言えば
give a **brief** introduction 簡潔な紹介をする
brief summary of the story 物語の簡潔な要約
I paid a **brief** visit to my grandparents.
祖父母の家に立ち寄った。

★ brief（短い）
abbreviate（〜を省略する）や briefcase（書類鞄）と同語源

► **briefly** 副 簡潔に

► **brevity** 名 簡潔さ

POINT 「短い」の表現

short…短い
momentary…瞬間的な

quick…素早い
temporary…一時的な

0258 □□□
concrete
[kάŋkriːt]

形 具体的な　名 コンクリート

a **concrete** example 具体例
I don't have a **concrete** plan for my future.
将来の具体的な計画はない。
buildings made of **concrete** コンクリートでできた建物

★ con（共に）+ cre（成長）
crescent（三日月）や recreation（レクリエーション）と同語源

0259 □□□
dynamic
[dainǽmik]

形 動力の、活動的な、精力的な　名 動力
👤 人や人を取り巻く環境を修飾する

dynamic economy 活動的な経済
join an energetic and **dynamic** team
エネルギーがあり活動的なチームに加わる
The education system needs a **dynamic** change.
その教育制度には力強い変化が必要である。

► **dynamics** 名 力学

≒ **active** 形 活動的な

0260 □□□
outstanding
[àutstǽndiŋ]

形 目立った、顕著な、傑出した、突き出た
=stand out from A　※ p.114 POINT もチェック

an **outstanding** achievement 顕著な業績
exhibit an **outstanding** talent 突出した才能を見せる
The prize was given to an **outstanding** performer.
その賞は優れた役者に贈られた。
Soseki Natsume was one of the **outstanding** figures
in Japan. 夏目漱石は日本で傑出した人物の一人であった。

113

Level 3

POINT 「顕著な」の表現

prominent…卓越した
striking…印象的なほど目立つ
conspicuous…人目につくほどはっきりと目立つ
remarkable…注目すべき
distinguished…抜きん出ている
noticeable…目を引くほど顕著な

0261 □□□

awkward
[ɔ́ːkwəd]

形 ぎこちない、不器用な、不格好な

an awkward moment ぎこちない瞬間

The awkward moment is when you realise your girlfriend is your cousin.

間の悪い瞬間と言えば、あなたの彼女があなたの従姉妹だと気付いた時である。

★ awk（間違った）+ ward（方向）

► awkwardly 副 きまりが悪そうに

★ ward（方向）

0262 □□□

expose
[ikspóuz]

動 ～をさらす、暴露する

expose A to B AをBにさらす

You should not expose yourself to too much sunlight.

自分の身を過度に日光にさらすべきではない。

★ ex（外に）+ pose（置く）

► exposure 名 露出、暴露

★ pose（置く）

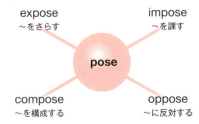

| Level 1 | Level 2 | **Level 3** | Level 4 | Level 5 |

0263 ☐☐☐
convenient
[kənvíːnjənt]

形 便利な

a **convenient** location 便利な場所

Now that I have a car, it is much more **convenient** to commute to work.

今は車があるので、通勤がだいぶ楽になった。

► convenience 名 便利さ

POINT 「便利」の表現

convenient…便利である
come in handy…便利な
accessible…手に入れることができる

available…利用可能な
at hand…時間・位置的に近くに
have at *one*'s fingertips…すぐ手に入るところにある

0264 ☐☐☐
dirty
[dɔ́ːti]

形 汚れた、下品な、ひわいな、不正な

dirty hands 汚れた手

My mum washed my **dirty** shoes.

母が僕の汚れた靴を洗ってくれた。

a **dirty** joke ひわいな冗談

► dirt 名 泥、ほこり、ごみ

POINT 「汚い」の表現

messy…物が多くて散らかっている
foul…不快感を与えるほど汚い

filthy…不潔な
squalid…環境が汚い

0265 ☐☐☐
apparent
[əpǽrənt]

形 明白な

show no **apparent** difference 明らかな違いがない

I was laughing for no **apparent** reason.

特に理由もなく笑っていた。

★ ap（方向）＋ par（見える）＋ ent（形容詞）

► apparently 副 明らかに

POINT 「明白」の表現

clear…はっきりとして明白な
evident…証拠があり明らかな
apparent…明白な

plain…分かりやすく明白な
obvious…見て分かるほど明らかな
blatant…見え透いた

115

Level 3

0266
flexible
[flèksəbl]

形 柔軟な
maintain a **flexible** schedule 柔軟なスケジュールを維持する
Flexible working is becoming more common.
フレックス制で働くことはより一般的になりつつある。
★ flex (曲がる) + ible (可能)
▶ flexibility 名 柔軟性

★ flex (曲がる)

0267
intense
[inténs]

形 激しい、強烈な
intense pain 激痛
intense heat 酷暑
The heat was **intense**. 強烈に暑かった。
Examinees are under **intense** pressure.
受験者は激しいプレッシャーに襲われている。
▶ intensify 動 〜を強める、激しくする
▶ intensity 名 強烈、激烈
▶ intensive 形 集中的な

POINT 「激しい」の表現

intense…強い感情がある激しい　　**violent**…攻撃的で激しい
fierce…感情や天気が激しい　　　　**severe**…苦痛などがとても激しい

0268
relevant
[réləvənt]

形 関連がある
provide **relevant** documentations 関連のある書類を提供する
collect **relevant** information 関連のある情報を集める
The topic is not **relevant** to the linguistics class.
言語学の授業にそのトピックは関係ない。
▶ relevance 名 関連性
⇔ irrelevant 形 無関係の

| Level 1 | Level 2 | **Level 3** | Level 4 | Level 5 |

0269 ☐☐☐

anxious

[ǽŋkʃəs]

形 不安な、切望して

be **anxious** about A　Aを心配する

be **anxious** to *do*　〜したいと切望する

I am **anxious** about your health.
私はあなたの健康を心配している。

Everybody was **anxious** to know what had happened.
誰もが何が起こったのか知りたがっていた。

▶ anxiety 名 不安、心配事

≒ worry 動 心配する、〈人〉を心配させる　名 心配

≒ concern 動 〜に関係している　名 懸念

0270 ☐☐☐

shortage

[ʃɔ́ːtidʒ]

名 不足

a **shortage** of water　水不足

a food **shortage** in an isolated area
孤立した地域の食糧不足

A **shortage** of doctors is a serious problem.
医者不足は深刻な問題である。

The WHO proposed solutions to the global **shortage** of healthcare workers.
世界保健機関は世界の医療関係者不足の解決法を提案した。
💡 WHO = World Health Organization

▶ short 名 不足　形 短い

0271 ☐☐☐

adequate

[ǽdikwət]

形 十分な、適切な

receive **adequate** support　適切なサポートを受ける

adequate food for 30 guests　30人のゲストに十分な料理

adequate amount of research　適正な研究

I get an **adequate** amount of exercise.
私は適度な量の運動をしている。

★ ad（方向）+ equ（等しい）

▶ adequacy 名 適切さ

▶ adequately 副 適切に、十分に

↔ inadequate 形 不適切な

POINT **「十分」の表現**

adequate…適度に満たして十分な

enough…条件を満たして十分な

sufficient…条件を満たして十分な（enoughより形式的）

plenty…かなりたくさんあり十分な

ample…余るほどあり十分な

117

Level 3

達成語数 0　050　100　150　200　250　300　350　400　450　500　◀ Track 1-052

0272 □□□
appropriate
[əpróupriət]

形 適切な、相応しい

in an appropriate manner　適切な方法で

appropriate clothes for the job interview
就職面接に適切な服

I don't think jeans are appropriate for tonight's party.
今夜のパーティーにジーンズはふさわしいと思わない。

The film is not appropriate for small children.
この映画は小さな子どもに適切ではない。

► appropriacy 名 適切さ

► appropriately 副 適切に

◄► inappropriate 形 不適切な

POINT 「適切な」の表現

　appropriate は社会的な状況に適して「ふさわしい様子」を修飾する時に使います。suitable は「ぴったりな」という意味で、suit（服やドレスが似合う）の形容詞形と考えるとイメージしやすくなります。映画を例に「適切な」の表現を比較すると The film is not appropriate for small children. は成人向け（R-18）で子どもにとってふさわしくない内容のコンテンツが含まれているという意味合いになり、The film is not suitable for small children. の場合は、for 以下を変えれば子どもに限らず、ある特定の人々にとってはふさわしくなく、利益が少ないという意味合いがあります。proper は作法における適切さや礼儀正しさのイメージがあり、子どもに対して Sit down properly.（ちゃんと座りなさい）や Hold chopsticks properly.（ちゃんと箸を持ちなさい）と言う状況で使われます。proper は「きちんとした」以外にも「固有の」という意味があり、人物名や地名などを proper noun（固有名詞）と言います。

0273 □□□
pure
[pjúə]

形 純粋な

pure silk　正絹（しょうけん）

pure gold　純金

pure and simple person　素朴で純粋な人

It was pure coincidence that we met.
我々が出会ったのは全くの偶然であった。

► purify 動 ～を浄化する、清潔にする

► purely 副 純粋に

0274 □□□
calm
[káːm]

形 穏やかな、落ち着いた　名 静けさ　動 ～を静める

It is calm and quiet in the morning.
朝は穏やかで静かである。

After the storm comes a calm.
あらしの後には静けさが来る。

calm down　落ち着かせる

118

| Level 1 | Level 2 | **Level 3** | Level 4 | Level 5 |

0275 □□□
aware
[əwéə]

形 気付いて、情報に通じて (+ of)
be aware of A Aに気付く
I am fully aware of the changes.
変化に完全に気付いている。
► awareness 名 自覚、気付き
↔ unaware 形 気付いていない
≒ conscious 形 意識的な

0276 □□□
adult
[ǽdʌlt]

名 大人、成人　形 大人の
adult education 成人教育
Admission for adults is five pounds.
大人の入場料は5ポンドです。
★ ad（方向）+ ult（年を取る）
► adulthood 名 成人期
≒ grown-up 名 成人

POINT 「大人になるまで」の表現

成長の段階の単語は流れで覚えておきましょう。

newborn baby / infant / toddler / child, kid / teenager / adult, grown-up / elder

---

0277 □□□
harm
[hɑ́ːm]

名 害　動 〜を害する、物理的に傷つける
do A harm Aに害を与える
harm the environment 環境に害を与える
Most animals won't do any harm.
ほとんどの動物は害を与えない。
Smoking seriously harms your health.
喫煙は健康に著しく害を及ぼす。
► harmful 形 有害な

Level 3

達成語数 0 050 100 150 200 250 300 350 400 450 500　◯ Track 1-053

0278 □□□
melt
[mélt]

動 次第に溶ける、〜を溶かす
melt butter バターを溶かす
melting pot るつぼ
melt down 崩壊する、溶解する
► molten 形 熱で溶けた
💡 melt は氷やアイスが溶けていくイメージ。その他の「溶ける」を表す語に、dissolve（物質が水に溶ける）、thaw（雪が溶ける）がある

0279 □□□
origin
[ɔ́rədʒin]

名 起源
On the Origin of Species『種の起源』
origin of the word 単語の語源
The origin of golf can be traced back to the 15th century. ゴルフの起源は 15 世紀までさかのぼることができる。
► originate 動 起源とする、始まる
≒ provenance 名 起源、出所

★ ori（始まり）

POINT 「起源」の表現

　あるものの起源や根源を表すときには **origin** を使うのが一般的です。チャールズ・ダーウィンの論文『種の起源 (The Origin of Species)』でお馴染みの単語ですね。この単語の語源は「始まり」です。origin から派生した **original**（独創的な）や **originality**（独創性）は明らかですが、新しい環境への適合を意味する **orientation**（オリエンテーション、方針決め）や太陽が東から始まることを起源とする **Oriental**（東洋の、東洋人）も同語源です。さらにオーストラリアの先住民 **Aborigine**（アボリジニー）も ori（始まり）から派生した単語です。「起源を持つ、由来がある」という意味がある derive の語源は de（下に）＋ rive（川）で、川の岸に着くことから **arrive**（到着する）や川を求めて競う相手を意味する **rival**（ライバル）も同語源です。他にも **trace**（足跡）の動詞には「由来をたどる」という意味もあります。

Level 1	Level 2	**Level 3**	Level 4	Level 5

0280 ☐☐☐

derive
[diráiv]

動 ～に由来する、得る、起源を持つ、（本源から）引き出す

derive pleasure from reading 読書から喜びを得る

English vocabulary **derives** from Latin and Greek.
英単語はラテン語とギリシャ語に由来する。

★ **de**（下に）+ **rive**（川）
   river（川）や rival（ライバル）や arrive（到着する）と同語源

▶ **derivation** 名 由来

▶ **derivative** 形 派生的な 名 派生語

POINT 「起源」の表現

A stems from B…A は B から生じる
A is home to B…A は B が生まれた場所である
A is native to B…A は B の原産である
A is indigenous to B…A が B の原産である

0281 ☐☐☐

ancestor
[ǽnsestə]

名 個人としての祖先、原種

the spirits of **ancestors** 先祖の霊

Wolves are the **ancestors** of dogs.
狼は犬の原種である。

Apes are the **ancestors** of man.
類人猿は人類の先祖である。

★ **an**（前に）+ **ces**（進む）+ **or**（人）
   ancient（古代の）や antique（骨董品）と同語源

▶ **ancestry** 名 （集団としての）祖先

▶ **ancestral** 形 先祖の

POINT 「先祖・子孫」の表現

progeny…子孫、成果（堅い表現）   **offspring**…子孫（動物にも使う）
descendant…子孫、末裔（長い歴史の直系関係）

0282 ☐☐☐

forest
[fɔ́rist]

名 広大な森林

forest fire 森林火災

A variety of animals live in the **forest**.
多種多様な動物が森に住んでいる。

▶ **forestry** 名 林学

▶ **deforestation** 名 森林伐採

≒ **woods** 名 森林、林、木材

≒ **timber** 名 木材

≒ **lumber** 名 材木

≒ **wood** 名 木材

≒ **woodland** 名 森林地帯

121

Level 3

達成語数　0　050　100　150　200　250　300　350　400　450　500

◀ Track 1-054

0283
agriculture
[ǽgrikÀltʃə]

名農業

large-scale agriculture 大規模農業
Agriculture began just by accident.
農業は単なる偶然から始まった。
World agriculture produces enough to feed up to 30 billion people.
世界の農業は 300 億人に十分な量を生み出している。

★ agri（畑）+ cult（耕す）
► agricultural 形農業の

POINT 「農業」の表現

　農耕社会（**agrarian society**）とは、経済が農耕（**agriculture**）によって成り立っている社会のことを言います。例えば、干ばつ（**drought**）が起きるとその場所は作物のできない（**barren**）土地になってしまうので、農業にはまず土（**soil**）と水（**water**）が必要です。特に作物のできやすい肥沃な土地（**fertile land**）があれば完璧です。土地を確保した後は水路を引き（**irrigate**／水路を引くこと ►**irrigation**）水を確保しなければなりませんが、これらの準備が整ったら土を耕し（**cultivate the soil**）種を撒いて（**sow**）植物を植えます（**plant**）。土の栄養が豊富ではなかったり、虫がたくさんついて食べられてしまうと商品にならないので、農家（**farmer**）は肥料（**fertiliser**）や殺虫剤（**insecticide**）を使って対処し、私たちの食べる食糧を育ててくれます。

　無事に育った農作物は収穫（**reap**）され、また種（**seed**）を落とし、年周期（**year cycle**）などでまた同じ農作物が育てられるので、私たちは継続的に安定した作物を食べることができます。「収穫」は英語で言うと **reap** です。**You reap what you sow.**（自分でまいた種は自分で収穫しろ）、つまり自業自得という言葉もあります。

0284
crop
[krɔ́p]

名作物

a crop field 農地、作物畑
crop herbicide 作物除草剤
a bumper crop 大豊作
harvest a crop 作物を収穫する
a crop raised in the summer 夏に栽培する農作物
Fertilisers are used on crops to increase yield.
肥料は収穫を増やすために作物に使われる。

0285
artificial
[ɑ̀ːtəfíʃəl]

形人工の、人工的な

artificial teeth 入れ歯
artificial grass 人工芝
artificial intelligence 人工知能、AI
Esperanto is what is called an artificial language.
エスペラント語は、いわゆる人工語である。

★ art（技）+ fic（作る）
≒ man-made 形人工の

122

| Level 1 | Level 2 | **Level 3** | Level 4 | Level 5 |

0286 □□□
earthquake
[ə́ːθkwèik]

名 地震
a slight earthquake 軽震
The disastrous earthquake ruined the entire city.
その悲惨な地震が街全体を破壊した。
▶ epicentre **名** 震源地（＝epicenter［米］）
≒ quake **名** 揺れ **動** 揺れる

0287 □□□
occur
[əkə́ːr]

動 起こる、心に浮かぶ
occur several times 何回も起こる
That never occurred to me. そんなこと思ってもみなかった。
A massive earthquake occurred. 大地震が起きた。
The extinction of the dinosaurs occurred millions of years ago. 恐竜の絶滅は何百万年も前に起きた。
★ oc（方向）＋ cur（走る）
▶ occurrence **名** 発生、出来事

★ cur（走る）

0288 □□□
fuel
[fjúːəl]

名 燃料 **動** 〈感情など〉を刺激する
fossil fuel 化石燃料
fuel the discussion 議論を刺激する
add fuel to the flames 火に油を注ぐ
cut down on fuel consumption 燃料の消費を削減する
Most of the cars in Japan use gasoline for fuel.
日本のほとんどの車は燃料にガソリンを使う。

0289 □□□
oxygen
[ɔ́ksidʒən]

名 酸素
an oxygen mask 酸素マスク
release oxygen into the air 空中に酸素を放出する
Trees give off oxygen and absorb carbon dioxide.
木は酸素を放出し、二酸化炭素を吸収する。
★ oxy（酸）＋ gen（生む）
　hydrogen（水素）の語源は hydro（水）＋ gon（生まれる）

123

Level 3

達成語数 0 050 100 150 200 250 300 350 400 450 500　◀ Track 1-055

0290 □□□
preserve
[prizə́ːv]

動 〜を保管する、保護する、保存する、保全する

preserve food　食料を保存する

perfectly **preserved** house　完全に保存された家

preserve endangered species from extinction
絶滅危惧種を絶滅から保護する

My hometown has **preserved** a lot of historical attractions.
私の故郷は歴史的な名所を数多く保存している。

★ pre（前に）+ serve（保つ）

► preservation 名 保存、維持、保護、保管

► preservative 名 防腐剤　形 保存の、防腐用の

POINT　「保護」の表現

conserve…配慮して保護する　　protect…危害や病気から守る
save…安全に守る　　　　　　　 shelter…囲んで保護する

0291 □□□
resource
[rizɔ́ːs]

名 資源、財源

natural **resources**　天然資源

human **resources**　人的資源、人材

recognise the **resource** and make use of it
資源を認識してそれを活用する

run out of mineral **resources**　鉱物資産を使い果たす

Until recently, natural **resources** were relatively abundant.　最近まで、天然資源は比較的豊富であった。

► resourceful 形 工夫に富む

♀ outsource 動 〜を外部調達する

0292 □□□
primary
[práiməri]

形 主要な、第一の、根本の、初期の

primary school　小学校（＝elementary school）

The **primary** reason is the A.
主な理由は A だ。

Honesty is of **primary** importance to your success.
成功するには誠実さが最も重要である。

♀ of ＋抽象名詞＝形容詞の意味になる

★ prim（第一）

► prime 形 最高の、主要な　名 全盛期

► primarily 副 第一に

► premier 形 最高の、第一の

124

| Level 1 | Level 2 | **Level 3** | Level 4 | Level 5 |

POINT 「prim（第一）語源」の表現

「第一」のイメージで覚えておきましょう。

primary

principal

prince　princess

0293 □□□
habitat
[hǽbitæt]

名 生息地
natural habitat 自然の生息地
habitat of the giant panda ジャイアントパンダの生息地
Much of the panda's habitat has been destroyed.
パンダの生息地の多くが破壊されている。
▶ inhabit 動 （動物の群れや民族が）住む、生息する

★ hab（持つ）

habitat 生息地
inhabit 住みつく
hab
exhibit 〜を展示する
habit 癖

0294 □□□
reflect
[riflékt]

動 〜を反射する、反映する、反省する
Mt. Fuji is reflected in the lake.
富士山が湖に反射している。
Skin may reflect a person's mental state.
肌は心的状態を反映する可能性がある。
time to reflect 反省する時間

★ re（後ろ）+ flect（曲がる）

▶ reflection 名 反射
▶ reflective 形 内省的な、反射する

125

Level 3

達成語数 0 050 100 150 200 250 300 350 400 450 500　◀ Track 1-056

0295 ☐☐☐
architecture
[ɑ́:kətèktʃə]

名 建築、建築学

Renaissance **architecture** ルネサンス建築様式

The **architecture** was popular during the Roman occupation.

その建築様式は古代ローマの占領期間に人気であった。

★ arch（支配）+ tect（技術）

► architect **名** 建築家

► architectural **形** 建築上の

0296 ☐☐☐
courage
[kʌ́ridʒ]

名 勇気

have the **courage** to jump 飛び込む勇気がある

take *one's* **courage** in both hands 思い切ってやってみる

It took a lot of **courage** to be an entrepreneur.

起業家になるには大いに勇気が必要だった。

★ **courage**（心）
　core（核心）や cord（コード）と同語源

► courageous **形** 勇気のある

≒ bravery **名** 行動する勇敢さ

≒ guts **名** 根性、勇気

≒ spunk **名** 勇気（口語的）

0297 ☐☐☐
effort
[éfət]

名 努力、骨折り、奮闘

in an **effort** to A A しようと努力して

make a continuous **effort** 継続的な努力をする

A considerable amount of time and **effort** will be required.

多大なる時間と努力が必要となるだろう。

I strongly believe that people should always make **efforts** to improve themselves.

人は常に自分を向上させるよう努めるべきだと私は確信している。

★ ef（外に）+ fort（力）

≒ endeavour **名** 長期的な努力　endeavor［米］

| Level 1 | Level 2 | **Level 3** | Level 4 | Level 5 |

0298 ☐☐☐
aim
[éim]

名 (努力して達成するための) 目的、狙い　**動** 狙う (+ at)

The **aim** of this program is clear.
このプログラムの目的は明確である。

aim at A　A を狙う

aim a gun at A　銃を A に向ける

aim at the mass market　大衆市場を狙う

The book was **aimed** at the young.
その本は若者向けだった。

► **aimless** **形** 目的がない

► **aimlessly** **副** 目的もなく、あてもなく

0299 ☐☐☐
scholar
[skɔ́lə]

名 学者、特待生、給費生

a visiting **scholar**　客員研究員

a leading **scholar** in the field of science
科学の分野での一流の学者

Paul Nation is a distinguished **scholar** of linguistics.
ポール・ネーションは言語学の著名な学者である。

► **scholarly** **形** 学者的な、学術的な

► **scholastic** **形** 学校の

► **scholarship** **名** 奨学金

≒ **professor** **名** 教授

0300 ☐☐☐
statistics
[stətístiks]

名 統計、統計学　**句** 省略形は stats

reliable **statistics**　信頼できる統計

collect the **statistics**　統計を集める

The **statistics** show the decline in sales.
統計によると売上が減少している。

► **statistical** **形** 統計的な

► **statistically** **副** 統計学的に

127

Level 4

301 ▸▸ 400

いよいよ最重要語の後半です。
長いスペルの単語も
出てくるのでしっかり書いて
覚えると安心です。

Level 4

達成語数 .... Track 1-057

0 050 100 150 200 250 300 350 400 450 500

0301 ☐☐☐
analysis
[ənǽləsis]

名分析

make an **analysis** of A　A の分析をする

carry out data **analysis**　データ分析を行う

The **analysis** of the substance confirms the presence of nitrogen.　その物質の分析は窒素の存在を裏付ける。

► **analyse 動**〜を分析する　analyze［米］
► **analytical 形**分析的な
► **analyst 名**分析者、アナリスト

0302 ☐☐☐
moral
[mɔ́rəl]

形道徳の、教訓的な　**名**モラル、道徳、教訓

moral education　道徳教育

moral of the story　その話の教訓

Fable is a **moral** story for children.

寓話は子ども向けの教訓物語である。

► **morality 名**道徳、倫理、道徳性
≒ **ethics 名**倫理学、倫理、道徳
≒ **virtue 名**美徳
≒ **conscience 名**良心

0303 ☐☐☐
thesis
[θíːsis]

名論文、主題

submit a master's **thesis**　修士論文を提出する

write a doctoral **thesis** on A　A に関する博士論文を書く

The **thesis** statement is the most important part of academic essay.　主題文は学術論文で最も重要な部分である。

≒ **dissertation 名**学術論文
≒ **treatise 名**（学術）論文、専門書

0304 ☐☐☐
quote
[kwóut]

動〜を引用する　**名**引用文、見積もり

request a free **quote**　無料見積もりを依頼する

The professor ended his speech with a famous **quote**.

教授は有名な引用文でスピーチを終えた。

≒ **quotation 名**引用
≒ **cite 動**〜を引用する
≒ **extract 動**〜を抽出する、引用する

0305 ☐☐☐
attendance
[əténdəns]

名出席、出勤、出席数、参加、参列

attendance rate　出席率

take **attendance**　出席をとる

Attendance is required in this class.

このクラスでは出席が必須である。

★ **at**（方向）+ **tend**（伸ばす）
► **attend 動**〜に出席する、注意する（+ to）　⬩▸ skip class 授業をサボる

130

| Level 1 | Level 2 | Level 3 | **Level 4** | Level 5 |

0306 ☐☐☐

absence
[ǽbsəns]

名 欠席、不在　**形** 欠席している（+ from）
in my absence　私がいないところで
take a leave of A / absence from A
A から休暇を取る、A を休学する
Teachers take both attendance and absence in class.
教師はクラスで出欠席を取る。

★ ab（分離）+ sence（存在）
► absent-minded **形** 上の空の、放心状態の

0307 ☐☐☐

assignment
[əsáinmənt]

名 課題、任務、割り当て
give an assignment　課題を出す
I have a lot of assignments due next Monday.
次の月曜日締め切りの課題がたくさんある。

► assign **動** 〜を割り当てる、任命する
≒ homework **名** 宿題

0308 ☐☐☐

consequence
[kɑ́nsikwəns]

名 （必然的な）結果、影響、重大性、成り行き
in consequence of A　A の結果として
catastrophic consequences　壊滅的な結果
face severe consequences　ひどい結果に直面する
as a consequence of drug abuse　薬物乱用の結果として
A change in temperature might have serious consequences.
気温の変化は深刻な結果を招くかもしれない。

★ con（共に）+ seq（続く）+ ence（名詞）
► consequent **形** 結果として起こる
► consequently **副** 結果として、従って

POINT　「結果」の表現

result…因果関係から生じた結果
outcome…成り行きとしての成果
effect…ある原因から引き起こされた結果
fruit…やっと結実したこと、喜ばしい結果

131

Level 4

達成語数 0　050　100　150　200　250　300　350　400　450　500 ◎ Track 1-058

0309 □□□
psychology
[saikɔ́lədʒi]

名 心理学
research in educational **psychology** 教育心理学の研究
I majored in clinical **psychology** at graduate school.
私は大学院で臨床心理学を専攻した。
★ psycho（心）+ logy（学問）
► psychological 形 心理学の
► psychologist 名 心理学者

0310 □□□
archaeology
[ὰ:kiɔ́lədʒi]

名 考古学
distinguish **archaeology** from anthropology
考古学と人類学を区別する
Archaeology is the examination of the remains of the peoples of the past. 考古学は過去の人々の遺産を調べることである。
★ archae（古い）+ logy（学問）
　　ancient（古代の）や archaic（古風な）と同語源
► archaeological 形 考古学の
► archaeologist 名 考古学者

0311 □□□
wisdom
[wízdəm]

名 知恵、賢明さ
wisdom teeth 親知らず
a fountain of **wisdom** 知恵の源泉
I had my **wisdom** teeth pulled.
親知らずを抜いてもらった。
► wise 形 （知識や経験が豊かで）賢い

POINT 「知恵」の表現

　wisdom は長年かけて培われた知識や、良し悪しを見分ける判断能力という意味合いがあり、やや堅い表現です。wisdom といえば、永久歯（**permanent teeth**）の中で最も遅く生えてくる歯を親知らず（**wisdom teeth**）と呼びます。親知らずは、ある程度教養を身につけた 17 歳から 25 歳の間に生えてくることから、wisdom（知恵、賢さ）という言葉を使って表現されるようになったと言われています。

0312 □□□
attitude
[ǽtitjù:d]

名 態度、心構え
have a negative **attitude** toward A
A に対して消極的な態度をとる
take a hostile **attitude** to A　A に対して敵対的な態度をとる
The boss pointed out an employee's **attitude** towards him. 上司は自分に対する部下の態度を指摘した。
Attitudes should change depending on world conditions. 態度は世界の状況によって変えるべきだ。
≒ behaviour 名 振る舞い　behavior［米］
≒ conduct 名 道徳上の行為
≒ deed 名 立派な行為

132

| Level 1 | Level 2 | Level 3 | **Level 4** | Level 5 |

0313 ☐☐☐

perspective
[pəspéktiv]

名 観点、見通し　**形** 遠近法の

a different perspective 異なる視点
an unfamiliar perspective 馴染みのない視点
gloomy perspective 悪い見通し
Professors talk from an educational perspective.
教授たちは教育的視点から話をする。

★ per（完全に）+ spect（見る）

■ IELTSのポイント《ライティング② 観点の表現》

　perspective の語源は per（完全に）+ spect（見る）で、そこから「見通し、観点、視点」という意味になりました。これは a point of view（視点）と言い換えることも可能です。IELTSのライティングでは主観的な視点からではなく、誰もがうなずける客観性をもって物事を描写する必要があるため、perspective をうまく活用することでさまざまな視点からの描写ができます。from my perspective（私の観点から）は from my point of view との言い換えが可能で、from the point of education（教育の観点から）は from an educational perspective（教育の観点から）と言い換えることができます。

0314 ☐☐☐

confidence
[kɔ́nfədəns]

名 自信、秘密、信頼

in confidence 秘密で
have confidence in A Aに自信がある、Aを信頼する
It is important to have confidence when talking in public. 人前で話すときに自信を持つことは重要である。
I can recommend her to you with great confidence.
私は自信を持って彼女をあなたに推薦できる。

► confident **形** 確信している、自信がある
► confidential **形** 秘密の
► confide **動** 〜を打ち明ける、信頼する

133

Level 4　達成語数 0 050 100 150 200 250 300 350 400 450 500　◀ Track 1-059

0315 □□□
responsibility
[rispɔ̀nsəbílə ti]

名 責任

assume a **responsibility** 責任を負う

collective **responsibility** 集団責任

claim **responsibility** for A

A の責任があると主張する

With great power comes great **responsibility**.

大いなる力には大いなる責任が伴う。

★ re（再び）+ spond（約束する）+ ible（可能）

► responsible 形 〜の責任がある（+ for）

0316 □□□
qualification
[kwɔ̀ləfikéiʃən]

名 資格、適性

get a **qualification** 資格を得る

You need to study education to obtain teaching **qualifications**.

教授資格を得るためには教育学を勉強する必要がある。

► qualified 形 〜の資格のある（+ for, in）
　≒ eligible 形 資格のある（+ for, to *do*）

► qualify 動 〜の資格を与える（+ for, in）
　≒ entitle 動 〜に資格を与える、権利を与える（+ to）

↔ disqualify 動 〜を失格させる

≒ entitle 動 〜に資格を与える、権利を与える（+ to）

≒ eligible 形 資格のある（+ for, to *do*）

≒ certificate 名 証明書、免許状

0317 □□□
challenge
[tʃǽlindʒ]

名 挑戦　動 〜に挑戦する、異論を唱える

face a **challenge** 難題に直面する

take on a new **challenge** 新しい挑戦をする

challenge analytical thinking abilities

分析的思考に挑戦する

challenge gender stereotypes

性に関する固定観念に疑問を投げかける

It was a big **challenge** to study abroad.

海外留学は大きな挑戦だった。

► challenging 形 やりがいのある

POINT　「挑戦」の表現

　日本語でチャレンジというと、新しいことに挑戦するイメージがありますが、英語では「難易度が高くやりがいのあることに挑む」時に **challenge** を使います。**challenging job** というと「やりがいのある仕事」となります。より一般的に何かをやってみる時には **try** を使います。**give it a go** で「やってみる」という表現も覚えておきましょう。**attempt** は試みた後の「結果」に着眼点を置き、さらに失敗に終わるというニュアンスがあります。対して try には、結果に関わらず試みることに対して努力をするなどの「行為」に着眼点を置くイメージがあります。

134

| Level 1 | Level 2 | Level 3 | **Level 4** | Level 5 |

0318 ☐☐☐
attempt
[ətémpt]

名 試み　**動** 〜を試みる (+ to do)

make an attempt 試みる
attempted suicide 自殺未遂
attempt to climb Mount Everest エベレストへの登頂を試みる
There have been numerous attempts to verify the influence of the medicine.
その薬の影響を実証するための多大なる試みがなされてきた。

★ at（方向）+ tempt（伸ばす）＝新しいことに手を伸ばすイメージ
　tempt（〜を誘惑する）や tentative（仮の）と同語源

0319 ☐☐☐
debate
[dibéit]

名 討論　**動** 討論する

debate about 〈一般的な事柄〉を討論する
debate on 〈専門的な事柄〉を討論する
I participated in the debate contest when I was in high school. 高校の時にディベートコンテストに参加した。

★ de（強調）+ bat（戦う）
　combat（戦闘）や battery（電池）と同語源

▶ debatable **形** 論争の余地がある

POINT 「討論」の表現

debate…公式の場で勝ち負けを決めるための議論
discussion…良い結果を生むために意見交換をする話し合い
dialogue…面と向かい合って行う深い対話　★ dia（2人の）+ log（言葉）

0320 ☐☐☐
comment
[kɔ́ment]

名 コメント　**動** コメントする

make a negative comment on A
A に対して否定的なコメントをする
Leave a comment in the box below.
下のボックスにコメントを残してください。

★ com（共に）+ ment（心）

▶ commentary **名** 注釈、解説
≒ remark **名** 発言　**動** 〜を述べる

135

Level 4

達成語数 0 050 100 150 200 250 300 350 400 450 500

◯ Track 1-060

0321 ☐☐☐
progress
[próugres]
[prəgrés]

名 進歩、進行　**動** 進歩する

in progress 進行中

make steady progress 着実な進歩を遂げる

My student made dramatic progress in English.
私の生徒は英語において劇的な進歩を遂げた。

★ pro（前に）+ gress（進む）
　 grade（成績）や regress（後退する）と同語源

► progressive **形** 進歩的な

≒ advance **名** 進歩　**動** 〜を進める

0322 ☐☐☐
grade
[gréid]

名 学年、成績　**動** 〜に成績をつける

get a A⁺ grade in Chemistry 化学で A プラスの成績を取る

I am in the second grade in high school.
私は高校 2 年生です。

★ grade（進む）

♀ upgrade **名** 格上げ　**動** 〜を格上げする

↔ degrade **動** 〜の地位を下げる

0323 ☐☐☐
assessment
[əsésmənt]

名 評価、査定

fair assessment 平等な評価

make an individual assessment 個人の評価を行う

The assessment sheet was distributed to the students. 評価シートが生徒に配布された。

► assess **動** 〜を評価する、査定する

♀ IELTS の運営団体は Cambridge Assessment English

POINT 「評価」の表現

assess…客観的に評価する

evaluate…主観的に評価する

verify…調査で検証する

rate…計算して評価する

grade…成績で評価する

136

| Level 1 | Level 2 | Level 3 | **Level 4** | Level 5 |

0324 ☐☐☐

measure
[méʒə]

名方策、程度、判断基準　**動**～を測る

take measures 方策を取る
security measures 保安措置
a measure of A ある程度のA
measure *one's* temperature 体温を測る
- measurement **名** 測定
- measurable **形** 測定できる
≒ gauge **動** ～を測定する

POINT 「測定」の表現

measure（長さを測る）、weigh（重さを計る）、gauge（測定器で測定する）の意味の違いを確認しておきましょう。

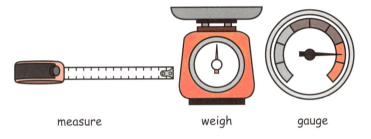

　　　measure　　　　　　　weigh　　　　　gauge

0325 ☐☐☐

praise
[préiz]

動～を褒める、称賛する　**名**褒めること、称賛

in praise of A Aを褒め称えて
praise A for B AをBのことで褒める
The boy was praised because of his diligence.
その少年は勤勉さのため褒められた。

★ praise（価値）
　precious（貴重な）や appreciate（感謝する）と同語源

≒ compliment **名** お世辞
≒ flatter **動** ～にお世辞を言う

POINT 「賞賛」の表現

相手を称賛する時、ギリシャ語で「称賛」を意味する **Kudos** を使う表現があります。「～に対する称賛」という意味で **Kudos to A.** や **Kudos to for A.** のように使われます。「よくやったね！」という時には **Kudos to you!**、「すごい業績ですね！」と成果を称える時には、**Kudos for your outstanding achievement!** が使われます。

137

Level 4
達成語数　0　050　100　150　200　250　300　350　400　450　500　　◯ Track 1-061

0326 □□□
struggle
[strʌ́gl]

動 苦労する、悪戦苦闘する、奮闘する (+ with)　**名** 努力
struggle with the assignment　課題に苦労する
Women sometimes **struggle** with keeping a balance between motherhood and work.
女性は時折母親でいることと仕事のバランスを取ることで苦労する。

POINT 「苦労」の表現

suffer from A…A に苦しむ
My sister is **suffering from** her illness.
私の妹は病気に苦しんでいる。

take pains…骨が折れる、苦労する
I **took** great **pains** in educating my daughter.
娘を教育するのに苦労した。

have difficulty (in) *doing*…苦労する
I **have** great **difficulty in** taking care of my daughter.
娘の世話をするのにとても苦労している。

have trouble (in) *doing*…苦労する
My grandmother **has trouble** understanding what I do as a business.
私の祖母は私がしている仕事について理解するのに苦労している。

0327 □□□
cheat
[tʃíːt]

動 だます、カンニングをする、浮気する
名 詐欺、カンニング
cheat on the exam　試験でカンニングをする
My girlfriend **cheated**.　彼女が浮気をした。
♀ cunning は「ずる賢い」の意味になる

POINT 「だます」の表現

cheat…個人の利益のために相手を欺く
deceive…罠にかけてだます　★ de（下に）+ ceive（取る）
trick…悪意なくいたずらとしてだます　♀ 名詞形で「秘訣」や「コツ」という意味もある

0328 □□□
discipline
[dísəplin]

名 しつけ、規律、訓練、学問分野
動 ～を訓練する
keep **discipline**　規律を守る
maintain **discipline**　規律を維持する
All parents face the problems of freedom and **discipline**.　全ての親は、放任と規律の問題に直面する。
Discipline is very important in rearing children.
子どもを育てる上でしつけはとても重要である。

 ► **disciplined** 形 規律のある、訓練された
 ► **disciplinary** 形 規律上の、訓練上の
 ► **interdisciplinary** 形 学際的な、多分野にまたがる

138

Level 4

0329 ☐☐☐

influence
[ínfluəns]

名影響 **動**〜に影響を及ぼす

have an **influence** on A　Aに影響を与える
pervasive **influence** of television　テレビの波及的影響
I was hugely **influenced** by the physics teacher.
その物理の先生に大いに影響を受けた。
Foreign cultural **influences** have greatly enriched Japan.　外国の文化的影響が日本を大いに豊かにしている。

★ in（中に）+ flu（流れる）
▶ influential **形** 影響力のある、有力な

POINT 「影響」の表現

influence は名詞で「影響」、動詞で「〜に影響する」という意味です。その語源は占星術の専門用語で in（中に）+ flu（流れる）、「中に流れ込んでくる」=「天体から流れ込んでくる運気」とされています。語源の flu（流れる）がつく単語は他にも **flow**（流れ）、**flush**（トイレの水を流す）、**flute**（楽器のフルート）、**fluid**（流動体）、**fluency**（流暢さ）など多岐にわたります。

一方、**affect**（〜に影響を及ぼす）は直接的な影響を与えるという意味の動詞で、ネガティブな意味で使われることもあります。The earthquake affected Japanese society.（その地震は日本社会に影響を与えた）のように出来事や言動に対する感情的な影響、感動や動揺を表現します。**impact** は不可算名詞で「衝突」、可算名詞では「強い影響」という意味合いです。**impact**（強い影響を与える）という動詞としても使われることがありますが、一般的には「衝突する」の意味で使われます。

flow　　　flush　　　fluency

■ IELTS コラム《スピーキング④　Part 2》
　IELTS のスピーキング Part 2 では自分に影響を与えた先生などについて 2 分間のスピーチを求められます。The teacher who influenced on me was Mr. James. といった表現のみでなく、The teacher who had a great impact on me was Mr. James. や The teacher who completely changed my outlook on life was Mr. James. など、さまざまな言い方ができるようにしておきましょう。

Level 4

達成語数 | 0 050 100 150 200 250 300 350 400 450 500

◀ Track 1-062

0330 □□□
respect
[rispékt]

動 〜を尊敬する　**名** 尊敬、（〜の）点

in every respect　あらゆる点で

In Poland, musicians are highly respected.
ポーランドでは音楽家は非常に尊敬されている。

In Japan, people bow to show respect to another person.　日本ではお辞儀をして人に敬意を示す。

Many people respected Lincoln as a great leader.
多くの人々がリンカーンを偉大なリーダーとして尊敬していた。

► respective **形** それぞれの

► respectively **副** それぞれに

► respectful **形** 敬意を表する

► respectable **形** 尊敬すべき、立派な

POINT 「尊敬」の表現

honour A…A に敬意を示す、名誉を与える

worship A…A を崇拝する、礼拝する

esteem A…A を尊敬する、高く評価する

look up to A…A を尊敬する

give props to A…A に敬意を表す

hold A in high esteem…A を高く崇拝する

0331 □□□
admire
[ædmáiə]

動 〜に感嘆する、感心する、〜を称賛する

admire A for B　A の B に感心する

admire a sculpture in a museum　美術館の彫刻を称賛する

A lot of people in the country admired the president.
その国の多くの人々が大統領を尊敬していた。

► admirable **形** 称賛に値する

► admiration **名** 感嘆、称賛

★ ad（方向）+ mir（驚く）
mirror（鏡）や miracle（奇跡）と同語源

0332 □□□
conclude
[kənklú:d]

動 〜を結論づける、終える、締結する

conclude a peace treaty　平和条約を締結する

To conclude, gun sales should be banned.
まとめると、銃の販売は禁止されるべきだと思う。

The book concluded the story with a famous phrase.
その本は物語を有名な言い回しをもって締めくくった。

★ con（共に）+ clude（閉める）

► conclusion **名** 結論

► conclusive **形** 決定的な

■ IELTS のポイント《ライティング③　文頭で結論を導く表現》

Therefore…それゆえ

In conclusion…結論として

All in all…概して

Overall…概して

In summary…要約すると

By and large…概して

140

| Level 1 | Level 2 | Level 3 | **Level 4** | Level 5 |

0333 □□□
convey
[kənvéi]

動 ～を運ぶ、伝える、伝達する

convey passengers 乗客を運ぶ

convey a message through the phone
電話でメッセージを伝える

It is difficult to convey the exact meaning of an idiom in a foreign language.
外国語で熟語の正確な意味を伝えるのは難しい。

★ con（共に）+ vey（道）

▶ conveyance **名** 伝達、運搬

★ vi, voy, vey（道）

via 〜経由で　　trivia 些細なこと
vi, voy, vey
deviation 脱線　　previous 以前の

0334 □□□
demonstrate
[démənstrèit]

動〈～ということ〉を実演する、実証する、デモをする

demonstrate to the examiner 試験官に説明する

The graph clearly demonstrates the differences.
そのグラフは明らかに違いを実証している。

Pasteur demonstrated that life comes only from life.
パスツールは、生命は生命からのみ生まれることを証明した。

★ de（完全に）+ monstr（示す）+ ate（動詞化）
monster（怪物）や monitor（モニター）と同語源

▶ demonstration **名** 実演、実証、デモ

■ IELTS のポイント《ライティング④　Task 1で使えるパラフレーズ表現》

　IELTS ライティングの Task 1 は、提示されたグラフや図から読み取れることについて、指定の字数を目安にまとめる課題です。図表の概要については、下記の表現を使って説明できます。

illustrate…実例を用いて説明する　　**represent**…象徴として表す
indicate…数字などで指し示す　　　　**display**…陳列して展示する
exhibit…美術館などの施設で正式に展示する　　**show**…見せて示す

Level 4

達成語数 ┃ 0 050 100 150 200 250 300 350 400 450 500 ◀ Track 1-063

0335 □□□
emphasise
[émfəsàiz]

動 ～を強調する　emphasize [米]
emphasise the importance of A　Aの重要性を強調する
emphasise the correct answer　正解を強調する
The teacher **emphasised** the importance of the coming test.　先生は次のテストの重要性を強調した。
► emphasis 名 強調
► emphatic 形 強調された
≒ stress 動 ～を強調する　名 ストレス
≒ highlight 動 ～を強調する、目立たせる　名 ハイライト

0336 □□□
acquire
[əkwáiə]

動 〈知識など〉を獲得する、習得する
acquire a reputation　評判を得る
The university **acquired** a good reputation for their convenient location.
その大学は好立地で高評価を獲得した。
Most of us **acquire** a second language only with conscious effort.
私たちのほとんどは、意識的な努力によってのみ第二言語を習得する。
► acquired 形 既得の、後天的な
► acquisition 名 習得、買収

POINT 「習得」の表現

「言語の獲得」は **language acquisition** と言います。この **acquisition** の動詞形 **acquire** は「体で覚える」、まさに身につけるイメージです。一方で言語をより体系的に学ぶ時には **learn**（～を学ぶ）が適切で、さらに **master**（～を習得する）はより高い熟練度で身につける場合に使います。その他、忘れかけている外国語・知識などを磨き直すときは **brush up** で表します。**You'd better brush up your English before you go abroad.**（海外に行く前に英語力を磨き直しておいた方がいいですよ）などと表現できます。

0337 □□□
compose
[kəmpóuz]

動 ～を構成する、作曲する
be **composed** of A and B　AとBで構成されている
compose an original song　オリジナルの歌を作曲する
I want to **compose** a million hit song.
ミリオンヒットする歌を作曲したい。
Mozart **composed** the great pieces of classical music.　モーツァルトは素晴らしいクラシック音楽を作曲した。
★ com（共に）＋ pose（置く）
► composer 名 作曲家
► composition 名 作曲、作文、構成

142

| Level 1 | Level 2 | Level 3 | **Level 4** | Level 5 |

0338 ☐☐☐
interact
[ìntərǽkt]

動 (〜と) 交流する (+ with)
interact with parents　親と接する
interact with local residents　地元住民と交流する
interact with Muslim people　イスラム教の人々と交流する
I am not so good at **interacting** with children.
子どもと交流するのが苦手です。
★ inter（2つの間）+ act（作動する）
► interaction 名 交流、相互作用
► interactive 形 相互作用の

POINT 「交流」の表現

　カジュアルな日常会話は **chat**（雑談する）、一般的な会話は **talk**（話す）となります。**interact**（〜と交流する）は会話だけではない、人との関わり全体を表す動詞です。**communicate**（〜を伝える）は意思疎通をするときに使い、**mingle**（混ぜる）には「交流、交際」という意味があります。**consult**（〜に助言を求める）は専門家に相談するときに使います。

0339 ☐☐☐
determine
[ditə́:min]

動 〜することを固く決意する
She is very **determined** to own a store of her own.
彼女は自分の店を持つと固く決意している。
It is difficult to **determine** the future plan without a goal.　目的なしに将来のプランを決めることは難しい。
► determination 名 決意、決定
≒ make up one's mind　決意する
≒ decide 動 決める (+ to)

0340 ☐☐☐
graduate
名[grǽdʒuət]
動[grǽdʒuèit]

名 卒業生　動 〜を卒業する (+ from)
graduate from Harvard University
ハーバード大学を卒業する
I will **graduate** from high school next March.
次の3月に高校を卒業します。
The person on stage is a Cambridge **graduate**.
登壇者はケンブリッジ大学の卒業生です。
► graduation 名 卒業

Postgraduate degree
Doctorate / PhD
博士課程
Master's degree
修士課程

Undergraduate degree
Bachelor's degree
学士課程

143

Level 4

0341

interpret
[intə́:prit]

動 ～を解釈する、通訳する

interpret A as B AをBと解釈する
interpret the statistics 統計を解釈する
The ambiguous speech was very difficult to **interpret**.
その曖昧な演説は解釈するのが難しかった。

▶ interpretation **名** 解釈、通訳
≒ translate **動** ～を翻訳する

● 「通訳」の表現

　translate は「書いて翻訳する」、interpret は「話して通訳する」という違いがあります。

translate　　　　　interpret

0342

pursue
[pərsjú:]

動 ～を追求する、追跡する

pursue a goal 目標を追求する
pursue a career in education
教育でのキャリアを追求する
I am determined to **pursue** my dream of going abroad. 海外留学をするという夢を追求する決意をした。

★ pur（前に）+ sue（従う）
▶ pursuit **名** 追求
≒ seek **動** 〈人・もの〉を追い求める

★ sequ, secut, su（従う）

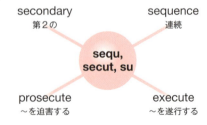

secondary　　　　　sequence
第2の　　　　　　　連続

sequ,
secut, su

prosecute　　　　　execute
～を迫害する　　　　～を遂行する

| Level 1 | Level 2 | Level 3 | **Level 4** | Level 5 |

0343 □□□
assist
[əsíst]

動〜を助ける、手伝う、援助する

assist in research　研究を手伝う

assist humans with menial tasks
人間の単純作業を手助けする

I **assisted** a winning goal in a match yesterday.
昨日の試合で決勝ゴールをアシストした。

★ **as**（近くに）+ **sist**（立つ）

► **assistance** 名 援助

► **assistant** 名 助手　形 補助の

POINT 「援助」の表現

　help（〜を助ける）は一般的に困っている人を助ける時に使います。人助けをする人を **helpful**（役立つ）と表現することがあり、直訳すると助かるという意味ですが、ありがたみを感じていることを表せる表現です。**support**（〜を助ける）は支援や応援をする時に使い、協力してくれたり応援してくれたりする人を **supportive**（協力的な）と表現できます。「補助器具」という意味も持つ **aid**（〜を援助する）は help よりかしこまった表現で、**visual aids**（視覚補助）や **receive first aid training**（応急手当ての訓練を受ける）のように使います。

0344 □□□
specialise
[spéʃəlàiz]

動〜を専攻する、専門とする (+ in)　specialize［米］

specialise in art　美術を専門とする

restaurant that **specialises** in seafood
海鮮料理を専門とするレストラン

I **specialised** in English Literature in university.
私は大学で英文学を専攻した。

► **specialisation** 名 特化　specialization［米］

► **speciality** 名 専門、名物、特色　specialty［米］

► **specialist** 名 専門家　形 専門の

■ IELTS のポイント《スピーキング⑤　専攻の表現》
　IELTS のスピーキングでは、学生か社会人かを尋ねられます。大学生の場合は大学での専攻を伝えることになります。アメリカ英語では **major in**（〜を専攻する）、イギリス英語で **specialise in** を使います。イギリスのある特定の地域では **read** と言うこともあります。

145

Level 4

0345

classify
[klǽsəfài]

動 ~を分類する

classify information into categories
カテゴリーごとに情報を分類する

classify videos into different genres
ビデオを異なるジャンルに分類する

Frogs are **classified** as amphibians.
カエルは両生類に分類される。

▶ classification 名 分類

≒ sort out ～を分類する

★ cil, class（呼ぶ）

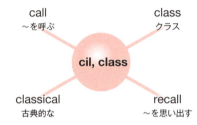

0346

encourage
[inkə́ːridʒ]

動 ～を励ます、奨励する

encourage A to *do* Aに～するよう励ます

My parents **encouraged** me to study abroad.
両親は私に留学するように促した。

★ en（動詞）＋ courage（心）＝心を動かして励ます

▶ encouragement 名 奨励

▶ encouraging 形 励みになる

≒ urge 動 ～をすすめる

0347

stimulate
[stímjulèit]

動 ～を刺激する

visually **stimulating** 視覚的に刺激する

I get **stimulated** by other students.
私は他の学生から刺激を受ける。

★ stim（刺す）
instinct（本能）や stick（棒）と同語源

▶ stimulus 名 刺激　複数形 stimuli

≒ incentive 名 動機、報奨物

≒ motivation 名 モチベーション

146

Level 1　Level 2　Level 3　**Level 4**　Level 5

POINT 「刺激」の表現

trigger…〜の引き金となる
encourage…〈人〉を励ます
inspire…〈人〉を鼓舞する
spur…〜に拍車を掛ける

motivate…やる気にさせる
prompt…〈人や行動〉を刺激する
spark…〜を活気づける
intrigue…〜の好奇心をそそる

0348 □□□

concentrate
[kάnsəntrèit]

動 〜に集中する

lack of ability to concentrate　集中力が欠ける
reduce distractions to concentrate
集中するために気が散るものを減らす
I can concentrate and be productive in the morning.
朝は集中でき、そして生産的になれる。

★ con（共に）+ centr（中心）+ ate（動詞）
► concentration 名 集中
≒ focus 名 焦点　動 集中する、〜に焦点をあてる (+ on)

0349 □□□

elementary
[èləméntəri]

形 初歩の

elementary education　初等教育　primary education [英]
first grade in elementary school　小学校1年生
have an elementary knowledge of A
Aの初歩的な知識がある
► element 名 要素
≒ basic 形 基本的な

POINT 「基礎」の表現

　まだ始めたばかりの初心者のことを **novice**（初心者）と言います。novの語源は「新しい」で、**innovation**（革新）や **novelty**（目新しさ）と同語源です。語学学校などで「初級」「中級」「上級」とレベル分けされる場合には、**beginner**（初級）、**intermediate**（中級）、**advanced**（上級）となります。

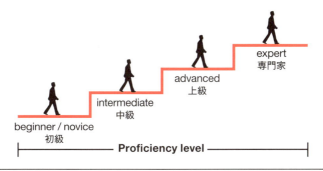

147

Level 4

達成語数 0 050 100 150 200 250 300 350 400 450 500 ◀ Track 1-066

0350 □□□
potential
[pəténʃəl]

形 可能性のある　名 潜在能力

potential customers 潜在顧客

mitigate **potential** problems 潜在的な問題を抑制する

have a **potential** ability for languages 言語の潜在的才能がある

invest in the potential market 潜在的な市場に投資する

have the **potential** to become A Aになる潜在能力がある

maximise the **potential** 潜在能力を最大化する

realise the full **potential** 全ての潜在能力に気付く

► potentially 副 潜在的に

0351 □□□
capable
[kéipəbl]

形 可能な、有能な

be **capable** of A Aすることができる

This truck is **capable** of carrying timber.

このトラックは木材を運ぶことができます。

► capacity 名 収容能力、キャパシティ

► capability 名 能力、才能

⬌ incapable 形 無能な

0352 □□□
academic
[ækədémik]

形 学問の、学術的な　名 大学での研究者

an **academic** degree 学位

academic performance 学業成績

print out an **academic** transcript 成績証明書を印刷する

I want to pursue an **academic** career.

私は学術的な仕事を追求したい。

► academy 名 アカデミー、協会、学士院、専門学校

► academia 名 アカデミア、学術的な世界

► academically 副 学問的に、学術的に

0353 □□□
familiar
[fəmíljə]

形 精通した、見（聞き）覚えのある

familiar landscape 見慣れた風景

The name of the temple is **familiar** to me.

そのお寺の名前を聞いたことがある。

► familiarity 名 精通

► familiarise 動〈人〉を～に精通させる　familiarize［米］

≒ be versed in A Aに精通している

POINT 「精通」の表現

　見覚えのある顔を見た時、教科書通りの英文では **I have seen his face.**（彼の顔を見たことがある）という文が思い浮かぶのでないでしょうか？ そんな状況では **His face is familiar.**（彼の顔に見覚えがある）の方が自然な表現です。**familiar**（～をよく知っている）は「人」と「もの」の位置によって前置詞が異なります。**A is familiar to B.**「A（もの）は B（人）に精通している」、**B is familiar with A.**「B（人）は A（もの）に精通している」の形式で覚えておきましょう。

148

Level 1　Level 2　Level 3　**Level 4**　Level 5

0354 ☐☐☐
equal
[íːkwəl]

形 平等な、等しい、力量がある
動 〜に等しい、匹敵する　名 同等
equal opportunity 機会均等
on equal terms 対等の条件で
A is equal to B. AはBと等しい。
All human should have equal rights.
全ての人が同等の権利を持つべきだ。
★ equ（等しい）＋ al（形容詞）
▶ equality 名 平等
▶ equally 副 平等に
≒ fair 形 平等な

★ equ（等しい）

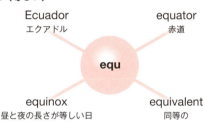

Ecuador エクアドル
equator 赤道
equ
equinox 昼と夜の長さが等しい日
equivalent 同等の

0355 ☐☐☐
phenomenon
[finɔ́mInən]

名 現象
複数形 phenomena
natural phenomenon 自然現象
figure out an unexplained phenomenon
説明できない現象を解明する
Bankruptcy is a common phenomenon in an economic recession. 倒産は景気後退時にはよくある現象だ。
▶ phenomenal 形 驚異的な、現象の
▶ phenomenally 副 驚異的に

★ pha, phen（出現）

phenomenon 現象
photograph 写真
pha, phen
fantasy 空想
phantom 幻

149

Level 4

達成語数 | 0 050 100 150 200 250 300 350 400 450 500 | ◀ Track 1-067

0356 □□□
hypothesis
[haipɔ́θəsis]

名仮説
propose a **hypothesis** 仮説を立てる
put forward a **hypothesis** 仮説を提唱する
test a **hypothesis** thoroughly 徹底的に仮説を検証する
The use of the **hypothesis** is common in scientific investigation.
科学的調査において仮説を使用することは当然のことである。
★ 古代ギリシャ語 hupo（下に）＋ tithemi（置く）
► hypothetical 形 仮説の

0357 □□□
function
[fʌ́ŋkʃən]

名機能、関数　動機能する、作用する、作動する
brain **function** 脳機能
the **function** of an alarm clock 目覚し時計の機能
This copy machine is not **functioning**.
このコピー機は動いていない。
► functional 形 機能の、機能的な
► process 動 〜を処理する、加工する

0358 □□□
adopt
[ədɔ́pt]

動〜を採用する
adopt a method ある方法を採用する
My company has **adopted** a new approach to staff meetings. 私の会社はスタッフ会議に新しい方法を取り入れた。
★ ad（方向）＋ opt（選ぶ）
　同語源の option から「採用するために選ぶ」と解釈できる
► adoption 名 採用、養子にすること

0359 □□□
transmit
[trænzmít]

動〜を送る、伝達する、伝染させる
transmit the information 情報を送る
transmit diseases by blood 血液から病気を伝染させる
information **transmitted** in conversation
会話で伝えられる情報
The virus was **transmitted** across the town.
そのウイルスは街中に伝染した。
Without words, it is difficult to **transmit** our thoughts to other people. 言葉なしでは他人に思いを伝えるのは難しい。
★ trans（横切る）＋ mit（送る）
► transmission 名 伝達、伝染

150

| Level 1 | Level 2 | Level 3 | **Level 4** | Level 5 |

0360 ☐☐☐

adjust
[ədʒʌ́st]

動 ～を調整する

adjust the volume 音量を調整する

adjust to a new life 新しい生活に慣れる

Feel free to adjust the height of your desk.
自由に机の高さを調整していいよ。

A lot of animals adjust themselves by changing their physical features.
多くの動物は身体の特徴を変化させて適応する。

★ ad（方向）＋ just（正しい）

► adjustment 名 調整

0361 ☐☐☐

modify
[mɑ́dəfài]

動 ～を修正する、修飾する、変更する

modify a scheme 計画を修正する

genetically-modified food 遺伝子組み換え食品

The adjectives modify the nouns.
形容詞は名詞を修飾する。

Some crops we eat are genetically modified.
我々が食べている農作物の中には食物は遺伝子組み換えがされているものもある。

► modification 名 修正

≒ correct 動 ～を正しく直す

≒ rectify 動 ～を改正する

0362 ☐☐☐

observe
[əbzə́ːv]

動 〈規則など〉を守る、遵守する、観察する

observe the law 法律を守る

Children learn by observing adults.
子どもは大人を観察して学ぶ。

Psychologists observe human behaviours very carefully.
心理学者は人間の行動を注意深く観察する。

► observance 名 遵守

► observation 名 観察

► observer 名 観察者

POINT **「観察」の表現**

　observe は「長時間かけて注意深く観察する」という意味合いで、ややフォーマルな響きの単語です。look は「意識的に何かを見る」時に使い、自動詞なので前置詞の at が必要です。see は「自分の視野に入って見える」、watch は「動いているものを見る」、stare は「じっと見つめる」の意味です。

　「見る」に関連する動詞には、gl から始まる単語がいくつかあり、それは glass（ガラス）や glitter（輝く）など「光」が語源のものです。そこから派生して glance（ちらりと見る）、glare（敵意を込めてにらみつける）、glimpse（短い時間で部分的に見る）があります。gaze は「ある方向をじっと見つめる」という意味で、星空観察を stargazing というように、好奇心を持って凝視するイメージです。

151

Level 4

0363 □□□
assume
[əsjúːm]

動 ～だと仮定する、当然と思う、引き受ける
assume office 就任する
assume responsibility for a project
プロジェクトの責任を負う
I **assume** Tom and Jess are dating.
トムとジェスは付き合っていると思う。
★ as（方向）+ sume（取る）
≒ **assumption** 名 仮定

★ sume（取る）

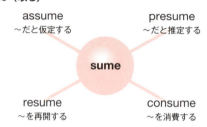

0364 □□□
prove
[prúːv]

動 ～を証明する
prove to be A Aだと分かる
The new machine will **prove** to be of great use.
その新しい機械は非常に役立つと分かるだろう。
► **proof** 名 証明、証拠
↔ **disprove** 動 ～の誤りを立証する
≒ **turn out to be A** Aだと分かる

0365 □□□
implement
動 [ímpləmènt]
名 [ímpləmənt]

動 ～を施行する、実行する、取り入れる
名 道具、手段
implement a new technology 新技術を取り入れる
The university **implemented** a new teaching approach. その大学は新たな教授法を施行した。
► **implementation** 名 施行、実行

0366 □□□
race
[réis]

名 競争、人種、人類
a **race** against time 時間との闘い
participate in a boat **race** ボートレースに参加する
Race inequality must not exist.
人種による不平等は存在してはならない。
The human **race** is composed of individuals.
人類は個人から成り立つ。
► **racing** 名 競争、競馬
► **racial** 形 人種の
► **racism** 名 人種差別

152

| Level 1 | Level 2 | Level 3 | **Level 4** | Level 5 |

0367 □□□
religion
[rilídʒən]

名宗教、信仰、信条
believe in religion 宗教を信じる
advocate freedom of religion 信仰の自由を支持する
My wife tends to value religion.
妻は宗教に重きを置く傾向にある。

★ re（強調）+ lig（結ぶ）
▶ religious **形** 宗教的な

★ lig（結ぶ）

0368 □□□
revolution
[rèvəljúːʃən]

名革命、回転、循環
revolution by the people 人民による革命
the Industrial Revolution 産業革命
The French Revolution was a political revolution.
フランス革命は政治的な革命であった。

★ re（再び）+ volve（回転）
▶ revolve **動** 回る、回転する
▶ revolutionary **形** 革命的な
▶ reform **名** 改革

POINT　「回転」の表現

　rotate（軸を中心に回転する）、revolve（回転する、ぐるぐる回る）、orbit（天体などが軌道に乗って回る）の違いを確認しておきましょう。

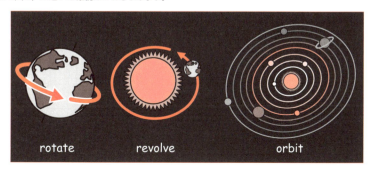

153

Level 4

0369
immigration
[ìməgréiʃən]

名 移民、入国管理（審査）

implement a new **immigration** policy
新しい移民政策を施行する

It takes a while to pass through **immigration**.
入国管理所を通過するのには時間がかかる。

- **immigrate** 動 （他国から）～へ移住する
  ≒ emigrate 動 （自国から）～に移住する
- **immigrant** 名 （他国からの）移民　≒ emigrant 名 （自国からの）移民

● 「移住」の表現

「移住すること」は同じだが、移住先の国から見て使うのが immigrant、移住元の国から見て使うのが emigrant になります。

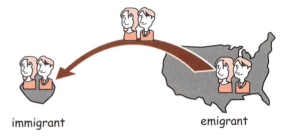

immigrant　　emigrant

0370
colony
[kɔ́ləni]

名 植民地

former **colony** 旧植民地

Algeria is a former French **colony**.
アルジェリアは旧フランス植民地である。

Britain established **colonies** a long time ago.
イギリスはかつて植民地を築いた。

- **colonial** 形 植民地の
- **colonise** 動 ～を植民地化する　colonize［米］
- **colonisation** 名 植民地化　colonization［米］

0371
custom
[kʌ́stəm]

名 習慣、（国や社会の）しきたり、慣習

break a **custom** 慣習を破る

adopt the **customs** of a foreign country
外国の慣習を取り入れる

My grandmother sticks to an old **custom**.
私の祖母は古いしきたりに固執している。

★ **custom**（自分のもの）

- **customary** 形 習慣的な、慣例の
- **accustom** 動 ～に慣れさせる
- ≒ **practice** 名 繰り返して得た慣習

154

| Level 1 | Level 2 | Level 3 | **Level 4** | Level 5 |

0372 □□□
duty
[djúːti]

名 義務、税金

off-**duty** 非番で
drink beer on **duty** 勤務中に酒を飲む
I am on **duty** to clean the garden this week.
私は今週庭を掃除する当番についている。
duty free shop 免税店
lay a **duty** on imports 輸入品に課税する

★ du（借金）
　debt（借金）や due（締め切り）と同語源

≒ tax **名** 税

0373 □□□
minister
[mínistə]

名 大臣　**動** ～に仕える

bring the prime **minister** under fire
総理大臣に非難を浴びせる
The prime **minister** visited Vietnam.
その首相はベトナムを訪問した。

★ mini（小さい）+ ster（人）＝地位の低い人

▶ ministry **名** 内閣、省

★ mini（小さい）

miniature 模型、ミニチュア
mince ～を細かく刻む
mini
diminish ～を減少させる
minor 未成年

0374 □□□
conference
[kɔ́nfərəns]

名 会議、学会

a summit **conference** 首脳会談
a venue for the **conference** 学会の会場
attend an international **conference** 国際学会に参加する
There will be a **conference** held at 8 a.m. tomorrow.
明日の朝8時に会議がある。

★ con（共に）+ fer（運ぶ）
　ferry（フェリー）や offer（～を提供する）と同語源

▶ confer **動** 相談する、協議する
≒ meeting **名** 会議
≒ forum **名** 公開討論会

155

Level 4

0375 authority
[əθɔ́ːrəti]

名 権威、権限

the school authorities 学校当局
The Japanese authorities denied the fact.
日本の当局はその事実を否定した。
I have been given the authority to take charge of this event. このイベントを担当する権限を与えられた。

★ au（増える）

▶ authorise 動〈人〉に権威を与える、認可する　authorize［米］

POINT　「権威」の語源

authority（権威、権力）はラテン語の augeo（増やす）が語源です。また author（著者）、AR（Augmented Reality）の augment（〜を増加させる）、徐々に値段が増していく auction（オークション）も同様です。authority に the をつけて複数形（the authorities）にすると「当局」という意味になります。

0376 candidate
[kǽndidèit]

名 候補者、受験者

presidential candidate 大統領候補
potential candidate 将来性のある候補者
My uncle was a candidate for the election last year.
私の叔父は去年の選挙の候補者であった。

★ cand（白）
   🔍 古代ローマ時代、選挙の時に白衣を着ていたことから「候補者」という意味になった

≒ contender 名 競争者

≒ applicant 名 応募者

★ cand（白）

0377

democracy
[dimɔ́krəsi]

名 民主主義

liberal democracy 自由民主主義
Japanese politics is led by liberal democracy.
日本の政治は自由民主主義で行われている。

★ demo（人々）+ cracy（政治）＝民衆による政治
▶ democratic **形** 民主主義の

★ cracy（政治）

0378

penalty
[pénəlti]

名 刑罰、罰金

impose a heavy penalty on A Aに重い刑罰を科す
pay a penalty of 20,000 yen 2万円の罰金を払う
The death penalty should be abolished.
死刑は廃止されるべきである。
The government should introduce a bill strengthening the penalty for drunken driving.
政府は飲酒運転に対する罰則を強化する法案を導入すべきである。

▶ penalise **動** 〜を罰する

★ pen, pain（罰）

157

Level 4

0379
regulation
[règjuléiʃən]

名 規則、規制

violate the **regulation** 規則を破る
comply with a **regulation** 規則に従う
There are many strict **regulations** to be met.
たくさんの守られるべき規則があります。

► regulate 動 規制する
► regulatory 形 規制の

★ rect, reg（正しい）

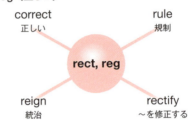

0380
conflict
[kɑ́nflikt]

名 紛争、長期にわたる対立　動 〜と争う

a regional **conflict** 地域紛争
conflict of opinions 意見の対立
create a **conflict** between father and son
父親と息子の対立を作る
The American Civil War was the bloodiest **conflict** in American history.
アメリカ南北戦争は米国史上で最も血まみれの争いだった。

★ con（共に）+ flict（打つ）

POINT 「けんか」の表現

口げんかは **quarrel** と言い、have a **quarrel** with my mother（母と口論する）のように個人的な口論の時に使います。殴り合いや戦いのときは **fight** になります。**row** は「騒々しいけんか」、**spat** は「くだらない争い」、**argument** は「怒りが伴う口論」です。競技としての戦いは com（共に）+ pet（求める）が語源の **competition**（競争）を使います。関連して、馬のレースで首がぶつかり合う様子から競争で両者が負けず劣らずの時、**neck and neck**（互角で）という表現ができました。The candidates were **neck and neck** in the election.（選挙で候補者は互角の争いをした）と表現できます。その他、**have a falling-out with A**（A と衝突する）という口語表現も覚えておきましょう。

| Level 1 | Level 2 | Level 3 | **Level 4** | Level 5 |

0381 ☐☐☐
controversy
[kɔ́ntrəvə̀ːsi]

名論争

controversies over the use of drugs 薬物使用に関する論争

There remains a controversy over how strong the family is.

家族の絆がどれだけ強いかという論争が残っている。

★ contro（反対に）+ vers（回転）

► controversial 形 物議を醸す、議論の

► contentious 形 争いを好む、議論好きな

≒ dispute 名 論争

0382 ☐☐☐
broadcast
[brɔ́ːdkæ̀ːst]

名放送、放映　動～を放送する

broadcast on the internet インターネットで放送する

The show is being broadcast live.

その番組は生放送されている。

The controversial programme was broadcast on BBC. 物議を醸す番組が BBC で放送された。

♀ 1922 年に設立されたイギリスの公共放送 BBC は British Broadcasting Corporation の略称

► broadcaster 名 アナウンサー、放送局

0383 ☐☐☐
abuse
名 [əbjúːs]
動 [əbjúːz]

名乱用、虐待　動～を乱用する、虐待する

drug abuse 薬物乱用

child abuse 児童虐待

We should stop abusing animals for commercial purposes.

商業目的で動物を虐待するのはやめたほうがいい。

★ ab（離れて）+ use（使う）＝本来の目的とは離れた使い方をする

useful（役立つ）や utensil（家庭用品）と同語源

0384 ☐☐☐
pause
[pɔ́ːz]

名休止、中断、休息　動一時的に休止する

without a pause 絶え間なく

after a short pause 短い休止の後

pause for a moment 少しだけ休憩する

Could you pause the video for a moment?

ビデオをちょっと止めてもらえる？

There was a pause before the examiner began to ask questions.

試験官が質問をし始めるまでに沈黙があった。

♀ 写真を撮る時の「ポーズ」は「姿勢」を意味する pose なので混同に注意

159

Level 4

達成語数 | 0 050 100 150 200 250 300 350 400 450 500

◀ Track 1-072

0385 □□□

suspect

動 [səspékt]
名 [sʌ́spekt]

動 ～に疑いをかける　名 容疑者

be **suspected** of murder　殺人容疑をかけられる
The **suspect** is a 5-foot-tall male, wearing a black sweater with a white logo.　その容疑者は身長 5 フィートの男性で白いロゴ入りの黒いセーターを着ている。
The policeman **suspected** the boy of shoplifting.
その警官は少年に万引きの疑いをかけていた。

★ sus（下を）+ pect（見る）
► suspicion 名 容疑
► suspicious 形 疑い深い
≒ doubtful 形 疑い深い
≒ dubious 形 疑わしい、半信半疑で
≒ sceptical 形 懐疑的な　skeptical [米]

0386 □□□

arrest

[ərést]

動 ～を逮捕する　名 逮捕

arrest the suspect　容疑者を逮捕する
The police **arrested** the man for speeding.
警察はその男をスピード違反で逮捕した。
under **arrest**　逮捕されて
place the culprit under **arrest**　犯罪者を逮捕する

★ ar（方向）+ re（後ろ）+ st（立つ）＝犯罪者を後ろに立ち止まらせる
≒ apprehend 動 ～を逮捕する
≒ get busted　逮捕される

0387 □□□

manufacture

[mæ̀njufǽktʃə]

動 ～を製造する、加工する　名 製造

manufacture clothing　衣類を製造する
Perfume was **manufactured** in ancient Egypt.
古代エジプトでは香水が製造されていた。
Many **manufactured** items are designed to have a very short lifespan.
多くの製品はとても短命に設計される。

★ manu（手）+ fac（作る）
　manual（説明書）や manner（マナー）と同語源
　🔍 現在は製造と言うが、かつては手で作業をしていたため手工業と呼ばれていた
► manufacturing 名 製造工業　形 製造の
► manufacturer 名 製造業者

0388 □□□

contract

名 [kɔ́ntrækt]
動 [kəntrǽkt]

**動 （～と）契約する、病気にかかる、収縮する
名 契約、契約書**

make a **contract**　契約を結ぶ
sign a **contract**　契約書にサインする
renew a **contract**　契約を更新する
accept the **contract**　契約を受け入れる

160

| Level 1 | Level 2 | Level 3 | **Level 4** | Level 5 |

rectify the mistake in the contract
契約書のミスを訂正する
The contract expires at the end of this month.
今月末に契約が切れる。
reduce the risk of contracting a disease
病気にかかるリスクを減らす
★ con（共に）+ tract（引く）
共に契約書にサインするイメージ

0389 □□□
require
[rikwáiə]

動 ～を要求する、必要とする
require a wake-up call モーニングコールを必要とする
Students are required to learn a foreign language.
学生たちは外国語を学ぶことを求められている。
Playing sports often requires total concentration.
スポーツをする時はしばしば完全に集中することが求められる。
★ re（強調）+ quire（求める）
▶ requirement 名 必要条件、必需品
▶ requisite 形 必須の

★ quire, quest（求める）

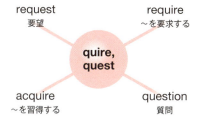

0390 □□□
abandon
[əbǽndən]

動 ～を見捨てる、置き去る、放棄する
abandon a car 車を乗り捨てる
abandon all hope 全ての希望を捨てる
The baby was abandoned by his mother.
その赤ん坊は母親に捨てられた。
▶ abandonment 名 放棄

POINT 「破棄」の表現

throw away…捨てる
discard…～をポイと捨てる ★「トランプの手札を捨てる」に由来
dispose…～を処分する ＆ disposable chopsticks は使い捨ての箸＝割り箸
dump…～を投げ捨てる ＆ dump car（ダンプカー）から連想

Level 4

達成語数 0 — 050 — 100 — 150 — 200 — 250 — 300 — 350 — 400 — 450 — 500   ◀ Track 1-073

0391 □□□
suspend
[səspénd]

動 ～を一時停止する、延期する、〈生徒〉を停学にする

suspend a payment 支払いを一時停止する

I had my driver's license **suspended** for speeding.
スピード違反で免許停止になった。

The hospital accepted the patient's desire to **suspend** all medical treatment.
全ての治療を一時中止したいという患者の要望を病院側は受け入れた。

be **suspended** from school 停学処分になる

★ sus（下に）+ pend（ぶらさがる）

▶ suspension **名** つるすこと、保留、一時停止、停学

0392 □□□
establish
[istǽbliʃ]

動 ～を設立する、確立する

long-**established** corporations 老舗の会社

establish a good reputation 良い評判を築く

establish a close relationship between A and B
AとBの間に親密な関係を築く

My colleague **established** a system to promote volunteer activities.
私の同僚はボランティア活動を推進する制度を確立した。

★ e（外に）+ st（立つ）＝強固にする

▶ establishment **名** 設立

POINT 「設立」の表現

set up … ～を立ち上げる（口語的）
set up an organisation 組織を設立する
establish … 〈国家や学校など〉を設立する、〈関係や制度〉を確立する
establish an organisation for helping animals 動物を支援する組織を設立する
found … （寄付金で）～を設立する、創設する
found a hospital for children in Africa アフリカの子どもたちのために病院を設立する
institute … 制度や習慣を制定し、設立する
institute a ban in cycling in the street 道路でのサイクリングを禁止する

0393 □□□
ban
[bǽn]

動 （法的に）～を禁止する　**名** 禁止

Smoking is **banned** in the office.
オフィスでの喫煙は禁止されている。

Talking on mobile phones is often **banned**.
携帯電話での通話は、通常禁止されている。

The Netherlands **bans** disposable plastics.
オランダは使い捨てプラスチックを禁止している。
♀ disposable plastics はレジ袋などの使い捨てプラスチック品を指す

put a **ban** on A Aを禁止する

lift the **ban** on A Aを解禁する

≒ prohibit **動** ～を規則で禁じる

162

≒ forbid 動 〜を道徳的・倫理的に禁じる

0394 □□□
consist
[kənsíst]

動 〜から成り立つ (+ of)、〜にある (+ in)
consist of a variety of themes 様々なテーマから成り立つ
The research team consists mainly of women.
その研究チームは主に女性で構成されている。
Happiness consists in contentment.
幸福感は満足に含まれる。
★ con（共に）+ sist（立つ）
▶ consistent 形 首尾一貫した　◀▶ inconsistent 形 矛盾する
▶ consistence 名 首尾一貫
▶ consistency 名 一貫性
▶ consistently 副 一貫して
≒ comprise 動 〜を構成する

0395 □□□
promote
[prəmóut]

動 〜を促進する、昇進させる
promote cultural values 文化的価値を促進する
promote new products 新しい商品を販売促進する
I got promoted in the company last year.
私は昨年、会社で昇進した。
I was officially promoted to the vice-president.
私は正式に副社長に昇格した。
★ pro（前に）+ mot（動かす）
▶ promotion 名 促進、昇進
≒ facilitate 動〈事〉を容易にする、楽にする、促進する

★ mot, mov（動く）

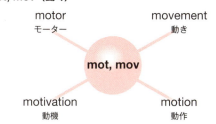

motor モーター
movement 動き
mot, mov
motivation 動機
motion 動作

Level 4

達成語数 0　050　100　150　200　250　300　350　400　450　500　◀ Track 1-074

0396 ☐☐☐
criticise
[krítəsàiz]

動 ～を批判する、あら探しをする、酷評する　criticize［米］

criticise A for B　A を B のことで批判する

criticise the government　政府を批判する

be criticised for incoherent writing
一貫性のない文章について批評される

Citizens came together to criticise the plan.
計画を批判するために市民が集まった。

My coworkers criticise me for my sloppy work habits.
私の同僚たちは私のだらしない仕事癖を批判する。

★ **crit**（判断）
　crime（犯罪）や crisis（危機）と同語源

► **criticism** 名 批評

► **critic** 名 批評する人、批評家

► **critique** 名 （本格的な）批評

POINT　「非難」の表現

blame…間違いや過失に対して非難する　　**accuse**…愚かさや悪事に対して非難する
condemn…激しく非難する　　　　　　　**find fault with A**…A を非難する

0397 ☐☐☐
declare
[dikléə]

動 ～を宣言する

declare independence　独立を宣言する

declare a state of emergency　緊急事態を宣言する

Parliament declared climate change to be a serious problem.　議会は気候変動が深刻な問題であると宣言した。

Some countries declare an indigenous language to be official in order to preserve the language's heritage.
言語の遺産を保護するために、現地の言葉が公用語であると宣言する国もある。

★ **de**（完全に）+ **clare**（明るい）＝不要なものを一斉に除去して明るくする
　clearance（クリアランス）や clarinet（クラリネット）と同語源

► **declaration** 名 宣言

≒ **proclaim** 動 ～を宣言する

≒ **announce** 動 ～を公表する

164

| Level 1 | Level 2 | Level 3 | **Level 4** | Level 5 |

0398 ☐☐☐

dismiss

[dismís]

動 〈人〉を解雇する、〈考え〉を捨てる、〈集団など〉を解散させる

dismiss employees 従業員を解雇する

Dismiss her from your mind.
彼女のことは忘れなさい。

The government should not be able to **dismiss** judges.
政府が裁判官を解任できるようなことがあってはならない。

★ **dis**（分離）+ **miss**（送る）＝離れた場所に送る
　missile（ミサイル）や missionary（宣教師）と同語源

► **dismissal** 名 解雇

≒ **rule out** 〜を除外する

POINT 「解雇」の表現

fire…クビにする　　　　**lay off**…一時的に解雇する
resign…自ら辞職する　　**step down**…〈職〉を退く

0399 ☐☐☐

obey

[əbéi]

動 〈指示や命令〉に従う

obey a command 命令に従う

Soldiers are usually expected to **obey** orders.
兵士は通常命令に従うことを期待されている。

Japanese people instinctively **obey** the unwritten rules of their society.
日本人は本能的に社会の暗黙のルールに従っている。

► **obedience** 名 服従

► **obedient** 形 従順な

↔ **disobey** 動 〜に反抗する

≒ **follow** 動 〜の後に続いて従う

≒ **observe** 動 〈規則や法律〉を遵守する

0400 ☐☐☐

factor

[fǽktər]

名 要因

a prime **factor** 素因数

A good team is a **factor** in success.
良いチームが成功の要因である。

While various **factors** have a negative impact on the environment, there are ways to mitigate potential problems.
様々な要因は環境に対して消極的なインパクトを与えるが、潜在的な問題を軽減する方法もある。

► **fact**（作る）

165

Level 5
401 ▸▸ 500

Part 1 最後の 100 語です。
この Level 内の単語は
試験でも特に頻出で、
日本人学習者が間違えて使用する
傾向にある表現なども含んでいます。
繰り返し読んで確認しましょう。

Level 5

0401
opinion
[əpínjən]

名 意見、考え、判断
in my personal **opinion** 私の個人的な意見としては
Overall, I am of my **opinion** that education should be a right, not an option.
まとめると、私の意見としては、教育は権利であり、選択肢であるべきでないということである。

0402
approve
[əprúːv]

動〈政策や提案〉を認める、承認する、〜に賛成する（＋ of）
approve of A Aを認める
approve the bill 法案を認める
My mother didn't **approve** of my girlfriend.
母は私の彼女を気に入ってくれなかった。
The university does not **approve** of smoking on campus at all. その大学は構内での喫煙を全く認めていない。
► approval **名** 賛成、認可、是認

0403
vote
[vóut]

名 投票　**動**（〜に）投票する
vote for A Aに（賛成）投票する
vote in the election 選挙で投票する
vote against the construction
建設に対する反対票を投じる
respect women's right to **vote** 女性の選挙権を尊重する
Mail-in **voting** is important in this era.
今の時代、郵便投票は重要である。
People over 18 are eligible to **vote** in Japan.
日本では18歳以上に投票する権利がある。
≒ poll **名** 世論調査、投票
≒ ballot **名** 投票、投票用紙

0404
restrict
[ristríkt]

動 〜を制限する
restrict my diet 食事制限をする
restrict carbon dioxide emissions
二酸化炭素の排出を制限する
enact laws to **restrict** gun ownership
銃の保有を制限する法律を制定する
I **restrict** myself to drinking one can of beer a day.
私は1日あたりビール1缶に制限している。
❢ restrict *oneself* to A で「Aに制限する」の意味
The government has **restricted** freedom of speech in public. 政府は公共の場での言論の自由を制限している。
★ re（強調）+ str（締める）
► restriction **名** 制限

| Level 1 | Level 2 | Level 3 | Level 4 | **Level 5** |

POINT 「制限する」の表現

limit…限界を定めて制限する
The patient should **limit** his intake of alcohol.
その患者はアルコールの摂取量を制限すべきである。
confine…範囲内に留めて制限する
A virus usually spreads rapidly in **confined** spaces.
ウイルスは一般に密閉空間で急速に広がる。
restrain…感情などを制止する
It is difficult to **restrain** oneself from eating late at night.
夜遅くに食べることを抑制することは難しい。

0405 □□□

reinforce
[rìːinfɔ́ːs]

動 ～を強化する、(素材を加えて)補強する、〈概念や議論〉を強固にする

use metal rods to **reinforce** the walls
壁を強化するために金属棒を使う

reinforce a bridge 橋を補強する

reinforce the idea アイディアを強固にする

Taking care of a baby **reinforced** my respect towards life. 赤ちゃんの世話をすることで命に対する敬意が強固になった。

★ re (強調) + in (中に) + force (力)

▶ **名** reinforcement 強化

POINT 「強化する」の表現

force…～を強制する
My parents **forced** me to study 10 hours a day.
両親は私に一日 10 時間勉強することを強制した。
empower…～する能力を与える
The English camp aims to **empower** youth.
そのイングリッシュキャンプは若者の力をつけることを目的にしている。
strengthen…～を強化する
The event **strengthened** the bond between my husband and me.
その出来事が私と夫の絆を強化した。
prop up…強化する、支持する
The government **propped up** the economy.
政府は経済を強化した。

169

Level 5

達成語数 ◀ Track 1-076

0406
settle
[sétl]

動 ～を解決する、定住する、決める、落ち着く

settle *one's* differences 和解する

Both sides are looking for ways to **settle** their differences. 双方とも和解する方法を探している。

settle in Thailand タイに定住する

settle down 落ち着く

My parents decided to **settle** in London permanently.
私の両親はロンドンに永住することを決めた。

settle the date for the party パーティーの日取りを決める

▶ settlement 名 解決、定住

0407
engage
[ingéidʒ]

動 ～に従事する（＋in）、（一時的に、専門職に）雇う、婚約する、〈注意・関心〉を引く

be **engaged** actively in A Aに積極的に従事している

I am fully **engaged** in the project.
そのプロジェクトに完全に打ち込んでいる。

Some citizens **engage** in more active forms of participation. より積極的に参加に関わっている市民もいる。

be **engaged** to the model そのモデルと婚約している

engage the audience 観客を魅了する

▶ engagement 名 婚約、約束、雇用

0408
competitive
[kəmpétətiv]

形 競争的な

competitive price 他の店より安い価格

competitive society 競争社会

competitive analysis 競合分析

Golf is a **competitive** sport. ゴルフは競技である。

★ com（共に）＋ pet（求める）
　appetite（食欲）や repeat（繰り返し）と同語源

▶ compete 動 競争する、匹敵する

▶ competition 名 競争

▶ competitor 名 競争相手

0409
valid
[vǽlid]

形 有効な、妥当な、正当な

a **valid** ticket 有効な券

This passport is **valid** for 10 years.
このパスポートは10年間有効である。

a **valid** argument 妥当な議論

ask a **valid** question 妥当な質問をする

The students had a **valid** reason for missing class.
その生徒には授業を欠席した正当な理由があった。

▶ validate 動 ～を有効にする

▶ validity 名 妥当性、法的有効性

↔ invalid 形 無効な

170

| Level 1 | Level 2 | Level 3 | Level 4 | **Level 5** |

0410 ☐☐☐
compulsory
[kəmpʌ́lsəri]

形 義務の、必修の

complete **compulsory** education　義務教育を修了する

compulsory subjects　必修科目

In Korea, military enlistment is **compulsory**.
韓国では兵役が義務である。

Mathematics is a **compulsory** subject at our
university.　我々の大学では数学が必修科目である。

★ com（共に）+ pul（駆ける）
　propeller（プロペラ）や pulse（脈拍）と同語源

► compel **動** 〜するように強いる、強制する

► compulsion **名** 強制

POINT 「義務」の表現

compulsory…強制力のある義務
obligatory…恩があるためにやらないと失礼になる義務
mandatory…上から命令された義務

0411 ☐☐☐
military
[mílitəri]

形 軍の　**名** 軍人、軍隊

military aid　軍事援助

military force　軍事力

military regime　軍事政権

A **military** coup took place in Egypt in 2013.
エジプトで 2013 年に軍事クーデターが起こった。

Takeda Shingen is a famous **military** leader in
Japanese history.
武田信玄は日本の歴史における有名な武将である。

POINT 「軍」の表現

military…軍　　　　　**soldier**…兵士
troop…陸軍　　　　　**corps**…軍団
army…陸軍　　　　　**navy**…海軍

171

Level 5

0412 □□□
territory
[térətəri]

名 領土、地域、縄張り
occupy the **territory** 領土を占領する
reclaim the **territory** 領土の返還を要求する
explore the uncivilised **territory** 未開地を探検する
Significant discoveries of mineral deposits encouraged prospectors and settlers to move into the **territories**. ミネラル鉱床の重大な発見により、試掘者や開拓移民がその地域に移り住んだ。

★ **terri**（土地）
　terrain（地形）や terrestrial（陸生の）と同語源

▶ **territorial** **形** 領土の

POINT 「場所」の表現

location…地域、分野
I found the **location** on the Google Maps. グーグルマップでその場所を見つけた。

province…州、地方、範囲
In Canada, most speakers of French live in the **province** of Quebec.
カナダでは、フランス語を話す人のほとんどはケベック州に住んでいる。

prefecture…県、府
I was born and raised in Yamanashi **prefecture**. 私は山梨県で生まれ育った。

district…地域、地区
A huge snake had taken up residence in the **district**.
巨大なヘビはその地域に住み着いた。

ward…区
My company is located in Shibuya **ward**. 私の会社は渋谷区にある。

region…広い地域、全域、領域、部位
Wild boars are indigenous to this **region**. 野生のイノシシはこの地域に固有です。

0413 □□□
satellite
[sǽtəlàit]

名 衛星
via **satellite** 衛生中継で
artificial **satellite** 人工衛星
satellite broadcasting 衛星放送
The moon is a **satellite** of the earth. 月は地球の衛星である。
Mobile phone signals are carried by a **satellite**.
携帯電話の信号は衛星によって伝えられる。

▶ **orbiter** **名** 軌道衛星

Level 1　Level 2　Level 3　Level 4　**Level 5**

0414 □□□
access
[ǽkses]

動 ～にアクセスする、接近する
名 アクセス、接近、利用

have access to computers from an earlier age
より早い年齢でコンピュータにアクセスできる

Technology has changed the way we access study materials. テクノロジーは学習教材へのアクセスの仕方を劇的に変えた。

have easy access to A　Aに簡単に利用できる

★ ac（方向）+ cess（進む）

▶ accessible 形 近づきやすい、利用できる、入手できる
▶ accessibility 名 近づきやすさ

0415 □□□
obstacle
[ɔ́bstəkl]

名 障害物、邪魔物

overcome multiple obstacles　いくつもの障害に打ち勝つ
face an obstacle to a plan　計画の妨げとなるものに直面する
No obstacle is insurmountable. 克服できない障害はない。
The biggest obstacle to studying abroad is to overcome the financial issues.
海外留学の最大の障害は財政問題を乗り越えることである。

★ ob（反対に）+ st（立つ）

POINT 「障害」の表現

impediment…身体的な障害　　　barrier…物事を分離させる障害
hurdle…克服しなければならない障害　　obstruction…物理的な障害

0416 □□□
import
名 [ímpɔːt]
動 [impɔ́ːt]

名 輸入　動 ～を輸入する

import foreign goods　外国の商品を輸入する
Japan imports a great deal of tea from China.
日本は中国から大量のお茶を輸入している。

★ im（中に）+ port（運ぶ）

★ port（運ぶ）

173

Level 5

達成語数　0　050　100　150　200　250　300　350　400　450　500　　○ Track 1-078

0417 □□□
transfer
動 [trænsfə́ː]
名 [trǽnsfə]

動（〜に）乗り換える、移す、転勤させる
名乗り換え、移動

transfer to the Victoria line at the station
駅でビクトリアラインに乗り換える

Transferring Japanese "management techniques" directly to America won't work.
日本式「経営術」を直接アメリカに移してもうまくいかないだろう。

be **transferred** to the head office　本社に転勤になる

I don't mind being **transferred** as long as the job is interesting.　仕事が面白い限り転勤になっても気にしない。

★ trans（横切る）+ fer（運ぶ）
　ferry（フェリー）や offer（〜を提供する）と同語源

0418 □□□
approach
[əpróutʃ]

動 〜に近づく、取り組む　名接近、アプローチ、取り組み

be **approached** by A　A に接近される

approach a problem　問題に取り組む

hands-on **approach**　実践的なアプローチ

try a new **approach**　新しい方法を試みる

The teacher had a maternal **approach** to the children.
その教師は子どもたちに母性的なアプローチをした。

Our institute adopts a different **approach** to the problem.　我々の機関はその問題に対して異なる取り組みを採用している。

► approachable 形 近づきやすい

0419 □□□
locate
[loukéit]

動 〜の位置を特定する、所在を突き止める、〜に位置づける

locate a lost wallet　なくなった財布の場所を特定する

locate the building on the map
地図にあるビルの位置を示す

Japan is **located** in East Asia.
日本は東アジアにある。

The post office is **located** immediately next to the station.　郵便局は駅のすぐ横に位置している。

★ loc（場所）　♀映画や撮影の「ロケ地」は location のこと

► located 形 位置づけられた

► location 名 位置

POINT　「位置」の表現

　locate には「位置づける」という意味があり、**A is located in B.** は「A は B に位置づけられている」という意味から、「A は B にある」という表現になります。引っ越すときは **move in**（〜に移り住む）を使いますが、**relocate**（移転させる）は今住んでいる場所から別の場所に移転する時や、強制的に移動させられるときに使います。IELTS のライティング Task 1 では地図を比較して変化を描写することが求められるので、**A has been relocated to B.**（A は B に移動させられた）という表現を使うと良いでしょう。locate より形式的な表現に **situate**（〜に位置させる）があり、**be situated farthest north**（最北に位置する）のように使います。

174

| Level 1 | Level 2 | Level 3 | Level 4 | **Level 5** |

0420 ☐☐☐

navigate
[nǽvəgèit]

動～を操縦する、航海する、案内する、通り抜ける

navigate around the world　世界中を航海する

It is difficult to **navigate** the university's interview process.

大学の面接プロセスを通過するのは難しい。

★ **nav**（船）
navy（海軍）や nausea（船酔い）と同語源

► **navigation** **名**航海、航空

0421 ☐☐☐

accompany
[əkʌ́mpəni]

動～に同行する、付随する

be **accompanied** by a bodyguard

ボディガードが同行する

May I **accompany** you to the party?

パーティーに一緒に行ってもいいですか？

🖊 accompany A が正しい形
× May I accompany with you?　○ May I accompany you?

Environmental protection is **accompanied** by some inconvenience.　環境保護はある程度の不便を伴う。

★ **ac**（方法）+ **com**（共に）+ **pan**（パン）

► **accompaniment** **名**同行

0422 ☐☐☐

domestic
[dəméstik]

形国内の、家庭内の

domestic airline　国内航空

promote **domestic** tourism　国内旅行を促進する

domestic violence　家庭内暴力

The law forbids people to smoke on **domestic** flights.

その法律は国内便での喫煙を禁じている。

► **domesticate** **動**～を飼いならす

POINT 「国内」語源の表現

　domestic（家庭内の、国内の）の **dom** の語源は「家」です。家のイメージから「領域」や「支配」という解釈もできます。**domestic violence** は「家庭内暴力」で、空港にある **domestic** と書かれた入り口と **international** と書かれた入り口は「国内線」と「国際線」という意味になります。また動詞形の **domesticate** は「動物を家庭に馴染ませ飼い慣らす」という意味で、類語の **tame**（飼い慣らされた）も覚えておきましょう。固有名詞の **Madonna**（聖母マリア、マドンナ）や、「奥様、お嬢さん」を意味する **madam**、そして **kingdom**（王国）も同語源です。また **dome**（ドーム）や **dormitory**（寮）も家の形をしていますね。「領域」という語源のイメージから **domain**（領土）、そして領土を **dominate**（～を支配する）も覚えておきましょう。

175

Level 5

達成語数 | 0 050 100 150 200 250 300 350 400 450 500

◀ Track 1-079

0423 □□□
ache
[éik]

名 断続的な痛み　動 〜が痛む
stomach ache 腹痛
My tooth aches. 歯が痛い。
I had a stomachache last night.
昨晩腹痛があった。

► pain 名 痛み

🔊 shoulder pain は「肩こり」、toothache は「歯痛」を指す

POINT 「痛み」の表現

　ache には「断続的でズキズキする痛み」という意味があり、**headache**（頭痛）や **stomachache**（腹痛）、**toothache**（歯痛）などに使われています。また「痛む」という動詞形もあるので、My whole body is **aching.**（身体中が痛い）と言うことができます。

　headache など体の「症状」は、総じて **symptoms** と呼ばれます。例えば風邪の symptoms には **sore throat**（喉の痛み）、**fever**（熱）、**cough**（せき）、**runny nose**（鼻水）、**chills**（寒気）などがありますね。頭痛がある時には **I have a headache.**（頭痛がします）や **My head hurts.**（頭が痛いです）を使います。より全般的な病状で、体調が悪い時には **I don't feel well.**（気分が良くありません）や **I feel sick.**（気持ちが悪いです）という表現が一般的です。**I feel unwell.** もよく使います。そして、I feel sick と似た表現に **I feel ill.** がありますが、sick は一般的に具合が悪い時、ill は具合が悪く吐き気がする時に使います。また天候が悪い時の船酔い（**nausea**）から生まれた **I'm a bit under the weather.** という表現は、日常生活に支障をきたすほどではない軽めの風邪のときに使います。

0424 □□□
gene
[dʒíːn]

名 遺伝子
participate in a gene therapy trial 遺伝子治療の実験に参加する
A gene is a unit of heredity used to identify living organism.
遺伝子は生物を見分けるために使用される遺伝単位である。

► genetic 形 遺伝子の

► genetics 名 遺伝子学

★ gene（生まれる）

| Level 1 | Level 2 | Level 3 | Level 4 | **Level 5** |

POINT 「gen（生まれる）」語源の表現

genius…天才　　**generation**…世代　　**engine**…エンジン
gender…性別　　**pregnant**…妊娠している　　**gentleman**… 紳士

genius　　　　　　　generation　　　　　　　gender

0425 □□□

organ
[ɔ́ːgən]

名 臓器、オルガン
receive an organ transplant 臓器移植を受ける
speech organs 発声器官
digestive organs 消化器
The heart is known as a vulnerable organ.
心臓は傷つきやすい臓器である。
play on the organ オルガンを弾く
▶ organic **形** 臓器の、有機体の
▶ organism **名** 有機体

●臓器の語彙

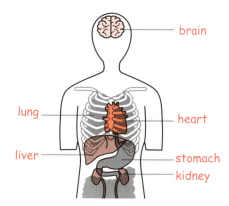

177

Level 5

達成語数 0 050 100 150 200 250 300 350 400 450 500 ◀ Track 1-080

0426 ☐☐☐

infection

[infékʃən]

名感染

aerial **infection** 空気感染

nosocomial **infection** 院内感染

reduce the risk of **infection** 感染のリスクを減らす

The government tried to prevent the spread of **infection**. 政府は感染拡大防止に努めた。

★ in（中に）＋ fect（作る）＝体の中に入り込んで作ること

► infect 動〈病気〉を感染させる

► infectious 形 伝染性の

≒ contagion 名（接触による）感染

POINT 「感染」の表現

　infect（〜を感染させる）は、get を用いた **get infected with A**（A に感染する）という口語的な表現でよく使われます。名詞形の **infection**（感染）は、**cause an infection**（感染症を引き起こす）、**recover from the infection**（感染症から回復する）と前後関係のコロケーションで覚えましょう。形容詞形は **infectious**（伝染病の）で、限定用法では **infectious disease**（感染病）、叙述用法※では Coronavirus is more infectious than the flu.（コロナウイルスはインフルエンザよりも感染力が強い）のように使います。

　infectious の類義語には **contagious**（接触による伝染病の）があり、語源の con（共に）＋ tag（触る）から接触による感染がイメージできます。infectious は感染の原因は特に問わず、人から人への感染や、食物からの感染（食中毒）などさまざまです。一方 contagious はより限定的な意味で、感染の原因は接触、つまり人から人へうつる場合を指します。また必ずしも悪い意味だけではなく、Laughter is contagious.（笑いは伝染する）といった表現にも使います。

※補語（SVC の C）の役割をすること

0427 ☐☐☐

symptom

[símptəm]

名症状、徴候

a **symptom** of social change 社会的変化の徴候

oversee early **symptoms** 早期段階での兆候を見逃す

Coughs and fever are **symptoms** of the flu.
風邪と熱はインフルエンザの症状である。

Food allergies can result in a variety of **symptoms**.
食べ物のアレルギーはさまざまな症状を引き起こす。

★ sym（同じ）

0428 ☐☐☐

surgery

[sɔ́ːdʒəri]

名手術、外科、診察時間

undergo heart **surgery** 心臓の手術を受ける

use anaesthesia during **surgery** 手術中に麻酔を使用する

I was scared of having **surgery**.
手術を受けるのが怖かった。

plastic **surgery** 形成外科

cosmetic **surgery** 美容外科

► surgeon 名 外科医

► surgical 形 外科の

| Level 1 | Level 2 | Level 3 | Level 4 | **Level 5** |

0429 □□□

nutritious
[njuːtríʃəs]

形 栄養のある

a nutritious ingredient 栄養価の高い成分

Nutritious vegetables are expensive.
栄養価の高い野菜は値段が高い。

As far as I am concerned, cucumbers are not nutritious.
私が思うに、キュウリには栄養がない。

▶ nutrition 名 栄養

⚲ malnutrition 名 栄養失調

★ nutri（養う）
nurse（看護師）や nursery（育児所）と同語源

0430 □□□

depression
[dipréʃən]

名 うつ病、不景気、不況

suffer from depression うつ病に苦しむ

The doctor said that I am in a state of depression.
医者は私がうつ状態にあると言った。

great depression 世界恐慌

★ de（下）+ press（押す）

▶ depressed 形 意気消沈して

▶ depressing 形 憂うつで

▶ depress 動 〈人〉を憂うつにさせる、意気消沈させる

0431 □□□

balance
[bǽləns]

名 バランス、釣り合い、収支残高
動 ～のバランスを取る

off balance バランスを失って、面食らって

maintain a balance in the ecosystem
生態系のバランスを維持する

check the bank balance 預金残高を調べる

It is vital to keep a balance between work and life.
仕事と生活のバランスを取ることは重要である。

We need a balanced diet to stay healthy.
健康でいるためにバランスの取れた食事をする必要がある。

179

Level 5

達成語数 0 050 100 150 200 250 300 350 400 450 500 ◀ Track 1-081

0432 □□□
poison
[pɔ́izn]

名毒 動~を毒殺する

Snow White bit a **poison** apple.

白雪姫は毒リンゴを食べた。

get food **poisoning** 食中毒になる

The man was **poisoned** to death.

その男は毒殺された。

► **poisonous** 形 有毒な

POINT 「毒」の表現

toxic…有毒な、中毒性の
This spray is **toxic** to animals. そのスプレーは動物には有毒である。
noxious…有毒な
Noxious chemicals caused the fire. 有毒な化学物質がその火事を引き起こした。
poisonous…有毒な、死に至らしめる
My dog accidentally ate the **poisonous** mushroom. 私の犬は誤って毒キノコを食べた。
venomous…噛まれて死ぬほど有毒な
A **venomous** snake was found in the town. その街で毒ヘビが見つかった。

0433 □□□
addict
名 [ǽdikt] 動 [ədíkt]

名中毒、中毒者、常用者 動~を中毒にさせる

a coffee **addict** コーヒー中毒者

become a drug **addict** 麻薬中毒になる

be **addicted** to A A に中毒である、A に夢中である

An **addict** is a person who cannot stop using something harmful.

中毒者とは何か有毒なものの使用をやめられない人のことだ。

★ ad（方向）+ dict（言う）

► **addiction** 名 中毒

► **addictive** 形 中毒性のある

♀ 「麻薬を常用して、麻薬中毒で」の意味の on the needle という表現もある

POINT 「中毒」の表現

addict…~を中毒にさせる
I am **addicted** to watching YouTube. 私は YouTube に夢中である。
be into…~にはまっている
I **am into** IELTS, so I have taken it more than 10 times.
IELTS に夢中になっていて、もう 10 回以上受験している。
be crazy about…~に熱中している
My son **is crazy about** collecting vinyl records. 私の息子はレコード収集に夢中だ。
be obsessed with…~で頭がいっぱいである
People **get obsessed with** computers. 人々はパソコンに夢中になっている。
immerse oneself…~に没頭する
I **immerse myself** in British culture. 私はイギリスの文化に心酔している。

| Level 1 | Level 2 | Level 3 | Level 4 | **Level 5** |

0434 ☐☐☐
recover
[rikʌ́və]

動 〜を回復する、取り戻す

recover from a severe illness 重病から回復する

It took a decade to be back on her feet again.
回復して健康な状態に戻るのに 10 年かかりました。

≒ **be back on your feet** 回復して健康な状態に戻る

★ **re**（再び）+ **cover**（覆い隠す）
discover（発見する）や uncover（暴露する）と同語源

▶ **recovery** 名 回復

0435 ☐☐☐
tend
[ténd]

動 〜する傾向にある（+ to）

tend towards childhood obesity 幼少期の肥満傾向にある

Japanese people tend to take shoes off inside the house. 日本人は家の中で靴を脱ぐ傾向にある。

▶ **tendency** 名 傾向

0436 ☐☐☐
bite
[báit]

動 〜を噛む、刺す　名 噛むこと

🔑 活用 bite-bit-bitten

I was bitten by the rat. ネズミに噛まれた。

a habit of biting nails 爪を噛む癖

Can I have a bite? 一口もらっていい?

POINT 「噛む」の表現

bite… 〜を噛み切る
nip… 〜をぎゅっと噛む
gnaw…ガリガリかじる
sting… 〜を刺す
prick… 〜をちくりと刺す

0437 ☐☐☐
relieve
[rilíːv]

動 〜を和らげる、取り除く

relieve the pain 痛みを和らげる

Talking about your troubles relieves some of the pain.
悩みを話すと辛さが幾分和らぐ。

Some people have pets because they relieve people's stress.
ストレスを軽減してくれるのでペットを飼う人々がいる。

★ **re**（強調）+ **lieve**（軽い）
elevator（エレベーター）や alleviate（〜を軽減する）と同語源

▶ **relieved** 形 安心して

▶ **relief** 名 安心

≒ **ease** 動 〈苦痛や心配〉を和らげる

181

Level 5 達成語数　Track 1-082

0438
mental
[méntl]

形 精神の、頭脳活動の、知的な
mental age　精神年齢
mental fatigue　精神疲労
mental health　精神衛生
Mental health refers to emotional well-being.
精神衛生とは感情面の健康状態のことである。
► mentally 副 精神的に
► mentality 名 知能、精神

★ ment（心）

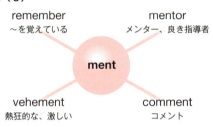

remember　～を覚えている
mentor　メンター、良き指導者
ment
vehement　熱狂的な、激しい
comment　コメント

0439
permanent
[pə́ːmənənt]

形 永久の
permanent teeth　永久歯
look for permanent employment　終身雇用を探す
It takes a long process to obtain a permanent residence visa.
永住ビザを取得するには長期のプロセスを要する。
★ per（完全に）＋ man（留まる）
❢ 日本語の「パーマ」は permanent wave の略
► permanence 名 永久、耐久性
► permanency 名 不変性
► permanently 副 永久に（= for good、forever）
≒ everlasting 形 永久に続く

0440
plastic
[plǽstik]

形 プラスチック製の、人工的な　名 プラスチック
a plastic bag　ビニール袋
Plastic debris has harmed sea creatures.
プラスチックゴミが海の生物に危害を与えている。
One million sea birds are killed by marine plastic pollution annually.
年間100万羽の海鳥が海のプラスチック汚染によって殺されている。
❢ 英語で vinyl bag とは言わない→ ○ plastic bag

Level 5

0441 ☐☐☐
pregnant
[prégnənt]

形 妊娠している
a heavily pregnant woman 出産間近の女性
become pregnant with twins 双子を妊娠する
She is four months pregnant. 彼女は妊娠4ヶ月だ。
- ★ pre（前に）+ gnant（生まれる）
- ▶ pregnancy **名** 妊娠
- 💡 She is pregnant. は直接的な表現、She is expecting. は間接的な表現

0442 ☐☐☐
asset
[ǽset]

名 財産、資産
an invaluable asset 計り知れないほど価値のある財産
Being able to speak English is a major asset.
英語を話せることは最大の財産である。
- ≒ property **名** 財産

0443 ☐☐☐
capital
[kǽpətl]

名 資本、首都、頭文字、資本　**形** 死に値する
capital and interest 元金と利子
get tired of the capital's fast pace
首都の速いペースに疲弊する
5 miles away from the capital 首都から5マイル離れた
Sydney is not the capital of Australia.
シドニーはオーストラリアの首都ではない。
- ★ cap（頭）
  ビジネスの頭（主要な部分）となる資本、国の頭である＝首都と解釈できる
- ▶ capitalism **名** 資本主義
- ▶ capitalist **名** 資本家

★ cap（頭）

cap 帽子　captain 船長
cap
achieve ～を達成する　chapel 教会

0444 ☐☐☐
deficit
[défəsit]

名 不足、赤字
a trade deficit 貿易赤字
go into deficit 赤字になる
a long-term fiscal deficit 長期の財政赤字
Both parents work to cover the deficit in the family
budget. 両親は家計の赤字を埋めるために働いている。
- ↔ surplus **名** 黒字

183

Level 5

0445 income
[ínkʌm]

名 収入、所得
annual **income** 年収
income tax 所得税
I want to get a job with a regular **income**.
固定収入のある仕事を得たい。
≒ revenue **名** 歳入
≒ earnings **名** 所得

0446 currency
[kə́ːrənsi]

名 通貨
convert foreign **currency** 外貨を交換する
The ringgit is the **currency** of Malaysia.
リンギットはマレーシアの通貨である。
★ cur（走る）
　occur（起こる）や current（現在の）と同語源

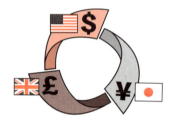

0447 insurance
[inʃúərəns]

名 保険
social **insurance** 社会保険
take the entrance exams at three private universities as **insurance**
滑り止めとして3つの私立大学の入学試験を受ける
Many part-timers are now entitled to health **insurance**.
多くのパート従業員は、現在、健康保険に加入する資格がある。
▶ insure **動** 〈人・もの〉に保険をかける
≒ guarantee **名** 保証　**動** ～を保証する

0448 budget
[bʌ́dʒit]

名 予算、経費
under **budget** 予算内で
within my **budget** 自分の予算内で
go over **budget** 予算を超える
reduce the **budget** 予算を削減する
due to **budget** cuts 予算の削減のため
The government-run museum was closed due to the **budget** cuts.
政府によって運営されている美術館が予算削減により閉鎖された。

Level 1　Level 2　Level 3　Level 4　**Level 5**

0449 □□□
prospect
[prɔ́spekt]

名 見込み、展望、有望な人
economic prospects 経済の見通し
future business prospects 将来のビジネスの見込み
The prospects for the travel industry are not promising. 旅行産業の見通しは前途有望ではない。
★ pro（前を）+ spect（見る）
▶ prospective 形 見込みのある、将来の
≒ outlook 名 見込み

0450 □□□
expense
[ikspéns]

名 費用、経費、犠牲　※ p.186 POINT もチェック
at the expense of A　A を犠牲にして
estimate monthly living expense
1ヶ月の生活費を見積もる
cut down personal expenses 個人の経費を削減する
My salary covers my family's day-to-day living expenses.
私の給料で家族の日々の生活費をまかなっている。
▶ expend 動 〜を費やす
▶ expensive 形 高価な　⇔ inexpensive 形 安い
▶ expenditure 名 支出

★ pens（費やす）

pension 年金
expensive 高価な
pens
compensate 〜を償う
expenditure 支出

Level 5

POINT 「お金」の表現

salary（給料）は正社員として月給などで得る固定給のことを指し、その語源の sal には「塩」という意味があります。古代ローマの兵士（**soldier**）はお金の代わりに当時貴重とされていた塩（**salt**）を給与としてもらっていたことから、salary が「給料」という意味になりました。そのため soldier（兵士）は「賃金を支払われ、戦う者」が語源となります。他にも salary の「塩」から派生して塩気のある **salad**（サラダ）、**sausage**（ソーセージ）、**sauce**（ソース）などがあります。

wage は時給制のアルバイト（**part-time job**）などで得る報酬のことを指し、主にブルーカラーの労力に対する対価というイメージがあります。「定期的な所得」を意味する **income** もあります。また動詞形「〜を支払う」の **pay** にも、名詞形で「給料」という意味があり、友人同士で **How much is your pay?**（給料はいくらもらっているの？）とカジュアルな会話でよく使います。報酬を意味する堅い表現では、**remuneration** も覚えておきましょう。

salt　　　salary　　　salad　　　sauce

0451
luxury
[lʌ́kʃəri]

名 贅沢品

increase the tax on luxury goods
贅沢品に対する税を上げる
One day, I want to live in a luxury house.
いつか贅沢な家に住みたい。
▶ luxurious 形 贅沢な

0452
charge
[tʃɑ́ːdʒ]

名 請求料金、充電、非難
動 〜を請求する、充電する、税を課す、義務や責任を負わせる
❓ プリペイドカードにチャージする場合は top up

in charge of A　A を担当して
charge A with B　A に B を負わせる
I need to charge my battery.　電池を充電しないといけない。
The criminal was charged with murder.
その犯人は殺人罪で起訴された。
★ charge（車）＝荷車に積む

0453
purchase
[pə́ːtʃəs]

名 購入　**動** 〜を購入する
make a purchase　購入する
purchase a house in the countryside　田舎に家を買う

| Level 1 | Level 2 | Level 3 | Level 4 | **Level 5** |

keep receipts as proof of **purchase**
購入の証明としてレシートを取っておく

Tickets must be purchased 3 days in advance.
チケットは 3 日前に購入しなければならない。

♪ SVO の I purchased a book for my parents. は SVOO の I purchased my parents a book. に言い換え可能

0454 ☐☐☐

demand
[diménd]

名需要、要求　**動**〜を要求する

on **demand** 要求に応じて

be in **demand** 需要がある

supply and **demand** 需要と供給

The counterpart demanded an apology.
相手方が謝罪を要求した。

Gloves were in demand during the winter.
冬には手袋の需要がある。

▶ **demanding** 形 骨の折れる、要求が多く大変な

0455 ☐☐☐

account
[əkáunt]

名計算、取引、考慮、理由、口座
動説明する、占める

bank **account** 銀行口座

on **account** of A Aの理由で

take A into **account** Aを考慮に入れる

account for A Aを説明する、Aを占める、Aの原因である

In IELTS, grammar accounts for 25% of the marks in your writing test.
IELTS では文法がライティングの採点の 25%を占めている。

Germany accounts for over half the production of energy. ドイツはエネルギー生産の半分以上を占めている。

Women account for less than 10% of management.
女性は管理職の1割も占めていない。

★ ac（方向）+ count（計算する）

▶ **accountable** 形 説明責任のある

▶ **accountability** 名 説明責任、義務会計責任

▶ **accounting** 名 会計学

▶ **accountant** 名 会計士

■ IELTS のポイント《ライティング⑤　Task 1 円グラフの描写》

　IELTS ライティング Task 1 では円グラフを描写する課題が出題されます。そこで **account** を用いた表現が活用できます。**account for A** には「A を説明する」「A を占める」「A の原因である」という3つの用法があります。
・Can you **account for** this maths quiz? この数学のクイズを説明できますか？
・Tennis **accounts for** 25% of the chart. テニスは図表の 25% を占めている。
・His illness **accounts for** his absence. 彼の欠席は病気が原因である。

187

Level 5

0456
calculate
[kǽlkjulèit]

動 ～を計算する、算定する、推定する
calculate the cost of A Aの費用を計算する
calculate the probability 可能性を計算する
I calculate that the trip will cost approximately 100,000 yen. その旅はおおよそ10万円かかると算定している。

- ► calculation **名** 計算
- ► calculating **形** 抜け目のない、打算的な
- ★ cal（石）＝石を数えて計算する
  石の成分である calcium（カルシウム）と同語源
- ≒ compute **動** 電算機で計算する
- ≒ figure out 計算して答えを出す

0457
multiply
[mʌ́ltəplài]

動 ～を掛ける、増殖する
multiply 4 and 7 together 4と7を掛け合わせる
Five multiplied by 6 is 30. 5掛ける6は30だ。

- ► multiple **形** 複数の
- ► multiplication **名** 掛け算、増加
- ★ multi（複数）＋ply（折る）
- ≒ proliferate **動**（数量が）急増する

★ ply（祈る）

0458
exchange
[ikstʃéindʒ]

名 交換、為替　**動** 交換する
exchange rate 為替レート
exchange information 情報を交換する
utilise the exchange converter on the Internet
インターネット上の為替変換ツールを活用する
I am an exchange student from Japan.
私は日本からの交換留学生です。

- ≒ trade **名** 貿易
- ≒ barter **名** 物々交換　**動** 物々交換する

Level 5

0459
contribute
[kəntríbjuːt]

動 貢献する、寄付する、寄稿する、一因となる
contribute a large sum of money 大金を寄付する
contribute to a newspaper 新聞に寄稿する
contribute to climate change 気候変動の一因となる
I hope to be able to **contribute** to society.
社会に貢献したいと思っている。

★ con（共に）+ tribute（与える）

? contribute はネガティブなことにも使う

► contribution 名 貢献
► contributor 名 寄付者、貢献者
≒ donate 動 お金を寄付する

★ tribute（授ける）

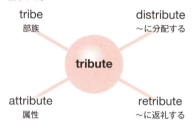

0460
distribute
[distríbjuːt]

動 〜を分配する
distribute tablets to all students
全ての生徒にタブレットを支給する
Could you **distribute** those cups evenly across the table? コップをテーブル全体に均等に分配してもらえますか？

★ dis（分離）+ tribute（与える）

► distribution 名 分配
≒ hand out 〜を配布する
≒ allocate 動 〜を分配する

0461
consume
[kənsjúːm]

動 〜を消費する
consume time and energy 時間とエネルギーを消費する
time-**consuming** process 時間がかかる過程
American teens spend more than 10 hours each day **consuming** media of some kind.
アメリカ人の10代は、何らかのメディアに毎日10時間以上も費やしている。

► consumer 名 消費者
► consumption 名 消費

Level 5

達成語数 0 050 100 150 200 250 300 350 400 450 500 ◀ Track 1-086

0462 □□□
withdraw
[wiðdrɔ́ː]

動 〜を引き出す、取り消す、撤回する、撤退する
withdraw the savings 貯金を引き出す
withdraw money from the bank account
銀行口座からお金を引き出す
I want to **withdraw** from this offer.
このオファーを撤回したい。
▶ withdrawal **名** 撤回

0463 □□□
invest
[invést]

動 〜に投資する、費やす
invest my energy learning new languages
新しい言語を学ぶことに精力を注ぐ
invest a large sum of money into the company
大金をその会社に投資する
I need some money to **invest** in stocks.
株にいくらかのお金を投資する必要がある。
▶ investment **名** 投資
▶ investor **名** 投資家

0464 □□□
fancy
[fǽnsi]

形 高級な、お洒落な **動** 〜を好む、空想する
名 好み、空想
fancy black shoes お洒落な黒い靴
stay at a **fancy** hotel 高級ホテルに宿泊する
take a **fancy** to A A が気に入る
I am going to wear a **fancy** dress for tonight's party.
私は今晩のパーティーにお洒落なドレスを着るつもりだ。
I **fancy** that I have seen you before.
以前あなたに会ったことがあるような気がする。
★ fantasy（空想）の短縮形

POINT 「高級な」の表現

expensive…高い
That is extremely **expensive**. それは極端に高い。
pricy…高価な
The bag is too **pricy**. そのバッグは高価すぎる。
overpriced…高値な
I went to the **overpriced** French restaurant.
私は高価なフレンチレストランに行った。
high-end…高品質で高級な
My girlfriend purchased a **high-end** fashion item.
私の彼女は高級なファッションアイテムを買った。
upscale…高所得者向けで高級の
I want to live in an **upscale** neighborhood. 高級住宅地に住みたい。

190

Level 1　Level 2　Level 3　Level 4　**Level 5**

0465 ☐☐☐
financial
[finǽnʃəl]

形財政的な
receive financial support from parents
両親から財政的な支援を得る
provide financial rewards　金銭的な報酬を与える
Research indicates that women think more about their financial future.
女性の方が、より将来の財政について考えているということが研究により示されている。
► finance 名財政　動～を融資する
► financially 副財政的に

0466 ☐☐☐
stable
[stéibl]

形安定した
stable business　安定したビジネス
sit on a stable chair　安定した椅子に座る
The patient's condition has been stable over the past 3 weeks.
過去3週間、患者の容体は安定している。
★ st（立つ）+ able（できる）
► stability 名安定
► stabilise 動～を安定させる　stabilize［米］
► steady 形安定した

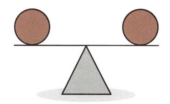

191

Level 5

達成語数　0　050　100　150　200　250　300　350　400　450　500

◀ Track 1-087

0467 □□□
passion
[pǽʃən]

名 情熱

fly into a **passion** 激怒する

have an enduring **passion** for learning
学びへの飽くなき情熱がある

The English have a **passion** for gardens.
イギリス人は庭づくりへの情熱がある。

▶ passionate 形 情熱的な

▶ passionately 副 情熱的に

POINT 「情熱的な」の表現

passionate…情熱的な
I am **passionate** about languages. 私は言語に対して情熱がある。

enthusiastic…熱狂的な
I was once an **enthusiastic** golfer. 私はかつて熱狂的なゴルファーであった。

frantic…気が狂ったように熱狂した
My parents were **frantic** after my kid went missing.
私の子どもが行方不明になった後、私の両親は気も狂わんばかりだった。

earnest…熱心な
The new trainee is very **earnest**. その新しい研究生は熱心である。

0468 □□□
disadvantage
[dìsədvǽːntidʒ]

名 不利益　動 ～を不利にする、に損害を与える

feel **disadvantaged** by the education
教育に関して不利な立場にあると感じる

One **disadvantage** of living in a city is the heavy
traffic. 都会に住むことの難点の一つは、ひどい交通渋滞である。

▶ disadvantageous 形 不利な

POINT 「利点・欠点」の表現

negative aspect…マイナス面　　　**drawback**…欠点
defect…欠点　　　　　　　　　　　**pros and cons**…賛否両論

0469 □□□
witness
[wítnis]

名 目撃者、証人　動 ～を目撃する、示す

I accidentally **witnessed** a car accident last night.
昨晩、偶然にも交通事故を目撃した。

The year 2020 **witnessed** drastic changes around the
globe. 2020年は世界中で劇的な変化があった年であった。

192

| Level 1 | Level 2 | Level 3 | Level 4 | **Level 5** |

0470 □□□

convince
[kənvíns]

動 ～を納得させる、確信させる
convince A of B　AにBを確信させる
He tried to convince them of his innocence in vain.
彼は彼らに自分の無実を信じさせようとしたが、無駄に終わった。
- convinced 形 （正しい、真実であると）確信して
- convincing 形 説得力のある、納得のいく

POINT 「納得する」の表現

convince…～を納得させる　　talk A into doing…Aを説得して～させる（口語的）
persuade…～を説得する　　　talk A out of doing…Aを説得して～させない

0471 □□□

decorate
[dékərèit]

動 ～を飾る、装飾する
decorate A with B　AをBで飾る
A living room is decorated with colourful curtains.
リビングは色鮮やかなカーテンで飾られている。
- decoration 名 装飾
- decorative 形 装飾の

POINT 「装飾」の表現

centre…～の中心にある　center［米］
A kitchen island is centred in the room.
アイランドキッチンは部屋の中心にある。
decorate…～を装飾する
The wedding dress is decorated with thousands of sequins.
そのウェディングドレスは無数のスパンコールで装飾されている。
furnish…家具を設置する
I have just moved in to a furnished flat.
家具付きのアパートに引っ越してきた。
refurbish…～を改装する
After the earthquake, the building has been refurbished completely.
地震の後、その建物は全面的に改装された。
adorn…～を美しいもので飾る
Pilgrims adorn themselves with flowers on the way to the Ganges.
巡礼者らはガンジス川に行く途中に花で自らを飾る。
embellish…～を装飾して美しくする
My mother embellished her atelier with contemporary art.
母は自分のアトリエを現代アートで飾った。
ornament…外観をきれいにするために飾る
The vase excavated in Spain is ornamented with jewels.
スペインで発掘されたその花瓶は宝石の装飾が施されている。

193

Level 5

達成語数 0 050 100 150 200 250 300 350 400 450 500 ◀ Track 1-088

0472 □□□
equip
[ikwíp]

動 ～を備え付ける、装備する、搭載する

equip A with B　A に B を備え付ける

be **equipped** with leadership skills
リーダーシップスキルが備わっている

work at a well-**equipped** modern laboratory
設備の整った現代的な実験室で働く

The cars will be **equipped** with a variety of sensors.
その車には様々なセンサーが搭載されるだろう。

► equipment **名** 装置、設備

0473 □□□
whisper
[wíspə]

動 ささやく、サラサラ音を立てる
名 ささやき、小声

Stop **whispering** and tell us all!
ひそひそ話をやめて全部教えて！

answer in a **whisper**　小声で答える

My student spoke in a barely audible **whisper**.
私の生徒はほとんど聞き取れない小声で話した。

POINT 「話す」の関連表現

talk…一般的に話す　💡 カジュアルな場で友達など近い相手に対して使う
speak…発信する　💡 名詞形は speech。フォーマルな場でよく知らない相手に対して使う
mutter…小声で不満を言う
mumble…はっきりせず、もごもごと話す
murmur …小声でぼそぼそとつぶやく

0474 □□□
current
[kárənt]

形 現在の、現代の　**名** 川の流れ、動向

current salary　現在の給料

Education is the **current** focus of public debate.
教育は現在、国民的な議論の的になっている。

river **current**　川の流れ

► currently **副** 現在は

■ IELTS のポイント《ライティング⑥　Task 2》
　ライティング Task 2 は一般的な話から始めます。例えば最近の事情や出来事を例に出すことが有効です。
・**In today's society...** 今日の社会では…
・**In the present day...** 今日では…
・**In this current situation...** 現状では…
・**In this globalised society...** このグローバル化した社会では…
・**In today's world...** 今日の世界では…
・**In this increasingly interconnected society...**
　このますます相互につながった社会では…

194

Level 5

0475 □□□
parallel
[pǽrəlèl]

形 並行した **名** 平行

in parallel with A　Aと同時に、と並行して、に応じて
Parallel lines are lines on the same plane that never join.　平行線とは、同じ平面にある、決して交わらない線のことである。

0476 □□□
annual
[ǽnjuəl]

形 一年の、毎年の

get an annual bonus　年次ボーナスをもらう
annual orbit cycle　年間軌道周期
The university raised its annual tuition fees.
その大学は年間授業料を引き上げた。
The annual expenditure on this product was a bit low.
この商品への年間支出は少し低かった。

★ anu（一年）＋ al（形容詞）
　anniversary（記念日）や annuity（年金）と同語源
▶ annually **副** 毎年（= every year）

0477 □□□
accommodate
[əkɔ́mədèit]

動 〜を受け入れる、〜を適応させる、収容する

accommodate customers' needs　客のニーズに応える
The hotel can accommodate 50 guests.
そのホテルは50人収容できる。

★ ac（方向）＋ com（共に）＋ mod（様式）
▶ accommodation **名** 収容、適応、宿泊（複数形で）
❓ ホテルに accommodation available という掲示がされている場合は「宿泊可能」を意味する

0478 □□□
resemble
[rizémbl]

動（身体的に）似ている

resemble each other in A　Aにおいて互いに似ている
My daughter resembles her grandfather.
私の娘は彼女の祖父に似ている。

★ re（強調）＋ sem（同じ）
▶ resemblance **名** 類似

Level 5

達成語数 0 050 100 150 200 250 300 350 400 450 500 ● Track 1-089

POINT 「類似」の表現

A が B に似ているときには **A is similar to B** が基本の表現です。**similar** の語源は「同じ」を表す sim です。見た目がそっくりな時には look like (〜に似ている) を使います。血縁関係があって似ているときには **take after** を使い、血縁者から名前をもらうときは **name after** で表すので覚えておきましょう。

resemble は身体的に似ているときに用い、「同じ」という意味の語源の sim、sem、sam がつく **assimilate** (同化する)、**simultaneous** (同時の)、**assemble** (集まる) と同語源です。

analogous (類似の) は、叙述用法で **A is analogous to B.** (A は B に似ている) という形で使用できます。また **comparable** (同等の) は A customer is looking for a comparable product. (顧客は同等の商品を探しています) のように使います。

0479 □□□

inspect
[inspékt]

動 〜を詳しく調査する、点検する、検査する

inspect the house 家を点検する

The police **inspected** the situation.
警察がその状況を調査した。

★ in (中を) + spect (見る)

► inspection 图 調査、点検、検査

► inspector 图 検査官

POINT 「調査」の表現

check… 〜が大丈夫かどうか調べる   examine… 〜を専門家が調べる

inspect… 〜を詳しく調査する   probe… 〜を厳密に調べる

scrutinise… 〜を徹底的に調べる   survey… 〜を全体を見渡して調査する

investigate… 事実関係を調べる   look into… 〜を調べる

look over… 〜に目を通す、〜を調べる

0480 □□□

diagnose
[dáiəgnòuz]

動 〜を診断する

diagnose A as B A を B と診断する

The doctor **diagnosed** his illness as malaria.
医者は彼の病状をマラリアと診断した。

► diagnosis 图 診断

POINT 「症状・診断」の表現

cough (咳) や **swell** (腫れ) の **symptom** (症状) が出ると **go to see a doctor** (医者に診てもらいに行く) をします。医師に **diagnose** (診断し) てもらい **cure** (治療) や **treat** (対処) するために **prescription** (処方箋) をもらい、**pharmacy** (薬局) で薬をもらいます。

重大なけがや病気の場合には重症時には **ambulance** (救急車) で **hospital** (病院) に行き、**hospitalise** (入院する) の可能性もあります。**recover** (回復する) れば **discharge** (退院する) します。

196

| Level 1 | Level 2 | Level 3 | Level 4 | **Level 5** |

0481 □□□

assemble

[əsémbl]

動 ～を集める、組み立てる

assemble the pupils 生徒を集める

assemble information 情報を集める

assemble the car parts 車のパーツを組み立てる

He **assembled** the youngest members of his staff to design a new car.

彼は新しい車をデザインするために、彼のスタッフの最も若いメンバーたちを集めた。

★ as（方向）+ sem（同じ）

► **assembly** 名 集会、部品の組み立て

≒ **gather** 動 ～をあちこちから寄せ集める

≒ **collect** 動 ～を取捨選択しながら集める

POINT 「集合する」の表現

　assembly は学校の集会や月に一度の集いなど、ある目的を持って集まるときに使います。語源は as（方向）+ sem（同じ）なので、ある場所に同じものを集めると解釈できます。**gather** はある場所に押し寄せて集まることを意味します。物理的なものだけでなく **gather evidence**（証拠を集める）のように抽象的なものを集めるときにも使います。また、ことわざの **A rolling stone gathers no moss.**（転石苔を生ぜず）も覚えておきましょう。**gathering**（集まり）は大規模な集いを指し、数名の集まりは **get-together** が適切です。

　ちなみに日本語の「ギザギザ」は英語の **gather** が語源となっています。**rally** は人々や軍隊などが結束して集まることを表し、大規模なデモや政治的な集まりの描写に使われます。**rally** には「結ぶ」という語源があり、**league**（同盟）や **religion**（宗教）と同語源です。

0482 □□□

foster

[fɔ́stə]

動 才能を育成する、養育する、助長する

foster parents 里親

foster students' intellectual abilities

生徒の知的能力を育成する

The Industrial Revolution **fostered** the rise of the middle class.

産業革命は中流階級の繁栄を促した。

POINT 「育成」の表現

educate the mind of a child…子どもの知能を育てる

cultivate a skill…才能を伸ばす、技術（スキル）を磨く

raise a large family…大家族を育てる

train a tiger…トラを育成する

rear wild piglets…野生の子豚を育てる

foster a good relationship…良い関係を築く

Level 5

0483
endure
[indjúə]

動 長期的に~に耐える

endure loneliness 孤独に耐える

endure the pressure of public opinion 世論の圧力に耐える

★ en（動詞）+ dure（丈夫にする）
during（~の間）や duration（継続期間）と同語源

▶ endurance **名** 辛抱、忍耐

POINT 「忍耐」の表現

stand…嫌いなものを我慢する
I can't **stand** the noise. その騒音に我慢できない。

put up with A…持ちこたえるように A に我慢する
I can't **put up with** his rudeness. 彼の無礼には耐えられない。

tolerate… ~を我慢する、大目に見る
I cannot **tolerate** his behaviour. 彼の振る舞いは我慢できない。

withstand… ~に耐える、抵抗する
I cannot **withstand** the pressure of the job. 仕事のプレッシャーに耐えられない。

resist… ~に抵抗する　★ re（反対に）+ sist（立つ）
I cannot **resist** the smell of curry. 私はカレーのにおいがすると我慢できない。

bear… ~に耐える
I couldn't **bear** the pain. 痛みに耐えることができなかった。

0484
literacy
[lítərəsi]

名 読み書きの能力

literacy rate in Japan 日本の識字率

Lack of **literacy** does not mean the people were uneducated.
その人々に読み書きの能力がないからといって、教養がないということではない。

▶ literate **形** 読み書きのできる、教養がある　↔ illiterate **形** 読み書きのできない

▶ literally **副** 文字通り

★ liter（文字）

| Level 1 | Level 2 | Level 3 | Level 4 | **Level 5** |

● IT literacy（情報リテラシー）

literacy は「文字の読み書き」の他に、情報技術（information technology）を理解し、自分の目的に合わせて使用できる能力の「情報リテラシー（IT literacy）」を表す時にも使われます。

0485 ☐☐☐

represent
[rèprizént]

動 〜を代表する、象徴する
represent Japan 日本を代表する
The olive branch represents peace.
オリーブの枝は平和を象徴している。
► representation 名 表現、代表
► representative 形 代表的な 名 代表者
≒ stand for A A を表す
≒ on behalf of A A を代表して

Level 5

達成語数 0 050 100 150 200 250 300 350 400 450 500 ◆ Track 1-091

0486 □□□
prejudice
[prédʒudis]

名偏見、先入観 動偏見を持たせる
without **prejudice** 先入観なく
deep-rooted **prejudice** 根深い偏見
have **prejudice** against A A に対して偏見を持つ
Prejudice means disliking a particular group of people without reason.
偏見とは、理由もなく特定の集団の人々を嫌うことである。
★ pre (前に) + judice (判断する)

POINT 「偏見」の表現

　prejudice の語源は pre（前に）+ judice（判断する）から分かるように、理由もなく特定の人や物についてネガティブに判断するという意味になります。**judice** や **just** には「正しい」という語源があり、裁判や法律関連の単語に派生します。「正しく直す」という意味の **adjust**（～を調整する）や **injure** は正しくないことをする、つまり「傷つける」という意味になります。

　他にも **justice**（正義）や **jury**（陪審員）、**jurist**（法律学者）、**adjudge**（～と判決する）、**judicature**（裁判権）などの難しい単語も芋づる式に覚えられます。同義語の **bias** は、善悪なく中立的な意味で使用され、心理学の用語でも「認知バイアス」や「感情バイアス」などよく耳にします。bias の用法は **have a bias toward A**、**have a biased view of A**、**be biased toward A** はいずれも「A に偏見を抱いている」という意味になります。**bias** を受動態の形で The referee was biased towards the other team.（その審判は他のチームに対して偏見を抱いていた）のように使うこともできます。また、前置詞の **without** を使って **without bias**（公平に）というように副詞的に使うこともできます。

　最後に応用編として「先入観のない」という意味の形容詞 **unbiased** も覚えておきましょう。Television shows must be politically unbiased if they are shown on national broadcasting channels.（テレビ番組は国の放送チャンネルで放映される場合、政治的に公平でなければならない）のように politically などの副詞などを付け加えると、より高度な表現となり高得点が狙えます。

0487 □□□
appetite
[ǽpətàit]

名食欲
suppress the **appetite** 食欲を抑える
cause fever and loss of **appetite**
熱と食欲不振を引き起こす
I haven't got much of an **appetite**. (= I am not hungry.)
お腹が空いていない。
Appetite is the feeling that you want to eat food.
食欲とは食べ物を食べたいという感情である。
★ ap (方向) + pet (求める)

| Level 1 | Level 2 | Level 3 | Level 4 | **Level 5** |

POINT 「食欲」の表現

お腹が空いたときのフレーズには **I am very hungry now.**（今とてもお腹が空いています）などが一般的ですが、何も手につかないほどお腹が空いた時には **I am starving so can I have a bite?**（お腹が空き過ぎているのでひとくち食べてもいいですか？）と言います。また日常的にあるものを食べたいときには **get cravings for A**（Aを食べたい）を使います。またお腹がいっぱいのときには **I am full.** や **I am stuffed.** と言い、食欲がないときには **I don't have an appetite.**（私は食欲がありません）を使いましょう。

0488 □□□

spectacle
[spéktəkl]

名 光景、(spectacles の形で) 眼鏡、見せ物
enjoy the magnificent spectacle of the fireworks
素晴らしい花火のショーを楽しむ
Radio cannot bring us visual spectacles.
ラジオは視覚的な光景を伝えることはできない。
Don't make a spectacle of yourself.
恥をさらすようなまねはしないでね。

★ spect（見る）+ cle（小さいもの）

▶ spectacular 形 壮観な

POINT 「景色」の表現

landscape（風景）は見晴らしの良い丘の上から一望するイメージで、**rural landscape**（田舎の景色）などと表現できます。**sight**（光景）は see と同語源で本来は「視覚」や「視野」という意味で「瞬間的に目に映るもの」というイメージです。**scenery** は「自然豊かで壮大な眺め」のイメージで、田園風景は **rural scenery**、沿岸風景は **coastal scenery** と、そのエリア全体の眺めが美しいと表現したい時に使います。**view** は「眺め」以外にも「景色」「視覚」「視野」「視点」「概念」など多くの意味があり、動詞形では「見る」という意味もあります。

landscape　　　　scenery　　　　view

Level 5 達成語数 ◁ Track 1-092

0489 □□□
reside
[rizáid]

動 存在する、在住する

reside in London ロンドンに住む

reside in a foreign country 外国に居住する

reside within commuting distance 通勤圏内に住む

I used to **reside** overseas with my parents.

私はかつて両親と共に海外に住んでいた。

★ re（再び後ろに）+ sid（座る）

► residence **名** 住宅

► residential **形** 住宅の

► resident **形** 居住する **名** 居住者

POINT 「住居」の表現

　ある特定の場所に住むときには **live in** が最も一般的な表現です。**reside** はあるエリアに長期間定住するときに使います。**dwell**（住む）はより文学的な表現ですが、名詞形の **dweller**（住人）は **a city-dweller**（都市生活者）という表現などでよく目にします。

0490 □□□
ambiguous
[æmbíɡjuəs]

形 曖昧な

ambiguous reply 曖昧な返事

face an **ambiguous** situation 曖昧な状況に直面する

The wording of the agreement is **ambiguous**.

その契約書の言い回しは曖昧である。

► ambiguity **名** 曖昧さ

POINT 「曖昧な」の表現

ambiguous…異なる２つ（以上）の意味にとれてしまうほど曖昧な

unclear…白か黒かはっきりせず不確かな

vague…ぼんやりとしていて曖昧な

obscure…表現が不的確で曖昧な

0491 □□□
transparent
[trænspǽrənt]

形 透明な、見え透いた

tell a **transparent** lie 見え透いたうそをつく

The **transparent** appearance makes the building look futuristic. 透明な外見がその建物を未来的に見せている。

★ trans（横切る）+ par（見える）

► transparency **名** 透明さ

↔ translucent **形** 半透明の

↔ semitransparent **形** 半透明な

↔ opaque **形** 不透明な 🔊 発音注意 [oupéik]

≒ see-through **形** 中が透けて見える、シースルーの

202

Level 5

0492 □□□
burden
[bə́ːdn]

名負担　動〜を負わせる
reduce the burden 負担を減らす
mental burden 心的負担
Studying overseas puts a large financial burden on students. 海外留学は学生にとって大きな財政的負担となる。
▶ burdensome 形 負担となる、厄介な

0493 □□□
suicide
[sjúːəsàid]

名自殺
commit suicide at a young age 若くして自殺をする
The number of suicides increases as unemployment and bankruptcies rise.
自殺者の数は失業と破産が増えるにつれ増加する。

★ sui（自分）+ cide（切る）
　pesticide（殺虫剤）や scissors（ハサミ）と同語源

★ cid, cise（切る）

0494 □□□
deprive
[dipráiv]

動〈権利など〉を奪う（+ of）
deprive A of B　AからBを奪う
Babysitting at midnight deprives me of sleep.
夜中の子守は私の睡眠を奪う。
▶ deprivation 名 剥奪、損失、欠如
★ de（分離）+ priv（個人）

POINT　「奪う」の表現

rob…物理的にひったくる　　　　　　steal…人からこっそり盗む
strip…裸になるほど全てを奪う　　　　bereave…事故や病気が人から肉親などを奪い去る

Level 5

0495 evacuate
[ivǽkjuèit]

動 ~を(…から)避難させる

evacuate the flat residents アパートから住民を避難させる
Please evacuate the building immediately.
速やかにビルから避難して下さい。

★ e (外に) + vac (空)

► evacuation 名 避難

0496 circulate
[sə́ːkjulèit]

動 ~を循環させる、~が広まる

circulate the air 空気を循環させる
circulate quickly throughout the city 瞬く間に街中に伝わる
The mineral water circulates through the pipes at my flat. 私のアパートではミネラルウォーターがパイプを通って流れている。

★ cir (回る)

► circulation 名 循環

★ cir (回る)

0497 utilise
[júːtəlàiz]

動 ~を有効活用する　utilize [米]

utilise limited resources 限られた資源を活用する
Economic analysis is currently utilised in many fields.
経済分析は現在多くの分野で使われている。

► utility 名 有用性、実用性
► utilisation 名 利用すること (=utilization [米])

POINT 「使用」の表現

ある物を一般的に使う時には use (~を使う) という表現を使い、何かを最大限に活用する時には utilise を用いましょう。utilise の語源は ut (使う) で、useful (役立つ) や台所にある utensil (家庭用品)、abuse (~を乱用する) と同語源です。exploit は「~を搾取する」という意味で、自分の利益のために他人をこき使うようなネガティブなイメージがあります。

| Level 1 | Level 2 | Level 3 | Level 4 | **Level 5** |

0498 □□□
sacrifice
[sǽkrifàis]

動～を犠牲にする　**名**犠牲
fall sacrifice to A　Aの犠牲となる
at the sacrifice of A　Aを犠牲にして
make a great sacrifice to build a house
家を建てるために大きな犠牲を払う
Making a choice means making a sacrifice.
選択をするということは犠牲を払うということである。

★ sacri（神に）+ fic（作る）

★ sacr, sanc（神）

sacred 神聖な　　saint 聖人
sacr, sanc
sanctuary 神聖な場所　　sanction 制裁

0499 □□□
attribute
動 [ətríbjuːt]
名 [ǽtrəbjùːt]

動～に帰する（+ to）　**名**特質、属性
attribute A to B　AはBのおかげである
attribute to global success　世界的な成功に帰する
The scholar attributed the miraculous growth to A.
その学者は奇跡的な成長はAのおかげだと考えた。
The ancient Maya attributed the origin of writing to the gods.　古代マヤ人は、書くことの起源は神に帰すると考えた。

▶ attributable **形** 起因する
▶ attribution **名** 帰属、属性

0500 □□□
privilege
[prívəlidʒ]

名特権　**動**～に特権を与える
privileged class　特権階級
come from a privileged background　特権階級の出身である
Education should be a right, not a privilege.
教育は特権ではなく、権利でなくてはならない。

★ priv（個人の）+ leg（法律）

POINT　「特権」の表現

　privilege（特権）は、**privacy**（プライバシー）と **legal**（合法な）を組み合わせたような単語になっていることが分かりますね。古表記では priviledge でしたが、現代英語では d が消えて privilege となりました。スペリングには注意しましょう。

Part 2
分野別重要語 2000

ここの Part では、
実際に試験で使われる
場面を想定して 10 の分野 (トピック) ごとに
単語を表形式で掲載しています。
各分野 200 語ずつ、また単語の意味は
主要なものに絞っています。
試験の直前の限られた時間でのチェックにも
ぜひ活用してください。

1. General ⸺ 208	2. Nature ⸺ 228
3. Education ⸺ 248	4. Science ⸺ 268
5. Society ⸺ 288	6. Transport ⸺ 308
7. Health ⸺ 328	8. Economy ⸺ 348
9. Speaking ⸺ 368	10. Writing ⸺ 388

1 | General

Track 2-001

0501
weep
[wíːp]

動 感情を抑えて泣く

fall to my knees and **weep**
ひざまずいて泣く
≒cry 声を上げて泣く

0502
rumour
[rúːmə]

名 うわさ

The **rumour** spread like wildfire.
そのうわさは山火事のように広まった。
rumor 〔米〕

0503
gather
[gǽðə]

動 ～をあちこちから寄せ集める

Early peoples hunted animals and **gathered** wild plants.
古代の人々は動物を狩り、野生植物を採集した。

0504
common
[kɔ́mən]

形 共通の

Japan and China have lots in **common**.
日本と中国には多くの共通点がある。
► commonplace 形 ありふれた、日常の

0505
standard
[stǽndəd]

名 基準

Many people make an effort to keep their **standard** of living high.
多くの人は生活水準を高く保つために努力をする。
► standardise 動 標準化する

0506
warmth
[wɔ́ːmθ]

名 温かさ

The letter reminds me of the **warmth** of my grandfather.
その手紙は祖父の温かさを思い出させる。
► warm 形 温かい

0507
crawl
[krɔ́ːl]

動 這う

crawl out of the car after the accident
事故の後、車から這い出る
水泳の「クロール泳ぎ」も同じ語

0508
enlarge
[inlɑ́ːdʒ]

動 ～を拡大する

enlarge the wedding photograph to hang on the wall
壁にかけるためにその結婚式の写真を拡大する
★en（動詞）+ large（巨大）

0509
spit
[spít]

動 唾を吐く

People in Croatia **spit** when they see a black cat.
クロアチアの人々は黒猫を見ると唾を吐く。
≒expectorate〈たん・血〉を吐き出す

0510
affection
[əfékʃən]

名 愛情

have great **affection** for my husband
自分の夫に対して強い愛情を抱く
★af（方向）+ fec（作る）
► affect 動 ～に直接影響する

208

| Level 1 | Level 2 | Level 3 | Level 4 | Level 5 |

0511 □□□

eye-opening

[ái-óupəniŋ]

形 びっくりするような、目からウロコな

have an eye-opening experience
びっくりするような経験をする

0512 □□□

cruel

[krúːəl]

形 残酷な

Keeping animals in cages is cruel.
動物をおりの中に入れておくのは残酷である。
► cruelty 名 残酷さ

0513 □□□

affable

[ǽfəbl]

形 話しやすい、愛想のよい、優しい

respond with an affable smile
物柔らかな微笑みで返答する
★af（方向）＋ fable（話すことができる）

0514 □□□

reference

[réfərəns]

名 参照

the customer's reference number
顧客の参照番号
► refer 動 参照する
► referral 名 参照、推薦

0515 □□□

jewellery

[dʒúːəlri]

名 ジュエリー、宝石類

visit the international jewellery fair
国際ジュエリーフェアを訪れる
≒ accessory アクセサリー、装身具
♀ jewelry［米］

0516 □□□

handful

[hǽndfùl]

名 ひとつかみ、少量

just a handful of wildflowers
ちょうどひとつかみ分の野生の花

0517 □□□

content

[kəntént]

形 満足して

Are you content with your own business?
あなたは自分の仕事に満足していますか？
♀ 名詞形には「中身、内容、コンテンツ」の意味もある

0518 □□□

depress

[diprés]

動 〜を意気消沈させる

The death of my beloved cat depressed me.
最愛の猫の死によって私は気落ちした。
★de（下に）＋ press（押す）

0519 □□□

impression

[impréʃən]

名 印象

Fashion can change the impression of the person.
ファッションは人の印象を変えうる。
★ im（中に）＋ press（押す）

0520 □□□

decision

[disíʒən]

名 決定

Decisions are made by group consensus.
決定は集団の総意によってなされる。
► decide 動 決定する

209

1 | General

Track 2-002

0521 □□□ **slim** [slím]	形 (見込みが) かすかな	a **slim** chance of success かすかな成功の見込み ♀ 体格が細いという意味もあり、類義語の slender は 「ほっそりとした」、skinny は「ガリガリの」というネ ガティブなニュアンスを含む
0522 □□□ **popularity** [pɔ̀pjulǽrəti]	名 人気	gain **popularity** among young students 若い生徒の間で人気を得る ★pop (人々)
0523 □□□ **sibling** [síbliŋ]	名 兄弟姉妹	I have three older **siblings**. 私には3人の年上の兄や姉がいる。 ♀ 性別に関係がなく同じ親の一人を指す
0524 □□□ **cordial** [kɔ́ːdʒəl]	形 心のこもった	deliver a **cordial** message 心のこもったメッセージを届ける ★cord (心)
0525 □□□ **majority** [mədʒɔ́rəti]	名 大多数	China manufactures the **majority** of global products. 中国は世界の製品の大多数を製造している。 ▶ major 形 多数の
0526 □□□ **clarity** [klǽrəti]	名 明快さ	the **clarity** of sound quality 音質の明瞭さ ▶ clarify 動 〜を明らかにする
0527 □□□ **achievement** [ətʃíːvmənt]	名 達成	feel a sense of **achievement** 達成感を得る ▶ achieve 動 達成する
0528 □□□ **diverse** [daivə́ːs]	形 多様な	meet people from **diverse** backgrounds さまざまな背景を持つ人々に会う ▶ diversity 名 多様性
0529 □□□ **constrain** [kənstréin]	動 〜を抑制する	Japanese students are **constrained** by social expectations. 日本の学生は社会の期待に抑圧されている。 ★con (共に) + str (締める)
0530 □□□ **aggressive** [əgrésiv]	形 攻撃的な	become **aggressive** in the debate ディベートで攻撃的になる ▶ aggression 名 攻撃

| Level 1 | Level 2 | Level 3 | Level 4 | Level 5 |

0531

understanding

[ʌ̀ndəstǽndiŋ]

名 理解度

To my understanding, the author was wrong.
私の理解している限り、その著者は間違っていた。
► understand 動 理解する

0532

mark

[mάːk]

動 ～を記念する
名 印、跡、指標

mark the 25th anniversary of the wedding
結婚 25 周年を記念する

0533

steady

[stédi]

形 安定した

run at a steady pace
安定したペースで走る
↔ unsteady 形 不安定な

0534

portrait

[pɔ́ːtrit]

名 肖像画

paint a portrait of the queen
女王の肖像画を描く
► portray 動 〈人物・景色などを〉特徴を捉えて描く

0535

embody

[imbɔ́di]

動 ～を具体化する

Buddhism embodies peace.
仏教は平和を体現している。

0536

array

[əréi]

名 配置、列挙、配列

offer an array of goods
一連の商品を提供する

0537

deceive

[disíːv]

動 ～をだます

Do my eyes deceive me?
これは私の目の錯覚ですか？
★ de （下に）＋ ceive （取る）

0538

preference

[préfərəns]

名 好み

Music preferences do not change as people grow up.
音楽の好みは年齢を重ねても変わらない。
► prefer 動 ～を好む

0539

introspection

[ìntrəspékʃən]

名 内観

use the method of introspection
内観法を使う

0540

restructure

[rìːstrʌ́ktʃə]

動 ～を再構築する

restructure the education system
教育制度を再構築する

211

1 | General

Track 2-003

0541 □□□
contribution
[kɔ̀ntrəbjúːʃən]

名 貢献

make a great **contribution** to society
社会に多大な貢献をする

0542 □□□
fragile
[frǽdʒail]

形 壊れやすい、もろい

expose **fragile** masculinity
もろい男らしさを露呈する
★frag（壊れる）

0543 □□□
candid
[kǽndid]

形 率直な

give a **candid** answer
率直な回答を与える
★cand（白）

0544 □□□
nightmare
[náitmὲə]

名 悪夢

This is a waking **nightmare**.
これは目覚めたまま見る悪夢だ。
★night（夜）＋ mare（霊）

0545 □□□
retreat
[ritríːt]

動 後退する
名 後退、撤退

retreat from the front line
前線から後退する
★re（後ろ）＋ treat（引く）

0546 □□□
mainstream
[méinstrìːm]

形 主流の

disagree with the **mainstream** media
主流のメディアに賛同しない

0547 □□□
denial
[dináiəl]

名 否定

give a flat **denial** to the accusation
言いがかりをきっぱり否定する
▶deny 動 否定する
🔑 deny 「でない」と覚える

0548 □□□
leap
[líːp]

名 飛躍

make a big **leap** in the test score
テストの点数を大きく上げる
▶jump 名 跳ぶこと

0549 □□□
thrill
[θríl]

名 震えさせるようなスリル

seek **thrills** at any cost
何がなんでもスリルを求める
▶thrilling 形 興奮させる

0550 □□□
vain
[véin]

形 無益な

endeavour in **vain** to finish the task
タスクを完了するために無駄な努力をする
★vain（空）
≒futile 役に立たない

212

Level 1	**Level 2**	Level 3	Level 4	Level 5

0551 ☐☐☐

treat

[tríːt]

動 ～を治療する

treat a broad range of illnesses
幅広い病気を治療する
► treatment 名 治療

0552 ☐☐☐

arrogant

[ǽrəgənt]

形 傲慢な

The guy is **arrogant** and rude.
あいつは傲慢で失礼なやつだ。
≒ haughty 上から目線で傲慢な

0553 ☐☐☐

attain

[ətéin]

動 ～に達する

attain a ripe old age
高齢に達する
★ at（方向）＋ tain（保つ）

0554 ☐☐☐

compromise

[kómprəmàiz]

動 妥協する
名 妥協

compromise on the sale of the house
家の売り値を妥協する
★ com（共に）＋ promise（約束）

0555 ☐☐☐

discard

[diskɑ́ːd]

動 ～を捨てる
名 放棄

discard unused materials
未使用の材料を捨てる
★ dis（分離）＋ card（カード）
≒ throw away ～を捨てる

0556 ☐☐☐

worthy

[wə́ːði]

形 賞賛に値する

My teacher is **worthy** of trust.
私の先生は信頼に値する。
► worth 名 価値

0557 ☐☐☐

betray

[bitréi]

動 ～を裏切る

betray a lifelong friend
長年の友人を裏切る
► betrayal 名 裏切り
≒ throw A under the bus
　自分の利益のために A を裏切る

0558 ☐☐☐

supervisor

[súːpəvàizə]

名 監督、管理者

report to the on-site **supervisor**
現場監督へ報告する
★ super（超えて）＋ vis（見る）
► supervise 動 ～を監督する

0559 ☐☐☐

requirement

[rikwáiəmənt]

名 必要条件

meet the minimum **requirement**
最低限の必要条件を満たす
★ re（強調）＋ quire（求める）
► require 動 ～を要求する

0560 ☐☐☐

eternal

[itɔ́ːnl]

形 永久の

Christians believe that after death, there is **eternal** life.
キリスト教徒は死後に永遠の命があると信じている。

213

1 | General

🔊 Track 2-004

0561 □□□ **neutral** [njúːtrəl]	形 中立の	take a **neutral** position 中立的な立場を選ぶ
0562 □□□ **devious** [díːviəs]	形 狡猾な、回り道の	come up with a **devious** plan ずる賢い計画を思いつく ★de（分離）+ vi（道）
0563 □□□ **summit** [sʌ́mit]	名 頂点	reach the **summit** of Mount Everest エベレストの頂点にたどり着く ★sum（最高の）
0564 □□□ **cautious** [kɔ́ːʃəs]	形 用心深い	a **cautious** approach to finance 財政への用心深い取り組み ▶ caution 名 用心
0565 □□□ **redundant** [ridʌ́ndənt]	形 余分な	answer the **redundant** question 余分な質問に答える ▶ redundancy 名 過剰、余分
0566 □□□ **evoke** [ivóuk]	動 ～を呼び起こす、喚起する	**evoke** feelings of maternal love 母性愛の感覚を呼び起こす ★e（外に）+ vok（声）
0567 □□□ **troublesome** [trʌ́blsəm]	形 面倒な、手のかかる	What a **troublesome** calculation! なんて面倒な計算だ！
0568 □□□ **renew** [rinjúː]	動 ～を更新する	**renew** the flat lease アパートの賃貸契約を更新する ★re（再び）+ new（新しい） ▶ renewal 名 更新、リニューアル
0569 □□□ **housekeeping** [háuskìːpiŋ]	名 家事	call down to **housekeeping** 家事に呼び出す ▶ house keeper 名 雇われて家事をする人
0570 □□□ **supplement** [sʌ́pləmènt]	動 ～を補う 名 補足、追加	**supplement** my diet with vitamins 自分の食生活をビタミンで補う ≒ complement 補足する

214

Level 1	**Level 2**	Level 3	Level 4	Level 5

0571 ☐☐☐

mature

[mətjúə, -tʃúə]

形 成熟した

Great talents mature late.
大器晩成（素晴らしい才能は遅く成熟する）
↔ immature 形 未熟な

0572 ☐☐☐

absurd

[əbsə́ːd]

形 ばかげた

present an absurd proposition
ばかげた提案を提示する
► absurdity 名 ばからしさ

0573 ☐☐☐

lively

[láivli]

形 活気がある

famous for its lively atmosphere
活気がある雰囲気で有名な

0574 ☐☐☐

amuse

[əmjúːz]

動 〜を楽しませる

amuse myself with chess
チェスをして楽しむ
► amusement 名 娯楽

0575 ☐☐☐

honourable

[ɔ́nərəbl]

形 名誉ある

give an honourable speech
名誉ある演説をする
♀ honorable ［米］
► honour 名 名誉、尊敬

0576 ☐☐☐

spoiled

[spɔ́ild]

形 甘やかされた

a spoiled rich girl
甘やかされたお金持ちの女の子
► spoil 動 〜を甘やかす

0577 ☐☐☐

absolute

[ǽbsəlùːt]

形 絶対的な、完全な

an absolute denial of liability
責任の完全な否定
► absolutely 副 絶対的に

0578 ☐☐☐

sole

[sóul]

形 唯一の

take sole responsibility for the delay
遅延の責任を一人で負う
★ sol （独り）
≒ single 唯一の

0579 ☐☐☐

prevail

[privéil]

動 優勢である

Evil never prevails over good.
悪は決して善に勝ることはない。
★ pre （前に）+ vail （力）
► prevailing 形 優勢な

0580 ☐☐☐

sight

[sáit]

名 視覚、視力

The man lost his sight in his early 20s.
その男性は20代前半で視覚を失った。

1 General

Track 2-005

0581 □□□

completion

[kəmplíːʃən]

名 完成

from design to completion
デザインから完成まで
► complete **動** ～を完成させる

0582 □□□

resolute

[rézəlùːt]

形 断固とした

with resolute determination
断固たる決心で
≒ earnest 本気の

0583 □□□

host

[hóust]

動 ～を主催する

host a global sporting event
世界的なスポーツイベントを主催する
★ host （おもてなし）

0584 □□□

priest

[príːst]

名 聖職者

take vows to become a priest
聖職者になることを誓う

0585 □□□

digestion

[daidʒéstʃən, di-]

名 消化

Bacteria is essential in effective digestion.
細菌は効果的な消化に必要不可欠である。
► digest **動** 消化する

0586 □□□

reputation

[rèpjutéiʃən]

名 評判

establish a reputation for excellence
素晴らしいという評判を得る
≒ fame 名声

0587 □□□

stain

[stéin]

名 染み、汚れ
動 ～を汚す

remove a stubborn stain
頑固な汚れを取る
♀ stained glass （汚れたコップ）の表現もチェック

0588 □□□

infant

[ínfənt]

名 幼児

Infants produce a variety of vowels.
幼児はさまざまな母音を発話する。
★ i （否定）＋ fant （話す）

0589 □□□

controversial

[kɔ̀ntrəvə́ːʃəl]

形 議論の余地が
ある

avoid addressing controversial issues
論争の余地がある問題を避ける
► controversy **名** 論争

0590 □□□

extraordinary

[ikstrɔ́ːdənəri]

形 並外れた

eat an extraordinary tomato
並外れた大きさのトマトを食べる
↔ ordinary 普通の

216

Level 1	Level 2	**Level 3**	Level 4	Level 5

0591 □□□
commonplace
[kɔ́mənplèis]

形 ありふれた、日常の

a **commonplace** breakfast in China
中国ではありふれた朝食

0592 □□□
pursuit
[pəsjúːt]

名 追求

prioritise the **pursuit** of happiness
幸福の追求を優先する
► pursue 動 追及する

0593 □□□
precaution
[prikɔ́ːʃən]

名 用心、警戒

take a safety **precaution**
安全上の注意を考慮する

0594 □□□
hiccup
[híkʌp]

名 しゃっくり

a sudden bout of **hiccups**
突然のしゃっくりの発作

0595 □□□
token
[tóukən]

名 印

give a present as a **token** of friendship
友情の印としてプレゼントを贈る

0596 □□□
exhaust
[igzɔ́ːst]

動 ～を疲れ果てさせる、使い切る

I got **exhausted** after the marathon.
私はマラソンの後、疲れ果てた。
► exhaustion 名 使い尽くすこと、極度の疲労

0597 □□□
agenda
[ədʒéndə]

名 議題、意図

have a hidden **agenda**
隠された意図がある

0598 □□□
enquiry
[inkwáiəri]

名 問い合わせ、質問、照会

make an official **enquiry**
正式な問い合わせをする
≒inquiry 調査、尋問

0599 □□□
lantern
[lǽntən]

名 手提げランプ、提灯

gaze at a floating Chinese **lantern**
浮いている中国の提灯を見つめる
★lamp と同語源

0600 □□□
collapse
[kəlǽps]

名 崩壊
動 崩壊する

a society on the brink of **collapse**
崩壊寸前の共同体

217

1 | General

Track 2-006

0601 □□□
recognition
[rèkəgníʃən]

名 認識

gain **recognition** in the field of art
芸術の世界で知られるようになる
★re（再び）＋ co（共に）＋ gn（知って）
► recognise 動 認識する
♀ recognize ［米］

0602 □□□
fulfill
[fulfíl]

動 ～を果たす

fulfill my duty as a firefighter
消防士としての義務を果たす
► fulfillment 名 実現

0603 □□□
enchant
[intʃǽnt]

動 ～の心を奪う

The singer **enchanted** the whole audience.
その歌手は全ての観客の心を奪った。
★en（動詞）＋ chant（歌）＝歌で聞き入らせる

0604 □□□
deter
[ditə́ː]

動 ～を思いとど まらせる

deter criminals from re-offending
犯罪者が再犯するのを思いとどまらせる

0605 □□□
irrational
[irǽʃənl]

形 不合理な

refuse an **irrational** request
不合理な要求を断る
↔ rational 合理的な

0606 □□□
sway
[swéi]

動 揺れる

My daughter **sways** to the rhythm.
娘がリズムに合わせて揺れている。

0607 □□□
cemetery
[sémətri]

名 墓地、墓場

bring flowers to the **cemetery**
墓地に花を持っていく
≒ graveyard 墓地

0608 □□□
thickness
[θíknis]

名 厚さ

worry about the **thickness** of the wall
壁の厚さを心配する
► thick 形 厚い

0609 □□□
open-minded
[óupənmáindid]

形 偏見のない

My husband is an **open-minded** person.
うちの夫は偏見のない人である。
≒ unbiased 偏見のない

0610 □□□
impaired
[impέəd]

形 障害のある

help visually **impaired** people travel alone
視覚障害のある人が一人旅をすることを手助けする
► impair 動 悪くする

218

Level 1	Level 2	**Level 3**	Level 4	Level 5

0611 ☐☐☐

cashless

[kǽʃlis]

形 キャッシュレスの

introduce a new **cashless** payment option
新しいキャッシュレス決済方法を導入する

0612 ☐☐☐

unfold

[Ànfóuld]

動 折りたたまれた物を開く

unfold the world map
世界地図を開く

0613 ☐☐☐

descend

[disénd]

動 降りる、下る

descend down from heaven
天から降りてくる
► descendant 名 子孫

0614 ☐☐☐

resumption

[rizʌ́mpʃən]

名 回復

a gradual **resumption** of economic activities
経済活動の段階的な回復

0615 ☐☐☐

affirm

[əfə́ːm]

動 確認する

affirm our faith in the education system
教育制度への私たちの信頼を確認する
★af（強調）＋ firm（堅い）

0616 ☐☐☐

warn

[wɔ́ːn]

動 ～に警告する

warn the swimmers of the danger
泳いでいる人々に危険を警告する
♀ warn A of B　A に B を警告する

0617 ☐☐☐

authentic

[ɔːθéntik]

形 本物の

use **authentic** English learning materials
本物の英語教材を使う
► authenticity 名 本物らしさ

0618 ☐☐☐

instantaneously

[ìnstəntéiniəsli]

副 即座に

communicate with each other **instantaneously**
互いに即座にコミュニケーションを取る
► instantaneous 形 即座の

0619 ☐☐☐

supreme

[sʃuprí:m]

形 最高の

make a **supreme** effort
最大の努力をする
► supremeness 名 最高位

0620 ☐☐☐

compress

[kəmprés]

動 ～を圧縮する

compress the presentation into 5 minutes
プレゼンを 5 分に圧縮する
★com（共に）＋ press（押す）

219

1 | General

🔊 Track 2-007

0621 ☐☐☐

pilot

[páilət]

形 試験的な

a **pilot** test of a prototype
試作品の試験調査

0622 ☐☐☐

amend

[əménd]

動〈法律や憲法〉
を改正する

Parliament **amended** the constitution.
議会はその憲法を改正した。

0623 ☐☐☐

mythical

[míθìkəl]

形 神話の

Unicorns are **mythical** creatures.
一角獣は神話上の生き物である。
► myth 名 神話

0624 ☐☐☐

thorn

[θɔ́ːn]

名 植物のとげ

pull out a **thorn** from my foot
私の足に刺さったとげを抜く
► thorny 形 とげの多い

0625 ☐☐☐

forthcoming

[fɔ̀ːθkʌ́miŋ]

形 来たるべき

The **forthcoming** debate will be televised.
来たるべき討論は放送されるでしょう。
≒ upcoming やがて起こる

0626 ☐☐☐

flush

[flʌ́ʃ]

動 (トイレの) 水
を流す

flush the toilet twice
トイレの水を 2 回流す
★ flu (流れ)

0627 ☐☐☐

agreeable

[əgríːəbl]

形 快適な、愛想
の良い

an **agreeable** sort of person
愛想の良い類いの人
≒ pleasant 快適な

0628 ☐☐☐

palpable

[pǽlpəbl]

形 明白な、容易
に知覚できる

a **palpable** sense of fear
明白な恐怖感

0629 ☐☐☐

stern

[stɔ́ːn]

形 厳格な

issue a **stern** warning to the athlete
そのアスリートに対して厳格な警告を出す
≒ harsh 厳しい、過酷な

0630 ☐☐☐

evasive

[ivéisiv]

形 回避的な

give an **evasive** answer
はぐらかすような返事をする
► evasion 名 回避

220

| Level 1 | Level 2 | Level 3 | **Level 4** | Level 5 |

0631 □□□

germ

[dʒə́ːm]

名 細菌

Chlorine is used to kill **germs**.
塩素は細菌を殺すために使われる。

0632 □□□

optimal

[ɔ́ptəməl]

形 最適な

choose an **optimal** route to a destination
目的地までの最適なルートを選ぶ

0633 □□□

upright

[ʌ́práit]

形 直立した

Put your seat in an **upright** position.
座席を直立にしなさい。

0634 □□□

amicable

[ǽmikəbl]

形 友好的な、円満な

Few people have **amicable** divorces.
円満な離婚をする人はほとんどいない。

0635 □□□

ardent

[ɑ́ːdnt]

形 熱狂的な

an **ardent** supporter of FC Tokyo
FC 東京の熱狂的なサポーター

0636 □□□

distress

[distrés]

名 苦悩

The victim was found in a state of **distress**.
その被害者は悲しみに暮れた状態で見つかった。
★dis（強調）＋ str（締める）

0637 □□□

coincide

[kòuinsáid]

動 同時に起こる

The fire **coincided** with the earthquake.
火事が地震と同時に起こった。
★co（共に）＋ in（中に）＋ cid（落ちる）

0638 □□□

disseminate

[disémənèit]

動 〜を広める

disseminate false information
誤った情報を広める
≒ spread 〜を広める

0639 □□□

circulation

[sə̀ːkjuléiʃən]

名 循環

improve air **circulation**
空気循環を良くする
★cir（回転）
► circulate 動 循環する

0640 □□□

genuine

[dʒénjuin]

形 純粋な、心からの

express **genuine** concern
心から心配する
★gen（生まれる）

221

1 | General

Track 2-008

0641 □□□ **hereditary** [hərédətəri]	形遺伝性の	Hair loss is **hereditary**. 脱毛は遺伝性である。
0642 □□□ **prevalent** [prévələnt]	形一般的に広まっている	contradict the **prevalent** notion 一般的な概念に反する ► prevail 動広がる
0643 □□□ **pessimistic** [pèsəmístik]	形悲観的な	a **pessimistic** view of the future 未来に対する悲観的な見方 ► pessimist 名悲観論者
0644 □□□ **soothe** [súːð]	動～をなだめる、鎮静させる	**soothe** a teething baby 歯が生えかけの赤ちゃんをなだめる ≒ pacify なだめる
0645 □□□ **cosmetic** [kɔzmétik]	形美容の 名化粧品	undergo **cosmetic** surgery 美容手術を受ける
0646 □□□ **granite** [grǽnit]	名花崗岩、堅固なもの、頑丈さ	a kitchen table made of solid **granite** 硬い花崗岩でできているキッチンテーブル
0647 □□□ **aloft** [əlɔ́ft]	副上に、高く	hold the pen **aloft** ペンを高々と掲げる
0648 □□□ **amphibian** [æmfíbiən]	名両生類 形両生類の、水陸両用の	**Amphibians** can live on land and in water. 両生類は水と陸の両方で生息できる。
0649 □□□ **destabilise** [diːstéibəlàiz]	動～に揺さぶりをかける、不安定にする	Overfishing has **destabilised** marine ecosystems. 乱獲が海の生態系を不安定にしている。 ★ de（下に）+ st（立つ）+ abl（可能）+ ise（動詞）
0650 □□□ **suppress** [səprés]	動～を抑制する	UV light can **suppress** the immune system. 紫外線は免疫システムを抑制することができる。 ★ sup（下に）+ press（押す） ► suppression 名抑制

222

| Level 1 | Level 2 | Level 3 | **Level 4** | Level 5 |

0651
vanish
[vǽniʃ]

動 突然完全に消える

The magician **vanished** from the stage.
そのマジシャンはステージから消えた。
★van （空）

0652
clandestine
[klӕndéstin]

形 秘密の

have a **clandestine** meeting with the president
社長と秘密の会議をする

0653
rowdy
[ráudi]

形 騒々しい、乱暴な
名 乱暴者

join the **rowdy** New Year's Eve party
荒っぽい大晦日のパーティーに参加する

0654
eloquent
[éləkwənt]

形 雄弁な

give an **eloquent** speech at the assembly
集会で雄弁なスピーチをする
★e （外に）＋ loq （言葉）

0655
prelude
[príːljuːd]

名 前兆、前奏曲

The incident was the **prelude** to war.
その事変が戦争の前兆だった。
★pre （前に）＋ lude （演奏）

0656
cater
[kéitə]

動 料理を調達する、迎合する

cater to special dietary requirements
特別な食事の条件に合わせる
► catering 名 配膳業者が用意する料理

0657
murmur
[mə́ːmə]

動 つぶやく
名 不平・不満のつぶやき

murmur in a low voice
小声でつぶやく

0658
commentary
[kɔ́məntəri]

名 論説

write an informative **commentary**
情報価値のある論説を書く
► comment 名 論評、意見

0659
dazzle
[dӕzl]

名 まぶしく光るもの
動 目をくらます

I was **dazzled** by sunlight.
私は太陽の光で目がくらんだ。

0660
optimist
[ɔ́ptəmist]

名 楽天家

My father is a typical **optimist**.
私の父は典型的な楽天家である。
► optimistic 形 楽天的な

223

1 | General

Track 2-009

0661 □□□
persistent
[pəsístənt]

形 絶え間ない

One reason for persistent poverty is the failure of government.
貧困が続いている1つの理由は政府の失敗である。
★per（完全に）+ sist（立つ）

0662 □□□
despoil
[dispɔ́il]

動 ～を略奪する

despoil an old village
古くからある村を略奪する

0663 □□□
disguise
[disɡáiz]

名 変装
動 ～を変装させる、外観を変えて偽る

infiltrate the organisation in disguise
変装して組織に潜入する

0664 □□□
malevolent
[məlévələnt]

形 悪意のある

display malevolent intent
悪意のある志向を示す
★mal（悪い）+ vol（意志）

0665 □□□
fallacious
[fəléiʃəs]

形 誤った

dissect a fallacious argument
誤った議論を解明する
► fallacy 名 間違った考え、謬見

0666 □□□
equivocal
[ikwívəkəl]

形 二つの意味に取れるほど曖昧な

provide an equivocal answer
曖昧な答えを提供する
★equ（等しい）+ vocal（声）

0667 □□□
foretell
[fɔːtél]

動 ～を予言する

foretell the end of the world
この世の終わりを予言する
★fore（前に）+ tell（伝える）

0668 □□□
antagonistic
[æntægənístik]

形 敵対する

The politicians were faced by an antagonistic mob.
政治家たちは敵対する集団に直面した。
► antagonise 動 ～に敵意を抱かせる

0669 □□□
fortnight
[fɔ́ːtnàit]

名 2週間

suffer through a fortnight of abstinence
2週間の禁欲に苦しむ
★fort（14）+ night（夜）

0670 □□□
hum
[hʌ́m]

動 鼻歌を歌う
名 鼻歌

hum softly along to the song
歌に合わせてそっと鼻歌を歌う
≒ buzz 動 ブンブンなる 名 ブンブンうなる音

| Level 1 | Level 2 | Level 3 | Level 4 | **Level 5** |

0671 ☐☐☐

incineration
[insìnəréiʃən]

名 焼却

incineration of crucial evidence
重大な証拠の焼却
► incinerate 動 焼却する

0672 ☐☐☐

groan
[gróun]

名 うなり声、不満
や非難の声

The soldier gave a **groan** when he was shot.
兵士は撃たれた時にうなり声をあげた。
ℹ groan は苦痛による無意識な短いうなり声、moan
は苦痛による意識的な長いうなり声

0673 ☐☐☐

lament
[ləmént]

動 ～を嘆き悲し
む

lament the death of my pet dog
愛犬の死を悲しむ
≒ mourn 悲しむ、悼む

0674 ☐☐☐

stagger
[stǽgə]

動 動揺させる、
よろめく、千鳥
足で歩く

stagger out of the warzone
戦場からよろめき出る

0675 ☐☐☐

inhumane
[ìnhjuːméin]

形 非人道的な

Conditions for prisoners were described as **inhumane**.
囚人の状況は非人道的であると述べられた。
★ in（否定）+ human（人間）

0676 ☐☐☐

acrimonious
[ækrəmóuniəs]

形 言葉や態度が
辛辣な

go through an **acrimonious** divorce
手痛い離婚を経験する

0677 ☐☐☐

striped
[stráipt]

形 しま模様の、
筋が入った

Prisoners wear **striped** clothing.
囚人は、しま模様の服を着ている。
► stripe 名 しま模様、ストライプ

0678 ☐☐☐

spite
[spáit]

名 悪意

a person who is mean-spirited and full of **spite**
いじわるで悪意に満ちている人
≒ malice 悪意

0679 ☐☐☐

grimace
[gríməs]

動 顔をゆがめる

grimace at the twinge of pain
急激な痛みに顔をゆがめる

0680 ☐☐☐

fragment
[frǽgmənt]

名 断片、破片

a **fragment** of fossilised bone
骨の化石の破片
★ frag（壊れる）+ ment（名詞）

225

1 General

Track 2-010

0681 □□□
disreputable
[dìsrépjutəbl]

形 評判の悪い

frequent a **disreputable** establishment
評判の悪い店によく行く

0682 □□□
frown
[fráun]

動 眉をひそめる、顔をしかめる
名 難しい顔つき

frown in bitter discontentment
ひどく不満で顔をしかめる

0683 □□□
vicissitude
[vaisísətjùːdz]

名 ある過程で生じる変化、変遷、栄枯盛衰

overcome many **vicissitudes**
多くの浮き沈みを乗り越える
≒ transition **名** 移行、移り変わり

0684 □□□
garner
[gáːnə]

動 ～を獲得する

garner attention for gymnastics skills
体操の技術で注目を集める

0685 □□□
curse
[kə́ːs]

名 呪い

Harry Potter had a **curse** on his forehead.
ハリー・ポッターはおでこに呪いを受けた。

0686 □□□
veneration
[vènəréiʃən]

名 崇拝、崇敬

veneration for my ancestors
私の先祖に対する敬意の念
≒ esteem 尊重

0687 □□□
crude
[krúːd]

形 粗野な

a **crude** depiction of the Mona Lisa
『モナ・リザ』の大ざっぱな描写
≒ rough 荒っぽい

0688 □□□
perish
[périʃ]

動 突然死ぬ、腐敗する

perish in the great fire
大火で死ぬ
★ peri（完全に）+ ish（行く）

0689 □□□
baffling
[bǽfliŋ]

形 不可解な

solve a **baffling** problem
不可解な問題を解決する
► baffle **動** 当惑させる

0690 □□□
garret
[gǽrət]

名 屋根裏部屋

The princes were hidden away in the **garret**.
王子たちは屋根裏部屋に隠された。
≒ attic 屋根裏部屋

226

Level 1　Level 2　Level 3　Level 4　**Level 5**

0691 □□□
eradicate
[irǽdəkèit]
動 〜を根絶する

eradicate all forms of income inequality
あらゆる種類の収入格差を根絶する
★ex （外に）＋ rad （根）

0692 □□□
shriek
[ʃríːk]
動 金切り声を出す

shriek with unrestrained laughter
遠慮のない声でキャッキャと笑う
≒ scream 叫び声を上げる

0693 □□□
altruism
[ǽltruːìzm]
名 利他主義

Altruism is a welcome quality among billionaires.
利他主義はお金持ちの間で歓迎される特質である。
★alt （他）＋ ism （主義）

0694 □□□
impartial
[impáːʃəl]
形 偏見のない

elect an **impartial** judge
偏見のない裁判官を選挙で選ぶ
≒ fair 公正な

0695 □□□
zenith
[zíːniθ]
名 頂点

The band's popularity reached its **zenith** in the mid-1990s.
そのバンドの人気は 90 年代の中頃に頂点を迎えた。
♀ アラビア語の zemt を書き間違えて zenith が生まれた

0696 □□□
levity
[lévəti]
名 軽率

take an attitude of **levity**
軽率な態度を取る
★lev （軽い）

0697 □□□
provocative
[prəvɔ́kətiv]
形 挑発的な

provocative and uncooperative behaviour
挑発的で非協力的な態度
★pro （前に）＋ voc （声）

0698 □□□
merciless
[mɔ́ːsilis]
形 無情な

Many people died in **merciless** conditions.
多くの人が容赦ない状況で死んだ。
► mercy 名 慈悲

0699 □□□
analogous
[ənǽləgəs]
形 類似した

Life is **analogous** to a journey.
人生は旅のようである。
★ana （沿う）＋ log （言葉）

0700 □□□
rickety
[ríkəti]
形 グラグラする、ガタガタの

sit on a **rickety** chair
グラグラするいすに座る

227

2 | Nature

Track 2-011

0701 □□□ **plain** [pléin]	名 平野	traverse the coastal **plain** 海岸平野を横断する ♀ plane （飛行機）と混同注意
0702 □□□ **breeze** [bríːz]	名 そよ風 動 そよ風が吹く	I was refreshed by the summer **breeze**. 夏のそよ風で元気になった。
0703 □□□ **harvest** [háːvìst]	名 収穫 動 収穫する	Favourable weather is crucial to a good **harvest**. 好天が豊作には不可欠である。 ≒ crop 名 農作物
0704 □□□ **alive** [əláiv]	形 生きている	My grandparents are still **alive** and well. 私の祖父母はまだ健在である。
0705 □□□ **grain** [gréin]	名 穀物、粒	not a single **grain** left ひと粒たりとも残っていない
0706 □□□ **escape** [iskéip]	動 逃げる	The butterfly **escaped** from the cage. 籠からチョウが逃げた。
0707 □□□ **awful** [ɔ́ːfəl]	形 酷い	The holidaymakers were beset by **awful** weather. 休日の行楽客は酷い天気に悩まされた。
0708 □□□ **bake** [béik]	動 ～を焼く	**bake** a cake for my birthday 自分の誕生日のためにケーキを焼く ▶ bakery 名 パン屋
0709 □□□ **ample** [ǽmpl]	形 十分な、広い	have **ample** rainfall in the region その地域で十分な降水量を観測する ♀ enough よりも十分余裕があるイメージ
0710 □□□ **eco-friendly** [ékoufréndli]	形 環境に優しい	The company developed an **eco-friendly** product. その会社は環境に優しい商品を開発した。 ♀ go green は「環境に優しい行動をとる」という意味

228

| Level 1 | Level 2 | Level 3 | Level 4 | Level 5 |

0711 ☐☐☐

cease

[síːs]

動 止まる

The rain ceased suddenly.
雨は突然止んだ。
≒ stop

0712 ☐☐☐

stormy

[stɔ́ːmi]

形 嵐の

It is dangerous to go outside in stormy weather.
嵐の天候の中、外に出るのは危ない。
≒ turbulent （天候などが）荒れ狂う

0713 ☐☐☐

revive

[riváiv]

動 〜をよみがえ
らせる

revive extinct species
絶滅種をよみがえらせる
★ re （再び）+ viv （生きる）
▶ revival 名 生き返り、蘇生

0714 ☐☐☐

dinosaur

[dáinəsɔ̀ː]

名 恐竜

in the time of the dinosaurs
恐竜の時代に

0715 ☐☐☐

forecast

[fɔ́ːkæst]

名 予報
動 予報する

check the weather forecast
天気予報をチェックする
★ fore （前に）+ cast （投げる）

0716 ☐☐☐

finite

[fáinait]

形 有限の

The world's resources are finite.
世界の資源は有限である。
★ fin （終わる）
≒ limited 限定された

0717 ☐☐☐

hurricane

[hɜ́rəkèin]

名 ハリケーン

Hurricanes appear mainly in tropical areas.
ハリケーンは主に熱帯地域に発生する。

0718 ☐☐☐

volcano

[vɔlkéinou]

名 火山

You must be wary of the active volcano.
活火山に注意しなければならない
▶ volcanic 形 火山の

0719 ☐☐☐

weed

[wíːd]

名 雑草
動 雑草を抜く、
抜き取る

The weeds are overgrown.
雑草が生い茂っている。
♀ grass 草

0720 ☐☐☐

protein

[próutiːn]

名 タンパク質

The meat contains protein.
肉にはタンパク質が含まれている。

229

2 | Nature

Track 2-012

0721 □□□

coral

[kɔ́:rəl]

名 サンゴ

coral reef teeming with marine life
海洋の生き物に満ちたサンゴ礁

0722 □□□

species

[spíːsiːz]

名 生物の種

The cheetah, a species of cat, is found only in Africa.
猫の一種であるチーターはアフリカでのみ見られる。

0723 □□□

ecology

[ikɔ́lədʒi]

名 生態系

damage the ecology of the city
都市の生態系を破壊する

0724 □□□

readily

[rédəli]

副 快く、容易に

Sponges readily soak up water.
海綿は水を吸収しやすい。

0725 □□□

era

[íərə]

名 時代

A relic was left behind from a long-forgotten era.
ある遺跡は、長く忘れられた時代より残されていた。

0726 □□□

clay

[kléi]

名 粘土

prototype moulded out of clay
粘土で作られた試作品

0727 □□□

extensive

[iksténsiv]

形 被害・影響が大規模な

The storm caused extensive damage to the old temple.
その嵐は古い寺に大規模な被害をもたらした。
► extend 動 拡張する、伸ばす

0728 □□□

sphere

[sfíə]

名 球体、領域

expand the sphere of influence
勢力圏を拡大する
★sphere （球）

0729 □□□

blanket

[blǽŋkit]

名 一面に覆うもの、ブランケット

jump into a blanket of snow
一面の雪に飛び込む

0730 □□□

fertiliser

[fɔ́:təlàizə]

名 肥料

Industrial fertiliser is sprayed mechanically.
工業用肥料は機械でまかれる。
≒manure フンから作る肥料

230

Level 1	Level 2	Level 3	Level 4	Level 5

0731 ☐☐☐

instinct

[ínstiŋkt]

名 本能

have an instinct to hunt for food
食物を獲得する本能がある

0732 ☐☐☐

yield

[jíːld]

動 ～を生み出す

yield varieties of corn of mixed species
多様な混合種のコーンを生み出す
🔑 yield to A （A に屈する）＝give in to A

0733 ☐☐☐

inhabit

[inhǽbit]

動 動物の群れや民族が住む、生息する

search for inhabited planets
生物が生息する惑星を探す
★in （中に）＋ habit （住む）

0734 ☐☐☐

revolve

[riválv]

動 回転する

The moon revolves around the Earth.
月は地球の周りを回っている。
★re （再び）＋ volve （回転）

0735 ☐☐☐

arable

[ǽrəbl]

形 耕作に適した

find arable land
耕作に適した土地を見つける

0736 ☐☐☐

visible

[vízəbl]

形 目に見える

The stars are visible in the night sky.
夜空に星が見える。
★vis （見る）＋ ible （可能）

0737 ☐☐☐

lifespan

[láifspæn]

名 寿命

an increase in the average lifespan
平均寿命の伸び
🔑 span 期間

0738 ☐☐☐

solar

[sóulə]

形 太陽の

utilise solar energy effectively
太陽エネルギーを効率的に利用する
★sol （太陽）

0739 ☐☐☐

fur

[fə́ː]

名 毛皮

Dogs are covered in fur.
犬は毛皮で覆われている。

0740 ☐☐☐

specimen

[spésəmən]

名 標本

purchase a fine specimen of a butterfly
立派なチョウの標本を購入する
≒ sample 見本、標本

2 | Nature

Track 2-013

0741 □□□ **shed** [ʃéd]	動 葉などを自然に落とす	Trees shed their leaves in autumn. 木は秋に葉を落とす。	
0742 □□□ **acid** [ǽsid]	形 酸の	The cliffs have been eroded away by acid rain. 絶壁は酸性雨によって腐食されている。	
0743 □□□ **aquarium** [əkwéəriəm]	名 水族館	open day at the aquarium 水族館の一般公開日 ★ aqua（水）。 ୧ open day は、イギリス英語で「(普段は部外者が入れない場所などの)一般公開日」、アメリカ英語では open house	
0744 □□□ **endangered** [indéindʒəd]	形 絶滅危惧種の	protect endangered species 絶滅危惧種を保護する ୧ extinct species 絶滅種	
0745 □□□ **evolve** [ivɔ́lv]	動 進化する	highly evolved animal 高度に進化した動物 ► evolution 名 進化、発展	
0746 □□□ **extinction** [ikstíŋkʃən]	名 絶滅	protect endangered animals from extinction 絶滅危惧種を絶滅から守る ► extinguish 動（火など）を消す、〜を絶滅させる	
0747 □□□ **habitat** [hǽbitæt]	名 生息地	natural habitat of the koala コアラの自然生息地	
0748 □□□ **circular** [sə́ːkjulə]	形 円形の	Tulips are growing in a circular flowerbed. チューリップが円形の花壇で育っている。	
0749 □□□ **glacial** [gléiʃəl]	形 氷河時代の	remains from the glacial period 氷河時代からの遺産 ► glacier 名 氷河	
0750 □□□ **hybrid** [háibrid]	形 ハイブリッドの、混成の	drive a hybrid electric car ハイブリッド電気自動車を運転する ≒ mongrel（主に英）雑種の	

232

Level 1	**Level 2**	Level 3	Level 4	Level 5

0751 □□□

graze

[gréiz]

動 生えている草を軽く食べる
名 放牧

Sheep graze in the mountainous areas.
羊は山岳地帯で草を食べる。

0752 □□□

dwell

[dwél]

動 住む、居住する

Many species dwell in the depths of the ocean.
多くの種が深海に住んでいる。

0753 □□□

violent

[váiələnt]

形 激しい

weather a violent storm
激しい嵐を切り抜ける
► violence 名 暴力

0754 □□□

mammal

[mǽməl]

名 哺乳類

A dolphin is a marine mammal.
イルカは海洋性哺乳類である。
► mammalian 形 哺乳類の

0755 □□□

strand

[strǽnd]

動 ～を立ち往生させる

Many vehicles were left stranded due to extreme flooding.
大洪水によってたくさんの乗り物が立ち往生した。

0756 □□□

lunar

[lú:nə]

形 月の

observe a lunar eclipse
月食を観察する
★ luna （月）

0757 □□□

tender

[téndə]

形 柔らかい

prefer tender meat to well-done
よく焼いた肉よりも柔らかい肉を好む

0758 □□□

bacteria

[bæktíəriə]

名 バクテリア

The bacteria multiplied within an hour.
1時間以内に菌が増殖した。

0759 □□□

stem

[stém]

名 茎
動 生じる

break off a stem
茎をもぎ取る

0760 □□□

exotic

[igzɔ́tik]

形 外来の
名 外来種

The zoo is full of exotic animals.
その動物園は外来種の動物でいっぱいである。

233

2 | Nature

Track 2-014

0761 □□□ **orbit** [ɔ́ːbit]	動 周りを軌道に乗って回る	**orbit** the sun at varying speeds さまざまな速度で太陽の周りを軌道に乗って回る
0762 □□□ **mist** [míst]	名 霧	Drive carefully through thick **mist**. 濃い霧の中を慎重に運転する。
0763 □□□ **waterproof** [wɔ́ːtəprùːf]	形 防水の	My mobile phone is **waterproof**. 私の携帯電話は防水である。 ⚲ fireproof 形 耐火性の 動 ～を耐火性にする
0764 □□□ **textile** [tékstail]	名 織物	work in a **textile** factory 織物工場で働く
0765 □□□ **fatal** [féitl]	形 致命的な	get caught up in a **fatal** accident 致命的な事故に巻き込まれる ► fate 名 運命 ► fatality 名 死者の数、災難、不幸
0766 □□□ **carnivore** [kɑ́ːnəvɔ̀ː]	名 肉食獣	Lions are **carnivores** of the African savanna. ライオンはアフリカのサバンナの肉食獣である。
0767 □□□ **tidal** [táidl]	形 潮の	The flood barriers were destroyed by a **tidal** wave. 防波堤は高波によって破壊された。 ► tide 名 潮の干満、潮流、傾向
0768 □□□ **prey** [préi]	名 餌食、獲物	Hyenas scavenge the **prey** of other predators. ハイエナは他の捕食者の餌食を横取りする。 ≒ victim 犠牲者
0769 □□□ **rotten** [rɔ́tn]	形 腐った	The apple is **rotten** to the core. そのリンゴは芯まで腐っている。 ≒ go bad 腐る；decay 腐敗する
0770 □□□ **inherent** [inhérənt]	形 固有の	Cooperation is **inherent** in this globalised society. 協働することはこのグローバル化した社会において固有である。

234

Level 1	**Level 2**	Level 3	Level 4	Level 5

0771 □□□

greenhouse
[gríːnhàus]

名 温室

reduce the amount of greenhouse gases
温室効果ガスの量を減らす

0772 □□□

bloom
[blúːm]

動 花が咲く
名 開花、最盛期

The tulips bloomed in an unusual colour combination.
そのチューリップは珍しい色の組み合わせで開花した。

0773 □□□

marble
[máːbl]

名 大理石

carve a statue out of marble
大理石から像を彫る
? marvel （驚異）と混同注意

0774 □□□

cactus
[kǽktəs]

名 サボテン

nurture a miniaturised cactus plant
小型化されたサボテンを育てる
? 複数形は cactuses / cacti

0775 □□□

spray
[spréi]

動 〜を吹きかける、〈しぶき〉を飛ばす
名 スプレー

spray down with disinfectant
消毒薬を吹きかける

0776 □□□

polar
[póulə]

形 極地の、（言動・立場などが）正反対の

Love and hate are polar opposites of each other.
愛と嫌悪は互いに正反対にある。

0777 □□□

damp
[dǽmp]

形 湿った

My palms are damp with sweat.
私の掌は汗で湿っている。
≒ humid 湿っぽい、湿気の多い
? dump （〜を捨てる）と混合注意

0778 □□□

seaweed
[síːwìːd]

名 海藻

rescue a turtle tangled in seaweed
海藻に絡まっているカメを救出する

0779 □□□

rodent
[róudnt]

名 ネズミなどの齧歯類の動物

Rodents are small mammals with large, sharp front teeth.
齧歯類の動物は大きく鋭い前歯を持つ小型の哺乳類である。

0780 □□□

handwriting
[hǽndràitiŋ]

名 手書き

Handwriting shows the feeling behind the writer's words.
手書きは書き手の言葉の裏に隠れた想いを表す。

235

2 | Nature

Track 2-015

0781 □□□

rust

[rʌst]

動 さびる

Metal should not be rusted or bent.
金属はさびたり曲げたりすべきではない。

0782 □□□

mercury

[mə́:kjuri]

名 水銀

old-fashioned mercury thermometer
昔風の水銀温度計

0783 □□□

absorption

[æbsɔ́:pʃən]

名 吸収

the absorption rate of alcohol
アルコールの吸収率
► absorb **動** ～を吸収する

0784 □□□

log

[lɔ́g]

名 丸太

build a log house
丸太小屋を建てる

0785 □□□

bald

[bɔ́:ld]

形 草木の生えて
いない

walk along a line of bald trees
落葉した並木に沿って歩く
❣ bold （大胆な）と混合注意

0786 □□□

bizarre

[bizɑ́:]

形 奇妙な

The Rafflesia is a bizarre flower.
ラフレシアは奇妙な花である。

0787 □□□

precipitation

[prisìpətéiʃən]

名 降水量

measure the amount of precipitation
降水量を計測する

0788 □□□

migratory

[máigrətəri]

形 移住性の

track the routes of migratory birds
渡り鳥のルートを追跡する
► migrate **動** 移住する、移動する、渡る

0789 □□□

fabric

[fǽbrik]

名 構造

examine the fabric of the universe
宇宙の構造を調査する

0790 □□□

imitate

[ímətèit]

動 手本として真
似する

Dolphins spontaneously imitate human activities.
イルカは自発的に人間の活動を模倣する。

Level 1	Level 2	**Level 3**	Level 4	Level 5

0791 ☐☐☐

ash

[ǽʃ]

名灰

The car is covered in **ash**.
その車は灰に覆われている。

0792 ☐☐☐

downfall

[dáunfɔ̀ːl]

名崩壊

The crisis led to the **downfall** of the economy.
その危機的状況は経済崩壊を招いた。

0793 ☐☐☐

preservation

[prèzəvéiʃən]

名保存状態

The skeleton is in an excellent state of **preservation**.
その骸骨は素晴らしい保存状態にある。
► preserve 動 ～を保存する

0794 ☐☐☐

configuration

[kənfìgjuréiʃən]

名形状

the **configuration** of the earth's surface
地表の形状

0795 ☐☐☐

arid

[ǽrid]

形乾燥した

life in an **arid** region
乾燥した地域の生活

0796 ☐☐☐

offspring

[ɔ́fspriŋ]

名子孫

Champion horses can leave valuable **offsprings**.
優勝馬は貴重な子孫を残すことができる。
♀ descendant は長い歴史の直系関係の子孫

0797 ☐☐☐

fierce

[fíəs]

形獰猛な

threaten the enemy with a **fierce** expression
獰猛な表現で敵を威嚇する

0798 ☐☐☐

pristine

[prísti:n]

形汚れていない、
初期の

restore the forest to its original **pristine** condition
森林を本来の状態に回復させる

0799 ☐☐☐

insulate

[ínsəlèit]

動～を絶縁体で
覆う、防音（断
熱）する

Thermos flasks are covered in **insulating** material.
魔法瓶は断熱材に覆われている。
► insulation 名断熱材

0800 ☐☐☐

lizard

[lízəd]

名トカゲ

Expensive handbags are often made of **lizard** skin.
高価なハンドバッグはトカゲの皮で作られることがよくある。

237

2 | Nature

Track 2-016

0801 □□□ **fossil** [fɔ́səl]	名 化石	discover the **fossil** of a dinosaur 恐竜の化石を発見する
0802 □□□ **herd** [hə́:d]	名 群れ	a **herd** of wild buffalo 野生のバッファローの群れ ≒ flock （羊や鳥の）群れ
0803 □□□ **originate** [ərídʒənèit]	動 起源とする	Paper is said to have **originated** in ancient China. 紙は古代中国が起源とされている。 ► origin 名 起源
0804 □□□ **volatile** [vɔ́lətàil]	形 不安定な	A **volatile** volcano can explode at any time. 不安定な火山はいつでも噴火する可能性がある。 ► volatility 名 不安定
0805 □□□ **icicle** [áisikl]	名 氷柱	There are **icicles** hanging from the roof. 屋根にぶら下った氷柱がある。
0806 □□□ **bud** [bʌ́d]	名 芽、つぼみ 動 発芽する	the first **buds** of spring 春の最初の芽 ≒ sprout 名 芽 動 発芽する
0807 □□□ **aquatic** [əkwǽtik]	形 水生の	**aquatic** plants in a terrarium テラリウムの中の水生植物 ★ aqua（水）+ tic（形容詞）
0808 □□□ **pasture** [pǽːstʃə]	名 牧草、牧草地	provide a **pasture** for the cattle 牛に牧草を与える ≒ meadow 牧草地
0809 □□□ **woodland** [wúdlænd]	名 森林地	singing **woodland** birds 歌う森の鳥
0810 □□□ **haze** [héiz]	名 もや	a yellow **haze** on the horizon 地平線にかかる黄色いもや ≒ mist かすみ、もや、霧；fog 霧、もや；smog スモッグ

| Level 1 | Level 2 | **Level 3** | Level 4 | Level 5 |

0811 ☐☐☐

ape

[éip]

名 類人猿

Humans and apes share a common ancestor.
人と類人猿は同じ祖先を持っている。

0812 ☐☐☐

contingency

[kəntíndʒənsi]

名 不慮の出来事

prepare early on for the contingency
早い段階で万一の場合に備える

0813 ☐☐☐

trench

[tréntʃ]

名 溝、堀

get stuck in the trenches
溝にはまる

0814 ☐☐☐

shelter

[ʃéltə]

名 避難所

seek shelter from the storm
嵐を避ける避難所を探す

0815 ☐☐☐

mould

[móuld]

動 ～を型に入れ
て作る

mould a prototype for an exhibition
展覧会のために試作品を作る
≈ mold ［米］

0816 ☐☐☐

stray

[stréi]

形 道に迷った

pick up a stray cat
野良猫を拾う

0817 ☐☐☐

hibernate

[háibənèit]

動 冬眠する

Bears hibernate for the winter.
クマは冬に冬眠をする。
► hibernation 名 冬眠

0818 ☐☐☐

plot

[plót]

名 区画

survey a plot of land
土地の区画を調査する
≒ patch 一区画
♀ plot は「陰謀」や「構想」という意味もある

0819 ☐☐☐

parasite

[pǽrəsàit]

名 寄生虫

extract a parasite from the body
体内から寄生虫を取り除く
► parasitic 形 寄生する、寄生物の

0820 ☐☐☐

devastate

[dévəstèit]

動 ～を壊滅させ
る、大きな打
撃を与える

The coronavirus pandemic devastated the global sporting calendar.
コロナウイルスの大流行は世界的なスポーツ行事の日程を台無しにした。

2 | Nature

Track 2-017

0821

reproduction
[rìːprədʌ́kʃən]

名 再現

a faithful **reproduction** of the original
オリジナルの忠実な再現
★ re（再び）＋ pro（前に）＋ duc（導く）
► reproduce 動 再現する

0822

frost
[frɔ́st]

名 霜

The grass was covered in **frost**.
芝生が霜で覆われている。
≒ rime 霜

0823

vent
[vént]

名 通気孔

clean the **vent** in the room
部屋の通気孔を掃除する
► ventilate 動〈部屋などを〉換気する

0824

marsh
[máːʃ]

名 沼地

get bogged down in the **marsh**
沼地にはまる

0825

odour
[óudə]

名 におい

emit a terrible **odour**
とても不快なにおいを放つ
≒ smell 名 におい
♀ odor［米］

0826

fungus
[fʌ́ŋgəs]

名 菌類

stop the **fungus** from spreading
菌類の繁殖を止める

0827

tornado
[tɔːnéidou]

名 竜巻

follow the path of a **tornado**
竜巻の進路を追う
★ tornado（回る）

0828

breed
[bríːd]

名 品種、種類
動 繁殖させる

a special **breed** of monkey
特別な品種の猿

0829

insecticide
[inséktəsàid]

名 殺虫剤

spray **insecticide** on plants
植物に殺虫剤をかける
★ insect（虫）＋ cide（切る）

0830

barren
[bǽrən]

形 不毛の

wander across a **barren** desert
不毛な砂漠をさまよう
≒ infertile 不毛の

240

| Level 1 | Level 2 | Level 3 | **Level 4** | Level 5 |

0831

aurora

[ɔːrɔ́ːrə]

名 オーロラ

the aurora australis and the aurora borealis
南極光と北極光

0832

unfavourable

[ʌ̀nféivərəbl]

形 不利な、不都合な

break down under unfavourable conditions
不利な状況下で失敗する
⚥ unfavorable 〔米〕

0833

pine

[páin]

名 マツ

pine cones fallen from a pine tree
マツの木から落ちた松ぼっくり

0834

muddy

[mʌ́di]

形 ぬかるみの

The tractor is stuck in a muddy field.
トラクターがぬかるんだ畑にはまっている。
► mud 名 泥

0835

homogeneous

[hɔ̀mədʒíːniəs, hòum-]

形 同種の

Japan is a homogenous country.
日本は単一民族国家である。
★homo（同じ）＋ gen（生まれる）

0836

lifetime

[láiftàim]

名 生涯

disappear in the course of a lifetime
生涯の途中で消え去る

0837

organism

[ɔ́ːgənìzm]

名 生物、有機体

collect a sample of soil-dwelling organisms
地中に生息する生物のサンプルを集める

0838

irrigation

[ìrəgéiʃən]

名 灌漑 かんがい

improved irrigation of farmland
改善された農地の灌漑
► irrigate 動 灌漑する

0839

whirl

[wə́ːl]

動 ～をぐるぐる回す

The cowboy whirls the rope.
カウボーイはロープをぐるぐる回す。
► twirl 動 くるくる回る、～をくるくる回らせる

0840

compass

[kʌ́mpəs]

名 羅針盤、コンパス

The sailors were guided by a compass.
船乗りは羅針盤に導かれた。

241

2 | Nature

Track 2-018

0841 □□□ **meadow** [médou]	名牧草地	a **meadow** blooming in the springtime 春に花盛りの牧草地 ≒ pasture 名 牧草地
0842 □□□ **charcoal** [tʃáːkòul]	名木炭	**Charcoal** is used as fuel for fire. 木炭は焚き火の燃料として使われる。
0843 □□□ **geothermal** [dʒìːouθáːməl]	形地熱の	record **geothermal** activity in the region その地域の地熱の活動を記録する ★ geo（地）+ thermal（熱の）
0844 □□□ **volcanic** [vɔlkǽnik]	形火山の	overcome a **volcanic** disaster 火山災害に打ち勝つ ► volcano 名 火山
0845 □□□ **calf** [kǽːf]	名子牛	The **calf** took its first shaky steps. 子牛がよろよろしながら最初の一歩を踏み出した。 ♀ 複数形は calves
0846 □□□ **vine** [váin]	名つる	The trellis was covered in **vines**. 格子の柵がつるで覆われている。
0847 □□□ **nocturnal** [nɔktáːnl]	形夜行性の	**Nocturnal** animals take their navigational cues from the stars. 夜行性の動物は星から経路のヒントを得ている。 ★ noc（夜）
0848 □□□ **copper** [kɔ́pə]	名銅	The Japanese 5 yen coin is made of **copper**. 日本の5円玉は銅でできている。
0849 □□□ **forestry** [fɔ́rəstri]	名林業	decline of the **forestry** industry 林業の衰退 ► forest 名 森
0850 □□□ **poisonous** [pɔ́izənəs]	形有毒な	Very few snakes are **poisonous**. 有毒な蛇はほとんどいない。 ► poison 名 毒

242

| Level 1 | Level 2 | Level 3 | **Level 4** | Level 5 |

0851 ☐☐☐
aquifer
[ǽkwəfə]
名 帯水層

Hydrogeology is the study of **aquifers**.
水文地質学とは帯水層についての学問である。

0852 ☐☐☐
hive
[háiv]
名 ミツバチの巣

disturb a **hive** of bees
ミツバチの巣を荒らす

0853 ☐☐☐
dormant
[dɔ́:mənt]
形 休止状態にある

climb a **dormant** volcano
休火山に登る
★dorm（眠る）

0854 ☐☐☐
seismic
[sáizmik]
形 地震の

evacuate from the **seismic** centre
震源地から避難する

0855 ☐☐☐
purity
[pjúərəti]
名 清潔

return the river water to its original **purity**
川の水を元々の清潔さに戻す
► pure 形 純粋な

0856 ☐☐☐
hillside
[hílsàid]
名 丘の中腹、丘の斜面

run down the **hillside**
丘の斜面を駆け下りる

0857 ☐☐☐
divine
[diváin]
形 神の

as a result of **divine** intervention
神の介入によって

0858 ☐☐☐
twig
[twíg]
名 小枝

the sound of a broken **twig**
小枝の折れる音

0859 ☐☐☐
drizzle
[drízl]
名 霧雨

get caught in a **drizzle** on the way back
帰り道に霧雨に遭う

0860 ☐☐☐
superstition
[sù:pəstíʃən]
名 迷信

according to local **superstition**
地元の迷信によると

243

2 | Nature

Track 2-019

0861 □□□ **crane** [kréin]	名ツル	The **crane** is symbolic of longevity. ツルは長寿の象徴である。
0862 □□□ **ranch** [ráːntʃ]	名大牧場	rear horses on the **ranch** 大牧場で馬を飼育する
0863 □□□ **rhinoceros** [rainɔ́sərəs]	名サイ	illegal **rhinoceros** horn trade サイの角の違法取引 ♀ 省略形は rhino
0864 □□□ **dreary** [dríəri]	形憂うつにさせる	I hate **dreary** weather. どんよりとした天気は大嫌いである。
0865 □□□ **camouflage** [kǽməflɑ̀ːʒ]	名偽装、カムフラージュ	use fur as **camouflage** 毛皮を偽装として使う ▶ camouflageable 形 カムフラージュできる
0866 □□□ **exacerbate** [igzǽsəbèit]	動~を悪化させる	**exacerbate** climate change 気候変動を悪化させる ▶ exacerbation 名 悪化
0867 □□□ **trajectory** [trədʒéktəri]	名軌道	**trajectory** of the typhoon 台風の軌道
0868 □□□ **sweltering** [swéltətriŋ]	形ものすごく暑い、うだるような	**sweltering** hot weather うだるような暑さの天気
0869 □□□ **asymmetry** [eisímətri]	名非対称	The brain scan showed a hemispheric **asymmetry**. 脳のスキャンによって、左右の脳の非対称が明らかになった。 ★a（否定）＋ sym（同じ）＋ metry（測る）
0870 □□□ **thunderstorm** [θʌ́ndəstɔ̀ːm]	名激しい雷雨	My dog was afraid of the **thunderstorm**. 私の犬は雷雨を怖がっていた。 ▶ thunder 名 雷

| Level 1 | Level 2 | Level 3 | Level 4 | **Level 5** |

0871 ☐☐☐

moisten

[mɔ́isn]

動 ～を湿らせる

periodically **moisten** the soil
定期的に土を湿らせる
► moist 形 湿った

0872 ☐☐☐

pastoral

[pǽstərəl]

形 羊飼いの

decline in **pastoral** professions
羊飼い師職の減少

0873 ☐☐☐

ivory

[áivəri]

名 象牙

Ivory hunters are immoral.
象牙を手に入れようとする人は道義に反する。

0874 ☐☐☐

granite

[grǽnit]

名 花崗岩

Granite countertops are all the rage nowadays.
花崗岩の調理台は最近とても流行っている。

0875 ☐☐☐

fluid

[flúːid]

名 流動体、液体

an excess of **fluid** in the airways
気道内にある過剰な水分
≒ liquid 名 液体　形 液体の、流動体の、なめらかな

0876 ☐☐☐

beak

[bíːk]

名 猛鳥類のくちばし

The mother bird feeds her young from **beak** to **beak**.
親鳥は口移しで子どもに餌を与える。
≒ bill くちばし

0877 ☐☐☐

avalanche

[ǽvəlæntʃ]

名 雪崩

The snowboarder was caught in the **avalanche**.
スノーボーダーは雪崩に巻き込まれた。

0878 ☐☐☐

immortal

[imɔ́ːtl]

形 不死の

The gods are **immortal**.
神は不死である。
★ im（否定）+ mort（死）
► immortality 名 不死、不滅

0879 ☐☐☐

web

[wéb]

名 クモの巣

get caught in a spider **web**
クモの巣に引っかかる

0880 ☐☐☐

microbe

[máikroub]

名 微生物

detect **microbes** using a microscope
顕微鏡で微生物を発見する

245

2 | Nature

● Track 2-020

0881 □□□
proliferate
[prəlífərèit]

動 増殖する、急増させる

proliferate the stockpiling of nuclear weapons
核兵器の備蓄を急増させる

0882 □□□
primate
[práimeit]

名 霊長類

an inherent trait in **primates**
霊長類に特有の特徴

0883 □□□
lemur
[líːmə]

名 キツネザル

tell a **lemur** from a raccoon
キツネザルとタヌキを見分ける

0884 □□□
catastrophe
[kətǽstrəfi]

名 大災害

a **catastrophe** of unforeseen proportions
予期せぬ規模の大災害
≒ calamity 災難、惨禍

0885 □□□
moss
[mɔ́s]

名 コケ

A rolling stone gathers no **moss**.
《ことわざ》転がる石にはコケが生えない。
♀「職をよく変える人は成功しない（金持ちになれない）」が本来の意味

0886 □□□
domesticated
[dəméstikèitid]

形 飼い慣らされた

Domesticated horses are ususally very calm.
飼い慣らされた馬は通常とても穏やかである。
★dom （家）

0887 □□□
maturity
[mətʃúərəti]

名 成熟

demonstrate emotional **maturity**
情緒的成熟を示す
► mature 形 成熟した

0888 □□□
swamp
[swɔ́mp]

名 沼地

drain the **swamp** water
沼地の水を抜く

0889 □□□
sediment
[sédəmənt]

名 堆積物

deposits of **sediment** along the riverbank
川岸に沿って積み重なった堆積物

0890 □□□
burial
[bériəl]

名 埋葬

an ancient native **burial** ground
古代の土着の埋葬地
► bury 動 〜を埋める

246

Level 1	Level 2	Level 3	Level 4	**Level 5**

0891 □□□

perch

[pɔ́ːtʃ]

動 木に止まる

The birds **perched** on a fence.
塀の上に鳥が止まった。

0892 □□□

timber

[tímbə]

名 樹木

the sound of falling **timber**
樹木が倒れる音

0893 □□□

slender

[sléndə]

形 ほっそりとした

The girl is **slender** as a willow.
その女の子は柳のようにほっそりとしている。

0894 □□□

wilderness

[wíldənis]

名 荒野

The hikers were lost in the **wilderness** for days.
ハイカーたちは数日間荒野に迷い込んだ。
≒ wasteland 荒地

0895 □□□

torrential

[tərénʃəl]

形 猛烈な

torrential rains and flooding
猛烈な雨と洪水

0896 □□□

acidification

[əsìdəfikéiʃən]

名 酸化

rock formations prone to **acidification**
酸化しやすい石層
► acid **形** 酸味のある

0897 □□□

cot

[kɔ́t]

名 小児用ベッド
[英]、簡易
ベッド [米]

put the baby in the **cot**
赤ちゃんをベッドに寝かしつける

0898 □□□

perilous

[pérələs]

形 危険な

undertake a **perilous** journey
危険な旅を始める
► peril **名** 危険

0899 □□□

menace

[ménis]

名 脅威

Badgers proved a **menace** to farmers.
アナグマは農園主に対する脅威であることがわかった。

0900 □□□

estuary

[éstʃuəri]

名 河口

walk down to an **estuary** of the River Thames
テムズ川の河口まで歩く

247

3 Education

◀ Track 2-021

0901 □□□ **read** [ríːd]	動 ～を読む、専攻する [英]	I am reading chemistry at the University of Cambridge. 私はケンブリッジ大学で化学を専攻している。 ≒major 専攻する [米]
0902 □□□ **author** [ɔ́ːθə]	名 著者	interview a best-selling author ベストセラーの著者にインタビューする ★auth (増す) + or (人)
0903 □□□ **punish** [pʌ́niʃ]	動 ～を罰する	punish the student for cheating その生徒をカンニングをしたとして罰する ★pun (罰)
0904 □□□ **gallery** [gǽləri]	名 美術館	The gallery possesses famous artworks. その美術館は有名な芸術作品を所有している。
0905 □□□ **principal** [prínsəpəl]	名 校長	a message from the principal 校長先生からのメッセージ ★princip (第一、最初) ≒headmaster 校長 ♀女性形は headmistress
0906 □□□ **questionnaire** [kwèstʃənéə]	名 アンケート調査	conduct a questionnaire to college students 大学生に対してアンケート調査を実施する ► survey 名 調査
0907 □□□ **conduct** [kɔ́ndʌkt]	名 道徳上の振る舞いや行為	follow a code of conduct 行動規範に従う ♀動詞形 conduct は「～を行う」の意味
0908 □□□ **practical** [prǽktikəl]	形 実践的な 動 ～を行う	offer practical advice 実践的な助言をする
0909 □□□ **parental** [pəréntl]	形 親の	have a strong parental influence 親の強い影響がある ► parent 名 親
0910 □□□ **deepen** [díːpən]	動 ～を深める	The lecture deepened my understanding of anthropology. この講義のおかげで私は人類学についての理解を深めた。 ★deep (深い) + en (動詞)

248

| Level 1 | Level 2 | Level 3 | Level 4 | Level 5 |

0911 □□□

meaningful

[míːniŋfəl]

形 意味のある

meaningful interaction between a teacher and a student
生徒と先生の意味のあるやり取り
↔ meaningless 意味のない

0912 □□□

memorise

[méməràiz]

動 ～を記憶する

memorise the phone numbers
電話番号を記憶する
≈ memorize ［米］
► memory 名 記憶

0913 □□□

geology

[dʒiɔ́lədʒi]

名 地質学

publish a paper in a journal of **geology**
地質学のジャーナルに論文を発表する
★ geo（土地）+ logy（学問）

0914 □□□

literate

[lítərət]

形 読み書きができる

Most adults in Japan are **literate**.
日本のほとんどの成人は読み書きができる。
★ liter（文字）
► literacy 名 読み書きの能力

0915 □□□

alter

[ɔ́ːltə]

動 ～を変更する

fundamentally **alter** the role of teachers
教師の役割を根本的に変える
► alternative 形 代わりの

0916 □□□

tricky

[tríki]

形 厄介な

deal with a **tricky** situation
厄介な事態に対処する
► trick 名 策略、悪ふざけ

0917 □□□

expertise

[èkspətíːz]

名 専門的知識

draw on professor's **expertise** on psychology
教授の心理学の専門知識を生かす
★ exper（試みる）
► expert 名 専門家

0918 □□□

imaginative

[imǽdʒənətiv]

形 独創的な

come up with an **imaginative** excuse
独創的な言い訳を思いつく
► imagination 名 想像

0919 □□□

attend

[əténd]

動 ～に出席する

attend the online class
オンライン授業に参加する
★ at（～へ）+ tend（伸ばす）
► attendance 名 出席

0920 □□□

counsel

[káunsəl]

名 助言、忠告
動 助言する

seek professional **counsel**
専門的な助言を求める
► counsellor 名 助言者、カウンセラー
counselor ［米］

249

3 | Education

Track 2-022

0921 □□□ **explore** [iksplɔ́ːr]	動 探検する	Children **explore** without inhibition. 子どもたちは自由に探検する。 ► exploration 名 探検
0922 □□□ **prospective** [prəspéktiv]	形 見込みのある、将来の	interview a **prospective** student 入学希望者を面接する ★pro（前を）+ spect（見る）
0923 □□□ **emotional** [imóuʃənl]	形 感情的な	The audience was brought to tears by the **emotional** songs. 観客は感動的な曲を聴いて涙した。 ★e（外に）+ motion（心を動かすこと）
0924 □□□ **ambitious** [æmbíʃəs]	形 野心的な	competition between **ambitious** students 野心的な学生による競争 ► ambition 名 野心、大望 ≒ aspiring 向上心の強い
0925 □□□ **bulletin** [búlitən]	名 掲示	post an advertisement on a **bulletin** board 掲示板に広告を貼る
0926 □□□ **prestigious** [prestídʒiəs]	形 一流の	a graduate of a **prestigious** university 一流大学の卒業生 ► prestige 名 名声
0927 □□□ **incapable** [inkéipəbl]	形 能力がない	Newborn babies are **incapable** of speech. 生まれたばかりの赤ちゃんは話す能力がない。
0928 □□□ **honour** [ɔ́nə]	動 〜に敬意を示す 名 名誉、敬意	International Workers' Day is a holiday to **honour** workers. 国際労働者の日は働く人に敬意を払う祝日である。 ♀ honor ［米］
0929 □□□ **simultaneous** [sìməltéiniəs]	形 同時の	become a **simultaneous** interpreter 同時通訳者になる ≒ concurrent 同時に発生する
0930 □□□ **tiger** [táigə]	名 トラ、凶暴な人	placate a **tiger** mother 教育ママをなだめる ♀ helicopter parents 過保護・過干渉の親

| Level 1 | Level 2 | Level 3 | Level 4 | Level 5 |

0931 ☐☐☐

pupil

[pjúːpəl]

名 生徒、弟子

ruin the relationship between a master and a pupil
師弟関係を壊す

0932 ☐☐☐

inferior

[infíəriə]

形 劣っている

My position at home is inferior to other family members.
家庭での私の地位は誰よりも低い。
► inferiority 名 劣っていること、劣等

0933 ☐☐☐

verbal

[vɚːbəl]

形 言葉の

Verbal communication is valued.
言葉によるコミュニケーションには価値がある。
★verb （言葉）

0934 ☐☐☐

intensive

[inténsiv]

形 集中的な

participate in an intensive summer course
夏期集中講習に参加する

0935 ☐☐☐

concentration

[kònsəntréiʃən]

名 集中

I lost my concentration during the listening test.
私はリスニング試験の間、集中力を切らした。
► concentrate 動 集中する

0936 ☐☐☐

solitary

[sɑ́litəri]

形 孤独な

Young children first of all engage in solitary independent play.
幼児は最初は自分だけで一人遊びをする。

0937 ☐☐☐

proofread

[prúːfriːd]

動 ～を校正する

proofread a summative essay
総括的なエッセイを校正する

0938 ☐☐☐

compliant

[kəmpláiənt]

形 （悪い意味で）
従順な

grow up to be a compliant child
何にでも従うような子どもに育つ
► comply 動 従う
≒obedient 従順な、素直な

0939 ☐☐☐

campus

[kǽmpəs]

名 キャンパス、
構内

attend an open campus
オープンキャンパスに参加する

0940 ☐☐☐

industrious

[indʌ́striəs]

形 勤勉な

show an industrious attitude
勤勉な態度を見せる
► industry 名 産業、勤勉
≒diligent 勤勉な

251

3 | Education

◯ Track 2-023

0941 ☐☐☐
hurdle
[hə́:dl]

名 ハードル、障害物、困難

overcome multiple hurdles
数々の困難を乗り越える

0942 ☐☐☐
grasp
[grǽsp]

動 ～を理解する
名 理解、掴むこと

grasp the crux of the matter quickly
問題の要点を素早く理解する

0943 ☐☐☐
handout
[hǽndàut]

名 プリント、配布資料

pass along the handouts
プリントを配る
► hand out ～を配布する（＝distribute）

0944 ☐☐☐
thesis
[θíːsis]

名 論文、題目

write a graduation thesis
卒業論文を書く
♀ 複数形は theses
≒ dissertation 学術論文

0945 ☐☐☐
apology
[əpɔ́lədʒi]

名 謝罪

The Japanese language has a wide range of apology words.
日本語にはさまざまな謝罪の言葉がある。
► apologise 動 謝罪する　apologize［米］

0946 ☐☐☐
compulsory
[kəmpʌ́lsəri]

形 義務の

undergo compulsory education
義務教育を受ける
★ com（共に）＋ pul（駆ける）
► compulsion 名 強制

0947 ☐☐☐
corporal
[kɔ́ːpərəl]

形 身体の

phase out corporal punishment
体罰を段階的に減らす

0948 ☐☐☐
aptitude
[ǽptətjùːd]

名 適性

have an aptitude for learning languages
言語習得の適性がある

0949 ☐☐☐
acquisition
[ækwəzíʃən]

名 習得

language acquisition theory
言語習得理論
★ ac（方向）＋ quire（求める）
► acquire 動 ～を習得する

0950 ☐☐☐
feedback
[fíːdbæ̀k]

名 フィードバック、反響、感想

incorporate the feedback
フィードバックを取り入れる

252

Level 1	**Level 2**	Level 3	Level 4	Level 5

0951 ☐☐☐

headline

[hédlàin]

名 見出し

the subject of a newspaper headline
新聞の見出しの題材
≒ heading 表題、見出し；title 題、タイトル

0952 ☐☐☐

kit

[kít]

名 道具一式

software development kit
ソフトウェア開発の道具一式

0953 ☐☐☐

pointless

[póintlis]

形 無意味な

a pointless series of questions
無意味な質問の連続
≒ meaningless 意味のない

0954 ☐☐☐

inventive

[invéntiv]

形 発明の才能の
ある、独創的
な

inventive individuals like Picasso
ピカソのような発明の才のある人々
★ in （中に）+ vent （来る）
▶ invention **名** 発明

0955 ☐☐☐

misinterpret

[mìsintə́:prit]

動 〜を誤って解
釈する

misinterpret a simple rule
単純なルールを誤解する
▶ misinterpretation **名** 誤解

0956 ☐☐☐

enrol

[inróul]

動 登録する

enrol in a vocational training course
職業訓練コースに登録する
★ en （中に）+ rol （回転）
♀ enroll ［米］

0957 ☐☐☐

assembly

[əsémbli]

名 集会、部品の
組み立て

attend the school assembly
学校の集会に出席する
≒ gathering 集会

0958 ☐☐☐

grammatical

[grəmǽtikəl]

形 文法的な

correct grammatical errors
文法的なミスを訂正する
▶ grammar **名** 文法

0959 ☐☐☐

recitation

[rèsətéiʃən]

名 朗読

attend a recitation contest
朗読コンテストに参加する
▶ recite **動** 〜を朗読する、暗唱する

0960 ☐☐☐

evaluation

[ivæ̀ljuéiʃən]

名 評価

undergo a performance evaluation
演技評価を受ける
★ e （外に）+ value （価値）
▶ evaluate **動** 〜を評価する

253

3 | Education

Track 2-024

0961 □□□ **lyric** [lírik]	名 歌詞、叙事詩 形 歌の	A singer forgot his **lyrics** during a live concert. 歌手はライブコンサートの最中に歌詞を忘れた。
0962 □□□ **chorus** [kɔ́:rəs]	名 合唱 動 ～を合唱する	a musical piece sung by mixed **chorus** 混声合唱で歌われる曲
0963 □□□ **amplify** [ǽmpləfài]	動 ～を増幅する	Electric guitars are **amplified** through loudspeakers. エレキギターの音はスピーカーを通して増幅される。 ► amplification 名 拡張
0964 □□□ **bishop** [bíʃəp]	名 主教、司教	attend the **bishop**'s service 司教の礼拝に参加する ≒ clergyman 聖職者、牧師
0965 □□□ **premature** [prémətʃùə]	形 早熟な	ask a **premature** question 早熟な質問をする
0966 □□□ **boost** [bú:st]	動 ～を高める	**boost** the socialisation skills of toddlers 幼児の社交スキルを高める
0967 □□□ **depict** [dipíkt]	動 ～を描写する	**depict** the scene of the film 映画のシーンを描写する ★ de（下に）+ pict（描く） ► depiction 名 描写
0968 □□□ **intellectual** [ìntəléktʃuəl]	形 知的な	Reading is indispensable to **intellectual** growth. 読書は知的成長に欠かすことができない。 ► intellect 名 知性
0969 □□□ **equation** [ikwéiʒən]	名 方程式	evaluate the multi-step **equation** 多段の方程式を解く
0970 □□□ **aesthetic** [esθétik]	形 美の、美学の	have an **aesthetic** appreciation of bridges 橋に対する美的価値の鑑賞力がある ► aesthetics 名 美学

| Level 1 | Level 2 | Level 3 | Level 4 | Level 5 |

0971

studious

[stjúːdiəs]

形 勉強好きな

an exceptionally **studious** pupil
例外的に勉強好きな児童

0972

nursery

[nə́ːsəri]

名 育児所、託児所

learn songs at **nursery** school
保育園で歌を習う
★ nur（養う）
► nurse 名 訓練を受けた看護人、看護師

0973

superior

[supíəriə]

形 より優れた
名 上司

Dogs are **superior** to cats in smelling.
においを嗅ぐのは猫よりも犬の方が優れている。
► superiority 名 優位、優勢

0974

poorly

[pɔ́ːli]

副 ひどく、悪く

Do not submit a **poorly**-written essay.
出来の悪いエッセイ提出するな。
► poor 形 ひどい

0975

instruct

[ìnstrʌ́kt]

動 ～に指示する、教える

instruct the gym class
体操のクラスを指導する
► instruction 名 指示

0976

ratio

[réiʃiòu]

名 比率

a high teacher-student **ratio**
教師と生徒の比率が高い状況
≒ proportion 割合、比率

0977

discern

[dìsə́ːn]

動 ～を感覚や知性で見分ける、識別する

discern good and evil
善と悪とを見分ける

0978

expel

[ikspél]

動 ～を追放する、退学させる

I was **expelled** from school.
学校から退学させられた。
≒ eject ～を追い出す；evict ～を（法的手段で）立ち退かせる

0979

interruption

[ìntərʌ́pʃən]

名 中断、妨害

ignore the unexpected **interruption**
予期せぬ妨害を無視する
★ inter（2つの間）＋ rupt（壊す）
► interrupt 動 中断させる

0980

genre

[ʒáːŋrə]

名 ジャンル、類型

The shelf is organised according to **genre**.
その棚はジャンル別に整理されている。

255

3 | Education

Track 2-025

0981 □□□ **dignity** [dígnəti]	名 尊厳、威厳	The actress lost her dignity on stage. その女優は舞台上で尊厳を失った。 ≒ prestige 名声、威信
0982 □□□ **handicap** [hǽndikæp]	名 身体上の障害、不利な条件、ハンディ（キャップ）	play golf with a handicap ハンディを抱えながらゴルフをプレーする ≒ disability 名 障害
0983 □□□ **command** [kəmάːnd]	名 言語能力、命令、展望 動 命じる	have a good command of French フランス語が堪能である
0984 □□□ **ego** [íːgou]	名 自尊心、うぬぼれ	stroke the teacher's ego 教師をおだてる ≒ self-esteem 自尊心
0985 □□□ **intimate** [íntəmət]	形 詳しい	have an intimate knowledge of the human mind 人間の心に精通している ► intimacy 名 親密さ
0986 □□□ **autonomous** [ɔːtɔ́nəməs]	形 自立した、自治の	become an autonomous learner 自立した学習者になる ► autonomy 名 自治
0987 □□□ **synonym** [sínənìm]	名 同義語	find a synonym in the thesaurus 類語辞典で同義語を見つける ★ syn（同じ）+ onym（名前）
0988 □□□ **sculpture** [skΛ́lptʃə]	名 彫刻	a sculpture in the British Museum 大英博物館の彫刻
0989 □□□ **tolerate** [tɔ́lərèit]	動 ～を我慢する、大目に見る	I will not tolerate this kind of behaviour. 私はこのような振る舞いは受け入れられない。 ► tolerance 名 寛容、寛大、忍耐
0990 □□□ **bilingual** [bailíŋgwəl]	形 2ヶ国語を話す 名 2ヶ国語の話者、バイリンガル	grow up bilingual in an international setting 国際的な環境でバイリンガルとして育つ ★ bi（2）+ lingual（舌の、言葉の）

256

Level 1	Level 2	**Level 3**	Level 4	Level 5

0991 □□□
abundant
[əbʌ́ndənt]

形 豊富な

have **abundant** knowledge and experience
豊富な知識と経験を持っている
► abundance 名 多量、豊富

0992 □□□
comprehension
[kɔ̀mprihénʃən]

名 理解

carry out a **comprehension** check
理解度チェックを行う
► comprehend 動 理解する

0993 □□□
analytical
[æ̀nəlítikəl]

形 分析的な

challenge **analytical** thinking abilities
分析的な思考力を試す
► analysis 名 分析

0994 □□□
encyclopaedia
[ensàikləpíːdiə]

名 百科事典

consult an **encyclopaedia** for verification
確認のため百科事典で調べる
♀ encyclopedia ［米］

0995 □□□
module
[mɔ́djuːl]

名 大学の学習単位、モジュール

complete a **module** for credit
単位のためにモジュールを修了する
♀ イギリス特有の表現

0996 □□□
endeavour
[indévə]

名 努力、試み

make a long-term **endeavour**
長期的な努力をする
♀ endeavor ［米］
≒ attempt 試み

0997 □□□
compel
[kəmpél]

動 〜に強いる、強制する

Some parents **compel** their children to study hard.
子どもに無理矢理一生懸命勉強させる親もいる。
★ com （共に）＋ pel （駆ける）
♀ compel A to do　A に無理矢理〜させる

0998 □□□
passive
[pǽsiv]

形 受動的な

avoid a **passive** response
受動的な受け答えを避ける
≒ submissive 服従的な；inactive 不活発な

0999 □□□
footnote
[fútnòut]

名 脚注

add **footnotes** to the page
ページに脚注を追加する

1000 □□□
eminent
[émənənt]

形 著名な

an **eminent** scholar in the field of psychology
心理学の分野で著名な学者
★ e （外に）＋ min （突き出る）＋ ent （形容詞）

3 | Education

● Track 2-026

1001 ☐☐☐
apprentice
[əpréntis]
名 見習い

take part in an **apprentice** scheme
見習い制度に参加する
► apprenticeship 名 見習いであること、実習

1002 ☐☐☐
doctorate
[dɔ́ktərət]
名 博士号

gain a physics **doctorate**
物理学の博士号を取得する

1003 ☐☐☐
odd
[ɔ́d]
形 奇数の

skip the **odd** numbers
奇数を飛ばす

1004 ☐☐☐
doctrine
[dɔ́ktrin]
名 教義

follow the philosophical **doctrine** of Hegel
ヘーゲルの哲学的教義を信奉する
★doc（教える）

1005 ☐☐☐
benevolent
[bənévələnt]
形 慈悲深い

Mozart received the **benevolent** attention of his mentor.
モーツァルトは指導者の慈悲深い配慮を受けた。
★bene（良い）

1006 ☐☐☐
translation
[trænsléiʃən]
名 翻訳

Translation played a central role in human interaction.
翻訳は人間の交流の中で中心的な役割を果たした。
► translate 動 翻訳する

1007 ☐☐☐
remedial
[rimíːdiəl]
形 補修的な

provide **remedial** education
補習教育を提供する
★re（再び）+ med（治す）
► remedy 名 解決策、改善法、治療（法）

1008 ☐☐☐
pacify
[pǽsəfài]
動 ～をなだめる

pacify a crying baby
泣いている赤ちゃんをなだめる
≒soothe ～をなだめる、和らげる

1009 ☐☐☐
articulation
[ɑːtìkjuléiʃən]
名 はっきりした発音、明瞭な表現

clear **articulation** of the problem
明瞭に表現された問題
► articulate 動 明瞭に発音する　形 発音の明瞭な

1010 ☐☐☐
demanding
[dimǽːndiŋ]
形 過酷な

take up a **demanding** and challenging job
きついけれどもやりがいのある仕事を引き受ける
► demand 動 ～を要求する

258

| Level 1 | Level 2 | **Level 3** | Level 4 | Level 5 |

1011 ☐☐☐

ingenuity

[ìndʒənjúːəti]

名 発明の才

a stroke of true **ingenuity**
見事な出来ばえの発明の才
≒ originality 独創性

1012 ☐☐☐

architect

[áːkətèkt]

名 建築家

become an award-winning **architect**
賞を受賞する建築家になる
► architecture **名** 建築

1013 ☐☐☐

criterion

[kraitíəriən]

名 基準

fulfil the important **criterion**
重要な基準を満たす
名 複数形は criteria
★ cri (分ける)

1014 ☐☐☐

ignorance

[ígnərəns]

名 無知

Ignorance of the law is no excuse.
法律を知らないことは言い訳にならない。
★ i (否定) + gn (知る)
► ignore **動** 無視する、知らないふりをする

1015 ☐☐☐

exceptional

[iksépʃənl]

形 例外的な、非常に優れた

celebration of **exceptional** achievement
非常に優れた業績のお祝い
名 日本語で「例外的」というとネガティブなイメージだが英語では「優れた」という意味

1016 ☐☐☐

methodology

[mèθədɔ́lədʒi]

名 手法

use a new research **methodology**
新しい研究手法を用いる

1017 ☐☐☐

refine

[rifáin]

動 ～に磨きをかける

refine a new skill
新しいスキルに磨きをかける
► refinement **名** 洗練、改良

1018 ☐☐☐

superficial

[sùːpəfíʃəl]

形 表面上の

have only **superficial** knowledge of quantum physics
量子物理学の表面的な知識しか持っていない

1019 ☐☐☐

complement

[kɔ́mpləmènt]

動 ～を補完する
名 補足物

The dishes **complement** the party decorations.
その料理がパーティーの装飾を補う。

1020 ☐☐☐

competent

[kɔ́mpətənt]

形 有能な、適任の

a **competent** language learner
有能な言語学習者
► competence **名** 能力、適正

259

3 | Education

Track 2-027

1021 □□□ **rigid** [rídʒid]	形 厳格な、堅い	**follow a rigid structure** 厳格な構成に従う ► rigorous 形 厳格な
1022 □□□ **virtue** [və́ːtʃuː]	名 美徳、長所	**a person of virtue who helps poor children** 貧しい子どもたちを助ける徳の高い人 ► virtuous 形 道徳にかなった
1023 □□□ **compliment** [kómpləmənt]	名 賛辞、褒め言葉、祝辞 動 賛辞を述べる、褒める	**Compliments build confidence.** 褒め言葉は自信を育む。
1024 □□□ **incentive** [inséntiv]	名 刺激、動機	**provide a monetary incentive** 金銭的な動機を与える
1025 □□□ **adolescent** [ædəlésnt]	形 青年期の	**early in adolescent development** 青年期発達の初期 ► adolescence 名 青年期
1026 □□□ **handicraft** [hǽndikrɑ̀ːft]	名 手工芸 (品)	**run a handicraft shop** 工芸品の店を経営する
1027 □□□ **archaeology** [ɑ̀ːkiɔ́lədʒi]	名 考古学	**a concrete study of archaeology** 考古学の具体的な研究 ► archaeologist 名 考古学者 ► archaeological 形 考古学の
1028 □□□ **quest** [kwést]	名 探求、追求	**in quest of the treasure** 宝を求めて ★ quest（求める）
1029 □□□ **detective** [ditéktiv]	名 探偵	**write a detective novel** 推理小説を執筆する ► detect 動 〜を見つける
1030 □□□ **academically** [æ̀kədémikəli]	副 学術的に、学業に関して	**support an academically-gifted student** 学業の才に恵まれた生徒を支援する ► academic 形 学術的な

| Level 1 | Level 2 | Level 3 | **Level 4** | Level 5 |

1031 ☐☐☐

meditation

[mèdətéiʃən]

名 瞑想

meditation as a means of stress-relief
ストレス解消の手段としての瞑想

1032 ☐☐☐

misbehave

[mìsbihéiv]

動 不作法にふるまう

Children that **misbehave** are sent to the principal's office.
行儀が悪い子どもは校長室に連れて行かれる。

1033 ☐☐☐

disparity

[dispǽrəti]

名 格差

lessen the **disparity** between men and women
男女格差を減らす

1034 ☐☐☐

correlation

[kɔ̀ːrəléiʃən]

名 相関

There is a positive **correlation** between parent's income and student's grades.
親の収入と生徒の成績には正の相関がある。

1035 ☐☐☐

metaphor

[métəfɔ̀ː]

名 比喩、メタファー

stand as a **metaphor** for love
恋愛の比喩になっている

1036 ☐☐☐

craftsman

[krǽftsmən]

名 職人

a woodworking master **craftsman**
木工細工の名匠
≒ artisan 職人、熟練工

1037 ☐☐☐

erect

[irékt]

動 ～を建てる

erect a monument on campus
キャンパスに記念碑を建てる

1038 ☐☐☐

optimism

[ɔ́ptəmìzm]

名 楽観主義

an unfounded sense of **optimism**
根拠のない楽観主義の感覚

1039 ☐☐☐

elusive

[ilúːsiv]

形 実現困難な

Teacher retention proves to be highly **elusive**.
教師を留まらせることは、非常に実現困難であることが分かる。

1040 ☐☐☐

proposition

[prɔ̀pəzíʃən]

名 提案

I have a **proposition** for you.
あなたに提案がある。

261

3 | Education

Track 2-028

1041 □□□ **holistic** [hòulístik]	形 全体論の	**holistic** approach to mental health 精神衛生に対しての全体論的アプローチ
1042 □□□ **descriptive** [diskríptiv]	形 記述的な、説明的な	You should be as **descriptive** as possible. できる限り説明的にすべきである。 ★de（下に）＋ scrip（書く）
1043 □□□ **technique** [tekníːk]	名 技術	a wide range of problem-solving **techniques** さまざまな問題解決技術 ► technical 形 技術的な
1044 □□□ **cultivate** [kʌ́ltəvèit]	動 （技術・品性・才能など）を磨く、～を耕す	**cultivate** the brightest of minds 最も優れた知性を育む ★cult（耕す）
1045 □□□ **utterance** [ʌ́tərəns]	名 発言、発話	Linguists count the number of **utterances** of the baby. 言語学者たちはその赤ちゃんの発話回数を数える。
1046 □□□ **voluntary** [vɔ́ləntəri]	形 任意の	Donations are completely **voluntary**. 寄付は完全に任意である。 ★vol（意志） ≒ spontaneous 自発的な
1047 □□□ **inhibit** [inhíbit]	動 ～を抑制する、妨げる	**inhibit** the body's natural reactions 人体の自然な反応を抑制する ► inhibition 名 抑制
1048 □□□ **intimidate** [intímədèit]	動 ～を脅す	The bullies **intimidated** the student at school. 学校でいじめっ子たちがその生徒を脅した。 ► intimidation 名 脅迫
1049 □□□ **colloquial** [kəlóukwiəl]	形 口語の	become accustomed to a **colloquial** expression 口語表現に慣れる ★col（共に）＋ loqu（話す）
1050 □□□ **elocution** [èləkjúːʃən]	名 演説法	speak with standard **elocution** 標準的な演説法を使って話す ★loqu（話す）

Level 1	Level 2	Level 3	**Level 4**	Level 5

1051 □□□

anonymity
[ə̀nəníməti]

名 匿名 (性)

guarantee **anonymity** for witnesses
証人の匿名性を保証する
★ a（否定）＋ nonym（名前）
► anonymous 形 匿名の

1052 □□□

literal
[lítərəl]

形 文字通りの

a **literal** translation from Russian
ロシア語からの文字通りの翻訳
★ liter（文字）

1053 □□□

linguistic
[liŋgwístik]

形 言語学の

identify a **linguistic** exception
言語学的な例外を見つける
► linguistics 名 言語学

1054 □□□

spontaneous
[spɔntéiniəs]

形 即興の、
自発的な、
自然に起こる

make a **spontaneous** change in plans
計画を即興で変更する

1055 □□□

tribute
[tríbjuːt]

名 貢ぎ物、賛辞

pay **tribute** to the sponsor
スポンサーに敬意を表する

1056 □□□

contemplate
[kɔ́ntəmplèit]

動 〜を熟考する、
〜の思いにふ
ける

I am **contemplating** going to graduate school.
大学院に行くか悩んでいる。
► contemplation 名 熟考

1057 □□□

compassion
[kəmpǽʃən]

名 思いやり、同
情

Compassion is a natural impulse that springs from the human soul.
思いやりは人の心から湧き出る自然な衝動だ。

1058 □□□

lapse
[lǽps]

名 ちょっとしたミ
ス、（注意力な
どの）途切れ、
怠慢、過失、廃
れること

an unforgivable **lapse** of memory
許されないほどの度忘れ

1059 □□□

workmanship
[wə́ːkmənʃip]

名 職人の技量

exceptionally fine **workmanship**
非常に優れた職人技
♀ workman 名 労働者、職人

1060 □□□

disadvantaged
[dìsədvǽːntidʒd]

形 恵まれていな
い

provide training programmes for **disadvantaged** students
恵まれない生徒にトレーニングプログラムを提供する

3 | Education

Track 2-029

1061
inheritance
[inhérətəns]

名 相続 (権)

It is common that brothers fight over the family **inheritance**.
家族内での相続権を巡って兄弟が争うことはよくある。

1062
well-rounded
[wélráundid]

形 (教育などが) 幅広い、総合的な

develop a **well-rounded** curriculum
幅広いカリキュラムを開発する
≒ all-around 形 包括的な

1063
figurative
[fígjurətiv]

形 比喩的な

understand a **figurative** expression
比喩的な表現を理解する

1064
intrinsic
[intrínsik]

形 内発的な

intrinsic motivation behind the project
そのプロジェクトの背景にある内発的動機

1065
docile
[dóusail]

形 素直な、従順な、おとなしい

It is better not to be a **docile** bystander. あるがままを受け入れるだけの傍観者になるべきではない。
★doc (教える)

1066
comprehensive
[kɔ̀mprihénsiv]

形 包括的な

conduct a **comprehensive** research on gene therapy
遺伝子治療についての包括的な研究を行う
► comprehension 名 包括、理解

1067
pragmatic
[prægmǽtik]

形 実際的な、実用上の

come to a **pragmatic** solution
実用的な答えに至る
► pragmatics 名 語用論

1068
solemn
[sɔ́ləm]

形 厳粛な、厳かな、真面目な

solemn and sombre ceremony
厳かで地味な儀式

1069
strenuous
[strénjuəs]

形 精力的な、熱心な

make **strenuous** efforts for the exam
試験に向けて奮闘する
★str (締める)

1070
calibre
[kǽləbə]

名 力量

students of the highest **calibre**
最も力量のある生徒
≑ caliber [米]

264

| Level 1 | Level 2 | Level 3 | Level 4 | **Level 5** |

1071 ☐☐☐
ingenious
[indʒíːnjəs]

形 独創的な、工夫に富む、精巧な

struck by an ingenious idea
独創的な考えに感銘を受ける
★in（中に）＋ gen（生まれる）

1072 ☐☐☐
patronage
[péitrənidʒ]

名 保護、支援

enjoy the patronage of the nobility
貴族の保護を受ける
👤 patron 後援者

1073 ☐☐☐
embrace
[imbréis]

動 （愛情や熱意を持って）〜を抱擁する、〈考えなど〉を受け入れる

I try to embrace my failures.
私は失敗を受け入れようとする。

1074 ☐☐☐
arithmetic
[əríθmətik]

名 算数

a master of mental arithmetic
暗算の達人

1075 ☐☐☐
arbitrary
[ɑ́ːbətrèri]

形 任意の

set an arbitrary deadline
任意の締め切りを設ける

1076 ☐☐☐
protrusive
[prətrúːsiv]

形 突き出た、出っ張った

School violence becomes very protrusive in many countries.
多くの国で学校内暴力がすごく目立つようになっている。

1077 ☐☐☐
rudimentary
[rùːdəméntəri]

形 初歩の、基本的な

possess a rudimentary knowledge of German
ドイツ語の初歩的な知識がある
≒ elementary 初歩の

1078 ☐☐☐
masterpiece
[mǽstəpìːs]

名 傑作

complete a masterpiece overnight
一晩で傑作を完成させる

1079 ☐☐☐
paradox
[pǽrədɔ̀ks]

名 逆説、矛盾

fall unwittingly into a paradox
無意識のうちに矛盾に陥る
► paradoxical 形 逆説的な

1080 ☐☐☐
audacious
[ɔːdéiʃəs]

形 大胆な

a display of audacious behaviour
大胆な振る舞いの誇示

265

3 | Education

Track 2-030

1081 □□□ **knowledgeable** [nɔ́lidʒəbl]	形 知識のある、もの知りの	The professor is **knowledgeable** in the field of science. その教授は科学の分野に精通している。
1082 □□□ **initiative** [iníʃətiv]	名 新規計画、新たな試み、主導権	implement a new **initiative** 新たな計画を実行する ▶ initiate 動 事業を始める
1083 □□□ **tedious** [tíːdiəs]	形 長ったらしくて退屈な	attend a **tedious** lecture 退屈な講義に出席する ≒ boring 退屈な；tiring 骨の折れる；tiresome つまらない
1084 □□□ **erroneous** [iróuniəs]	形 間違った	make an **erroneous** guess 間違った憶測をする ▶ error 名 誤り、間違い
1085 □□□ **illuminate** [ilʲúːmənèit]	動 ～を照らす	**illuminate** the night sky 夜空を照らす 🔍「〈問題点など〉を明らかにする」「～を啓蒙する」という意味もある
1086 □□□ **finesse** [finés]	名 巧妙な処理、手腕	execute with extreme **finesse** 極めて巧妙な処理を実行する
1087 □□□ **realm** [rélm]	名 領域、分野	The man is well-known in the **realm** of philosophy. その男性は哲学の分野で知られている。
1088 □□□ **shrewd** [ʃrúːd]	形 抜け目なく鋭い	make a **shrewd** observation 鋭い観察をする
1089 □□□ **dyslexia** [disléksiə]	名 ディスレクシア	**Dyslexia** affects up to one in five people. ディスレクシアは最大5人に1人にまで及ぶ。 ★ dys（障害）+ legein（話す）
1090 □□□ **versatile** [vɔ́ːsətàil]	形 多才な、(道具・機械など) が用途の広い、多目的な	**versatile** in nature and function 特性と機能が幅広い

266

Level 1	Level 2	Level 3	Level 4	**Level 5**

1091 ☐☐☐

subtlety

[sʌ́tlti]

名 微妙、巧妙

explore the subtlety of meaning
意味の曖昧さを探る
► subtle 形 かすかな

1092 ☐☐☐

phonetically

[fənétikəli]

副 発音通りに

spell words phonetically
発音通りに単語をつづる
► phonetic 形 音声の

1093 ☐☐☐

recollection

[rèkəlékʃən]

名 記憶

have no recollection of my childhood
幼少期の記憶がない
► recollect 動 思い出す

1094 ☐☐☐

overhaul

[òuvəhɔ́ːl]

動 ～を徹底的に
見直す

overhaul the old curriculum
古いカリキュラムを見直す
≒ think better of 気付かなかった価値を認めて見直す

1095 ☐☐☐

armchair

[ɑ́ːmtʃὲə]

形 机上の空論
の、実際の経
験のない
名 ひじ掛け椅子

make an armchair diagnosis
専門家気取りの診断をする

1096 ☐☐☐

single-handed

[síŋglhǽndid]

副 単独で、片手
で

complete the book single-handed
独力で本を完成させる

1097 ☐☐☐

inadvertent

[ìnədvɔ́ːtnt]

形 不注意な

make an inadvertent error
不注意なミスを犯す

1098 ☐☐☐

terse

[tɔ́ːs]

形 簡潔な

terse and witty essay
簡潔で機知に富んだエッセイ

1099 ☐☐☐

arduous

[ɑ́ːdʒuəs]

形 困難な、骨の
折れる

undertake an arduous journey
困難な旅を始める

1100 ☐☐☐

perseverance

[pɔ̀ːsəvíərəns]

名 忍耐

an impressive show of perseverance
見事な忍耐力の誇示
≒ grit 根性、ガッツ

267

4 | Science

◀ Track 2-031

1101 ☐☐☐ **toxic** [tɔ́ksik]	形 毒の	handle **toxic** chemicals 有毒化学物質を扱う ≒ poisonous 有毒な；venomous 有毒な
1102 ☐☐☐ **hypothesis** [haipɔ́θəsis]	名 仮説	test a statistical **hypothesis** 統計上の仮説を検証する ⚲ 複数形は hypotheses
1103 ☐☐☐ **census** [sénsəs]	名 (国勢) 調査	carry out a national **census** 国勢調査を実施する ≒ survey 調査
1104 ☐☐☐ **emit** [imít]	動 ～を発する	**emit** exhaust fumes 排気ガスを出す ★e（外に）＋ mit（送る）
1105 ☐☐☐ **genetic** [dʒənétik]	形 遺伝子の	avoid **genetic** modification 遺伝子組み換えを避ける
1106 ☐☐☐ **chemical** [kémikəl]	名 化学物質	assess the risk of **chemicals** 化学物質の危険度を評価する
1107 ☐☐☐ **misleading** [mísliːdiŋ]	形 誤解を招くような	fall prey to **misleading** information 誤解を招くような情報の犠牲となる
1108 ☐☐☐ **novel** [nɔ́vəl]	形 斬新な、目新しい	come up with a **novel** idea 斬新なアイディアを思いつく ★nov（新しい）
1109 ☐☐☐ **solid** [sɔ́lid]	形 確実な	lack of **solid** evidence 確固たる証拠の不足
1110 ☐☐☐ **limitation** [lìmətéiʃən]	名 制限	overcome inherent **limitations** 固有の限界を克服する ► limit 動 ～に限る

Level 1	Level 2	Level 3	Level 4	Level 5

1111 ☐☐☐

valid

[vǽlid]

形 有効な

see a **valid** connection between dieting and fatigue
食事と疲労の間に有効な関係性を見出す
↔ invalid 無効の

1112 ☐☐☐

factual

[fǽktʃuəl]

形 事実に基づく

make a **factual** analysis
事実に基づいた分析を行う
► fact 名 事実

1113 ☐☐☐

battery

[bǽtəri]

名 電池

replace the old **batteries**
古い電池を換える
★ bat （戦う）

1114 ☐☐☐

explosion

[iksplóuʒən]

名 爆発

an **explosion** triggered by a gas leak
ガス漏れによる爆発
► explode 動 爆発する

1115 ☐☐☐

foam

[fóum]

名 泡

a protective **foam** barrier
保護的な泡のバリア
≒ bubble 泡；froth 泡；lather せっけんの泡

1116 ☐☐☐

nuclear

[njúːkliə]

形 原子力の、核兵器の

nuclear fission technology
核分裂のテクノロジー
⚲ nuclear weapon 核兵器

1117 ☐☐☐

survey

[sə́ːvei]

名 （意見・世論などの）調査

conduct a statistical **survey**
統計調査を実施する
★ sur （超えて）
≒ questionnaire 名 アンケート

1118 ☐☐☐

dimension

[daiménʃən]

名 次元、面

exist in another **dimension** of space
空間の中の異なる次元に存在する

1119 ☐☐☐

compound

[kɔ́mpaund]

名 化合物

Water is a **compound** of hydrogen and oxygen.
水は水素と酸素の化合物である。

1120 ☐☐☐

biodiversity

[bàioudaivə́ːsəti]

名 生物多様性

Bees are important to preserving **biodiversity**.
生物多様性の維持においてハチは重要である。

269

4 | Science

● Track 2-032

1121 ☐☐☐
generate
[dʒénərèit]

動 ～を生み出す

generate renewable electricity
再生可能な電力を生み出す
★gen（生まれる）

1122 ☐☐☐
radiation
[rèidiéiʃən]

名 放射線

combat the effects of **radiation**
放射線の効果を阻止する

1123 ☐☐☐
lever
[líːvə]

名 レバー、てこ

grease the stuck **lever**
固まったレバーに油を差す
★lev（軽い）

1124 ☐☐☐
phenomenon
[finɔ́minən]

名 現象

witness an unexplained
phenomenon
原因不明の現象を目撃する
♀ 複数形は phenomena
★phen（出現）

1125 ☐☐☐
modification
[mɔ̀dəfikéiʃən]

名 修正

make a large-scale **modification**
大規模な修正をする

1126 ☐☐☐
lightbulb
[láitbÀlb]

名 電球

Edison invented the **lightbulb**.
エジソンは電球を発明した。

1127 ☐☐☐
conductor
[kəndÁktə]

名 伝導体

Copper is a **conductor** of electricity.
銅は電気の伝導体である。
★con（共に）＋ duct（導く）

1128 ☐☐☐
thoroughly
[θÁrəouli]

副 徹底的に

consider the situation **thoroughly**
状況を徹底的に検討する

1129 ☐☐☐
scrutinise
[skrúːtənàiz]

動 ～を精査する

scrutinise the case more closely
より細かくその事件を精査する
♀ scrutinize［米］

1130 ☐☐☐
hypnosis
[hipnóusis]

名 催眠術

quit smoking through **hypnosis**
催眠術によってタバコをやめる

270

Level 1	Level 2	Level 3	Level 4	Level 5

1131 ☐☐☐

fingerprint

[fíŋɡəprìnt]

名指紋

look for **fingerprints** at the scene of the crime
犯罪の現場で指紋を探す

1132 ☐☐☐

emergence

[imə́:dʒəns]

名出現

the **emergence** of new technology
新しいテクノロジーの出現
► emerge 動 出現する

1133 ☐☐☐

replicate

[réplikèit]

動 ～を複製する

replicate the existing data
既存のデータを複製する
► replication 名 複製

1134 ☐☐☐

gadget

[ɡǽdʒit]

名（ちょっとした）装置

a resurgence of interest in **gadgets**
装置への興味の復活
≒ device 名 装置

1135 ☐☐☐

theory

[θíəri]

名理論

Einstein's **theory** of relativity
アインシュタインの相対性理論

1136 ☐☐☐

data

[déitə, dǽtə]

名データ

according to the quantitative **data**
ある定量データによると
🔎 単数形は datum

1137 ☐☐☐

outer

[áutə]

形外の

explore **outer** space
宇宙空間を探査する
≒ outside 形 外側の

1138 ☐☐☐

shrink

[ʃríŋk]

動縮む、～を縮める、減らす

Woolen clothes **shrink** in hot water.
ウール素材の服はお湯につけると縮む。
► shrinkage 名 縮小、減少

1139 ☐☐☐

resistant

[rizístənt]

形抵抗力のある

the fight against antibiotic-**resistant** microbes
抗生物質に耐性のある微生物との闘い
★re（反対に）+ sist（立つ）

1140 ☐☐☐

transparency

[trænspǽərənsi]

名透明性、可視性

maintain a high level of **transparency**
高い透明性を保つ
★trans（横切る）+ pare（見える）
► transparent 形 透明の

271

4 | Science

Track 2-033

1141 □□□ **instrumental** [ìnstrəméntl]	形 手段となる、役に立つ	The software is **instrumental** in analysing data. そのソフトウェアはデータ分析に役に立つ。
1142 □□□ **advent** [ǽdvent]	名 出現	with the **advent** of computers コンピューターの出現とともに ★ad（方向）+ vent（行く）
1143 □□□ **subtle** [sʌ́tl]	形 微妙な、薄い	**subtle** references to his earlier work 彼の以前の仕事に関するかすかな言及 ► subtlety 名 微妙、巧妙
1144 □□□ **hydrogen** [háidrədʒən]	名 水素	cars run by **hydrogen** cells 水素電池で動く車 ★hydro（水の）+ gen（生まれる）
1145 □□□ **rational** [rǽʃənl]	形 合理的な	make a **rational** decision 合理的な決断をする
1146 □□□ **optical** [ɔ́ptikəl]	形 視覚の、光学の	The child was tricked by an **optical** illusion. その子どもは目の錯覚にだまされた。
1147 □□□ **radius** [réidiəs]	名 半径	calculate the **radius** of the hole 穴の半径を計算する ♀ 複数形は radii
1148 □□□ **adhesive** [ædhíːsiv]	名 接着剤	find a stronger **adhesive** より強い接着剤を見つける ► adhere 動 くっつく、粘着する
1149 □□□ **devotion** [divóuʃən]	名 献身	His **devotion** to science led to his success. 科学への献身が彼の成功へとつながった。 ► devote 動 ～に献身する
1150 □□□ **accuracy** [ǽkjurəsi]	名 正確さ	Experiments must be conducted with **accuracy**. 実験は正確に行わなければならない。 ★ac（方向）+ cur（注意）

| Level 1 | **Level 2** | Level 3 | Level 4 | Level 5 |

1151 ☐☐☐

prototype

[próʊtətàɪp]

名試作品、プロトタイプ

present a prototype for inspection
視察に向けた試作品を発表する

1152 ☐☐☐

reproduce

[rìːprədjúːs]

動再現する

reproduce the same results
同じ結果を再現する
★re（再び）+ pro（前に）+ duce（導く）
▶ reproduction **名**再生、再現

1153 ☐☐☐

crave

[kréɪv]

動～を切望する

crave comfort foods
心を癒してくれる（家庭的な）食事を切望する

1154 ☐☐☐

agitation

[ædʒɪtéɪʃən]

名動揺、不安

insurmountable feelings of agitation
乗り越えがたい不安な気持ち
▶ agitate **動**～を動揺させる、激しく動かす

1155 ☐☐☐

diameter

[daɪǽmətə]

名直径

two times the earth's diameter
地球の直径の 2 倍

1156 ☐☐☐

dynamic

[daɪnǽmik]

形壮大な

the dynamic scenery of Stonehenge
ストーンヘンジの壮大な風景

1157 ☐☐☐

particle

[pάːtɪkl]

名粒子

refracting particles of light
屈折する光の粒子

1158 ☐☐☐

eclipse

[iklíps]

名（太陽・月の）食

witness a rare solar eclipse
珍しい日食を目撃する

1159 ☐☐☐

simplify

[símpləfàɪ]

動～を簡素化する、単純化する

simplify a complex theory
複雑な理論を単純化する
▶ simplification **名**平易化、単純化

1160 ☐☐☐

component

[kəmpóʊnənt]

名構成要素

describe the components of the universe
宇宙の構成要素を説明する
★com（共に）+ pon（置く）

273

4 | Science

Track 2-034

1161 □□□ **tolerance** [tɔ́lərəns]	名 耐性	have a high **tolerance** for harsh conditions 過酷な環境に対する強い耐性を持つ ▶ tolerant 形 耐性のある、寛容な
1162 □□□ **crystal** [krístl]	名 結晶	Salt forms in **crystals**. 塩は結晶になる。
1163 □□□ **detect** [ditékt]	動 〜を感知する	**detect** faint signals 微弱な信号を捉える ▶ detective 名 探偵
1164 □□□ **movable** [múːvəbl]	形 動かせる	The table has wheels so it is **movable**. そのテーブルには車輪が付いているので動かせる。
1165 □□□ **agile** [ǽdʒail]	形 機敏な	a new generation of **agile** robots 新世代の機敏なロボット ▶ agility 名 機敏さ
1166 □□□ **alloy** [əlɔ́i]	動 〜を混ぜて合金にする	**alloy** silver with copper 銀に銅を混ぜて合金にする
1167 □□□ **convert** [kənvə́ːt]	動 変わる	When boiled, liquids **convert** into gases. 液体は沸騰すると気体になる。 ▶ conversion 名 転換、変換
1168 □□□ **durable** [djúərəbl]	形 丈夫な、耐久性のある、長持ちする	purchase a **durable** refrigerator 丈夫な冷蔵庫を買う ★dur（丈夫にする）+ able（できる）
1169 □□□ **stratum** [strǽːtəm]	名 地層	The fossil was found in a **stratum**. その化石が地層で見つかった。
1170 □□□ **penetrate** [pénətrèit]	動 〜を貫通する	**penetrate** the first layer of the Earth's crust 地殻の最初の層を貫通する ▶ penetration 名 貫通

Level 1	**Level 2**	Level 3	Level 4	Level 5

1171 ☐☐☐

speculate

[spékjulèit]

動 推測する

speculate on the outcome of the experiment
実験の結果を推測する
★spec（見る）

1172 ☐☐☐

fade

[féid]

動 徐々に消える

Dying stars **fade** away.
死にゆく星は消えてゆく。

1173 ☐☐☐

foresee

[fɔːsíː]

動 ～を予知する

ability to **foresee** future technology
未来の科学技術を予知する能力

1174 ☐☐☐

chemotherapy

[kèməθérəpi]

名 化学治療

take a course of **chemotherapy**
一連の化学療法を受ける

1175 ☐☐☐

anonymous

[ənɔ́nəməs]

形 匿名の

receive an **anonymous** letter
匿名の手紙を受け取る
★a（否定）＋ nonym（名前）
► anonymity 名 匿名（性）

1176 ☐☐☐

duplicate

動[djúːpləkèit] 形[djúːplikət]

動 ～を複写する

The results cannot be **duplicated**.
結果を複製できない。

1177 ☐☐☐

ultraviolet

[ʌ̀ltrəváiəlit]

形 紫外（線）の

highly sensitive to **ultraviolet** radiation
紫外線にとても敏感な
♀ 日焼け止めの UV のこと

1178 ☐☐☐

velocity

[vəlɔ́səti]

名 速度

test the **velocity** of light in a vacuum
真空中の光の速度を調べる

1179 ☐☐☐

similarity

[sìməlǽrəti]

名 類似

a startling **similarity** between DNA and RNA
DNA と RNA の驚くべき類似
► similar 形 似ている

1180 ☐☐☐

dye

[dái]

動 ～を染める

I wanted to **dye** my hair.
髪の毛を染めたかった。

4 | Science

● Track 2-035

1181 □□□ **buoyant** [bɔ́iənt]	形 浮力のある	**wear a buoyant lifesaving vest** 水に浮く救命胴着を身に着ける
1182 □□□ **parameter** [pərǽmətə]	名 パラメーター、媒介変数	**define the parameters of the experiment** 実験の媒介変数を定義する
1183 □□□ **breakdown** [bréikdàun]	名 故障、(統計的)分析	**a thorough breakdown of the results** 結果の徹底的な分析 ≒ malfunction (機械などの) 故障
1184 □□□ **static** [stǽtik]	形 静止状態の	**manipulate static energy** 静止状態のエネルギーを操作する
1185 □□□ **electronic** [ilèktrónik]	形 電子の	**graduate with a degree in electronic engineering** 電子工学の学位で卒業する
1186 □□□ **compute** [kəmpjúːt]	動 ～を計算する	**compute the research data** 研究のデータを計算する ♀ computer コンピューター
1187 □□□ **friction** [fríkʃən]	名 摩擦	**coefficient of kinetic friction** 運動摩擦係数 ♀「意見の衝突」という意味もある
1188 □□□ **glow** [glóu]	動 光を放つ	**The solution glows when the elements react.** 原子が反応すると、溶液が光を放つ。 ★ gl (光)
1189 □□□ **suction** [sʌ́kʃən]	名 吸引	**a huge suction force** 大きな吸引力 ► suck 動 液体を吸う、しゃぶる
1190 □□□ **unanimous** [juːnǽnəməs]	形 満場一致の	**come to a unanimous agreement** 満場一致の同意に達する

276

Level 1	Level 2	**Level 3**	Level 4	Level 5

1191 ☐☐☐

crater

[kréitə]

名 噴火口、クレーター

an unexplained **crater** in the middle of the desert
砂漠の真ん中にある原因不明のクレーター

1192 ☐☐☐

conclusive

[kənklúːsiv]

形 決定的な

I cannot dispute such **conclusive** evidence.
私はそんな決定的な証拠に反論できない。

1193 ☐☐☐

well-preserved

[wélprizə́ːvd]

形 よく保存された

well-preserved remains of a volcanic eruption
保存状態の良い火山噴火の遺跡

1194 ☐☐☐

correction

[kərékʃən]

名 訂正、修正、添削

automated error **correction**
自動的なエラー修正
★co（共に）+ rect（正しい）

1195 ☐☐☐

novelty

[nóvəlti]

名 目新しさ

the **novelty** of a new model
新しいモデルの目新しさ
★nov（新しい）

1196 ☐☐☐

latitude

[lǽtətjùːd]

名 緯度

measure the **latitude** and longitude
緯度と経度を測定する

1197 ☐☐☐

evaporate

[ivǽpərèit]

動 蒸発する

Water **evaporates** when heated.
水は温められた時、蒸発する。
★e（外に）+ vapor（蒸気）+ ate（動詞）

1198 ☐☐☐

centrifugal

[sentrífjugəl]

形 遠心性の

experience **centrifugal** force
遠心力を体験する
★fug（逃げる）

1199 ☐☐☐

explosive

[iksplóusiv]

形 爆発性の

a stock of **explosive** chemicals
爆発性の化学物質の在庫

1200 ☐☐☐

demographic

[dìːməgrǽfik]

名 購買層、世代人口

a key target **demographic**
中心的な対象となる購買層

277

4 | Science

Track 2-036

1201 □□□ **kindle** [kíndl]	動 火をつける、点火する、〈感情など〉をかき立てる	**kindle** the fires of passion 情熱の炎を燃え立たせる
1202 □□□ **condense** [kəndéns]	動 ～を濃縮する、凝縮する、要約する	**condense** steam into water 蒸気を水に凝縮する
1203 □□□ **combustible** [kəmbÁstəbl]	形 可燃性の 名 可燃物 (-s)	Wood is a **combustible** substance. 木は可燃性の物質である。
1204 □□□ **flammable** [flǽməbl]	形 可燃性の	highly **flammable** material 可燃性の高い素材 ► flame 名 炎 ≒ blaze 火事、炎
1205 □□□ **plug** [plʌ́g]	名 プラグ、栓 動 ～をふさぐ、～に栓をする、接続する	temporarily **plug** the leak 一時的に漏れ口をふさぐ
1206 □□□ **stationary** [stéiʃənəri]	形 静止した	stuck in a **stationary** position 静止位置で動けない ⚠ static 形 静止した、活気のない
1207 □□□ **cube** [kjúːb]	名 立方体	calculate the volume of the **cube** 立方体の体積を計算する ► cubic 形 3次元の、体積の、立方体の
1208 □□□ **impermeable** [impɔ́ːmiəbl]	形 貫き通せない、不浸透性の	act as an **impermeable** coat 不浸透性のコートとして機能する
1209 □□□ **rectify** [réktəfài]	動 ～を修正する	**rectify** the mistake in the contract 契約書のミスを訂正する ★ rect（正しい）+ fy（動詞）
1210 □□□ **hemisphere** [hémisfiə]	名 半球	The brain is divided into two **hemispheres**. 脳は二つの半球に別れている。 ★ hemi（半分）+ sphere（球）

278

| Level 1 | Level 2 | **Level 3** | Level 4 | Level 5 |

1211 ☐☐☐

uncover

[ʌ̀nkʌ́və]

動 ～を発見する、暴露する、発掘する

uncover fish bones from ancient times
古代の魚の骨を発見する

1212 ☐☐☐

nitrogen

[náitrədʒən]

名 窒素

play with liquid **nitrogen**
液体窒素で遊ぶ

1213 ☐☐☐

randomised

[rǽndəmàizd]

形 無作為の

participate in a **randomised** trial
無作為化試験に参加する
⚥ randomized ［米］

1214 ☐☐☐

tilt

[tílt]

名 傾き
動 傾く

tilt unpredictably forwards
予想外に前へ傾く

1215 ☐☐☐

contradiction

[kɔ̀ntrədíkʃən]

名 矛盾

find a **contradiction** between trials
裁判間の矛盾を発見する
★contra（反対に）+ dic（言う）

1216 ☐☐☐

gravitational

[grævətéiʃənl]

形 重力の

experience **gravitational** interaction
重力の相互作用を経験する

1217 ☐☐☐

reliable

[riláiəbl]

形 信頼できる

information from a **reliable** source
信頼できる筋からの情報
▶ rely 動 信頼する

1218 ☐☐☐

defective

[diféktiv]

形 欠陥のある

recall a **defective** product
不良品を回収する
★de（下に）+ fect（作る）

1219 ☐☐☐

sophisticated

[səfístəkèitid]

形 洗練された、教養のある、見識のある

present a **sophisticated** argument
見識のある主張を提示する
≒refined 上品な、洗練された

1220 ☐☐☐

blur

[blə́ː]

動 ～をぼやけさせる

blur the faces in the photograph
写真の顔をぼやけさせる

279

4 | Science

Track 2-037

1221 □□□
selective
[səléktiv]

形 選択的な

selective use of data
データの選択的使用
≒ picky えり好みする
𝅘 be particular about 〜について好みがうるさい

1222 □□□
soluble
[sóljubl]

形 溶ける

Sugar is **soluble** in water.
砂糖は水に溶ける。
↔ insoluble 溶けない

1223 □□□
glare
[gléə]

名 ギラギラする光

shield from the **glare** of the sun
太陽のまぶしい光から保護する
★ gl （光）

1224 □□□
persuasive
[pəswéisiv]

形 説得力のある

give a **persuasive** explanation
説得力のある説明をする
▶ persuade 動 〜を説得する

1225 □□□
accessible
[æksésəbl]

形 利用できる

an easily **accessible** database
簡単に利用できるデータベース
≒ approachable 近づきやすい

1226 □□□
variable
[véəriəbl]

形 変わりやすい
名 変数

independent and dependent **variables**
独立変数と従属変数

1227 □□□
ignite
[ignáit]

動 〜に火をつける

ignite a forest fire
森林火災を引き起こす

1228 □□□
electron
[iléktrɔn]

名 電子

calculate the charge of an **electron**
電子の電荷を計算する

1229 □□□
shatter
[ʃǽtə]

動 〜を粉々にする

shatter all expectations
すべての期待を打ち砕く

1230 □□□
impurity
[impjúərəti]

名 不純物

The rice contained **impurities**.
その米には不純物が含まれていた。
↔ purity 純潔

280

| Level 1 | Level 2 | Level 3 | **Level 4** | Level 5 |

1231 ☐☐☐

manipulate

[mənípjulèit]

動 ～を操作する

fraudulently **manipulate** the results
不正に結果を操作する
★manu（手）

1232 ☐☐☐

rigorous

[rígərəs]

形 厳密な

a **rigorous** examination of medical practices
医療行為の厳密な調査

1233 ☐☐☐

quantitative

[kwɔ́ntitətiv]

形 量的な、定量的な

a **quantitative** research methodology
定量調査方法論

1234 ☐☐☐

decipher

[disáifə]

動 ～を解読する

decipher a code to solve the problem
問題を解決するためにコードを解読する

1235 ☐☐☐

fuse

[fjúːz]

動 融合させる、溶かす

fuse together by heating without melting
溶融しないよう熱で融合させる
★fuse（注ぐ）

1236 ☐☐☐

puff

[pʌ́f]

動 パッと吹き出る、膨らます

Smoke is **puffing** out of the chimney.
煙突から煙がぷかぷかと出ている。
🔈 puffer fish はフグ（魚）のこと

1237 ☐☐☐

plausible

[plɔ́zəbl]

形 理に適った、もっともな

a **plausible** explanation for the anomaly
例外に対する理に適った説明

1238 ☐☐☐

unearth

[ʌ̀nə́ːθ]

動 ～を発掘する

unearth the archaeological remains
考古学的な遺物を発掘する

1239 ☐☐☐

atom

[ǽtəm]

名 原子

The scientist split the **atom** for the first time.
その科学者は初めて原子を分裂させた。

1240 ☐☐☐

preliminary

[prilímənèri]

形 予備の

conduct a **preliminary** investigation
予備の調査を行う

281

4 | Science

Track 2-038

1241 □□□ **tangible** [tǽndʒəbl]	形 明白な、確固たる、触知できる、有形の	**extract tangible results** 明白な結果を引き出す
1242 □□□ **synthesis** [sínθəsis]	名 総合、統合、合成	**the synthesis of thyroid hormones** 甲状腺ホルモンの合成 ★syn （共に、同時に）
1243 □□□ **viscous** [vískəs]	形 粘着の	**touch the viscous liquid** ねばねばした液体を触る ► viscosity 名 粘着性
1244 □□□ **elastic** [ilǽstik]	形 弾力のある、伸縮性の	**test the elastic tension** 弾性張力を試す
1245 □□□ **arc** [áːk]	名 弧	**follow the arc of the horizon** 地平線の弧をたどる
1246 □□□ **compatible** [kəmpǽtəbl]	形 互換性のある、矛盾しない	**data that is compatible with the hypothesis** 仮説と矛盾しないデータ
1247 □□□ **geometric** [dʒìːəmétrik]	形 幾何学の、幾何学的な	**geometric multiplication of population** 人口の幾何数的急激な増加
1248 □□□ **cosmic** [kɔ́zmik]	形 宇宙の	**a cosmic-ray proton in interstellar space** 星間空間の宇宙線陽子
1249 □□□ **premise** [prémis]	名 前提、根拠、構内	**understand the premise of the story** ストーリーの前提を理解する
1250 □□□ **semiconductor** [sèmikəndʌ́ktə]	名 半導体	**specialist in semiconductor sales** 半導体販売のスペシャリスト

282

| | | | Level 1　Level 2　Level 3　**Level 4**　Level 5 |

1251 □□□ **debris** [déibriː]	名破片、がれき、残骸	recover space **debris** 宇宙ゴミを回収する
1252 □□□ **voltage** [vóultidʒ]	名電圧	We need a **voltage** converter. 私たちは電圧変換器が必要である。
1253 □□□ **excavate** [ékskəvèit]	動～を発掘する	**excavate** fossilised remains 化石を発掘する
1254 □□□ **focal** [fóukəl]	形焦点となる	find a **focal** point 焦点を見つける
1255 □□□ **coarse** [kɔ́ːs]	形きめの粗い	filter **coarse** sand きめの粗い砂をろ過する
1256 □□□ **fragrant** [fréigrənt]	形芳香性の、良い香りのする	a **fragrant** solution of spices 良い香りのするスパイス
1257 □□□ **opaque** [oupéik]	形不透明な	range between **opaque** and transparent 不透明から透明にまたがる
1258 □□□ **deduce** [didjúːs]	動～を推論する	**deduce** from the given evidence 与えられた証拠から推定する ★de（下に）＋ duce（導く）
1259 □□□ **gravity** [grǽvəti]	名重力、引力	experience the effects of **gravity** 重力の影響を体験する
1260 □□□ **temporal** [témpərəl]	形時間の、一時の、現世の、側頭の	a **temporal** shift in the space-time continuum 時空連続体における時間のシフト

283

4 | Science

Track 2-039

1261 □□□ **spectrum** [spéktrəm]	名スペクトル、(電波などの) 範囲	a varying **spectrum** of colours さまざまな色のスペクトル	
1262 □□□ **molecular** [məlékjulə]	形分子の	explore at the **molecular** level 分子レベルで分析する ▶ molecule 名分子	
1263 □□□ **radiation-resistant** [rêidiéiʃənrizístənt]	形放射線耐性の	survival of **radiation-resistant** bacteria 放射線耐性のバクテリアの生存	
1264 □□□ **ventilate** [véntəlèit]	動～を換気する	**ventilate** the laboratory thoroughly 徹底的に実験室を換気する	
1265 □□□ **brittle** [brítl]	形壊れやすい、折れやすい、もろい	Cast iron is more **brittle** than forged iron. 鋳鉄は鍛鉄よりももろい。	
1266 □□□ **astrology** [əstrɔ́lədʒi]	名占星術	consult an **astrology** manual 占星術の手引き書を調べる ★astro (星) + logy (学問)	
1267 □□□ **entail** [intéil]	動～を伴う	explain what the experiment **entails** 実験に伴うことを説明する	
1268 □□□ **repel** [ripél]	動 (水など) を弾く、撃退する、追い払う	Magnetic poles **repel** each other. 磁極は互いに反発する。	
1269 □□□ **dioxide** [daiɔ́ksaid]	名二酸化物	break down a **dioxide** compound 二酸化化合物を分解する	
1270 □□□ **microscopic** [màikrəskɔ́pik]	形顕微鏡の、超小型の	make a **microscopic** analysis 顕微鏡分析をする ★micro (微量) + scope (～を見る) + ic (的な)	

284

| Level 1 | Level 2 | Level 3 | Level 4 | **Level 5** |

1271 □□□
blueprint
[blú:prìnt]

名青写真、設計図

carefully follow the **blueprint**
注意深く設計図に従う

1272 □□□
diffuse
[difjú:z]

動〜を放散する

diffuse heat in the room
部屋の中で熱を放散する
★di（分離）＋ fuse（注ぐ）

1273 □□□
inflammable
[inflǽməbl]

形燃えやすい、引火性の

Gasoline is highly **inflammable**.
ガソリンはとても火がつきやすい。
≒ combustible 可燃性の

1274 □□□
gush
[gʌ́ʃ]

動噴き出る
名噴出

Water **gushed** out of the pipe.
水が管から噴き出た。

1275 □□□
dismantle
[dismǽntl]

動〜を分解する

dismantle a faulty prototype
欠陥のある試作品を分解する

1276 □□□
divergent
[daivə́:rdʒənt]

形分岐する、異なる

The **divergent** opinions led to a debate.
異なる意見が議論に発展した。

1277 □□□
statistical
[stətístikəl]

形統計的な

present **statistical** data
統計データを提示する
► statistics 名統計

1278 □□□
poll
[póul]

名世論調査

conduct a nationwide **poll**
全国的に世論調査を行う

1279 □□□
unfounded
[ʌ̀nfáundid]

形根拠のない

completely **unfounded** theory
根拠の全くない理論

1280 □□□
theorem
[θíərəm]

名定理

memorise the Pythagorean **theorem**
ピタゴラスの定理を暗記する

285

4 | Science

Track 2-040

1281 □□□ **terrestrial** [təréstriəl]	形 地球上の、陸上の、陸生の	**Terrestrial** life forms can be found in the universe. 地球上の生命体は宇宙でも見つかる可能性がある。	
1282 □□□ **paradigm** [pǽrədàim]	名 理論的枠組、方法論、パラダイム、模範、範例	an unexpected **paradigm** shift 予期せぬパラダイムシフト	
1283 □□□ **agent** [éidʒənt]	名 薬品	This product contains chemical **agents**. この商品には化学薬品が含まれている。	
1284 □□□ **qualitative** [kwɔ́litətiv]	形 質の、質的な、定性的な	make a **qualitative** study 定性的研究を行う ► quality 名 質	
1285 □□□ **reconsider** [rìːkənsídə]	動 〜を考え直す、再考する	**reconsider** the results of the first experiment 1回目の実験の結果を再検討する	
1286 □□□ **conjecture** [kəndʒéktʃə]	名 推測	purely based on **conjecture** 純粋に推測に基づいた	
1287 □□□ **meticulous** [mətíkjuləs]	形 細かいことにまで気を配る	The experiment was prepared with **meticulous** care. その実験は細心の注意を払って準備された。	
1288 □□□ **enzyme** [énzaim]	名 酵素	**enzymes** in saliva break down food 唾液に含まれる酵素は食べ物を分解する	
1289 □□□ **dissect** [disékt]	動 〜を解剖する	**dissect** a dead body 死体を解剖する	
1290 □□□ **extrapolate** [ikstrǽpəlèit]	動 〜を（既知の事実から）推定する	**extrapolate** an answer from the given data 与えられたデータから答えを推定する	

286

| Level 1 | Level 2 | Level 3 | Level 4 | **Level 5** |

1291 ☐☐☐ **fluorescent** [fluərésnt]	形 蛍光性の	a flickering **fluorescent** bulb ちらつく蛍光灯
1292 ☐☐☐ **hydroelectric** [hàidrəiléktrik]	形 水力発電の	Many factories are powered by a **hydroelectric** dam. 多くの工場は水力発電のダムを動力源としている。
1293 ☐☐☐ **empirical** [impírikəl]	形 実験を基礎とする、実証的な	conduct **empirical** research 実証研究を行う
1294 ☐☐☐ **contraption** [kəntrǽpʃən]	名 奇妙な装置	come up with a simple **contraption** 単純な奇妙な装置を思いつく
1295 ☐☐☐ **tenuous** [ténjuəs]	形 希薄な、判然としない	a **tenuous** pattern in the data データ内の判然としない傾向
1296 ☐☐☐ **catalyst** [kǽtəlist]	名 触媒、触発する人、要因	the **catalyst** for the explosion あの爆発の要因
1297 ☐☐☐ **skew** [skjúː]	動 ～をゆがめる	Biased questions sometimes **skew** the results. 偏見に満ちた質問は時に結果をゆがめる。
1298 ☐☐☐ **refute** [rifjúːt]	動 ～を論破する、～の誤りを証明する	**refute** a well-known theory よく知られた理論の誤りを証明する
1299 ☐☐☐ **viscosity** [vìskɔ́səti]	名 粘着性、（液体の）粘性	The **viscosity** of a fluid can be measured. 液体の粘性は測ることが可能である。 ► viscous 形 粘着の
1300 ☐☐☐ **taxonomy** [tæksɔ́nəmi]	名 分類学	Bloom's **taxonomy** is widely accepted. ブルームの分類学は広く受け入れられている。

5 | Society

Track 2-041

1301 ☐☐☐ **mayor** [méə]	名 市長	I want to become a **mayor** in the future. 私は将来市長になりたい。
1302 ☐☐☐ **case** [kéis]	名 事例、事件	a notorious murder **case** 悪名高い殺人事件 ♀「場合」や「状態」の意味もある
1303 ☐☐☐ **follow** [fɔ́lou]	動 ～に従う	Japanese people feel morally obliged to **follow** rules. 日本人は倫理的にルールに従うよう義務付けられている。
1304 ☐☐☐ **prohibit** [prouhíbit]	動 ～を（規則で）禁じる	The law **prohibits** minors from smoking. 法律は未成年者の喫煙を禁じている。
1305 ☐☐☐ **palace** [pǽlis]	名 宮殿	restrict entry to Buckingham **Palace** バッキンガム宮殿の入場を規制する
1306 ☐☐☐ **organisation** [ɔ̀ːgənaizéiʃən]	名 組織	establish a non-profit **organisation** 非営利組織（NPO）を設立する ♀ organization ［米］ ▶ organise 動 ～を組織する
1307 ☐☐☐ **advocate** [ǽdvəkèit]	動 ～を擁護する、支持する、主唱する	**advocate** for women's rights 女性の権利を主張する
1308 ☐☐☐ **disrupt** [disrʌ́pt]	動 ～を破壊する	**disrupt** a flourishing civilisation 繁栄している文明を崩壊させる ★ dis（強調）＋ rupt（壊れる） ▶ disruption 名 混乱、途絶
1309 ☐☐☐ **density** [dénsəti]	名 密度	calculate the population **density** 人口密度を計算する ▶ dense 形 密集した、濃い
1310 ☐☐☐ **execute** [éksikjùːt]	動 ～を実施する	**execute** an audacious plan 大胆な計画を実施する

| Level 1 | Level 2 | Level 3 | Level 4 | Level 5 |

1311 ☐☐☐
discrimination
[dɪskrímənéɪʃən]

名 差別

The law is supposed to prevent **discrimination**.
その法律は差別を防ぐことになっている。

1312 ☐☐☐
assimilation
[əsìməléɪʃən]

名 同化

Assimilation into a new cultural environment can be difficult.
新たな文化的環境への同化は困難な場合がある。
★as（方向）+ sim（同じ）
► assimilate 動 同化する

1313 ☐☐☐
spouse
[spáus]

名 配偶者

obtain a **spouse** visa
配偶者ビザを獲得する

1314 ☐☐☐
restoration
[rèstəréɪʃən]

名 復元

at the time of the Meiji **Restoration**
明治維新の時に
► restore 動 ～を復元する

1315 ☐☐☐
stereotype
[stériətàɪp]

名 固定観念

perpetuate gender **stereotypes**
ジェンダーに関する固定観念を存続させる

1316 ☐☐☐
misconception
[mìskənsépʃən]

名 誤解

battle **misconception** and prejudice
誤解と偏見と戦う

1317 ☐☐☐
dominate
[dɒ́mənèɪt]

動 ～を支配する

dominate the field of astrophysics
天文物理学の分野を支配する
★dom（家）

1318 ☐☐☐
prominence
[prɒ́mənəns]

名 名声

gain **prominence** through television appearances
テレビ出演を通して名声を手にする
► prominent 形 名声のある

1319 ☐☐☐
rousing
[ráuzɪŋ]

形 熱烈な

receive a **rousing** ovation
熱烈な大喝采を受ける
► rousingly 副 熱烈に

1320 ☐☐☐
undergo
[ʌ̀ndəgóu]

動 ～を経験する

England was the first country to **undergo** an industrial revolution.
イギリスは産業革命を経験した最初の国である。
≒go through ～を経験する

289

5 | Society

◗ Track 2-042

1321 ☐☐☐ **nurture** [nə́ːtʃə]	動 〜を養う	I want to **nurture** confidence in my child. 自分の子どもの自信を育みたい。
1322 ☐☐☐ **lord** [lɔ́ːd]	名 主人	New **lords**, new laws. 《ことわざ》地頭が変われば掟も変わる。 ★パンを守るもの
1323 ☐☐☐ **vocational** [voukéiʃənl]	形 職業の	take **vocational** training 職業訓練を受ける ★voc（声） ► vocation 名 職業
1324 ☐☐☐ **administer** [ædmínistə]	動 〜を管理する、運営する	**administer** a life-saving drug 人命救助薬を管理する ★ad（〜に）+ minister（仕える）
1325 ☐☐☐ **cooperative** [kóupərətív]	名 協同組合	establish a fair trade **cooperative** 公正取引の協同組合を設立する ► cooperation 名 協力 ► cooperate 名 協力する
1326 ☐☐☐ **enrich** [inrítʃ]	動 〜を高める、豊かにする	Knowledge can **enrich** your life. 知識は人の生活を豊かにする。 ★en（動詞）+ rich（豊かな）
1327 ☐☐☐ **labour** [léibə]	名 労働	acute **labour** shortage 深刻な労働不足 ♀ labor [米]
1328 ☐☐☐ **occupy** [ɔ́kjupài]	動 〜を占領する	**occupy** the enemy territory 敵の領土を占領する ► occupation 名 占領
1329 ☐☐☐ **seal** [síːl]	名 印 動 印を押す	get a **seal** of approval 承認印を得る
1330 ☐☐☐ **confront** [kənfrʌ́nt]	動 〜に直面する	**confront** a difficult situation 困難な状況に直面する

Level 1	Level 2	Level 3	Level 4	Level 5

1331 ☐☐☐

govern

[gʌ́vən]

動 ～を統治する

mandate to govern the country
国を統治するための権限
► government **名** 政府

1332 ☐☐☐

election

[ilékʃən]

名 選挙

launch an election campaign
選挙活動を始める

1333 ☐☐☐

monotonous

[mənɑ́tənəs]

形 単調な

I am fed up with a monotonous life.
私は単調な生活にうんざりしている。
★mono（一つの）
♀ monologue（独白、一人芝居）

1334 ☐☐☐

historical

[histɔ́rikəl]

形 歴史の

according to the historical record
歴史的記録によると
► historic **形** 歴史的に重要な

1335 ☐☐☐

diversity

[daivə́ːsəti]

名 多様性

importance of promoting diversity
多様性を促進することの大切さ
► diverse **形** 多様な

1336 ☐☐☐

legacy

[légəsi]

名 遺産

leave a legacy for children
子どもに遺産を残す

1337 ☐☐☐

ritual

[rítʃuəl]

名 儀式

join the pre-game ritual
試合前の儀式に加わる

1338 ☐☐☐

consensus

[kənsénsəs]

名 同意

reach a consensus on the new design
新しいデザインについて同意に至る
★con（共に）＋ sen（感じる）

1339 ☐☐☐

alert

[ələ́ːt]

形 油断のない

The police were on full alert.
警察は厳重な警戒態勢だった。

1340 ☐☐☐

lift

[líft]

動 ～を持ち上げる、解除する

The state of emergency will be lifted.
緊急事態宣言が解除されるだろう。
♀ イギリス英語では lift が「エレベーター」の意味

291

5 | Society

◀ Track 2-043

1341 ☐☐☐ **politician** [pɔ́lətíʃən]	名 政治家	admire a reform-minded **politician** 改革派の政治家を称賛する ▶ politics 名 政治
1342 ☐☐☐ **comprise** [kəmpráiz]	動 ～からなる、 ～を構成する	Japan is **comprised** of 47 prefectures. 日本は 47 の都道府県で構成されている。 ≒ consist of ～から成る
1343 ☐☐☐ **fraud** [frɔ́ːd]	名 詐欺	commit insurance **fraud** 保険詐欺を犯す
1344 ☐☐☐ **oblige** [əbláidʒ]	動 ～を義務付け る	I am **obliged** to clean my room. 私は自分の部屋を掃除する義務がある。 ▶ obligation 名 義務 ≒ compel ～を強いる
1345 ☐☐☐ **prehistoric** [prìːhistɔ́rik]	形 有史以前の、 先史時代の	excavate a **prehistoric** site 有史以前の遺跡を発掘する
1346 ☐☐☐ **norm** [nɔ́ːm]	名 基準、規範、 模範	maintain a social **norm** 社会的規範を維持する
1347 ☐☐☐ **comply** [kəmplái]	動 従う	**comply** with the exact instructions 正確な指示に従う ▶ 名 compliance コンプライアンス、法令順守
1348 ☐☐☐ **credibility** [krèdəbíləti]	名 信用できるこ と、確実性、信 頼性	test the **credibility** of the research 研究の信頼性を確かめる ★ cred（信じる）
1349 ☐☐☐ **convict** [kɔ́nvikt]	名 受刑者、囚人	hunt down an escaped **convict** 脱獄した受刑者を追いつめて捕らえる
1350 ☐☐☐ **tomb** [túːm]	名 墓	Tutankhamun was interred in a **tomb**. ツタンカーメンは墓に埋葬された。 ≒ grave 墓

292

Level 1	**Level 2**	Level 3	Level 4	Level 5

1351 ☐☐☐

enforce

[infɔ́:s]

動 ～を施行する

A strict policy was enforced.
厳しい政策が施行された。
★en（中に）+ force（力）

1352 ☐☐☐

action

[ǽkʃən]

名 行動

take military action
軍事行動を取る
▶ act 動 行動する

1353 ☐☐☐

engagement

[ingéidʒmənt]

名 婚約、約束、契約

purchase an engagement ring
婚約指輪を購入する
▶ engage 動 婚約させる
❢ 古代ローマで始まった婚約相手に鉄の輪を贈る儀式
が由来

1354 ☐☐☐

leak

[lí:k]

名 漏れること
動 ～を漏らす

leak the information to the organisation
その組織に情報を漏らす

1355 ☐☐☐

tribe

[tráib]

名 部族

encounter a nomadic tribe
遊牧民族に出会う
≒ clan 一族

1356 ☐☐☐

standardisation

[stæ̀ndədaizéiʃən]

名 標準化、規格化、規格統一

facilitate the standardisation of the metric system
メートル法の規格統一を促進する
❢ standardization〔米〕
▶ standardise 動 基準化する

1357 ☐☐☐

battlefield

[bǽtlfi:ld]

名 戦場

in the midst of the battlefield
戦場の真っ只中に

1358 ☐☐☐

redistribute

[rì:distríbju:t]

動 ～を再分配する

redistribute world income
世界の所得を再分配する

1359 ☐☐☐

formulate

[fɔ́:mjulèit]

動 ～を考案する、～を編み出す、～を公式化する

formulate a new social theory
新しい社会理論を編み出す

1360 ☐☐☐

anthropology

[æ̀nθrəpɔ́lədʒi]

名 人類学

from the perspective of anthropology
人類学の観点から

293

5 | Society

Track 2-044

1361 □□□ **discord** [dískɔːrd]	名不調和	There was a **discord** between nations. 国家間の不和があった。 ★dis（分離）+ cord（心）
1362 □□□ **gender** [dʒéndə]	名性、ジェンダー	equal rights irrespective of **gender** or class 性や階級に関係のない平等な権利
1363 □□□ **confess** [kənfés]	動白状する	The criminal **confessed** to the crime. 犯人が犯行を認めた。 ► confession 名白状、告白
1364 □□□ **conquer** [kɔ́ŋkə]	動永続的に征服する	establish an organisation to **conquer** the world 世界征服をするために組織を設立する
1365 □□□ **violate** [váiəleit]	動〜に違反する、〜を侵害する	**violate** the human rights of prisoners 囚人の人権を侵害する ► violation 名違法
1366 □□□ **deterrent** [ditérənt]	名妨害物、故障、抑止力	Punishment is a strong **deterrent** to crime. 懲罰は強力な犯罪抑止力となっている。 ► deter 動〜を防止する
1367 □□□ **draconian** [dreikóuniən]	形厳格な	take **draconian** measures 厳格な措置をとる
1368 □□□ **acquaintance** [əkwéintəns]	名知り合い、面識、知識	He is not my friend, he is just an **acquaintance**. 彼は私の友達ではありません、単なる知り合いです。
1369 □□□ **legitimate** [lidʒítəmət]	形適法の、正当な	have a **legitimate** reason 正当な理由がある
1370 □□□ **legislation** [lèdʒisléiʃən]	名立法	The government has the authority of **legislation**. 政府が立法の権限を持つ。

294

| Level 1 | Level 2 | Level 3 | Level 4 | Level 5 |

1371 □□□
outsource
[ɑ̀utsɔ́ːs]

動 外注する

outsource labour overseas
仕事を海外に外注する

1372 □□□
resist
[rizíst]

動 〜に抵抗する

actively **resist** arrest
積極的に逮捕に抵抗する
★re（反対に）+ sist（立つ）

1373 □□□
riot
[ráiət]

名 暴動

quell widespread **riots**
広まった暴動を鎮圧する

1374 □□□
hierarchy
[háiərɑ̀ːki]

名 階級制度

break down the **hierarchy**
階級制度を壊す

1375 □□□
disperse
[dispə́ːs]

動 〜を分散させる

disperse the demonstrators on the street
道にいるデモ参加者を分散させる

1376 □□□
medieval
[mèdiíːvəl]

形 中世の

appreciate **medieval** architecture
中世の建築を評価する
★med（中間）

1377 □□□
Renaissance
[rənéisəns]

名 復活、ルネサンス

I was inspired by the Italian **Renaissance.**
私はイタリアのルネサンスに影響を受けた。

1378 □□□
ethnic
[éθnik]

形 民族の

target a specific **ethnic** group
特定の民族グループを狙う
► ethnicity **名** 民族性

1379 □□□
civilisation
[sìvəlizéiʃən]

名 文明

civilisation of ancient Egypt
古代エジプトの文明
⑨ civilization［米］

1380 □□□
bribe
[bráib]

名 賄賂
動 〜を買収する

attempt to **bribe** a police officer
警官を買収しようと企てる

295

5 | Society

Track 2-045

1381 □□□ **unity** [júːnəti]	名 統一、結束	**make a show of unity** 団結を誇示する ★uni（1）
1382 □□□ **invoke** [invóuk]	動 〜を実施する、呼び起こす	**The judge invoked international law.** その裁判官は国際法を行使した。 ★in（中に）+ vok（声）
1383 □□□ **chamber** [tʃéimbə]	名 議場、議院、部屋	**the upper chamber of government** 政府の上院
1384 □□□ **communist** [kɔ́mjunist]	形 共産主義の 名 共産主義者	**support the Communist Party** 共産党を支持する
1385 □□□ **compensate** [kɔ́mpənsèit]	動 〜を償う	**compensate the loss of profits in social media advertisement** ソーシャルメディア広告の利益損失を償う
1386 □□□ **campaign** [kæmpéin]	名 政治・社会の運動	**run an election campaign** 選挙運動を営む
1387 □□□ **parliament** [pɑ́ːləmənt]	名 議会	**sit in parliament for two terms** 2 期の間、議会を傍聴する ▶ parliamentary 形 議会の
1388 □□□ **robbery** [rɔ́bəri]	名 強盗	**commit a bank robbery** 銀行強盗を働く ▶ rob 動 奪う
1389 □□□ **coverage** [kʌ́vəridʒ]	名 取材、報道	**extensive media coverage** 広範囲にわたるメディア報道
1390 □□□ **municipal** [mjuːnísəpəl]	形 地方自治体の	**designated municipal building** 指定された庁舎

296

| Level 1 | Level 2 | **Level 3** | Level 4 | Level 5 |

1391 ☐☐☐

primitive

[prímətiv]

形 原始的な、初期の

a **primitive** form of government
初期の政府の形態
★prim（第一の）

1392 ☐☐☐

exert

[igzə́:t]

動 ～を行使する、及ぼす

exert herculean strength
すさまじい強さを行使する
≒exercise 名 運動　動 ～を行使する

1393 ☐☐☐

deregulation

[di:règjuléiʃən]

名 規制緩和

support domestic **deregulation**
国内の規制緩和を支持する
★de（下に）＋ reg（正しい）

1394 ☐☐☐

segment

[séɡmənt]

名 部分、区分

play a short **segment** of a film
映画の一部を少しだけ再生する

1395 ☐☐☐

uphold

[ʌ̀phóuld]

動 ～を支持する

The freedom of the press must be **upheld**.
報道の自由は支持されるべきだ。

1396 ☐☐☐

anarchy

[ǽnəki]

名 無政府状態

a country in a state of **anarchy**
無政府状態にある国
★an（無い）＋ archy（支配）

1397 ☐☐☐

supervision

[sù:pəvíʒən]

名 監督

Children should not play games without parents' **supervision**.
親の監督なしで子どもはゲームをすべきではない。
► supervise 動 監督する

1398 ☐☐☐

banner

[bǽnə]

名 横断幕、主義や主張を書いた旗、垂れ幕、バナー

print a campaign **banner**
横断幕を印刷する
≒flag 旗

1399 ☐☐☐

clerical

[klérikəl]

形 事務（員）の

take up a **clerical** role
事務的役割を務める

1400 ☐☐☐

sovereign

[sɔ́vərən]

名 主権者、元首、君主
形 主権を有する、君主である

respect the boundaries of a **sovereign** state
主権国家の国境を重視する

5 | Society

◀ Track 2-046

1401 □□□ **engrave** [ingréiv]	動 彫る	**engrave** painstakingly onto wood 木に丹念に彫る
1402 □□□ **offence** [əféns]	名 攻撃、犯罪、無礼、立腹	Sexist language often gives **offence**. 性差別的な言葉は怒りを買うことがよくある。 ▶ offend 動 気分を害する
1403 □□□ **punctual** [pʌ́ŋktʃuəl]	形 時間に正確な、時間を守る	In general, Japanese people are **punctual**. 一般的に日本人は時間に正確だ。 ★ punc（点）
1404 □□□ **subordinate** [səbɔ́:dənət]	形 下位の、補助的な	take a **subordinate** role in the company 会社で補助的な役割を果たす ★ sub（下に）+ ord（順序）
1405 □□□ **legal** [líːgəl]	形 合法の	take immediate **legal** action 直ちに法的措置を取る
1406 □□□ **bureaucracy** [bjuərɔ́krəsi]	名 官僚制度	become entangled in **bureaucracy** 官僚制度に巻き込まれる
1407 □□□ **teleconference** [téləkɔ̀nfərəns]	名 電話会議	People used to hold international **teleconferences**. 人々はかつて国際電話会議を行っていた。
1408 □□□ **defame** [diféim]	動 中傷する	**defame** the image of the company 会社のイメージを中傷する ★ de（下に）+ fame（話す）
1409 □□□ **intrude** [intrú:d]	動 立ち入る	**intrude** into someone's privacy 他人のプライバシーに立ち入る
1410 □□□ **secrecy** [síːkrəsi]	名 秘密であること、秘密を守ること	sworn to utmost **secrecy** 最大限の秘密厳守を誓う ≒ confidentiality 秘密保持、守秘

298

Level 1	Level 2	**Level 3**	Level 4	Level 5

1411 □□□

conform

[kənfɔ́ːm]

動 従う

conform to social rules
社会のルールに従う
≒ abide by ~に従う

1412 □□□

jury

[dʒúəri]

名 陪審、陪審員団

dismiss a hung jury
評決不能の陪審を免職にする

1413 □□□

justify

[dʒʌ́stəfài]

動 ~を正当化する

justify a petty crime
ささいな犯罪を正当化する

1414 □□□

inhabitant

[inhǽbətənt]

名 住民

The inhabitants of cities are shut away from natural beauty.
都会の住民は自然の美しさから隔絶されている。

1415 □□□

formidable

[fɔ́ːmidəbl]

形 恐るべき、手に負えそうもない、手ごわい、膨大な

encounter a formidable opponent
手ごわい相手に遭遇する
♀ formidable English skills 恐るべき英語の技量

1416 □□□

rebellion

[ribéljən]

名 反乱

put down a rebellion
反乱を鎮圧する
★ re（反対に）+ bel（戦争を起こす）
▶ rebel 動 反逆する（+ against）

1417 □□□

folklore

[fóuklɔ̀ː]

名 民間伝承、民話、民俗学

The story is rooted in the folklore of the country.
その物語は国の民話に根ざしている。

1418 □□□

enactment

[inǽktmənt]

名 法の制定、法令

enactment of detailed rules
細かいルールの制定
▶ enact 動 ~を制定する

1419 □□□

assault

[əsɔ́ːlt]

名 暴行

a victim of sexual assault
性的暴行の被害者

1420 □□□

innocent

[ínəsənt]

形 無罪の、罪のない

The defendant was proven innocent of the crime.
被告は無罪であると証明された。
★ i（否定）+ noc（悪い）

299

5 | Society

Track 2-047

1421 ☐☐☐ **validity** [vəlídəti]	名 妥当性	Tests are useful when **validity** has been established. テストは妥当性が確立されている場合に役立つ。 ▶ valid 形 妥当な
1422 ☐☐☐ **troop** [trúːp]	名 軍隊	The **troops** were arrayed for the battle. 軍隊は戦いに向けて配置された。
1423 ☐☐☐ **outrageous** [autréidʒəs]	形 あきれた、無礼な、突飛な、とんでもない	an **outrageous** show of behaviour 振る舞いの常軌を逸した行動
1424 ☐☐☐ **murderer** [mə́ːrdərə]	名 殺人犯	convict a serial **murderer** 連続殺人犯を有罪にする ▶ murder 名 殺人
1425 ☐☐☐ **referendum** [rèfəréndəm]	名 国民投票	hold a nationwide **referendum** 全国的な国民投票をする ≒ plebiscite 国民投票　♀ referendum とは異なり拘束力や決定権がある
1426 ☐☐☐ **possession** [pəzéʃən]	名 所有、所持	The illegal **possession** of cocaine is a serious crime. コカインの不法所持は重罪になる。 ▶ possess 動 〜を所有する
1427 ☐☐☐ **surrender** [səréndə]	動 〜を引き渡す、降伏する、自首する 名 降伏	No **surrender** at any cost. どんな犠牲を払っても降参するな。
1428 ☐☐☐ **eligible** [élidʒəbl]	形 資格のある	People over the age of 18 are **eligible** to vote. 18 歳以上の人々には投票権がある。
1429 ☐☐☐ **predecessor** [príːdəsèsə]	名 前任者	The general took the reins from his **predecessor**. 将軍は前任者からその座を引き継いだ。
1430 ☐☐☐ **scout** [skáut]	動 〜を偵察する、(+out) 探し回る 名 ボーイ／ガールスカウト、偵察者	**scout** out a location ある場所を探し回る ♀ イギリスでは scout はボーイスカウトを指す。アメリカでは Boy Scout、Girl Scout

300

Level 1	Level 2	Level 3	**Level 4**	Level 5

1431 ☐☐☐

confine

動[kənfáin] 名[kɔ́nfain]

動 ～を限定する、監禁する
名 境界、限界

I was confined for 30 days.
私は30日間監禁された。
► confinement 名 制限、監禁

1432 ☐☐☐

disregard

[dìsrigáːd]

動 ～を無視する

disregard the law
法律を無視する
≒ neglect ～を無視する

1433 ☐☐☐

siege

[síːdʒ]

名 包囲

The police laid siege to the bus.
警察はそのバスを包囲した。
★ siege（座る）

1434 ☐☐☐

warrant

[wɔ́rənt]

名 令状、証明書、正統な理由、保証（となるもの）

issue a warrant for the suspect's arrest
容疑者の逮捕のため令状を発行する

1435 ☐☐☐

prevailing

[privéiliŋ]

形 流行している、支配的な、優勢な

prevailing winds coming in from the north
北から入ってくる優勢な風
► prevail 動 勝る、普及する、蔓延する

1436 ☐☐☐

feat

[fíːt]

名 偉業、功績

achieve a great feat
素晴らしい偉業を達成する

1437 ☐☐☐

confidential

[kɔ̀nfədénʃəl]

形 秘密の

The information is strictly confidential.
その情報は極秘である。
► confidence 名 自信、秘密

1438 ☐☐☐

ethical

[éθikəl]

形 倫理的な

ethical and moral decision making
倫理的で道徳的な判断
► ethics 名 倫理

1439 ☐☐☐

divulge

[daivÁldʒ]

動 ～を漏らす

divulge state secrets to North Korea
国家機密を北朝鮮に漏らす

1440 ☐☐☐

upheaval

[ʌphíːvəl]

名 大変動、激動

an upheaval of the status quo
現状の激変

301

5 | Society

Track 2-048

1441 ☐☐☐ **endorse** [indɔ́ːs]	動 ～を支持する	**endorse** a candidate in the election 選挙で候補者を支持する
1442 ☐☐☐ **assassin** [əsǽsn]	名 暗殺者	The president was killed by the **assassin**. その大統領は暗殺者によって殺された。
1443 ☐☐☐ **duke** [djúːk]	名 公爵	hereditary title of **duke** 世襲の公爵の称号
1444 ☐☐☐ **presidential** [prèzədénʃəl]	形 大統領の	nominate a **presidential** candidate 大統領候補として指名する ★pre（[人の]前に）+ sid（座る）+ent（人） ▶ president 名 大統領
1445 ☐☐☐ **abduction** [æbdʌ́kʃən]	名 誘拐	a famous **abduction** case 有名な誘拐事例 ▶ abduct 動 ～を誘拐する
1446 ☐☐☐ **monarchy** [mɔ́nəki]	名 君主政治	the world's oldest constitutional **monarchy** 世界最古の立憲君主政治 ★mono（一つ）+ archy（支配）
1447 ☐☐☐ **vandalise** [vǽndəlàiz]	動 〈公共の物〉を故意に破壊する	**vandalise** a protected site 保護された遺跡を破壊する ⚲ vandalize［米］ ▶ vandalism 名 公共物の破壊
1448 ☐☐☐ **coexistence** [kòuigzístəns]	名 共存	strive towards a peaceful **coexistence** 平和的な共存に向けて努力する
1449 ☐☐☐ **denounce** [dináuns]	動 ～を公然と責め立て非難する、告発する	**denounce** the use of drugs 薬物の使用を非難する ★de（下に）+ nounce（伝える）
1450 ☐☐☐ **commonwealth** [kɔ́mənwèlθ]	名 連邦、民主国家、共和国	A **commonwealth** is a group of self-governing countries. 連邦とは自治国のグループである。

302

Level 1	Level 2	Level 3	**Level 4**	Level 5

1451　□□□

sovereignty

[sάvərənti]

名 主権

an infringement of national **sovereignty**
国家主権の侵害

1452　□□□

victim

[víktim]

名 犠牲者

Children are always **victims** of war.
子どもたちはいつも戦争の犠牲者だ。

1453　□□□

sweatshop

[swétʃɔp]

名 労働搾取工場

Children were forced into **sweatshop** labour.
子どもたちは搾取労働を強いられた。

1454　□□□

personnel

[pə̀:sənél]

名 職員、社員、人事課

This room is only for **personnel**.
この部屋は部外者出入り禁止。

1455　□□□

entitle

[intáitl]

動 〜に資格を与える、権利を与える

Only members are **entitled** to use the facilities.
会員のみに施設を使用する資格がある。

1456　□□□

dissemination

[disὲmənéiʃən]

名 伝達、普及

successful **dissemination** of culture
成功した文化の普及
► disseminate 動 〜を普及させる

1457　□□□

degeneration

[didʒὲnəréiʃən]

名 衰退

the source of cultural **degeneration**
文化の衰退の原因
★de（下に）＋ gen（生む）

1458　□□□

one-sided

[wʌ́nsáidid]

形 偏見の

a **one-sided** view of politics
政治への偏見

1459　□□□

assimilate

[əsíməlèit]

動 〜を同化させる

assimilate immigrants into our society
我々の社会に移民を同化させる
★as（方向）＋ sim（同じ）

1460　□□□

binding

[báindiŋ]

形 法的拘束力のある

conclude a **binding** contract
法的拘束力のある契約を結ぶ

303

5 | Society

Track 2-049

1461 □□□ **exempt** [igzémpt]	形 免除された	fall into a tax-**exempt** category 免税のカテゴリーに分類される
1462 □□□ **insider** [ìnsáidə]	名 内部の人	The CEO was involved in **insider** trading. その CEO はインサイダー取引に巻き込まれた。 ♀ insiderdom 政界の黒幕
1463 □□□ **disposal** [dìspóuzəl]	名 ゴミ処理	vote against the construction of an industrial waste **disposal** plant 産業廃棄物のゴミ処理場の建設に反対票を投じる ► dispose 動 処分する
1464 □□□ **rescind** [risínd]	動 ～を無効にする	**rescind** an unfair contract 不平等な契約を無効にする
1465 □□□ **patent** [péitnt]	名 特許	apply for a **patent** to protect the invention 発明を保護するために特許を申請する
1466 □□□ **delinquent** [dilíŋkwənt]	形 非行の	participate in **delinquent** behaviour 非行に加担する ► delinquency 名 非行
1467 □□□ **inaugurate** [inɔ́ːgjurèit]	動 ～を就任させる	**inaugurate** the new president 新しい大統領を就任させる
1468 □□□ **mandatory** [mǽndətəri]	形 義務の	Seat belts are **mandatory**. シートベルト（の着用）は義務である。 ► mandate 動 ～を義務づける
1469 □□□ **constitution** [kɒ̀nstitjúːʃən]	名 憲法、制定、構成	The **constitution** protects the freedom of speech. 憲法は言論の自由を守っている。 ► constitute 動 ～を構成する、法律を制定する
1470 □□□ **federalism** [fédərəlìzm]	名 連邦主義	**Federalism** is a characteristic of the US government. 連邦主義はアメリカ政府の特徴である。 ► federal 形 連邦の

Level 1	Level 2	Level 3	Level 4	**Level 5**

1471 ☐☐☐

illicit

[ilísit]

形 不法の

engage in **illicit** dealings
不法取引にかかわる

1472 ☐☐☐

clatter

[klǽtə]

名 騒々しさ

clatter inside the car
車内の騒々しさ

1473 ☐☐☐

malice

[mǽlis]

名 意図的な悪意

with **malice** aforethought
予め意図的な悪意を持って
≒ grudge 恨み、遺恨

1474 ☐☐☐

victimise

[víktəmàiz]

動 ～を犠牲にする

victimise a minority group
少数グループを犠牲にする
♀ victimize ［米］
► victim 名 犠牲者

1475 ☐☐☐

imprisonment

[impríznmənt]

名 懲役・留置、投獄

She was sentenced to life **imprisonment**.
彼女は終身刑を宣告された。
► imprison 動 拘留する

1476 ☐☐☐

lawsuit

[lɔ́ːsjùːt]

名 告訴

bring a **lawsuit** against the employer
雇用者を告訴する

1477 ☐☐☐

industrialise

[indʌ́striəlàiz]

動 産業化する

Japan became **industrialised** after the Meiji Restoration.
日本は明治維新後、産業化した。
♀ industrialize ［米］

1478 ☐☐☐

regime

[reiʒíːm]

名 政権、政府

The new **regime** changed all the policies.
新しい政権が全ての政策を変更した。

1479 ☐☐☐

perpetrate

[pə́ːpətrèit]

動 ～を犯す

perpetrate a crime against humanity
人道に反した犯罪を犯す
≒ commit ～を犯す、～を約束する、～に取り組む

1480 ☐☐☐

liable

[láiəbl]

形 法的責任がある

liable to pay damages
損害賠償責任がある
► liability 名 法的責任

305

5 | Society

Track 2-050

1481 □□□ **interpersonal** [ìntəpə́ːsənəl]	形 対人関係の	**nurture interpersonal relationships** 人間関係を育む ★inter（間の）+ personal（個人に関する）
1482 □□□ **parliamentary** [pὰːləméntəri]	形 議会の	**run for a parliamentary election** 議会選挙に出馬する ► parliament 名 議会
1483 □□□ **decision-making** [disíʒənmèikiŋ]	名 意思決定、政策決定	**wield decision-making power** 意思決定力を行使する
1484 □□□ **hostile** [hɔ́stail]	形 敵意のある	**have a hostile reaction to confrontation** 対立することに敵対反応を示す ► hostility 名 敵意 ≒ inimical 敵意のある、〜と不和で
1485 □□□ **animosity** [æ̀nəmɔ́səti]	名 恨み	**have a deep animosity against foreigners** 外国人に対して深い恨みを抱く
1486 □□□ **intrusion** [intrúːʒən]	名 侵入、立ち入り、侵害、邪魔	**unwarranted home intrusion** 不当な住居侵入 ► intrude 動 侵入する
1487 □□□ **turmoil** [tə́ːmɔil]	名 混乱	**constant political turmoil** 絶えず続く政治的混乱
1488 □□□ **sanction** [sǽŋkʃən]	名 制裁	**impose more economic sanctions** より多くの経済制裁を下す ★sanc（神）
1489 □□□ **abominable** [əbɔ́mənəbl]	形 忌まわしい	**victim of an abominable crime** 忌まわしい犯罪の被害者
1490 □□□ **torture** [tɔ́ːtʃə]	名 拷問	**Half of the prisoners died after torture and starvation.** 囚人の半数は拷問と飢餓によって死んだ。

Level 1	Level 2	Level 3	Level 4	**Level 5**

1491 ☐☐☐

abide

[əbáid]

動 従う

abide by the terms of the employment contract
雇用契約の条件に従う

1492 ☐☐☐

inflict

[inflíkt]

動 (打撃や損害など) を与える、～を課する

inflict unprecedented damage
空前の損害をもたらす

1493 ☐☐☐

unacceptable

[ʌnækséptəbl]

形 受け入れられない

socially **unacceptable** behaviour
社会的に受け入れられない振る舞い

1494 ☐☐☐

relic

[rélik]

名 歴史的な遺物、遺品、名残

a **relic** of a bygone age
過ぎ去りし時代の名残

1495 ☐☐☐

detain

[ditéin]

動 ～を留置する、拘留する

The police **detained** the suspect.
警察は容疑者を拘留した。

1496 ☐☐☐

plaintiff

[pléintif]

名 原告、告訴人

call the **plaintiff** to the stand
告訴人を証言台に呼ぶ

1497 ☐☐☐

statutory

[stǽtʃutəri]

形 法定の

Everybody is entitled to a **statutory** 105 days a year holiday.
日本では全員が一年に 105 日間の法定休日をとる資格がある。
► statute 名 法令、制定法

1498 ☐☐☐

nobility

[noubíləti]

名 高潔さ、崇高、貴族階級

marry into **nobility**
結婚して貴族階級の一員になる
≒ peerage 貴族

1499 ☐☐☐

crusade

[kruːséid]

名 改革運動

launch a **crusade** against homelessness
ホームレスに対する改革運動を立ち上げる

1500 ☐☐☐

encroachment

[inkróutʃmənt]

名 侵入

encroachment on private property
私有地への不法侵入

307

6 | Transport

◐ Track 2-051

1501 ☐☐☐ **aircraft** [ǽəkræft]	名 飛行機	low-flying **aircraft** ahead 前方の低空飛行の飛行機 ≒ airline 航空
1502 ☐☐☐ **urban** [ə́ːbən]	形 都市の	migration of **urban** dwellers 都市に住む人の移住
1503 ☐☐☐ **freight** [fréit]	名 積荷、貨物	sneak aboard a **freight** train 貨物列車にこっそり乗り込む ≒ cargo 積荷、貨物
1504 ☐☐☐ **residential** [rèzidénʃəl]	形 住宅の	impose a **residential** tax 居住税を課す ► residence 名 住宅
1505 ☐☐☐ **destination** [dèstənéiʃən]	名 目的地	reach the **destination** without any troubles 問題なく目的地にたどり着く
1506 ☐☐☐ **traffic** [trǽfik]	形 交通の	reduce **traffic** congestion 交通渋滞を減らす
1507 ☐☐☐ **boundary** [báundəri]	名 境界線	mark out the **boundary** 境界線を引く
1508 ☐☐☐ **motorcycle** [móutəsàikl]	名 オートバイ	obtain a **motorcycle** license オートバイの免許を取得する
1509 ☐☐☐ **track** [trǽk]	名 進路	keep on the right **track** to complete a marathon マラソンを完走するために正しい進路をゆく
1510 ☐☐☐ **constant** [kɔ́nstənt]	形 一定の	The train traveled at a **constant** speed. その電車は一定のスピードで進んだ。

Level 1	Level 2	Level 3	Level 4	Level 5

1511
avoid
[əvɔ́id]
動 〜を避ける

avoid public transportation delays
公共交通機関の遅れを避ける
★a （分離）+ void （空）

1512
continent
[kɔ́ntənənt]
名 大陸

travel across the continent of Eurasia
ユーラシア大陸横断の旅をする

1513
globe
[glóub]
名 地球

spread across the globe
全世界に広がる

1514
agency
[éidʒənsi]
名 代理店、仲介

visit a travel agency
旅行代理店を訪れる

1515
construction
[kənstrʌ́kʃən]
名 建設

The building is temporarily under construction.
その建物は一時的に工事中である。
★con （共に）+ struct （立つ）

1516
emergency
[imə́ːdʒənsi]
名 緊急

In America, you dial 911 in case of emergency.
アメリカでは緊急時に 911 に電話をかける。

1517
aisle
[áil]
名 通路

clear the aisle of obstructions
障害物のある通路をきれいにする

1518
suburb
[sʌ́bəːb]
名 郊外

live in a house in the suburbs
郊外にある家に住む

1519
runway
[rʌ́nwèi]
名 滑走路

build a new runway
滑走路を建設する

1520
steer
[stíə]
動 〜に向ける、〜を導く、操縦する、舵を取る

steer a course for New Zealand
進路をニュージーランドに向ける

309

6 | Transport

◀ Track 2-052

1521 ☐☐☐
tourism
[túərìzm]
名観光事業

impact on the tourism industry
観光産業に影響を与える

1522 ☐☐☐
utilisation
[jùːtəlaizéiʃən]
名利用すること

utilisation of public transportation
公共交通機関の利用
♀ utilization ［米］
► utilise 動 ～を利用する

1523 ☐☐☐
cargo
[káːgou]
名積荷、貨物

throw into the cargo hold
貨物室に投げ込む

1524 ☐☐☐
mode
[móud]
名手段

alternative modes of transportation
代替の交通手段

1525 ☐☐☐
arrangement
[əréindʒmənt]
名準備、整理

make an arrangement for the party
パーティーの準備をする
► arrange 動 ～を整える

1526 ☐☐☐
detour
[díːtuə]
名遠回り

take a detour through the woods
森の中を迂回する

1527 ☐☐☐
volume
[vɔ́ljuːm]
名量

reduce the volume of traffic
交通量を減らす

1528 ☐☐☐
romance
[roumǽns]
名ロマンス

Paris is often considered the city of romance.
パリはよくロマンスの街だと考えられている。

1529 ☐☐☐
shortage
[ʃɔ́ːtidʒ]
名不足

A shortage of parking space became a problem for cyclists.
駐車スペースの不足がサイクリストにとって問題になった。

1530 ☐☐☐
vehicle
[víːikl]
名乗り物

sit on the rear seat of the vehicle
乗り物の後部座席に座る

310

Level 1	Level 2	Level 3	Level 4	Level 5

1531 ☐☐☐

retain
[ritéin]

動 ～を保つ、維持する

retain a monopoly on the airline industry
航空業界での独占を維持する
★re（強調）＋ tain（保つ）

1532 ☐☐☐

sustainable
[səstéinəbl]

形 支持できる、維持できる

Bicycles are the most **sustainable** form of urban transportation.
自転車は都市交通で最も持続可能な手段である。
★sus（下に）＋ tain（保つ）＋ able（可能）

1533 ☐☐☐

mountainous
[máuntənəs]

形 山の多い

mountainous regions of the Himalayas
ヒマラヤの山岳地域

1534 ☐☐☐

pedestrian
[pədéstriən]

形 歩道の
名 歩行者

cross a **pedestrian** bridge
歩道橋を渡る
★ped（足）

1535 ☐☐☐

peninsula
[pənínsjulə]

名 半島

a three-day pass for the Miura **peninsula**
三浦半島への三日間パス
★pen（準）＋ insula（島）

1536 ☐☐☐

equator
[ikwéitə]

名 (the ～) 赤道

Ecuador lies on the **equator**.
エクアドルは赤道上にある。
★equ（等しい）

1537 ☐☐☐

sledge
[slédʒ]

名 そり

ride a **sledge** pulled by huskies
ハスキー犬に引っ張られるそりに乗る
🔊 sled［米］

1538 ☐☐☐

export
動[ikspɔ́ːt] 名形[ékspɔːt]

動 輸出する
名 輸出
形 輸出の

The company **exports** their wines all over the world.
その会社は世界中にワインを輸出している。
★ex（外に）＋ port（運ぶ）

1539 ☐☐☐

valley
[vǽli]

名 渓谷

traverse the **valley** unguided
ガイドなしで渓谷を横断する

1540 ☐☐☐

underground
[ʌ́ndəgràund]

名 地下鉄

Underground railways are an essential part of life.
地下鉄は生活に必要なものである。
🔊 subway［米］

311

6 | Transport

◎ Track 2-053

1541 ☐☐☐ **pier** [píə]	名埠頭	A **pier** is a long structure sticking out from the land over the sea. 埠頭とは陸から海へと突き出ている長い建造物のことを指す。
1542 ☐☐☐ **van** [vǽn]	名バン	hire a 10-seater **van** 10人乗りのバンを頼む
1543 ☐☐☐ **toll** [tóul]	名料金	avoid **toll** roads 有料道路を避ける ♀「死傷者数」や「電話料金」という意味もある
1544 ☐☐☐ **marvel** [máːvəl]	動驚嘆する	**marvel** at the feats of human innovation 人間の革新の偉業に驚嘆する
1545 ☐☐☐ **drift** [drift]	動漂う 名漂流物	**drift** into deep waters 深海に漂う
1546 ☐☐☐ **brighten** [bráitn]	動明るくする	The fireworks **brightened** up the night sky. 花火が夜空を輝かせた。
1547 ☐☐☐ **port** [pɔ́ːt]	名港	arrive safely at **port** 港に無事に到着する
1548 ☐☐☐ **voyage** [vɔ́iidʒ]	名航海	embark on a sea **voyage** 航海に乗り出す ≒cruise 船旅
1549 ☐☐☐ **heritage** [héritidʒ]	名遺産	The Forbidden Palace is listed as a world **heritage** site. 紫禁城は世界遺産として登録されている。 ★heri（受け継ぐ）
1550 ☐☐☐ **maze** [méiz]	名迷路、迷宮	enter a **maze** of undergrowth やぶの迷路に入る

| Level 1 | Level 2 | Level 3 | Level 4 | Level 5 |

1551 □□□
correspond
[kɔ̀rəspánd]

動 相当する、一致する

The lines on the map **correspond** to roads.
地図上の線は道路と一致している。

1552 □□□
trail
[tréil]

名 跡、小道

find an abandoned **trail**
荒れ果てた小道を見つける

1553 □□□
infrastructure
[ínfrəstrλ̀ktʃə]

名 基盤、インフラ

improve the domestic **infrastructure**
国内インフラを改善する

1554 □□□
warehouse
[wéəhàus]

名 倉庫

The equipment is stored in the **warehouse**.
その装備は倉庫に保存されている。
≒ storage 保管

1555 □□□
migrate
[máigréit]

動 移住する

migrate for work in winter
冬の仕事のために移住する
► migration 名 移住

1556 □□□
shovel
[ʃʌ́vəl]

動 ～をシャベルですくって動かす

shovel the snow off the driveway
車道の雪かきをする

1557 □□□
navigate
[nǽvəgèit]

動 ～を操縦する、航海する、通り抜ける

navigate unfamiliar terrain
なじみのない地形を通り抜ける
★nav （船）

1558 □□□
transit
[trǽnsit]

名 乗り継ぎ、通過

luggage damaged in **transit**
輸送中に破損した荷物

1559 □□□
mainland
[méinlənd]

名 本土
形 本土の

separate from **mainland** China
中国本土とは別の

1560 □□□
castle
[kǽːsl]

名 城

visit a splendid **castle**
素晴らしい城を訪れる

6 | Transport

Track 2-054

1561 □□□ **commute** [kəmjúːt]	名 通勤	**make the morning commute** 朝の通勤をする
1562 □□□ **regional** [ríːdʒənl]	形 地域の	**explore regional differences** 地域の差を探る ► region 名 地域
1563 □□□ **refrain** [rifréin]	動 差し控える	**refrain from talking on the phone** 通話を控える
1564 □□□ **shipment** [ʃípmənt]	名 船積み、輸送、発送、積み荷	**accept the shipment at the port of entry** 入港地で積み荷を受け入れる
1565 □□□ **wreck** [rék]	名 破壊、難破船	**avoid the train wreck** 列車の大破を避ける
1566 □□□ **expedition** [èkspədíʃən]	名 遠足	**set out on an expedition** 遠足に出かける ★ex（外に）＋ ped（足）
1567 □□□ **bumpy** [bʌ́mpí]	形 デコボコの	**bumpy road with potholes** くぼみでデコボコの道 ► bump 名 道路の隆起部、衝突
1568 □□□ **witness** [wítnis]	動 〜を目撃する	**witness a car accident** 交通事故を目撃する
1569 □□□ **frontier** [frʌ́ntiə]	名 国境、開拓者 形 辺境開拓者の	**Frontier spirit led to westward expansion.** 開拓者精神が西への拡大に繋がった。
1570 □□□ **displace** [displéis]	動 〜を移動する、退去させる	**displace existing communities** 既存のコミュニティーを退去させる ► displacement 名 移動、置き換え、代替

314

| Level 1 | **Level 2** | Level 3 | Level 4 | Level 5 |

1571 □□□

violation
[vàiəléiʃən]

名違反

commit a traffic violation
交通違反を犯す
► violate **動** 〜に違反する

1572 □□□

coastal
[kóustəl]

形沿岸の

drive along a coastal line
沿岸の道路に沿って運転する
► coast **名** 沿岸

1573 □□□

adventurous
[ədvéntʃərəs]

形冒険的な

go on an adventurous trip
冒険旅行に出かける
► adventure **名** 冒険

1574 □□□

elegance
[éligəns]

名優雅さ

enjoy the elegance of a five-star hotel
5つ星ホテルの優雅さを楽しむ
► elegant **形** 優雅な

1575 □□□

facility
[fəsíləti]

名施設

work fulltime at a day-care facility for children
託児所でフルタイムで働く

1576 □□□

queue
[kjúː]

名列

join the queue to get on the train
電車に乗るための列に並ぶ
♀ line ［米］

1577 □□□

terrace
[térəs]

名テラス

Enjoy the view from the terrace.
テラスからの眺めをお楽しみください。

1578 □□□

underway
[Àndəwéi]

形進行中で

The construction of a new office block is underway.
新しいオフィスビルの一画は建設中である。

1579 □□□

motorway
[móutəwèi]

名高速道路

reduce speed on the motorway
高速道路で減速する
♀ highway / expressway ［米］

1580 □□□

trolley
[tráli]

名路面電車

hop on the trolley in San Francisco
サンフランシスコで路面電車に乗る
♀ アメリカ英語では「路面電車」、「市街電車」
イギリス英語では「手押し車」の意味で用いられる

315

6 | Transport

Track 2-055

1581 ☐☐☐ **pavement** [péivmənt]	名 歩道	People cycle on the pavement in Japan. 日本では人々は歩道を自転車で通る。
1582 ☐☐☐ **sewage** [sjúːidʒ]	名 下水	explore the historic sewage system 歴史的な下水道制度を探索する
1583 ☐☐☐ **trespass** [tréspəs]	動 侵入する、迷惑をかける	trespass on private property 私有地に侵入する
1584 ☐☐☐ **havoc** [hǽvək]	名 大混乱	cause havoc amongst the crowd 民衆の中に大混乱をもたらす
1585 ☐☐☐ **isolate** [áisəlèit]	動 孤立させる	North Korea is an isolated country. 北朝鮮は孤立した国である。
1586 ☐☐☐ **territorial** [tèrətɔ́ːriəl]	形 土地の	negotiate a territorial dispute 領土紛争について協議する
1587 ☐☐☐ **designated** [dézignèitid]	形 指定された	wait in the designated area 指定されたエリアで待つ ► designate 動 ～を指定する
1588 ☐☐☐ **dock** [dɔ́k]	名 船渠、ドック 動 船を埠頭につける	dock the boat in the harbour ボートを埠頭につける 💡 イギリス英語では、船をデザインしたり、修理したりするために停めている場所を指す。アメリカ英語では pier（桟橋、船着場）と同じ意味として使われる
1589 ☐☐☐ **overtake** [òuvətéik]	動 ～を追い越す	The sports car overtook the motorbike. スポーツカーがバイクを追い越した。
1590 ☐☐☐ **subterranean** [sʌ̀btəréiniən]	形 地中の	explore a subterranean maze 地中の迷宮を探索する

316

Level 1	Level 2	**Level 3**	Level 4	Level 5

1591 ☐☐☐

submarine

[sʌ̀bməríːn]

名 潜水艦

look for deep-sea fish with a
submarine
潜水艦で深海魚を探す
★sub（下に）+ marine（海）

1592 ☐☐☐

skyscraper

[skáiskrèipə]

名 高層ビル

The **skyscraper** is known for the
wonderful view from the top floor.
その高層ビルは、最上階からの素晴らしい景色で知
られている。

1593 ☐☐☐

landmark

[lǽndmɑ̀ːk]

名 歴史的建造物

tour the historical **landmarks**
歴史的建造物を見学する

1594 ☐☐☐

province

[prɔ́vins]

名 地方

move to the province of **Quebec**
ケベック州に引っ越す

1595 ☐☐☐

branch

[brǽntʃ]

動 分岐する

The road **branches** out into two
paths.
その道路は2つの通路に分岐する。

1596 ☐☐☐

venue

[vénjuː]

名 場所、開催地、
会場

The **venue** is accessible by car.
会場は車でアクセスできる。

1597 ☐☐☐

magnificent

[mægnífəsnt]

形 壮大な、素晴
らしい、見事
な

a **magnificent** example of
engineering
工学の見事な例
★magni（大きい）+ fic（作る）

1598 ☐☐☐

basin

[béisn]

名 盆地

Yamanashi is located in the Kofu
basin.
山梨は甲府盆地に位置する。

1599 ☐☐☐

capsize

[kǽpsaiz]

動 船を転覆させ
る

capsize the rescue boat
救助船を転覆させる

1600 ☐☐☐

fleet

[flíːt]

名 艦隊

a **fleet** of pirate vessels
海賊船の艦隊

6 | Transport

Track 2-056

1601 □□□ **carpenter** [ká:pəntə]	名大工	The father of Jesus was a carpenter. キリストの父親は大工であった。 ★馬車を作る人 car（車）、carry（運ぶ）、cargo（積荷）と同語源
1602 □□□ **collision** [kəlíʒən]	名衝突	witness a five-car collision on the motorway 高速での車5台の衝突を目撃する ► collide 動 衝突する
1603 □□□ **temperate** [témpərət]	形穏やかな、温和な	move to a temperate climate 穏やかな気候に移行する
1604 □□□ **paddle** [pǽdl]	名パドル	Paddles are used to propel canoes and kayaks. パドルはカヌーやカヤックを動かすのに使われる。
1605 □□□ **reverberate** [rivə́bərèit]	動 反響する	reverberate throughout the building 建物中に反響する
1606 □□□ **altitude** [ǽltətjùːd]	名高度	Oxygen is limited at higher altitudes. 高い高度では酸素が限られている。 ★alt（高い） 女性の中で最も低い音 alto（アルト）や alter（教会の祭壇）と同語源
1607 □□□ **tram** [trǽm]	名路面電車	a tram station in the suburbs 近郊の路面電車の駅
1608 □□□ **adjoin** [ədʒɔ́in]	動隣接する	Canada adjoins the U.S. カナダは合衆国に隣り合っている。
1609 □□□ **distinction** [distíŋkʃən]	名区別、特徴	Most regional distinctions have been erased by modern transportation. 現代の交通機関によって多くの地域の区別は失われた。
1610 □□□ **vessel** [vésəl]	名船、容器、管	a long-distance cargo vessel 長距離貨物船

318

| Level 1 | Level 2 | **Level 3** | Level 4 | Level 5 |

1611 ☐☐☐

divert

[dáivə́ːt]

動 向きを変える

divert the bus from its original course
元々の進路からバスの向きを変える

1612 ☐☐☐

cram

[krǽm]

動 ～を詰め込む

The shopping mall is **crammed** with people.
そのショッピングモールは人でいっぱいである。

1613 ☐☐☐

expansion

[ikspǽnʃən]

名 拡大

uncontrolled **expansion** of cities
都市の無制限な拡大
► expand 動 拡大する

1614 ☐☐☐

lorry

[lɔ́ri]

名 トラック

drive a **lorry** across the country
国をトラックで横断する
≒ truck ［米］

1615 ☐☐☐

magnetic

[mægnétik]

形 磁石の

develop a maglev (**magnetic** levitation) train
リニアモーターカーを開発する

1616 ☐☐☐

inland

[ínlənd]

形 内陸の

venture further **inland**
内陸をさらに冒険する

1617 ☐☐☐

casualty

[kǽʒuəlti]

名 死傷者

help a roadside **casualty**
道端の死傷者を助ける

1618 ☐☐☐

junction

[dʒʌ́ŋkʃən]

名 分岐点

at the **junction** of Broadway and Fifth Avenue
ブロードウェイとフィフスアベニューの分岐点で

1619 ☐☐☐

chartered

[tʃɑ́ːtəd]

形 チャーターされた

take a **chartered** jet
チャーター機に乗る

1620 ☐☐☐

strait

[stréit]

名 海峡

across the **strait** of Gibraltar
ジブラルタル海峡を越えて
≒ channel 海峡

319

6 | Transport

Track 2-057

1621 ☐☐☐ **isle** [áil]	名 島	discover an unpopulated isle 人口の少ない島を見つける
1622 ☐☐☐ **petrol-powered** [pétrəlpáuəd]	形 ガソリン駆動の	drive a petrol-powered car ガソリン駆動の車を運転する ≒ gasoline-powered ［米］
1623 ☐☐☐ **densely-populated** [dénsli-pópjəleɪtɪd]	形 人口密度の高い	Japanese people live in such densely-populated areas. 日本人は人口密度の高い区域に住んでいる。 ▶ dense 形 密集した
1624 ☐☐☐ **dwelling** [dwélɪŋ]	名 住居、住宅	find an animal dwelling 動物のすみかを探す ▶ dwell 動 住む ≒ residence 住宅
1625 ☐☐☐ **outskirts** [áutskə̀ːts]	名 郊外	live on the outskirts of the city その街の郊外に住む
1626 ☐☐☐ **quad** [kwɔ́d]	形 4の	speed off on quad bikes 四輪バイクのスピードを落とす ★ quad（4）
1627 ☐☐☐ **bearing** [béərɪŋ]	名 方向、位置、情報の把握	check the bearing on the compass コンパスで位置を確認する
1628 ☐☐☐ **embark** [imbáːk]	動 旅立つ	embark on a bucket list adventure 「死ぬまでにやりたいこと」のための冒険に旅立つ
1629 ☐☐☐ **predominant** [pridɔ́mənənt]	形 優勢な、有力な、卓越した、顕著な	Horses were the predominant method of travel. 馬は優勢な旅行の手段であった。
1630 ☐☐☐ **habitable** [hǽbitəbl]	形 居住可能な	look for habitable planets 居住可能な惑星を探す

320

| Level 1 | Level 2 | Level 3 | **Level 4** | Level 5 |

1631

aviation
[éiviéiʃən]
名 飛行、航空

jump into the **aviation** industry
航空業界に飛び込む

1632

fatality
[fətǽləti]
名 死亡者

an increase in traffic **fatalities**
交通事故死亡者の増加

1633

district
[dístrikt]
名 場所

move to another **district**
別の場所に引っ越す

1634

observatory
[əbzə́ːvətəri]
名 天文台

go stargazing at the **observatory**
天文台へ天体観測をしに行く

1635

courier
[kúriə]
名 宅配便

a parcel delivered by **courier**
宅配便で届けられた小包

1636

landlocked
[lǽndlɔ̀kt]
形 内陸の、海の
ない

Switzerland is a **landlocked** country.
スイスは内陸国だ。

1637

locomotive
[lòukəmóutiv]
名 機関車

the advent of the steam **locomotive**
蒸気機関車の出現

1638

metropolitan
[mètrəpɔ́litən]
形 大都市の、首
都の

within the **metropolitan** area
首都圏の中で

1639

urbanisation
[əːbənaizéiʃən]
名 都市化

A village went through **urbanisation**
to become a populated city.
村が都市化を通して過密都市となった。
⚥ urbanization ［米］
► urbanise 動 ～を都市化する

1640

congestion
[kəndʒéstʃən]
名 混雑

rush-hour **congestion** on the
motorway
高速道路での通勤ラッシュの混雑

321

6 | Transport

Track 2-058

1641 □□□ **cosmopolitan** [kɔ̀zməpɔ́lətn]	形 国際的な	Amsterdam is a cosmopolitan city. アムステルダムは国際的な都市である。
1642 □□□ **vibrant** [váibrənt]	形 活気に満ちた、 震える	a vibrant suburban town 活気に満ちた郊外の町
1643 □□□ **metropolis** [mitrɔ́pəlis]	名 都市	New York is a popular metropolis. ニューヨークは人気の都市である。 🔊 the Metropolis はロンドンのことを指す ★ metro（母）+ polis（都市）
1644 □□□ **mason** [méisn]	名 石工、レンガ 工	call the mason to repair the wall 壁を直すために石工を呼ぶ
1645 □□□ **itinerary** [aitínərəri]	名 旅程	I planned my itinerary before going to Italy. イタリアに行く前に旅程を作った。
1646 □□□ **locality** [loukǽləti]	名 地方	This peach is indigenous to this locality. この桃はこの地方に特有のものである。
1647 □□□ **bustling** [bʌ́sliŋ]	形 忙しそうな、 ざわめいた	the heart of a bustling city せかせかと忙しい街の中心
1648 □□□ **stunning** [stʌ́niŋ]	形 見事な	I was overwhelmed by the stunning scenery. 見事な風景に圧倒された。
1649 □□□ **revamp** [rìːvǽmp]	動 ～を改良する	The library was completely revamped. その図書館は全面的に改修された。
1650 □□□ **turbulence** [tə́ːbjuləns]	名 乱気流	fly through a pocket of turbulence 乱気流のエリアを飛び抜ける

| Level 1 | Level 2 | Level 3 | **Level 4** | Level 5 |

1651 ☐☐☐
jammed
[dʒǽmd]

形 身動きが取れない状態の

The museum was **jammed** with tourists.
その美術館は旅行客で混んでいた。

1652 ☐☐☐
dyke
[dáik]

名 堤防

reinforce **dykes** and flood walls
堤防と洪水壁を補強する

1653 ☐☐☐
self-catering
[sélfkéitəriŋ]

形 自炊の

provide **self-catering** facilities
自炊設備を提供する

1654 ☐☐☐
surveillance
[səvéiləns]

名 監視

install a night-vision **surveillance** camera
暗視監視カメラを設置する

1655 ☐☐☐
facade
[fəsάːd]

名 建物の正面

fortify the **facade** of the building
建物の正面を固める

1656 ☐☐☐
alley
[ǽli]

名 路地、小路、建物の間の狭い道

walk down a dark **alley**
暗い路地を歩く
≒ path (細い道)

1657 ☐☐☐
cape
[kéip]

名 岬

round the **Cape** of Good Hope
喜望峰を回る

1658 ☐☐☐
impeccably
[impékəbli]

副 申し分なく

I was impressed by the **impeccably** clean streets.
申し分なくきれいな道に感銘を受けた。

1659 ☐☐☐
periphery
[pərífəri]

名 周辺

monitor the **periphery** of the building for crime prevention
防犯のため建物の周辺を監視する

1660 ☐☐☐
majestic
[mədʒéstik]

形 威厳のある、荘厳な、雄大な

take in the **majestic** view
雄大な景色を眺める

323

6 | Transport

◐ Track 2-059

1661 ☐☐☐ **stroll** [stróul]	名 散歩	take an early morning **stroll** 早朝に散歩をする ≒ walk 散歩
1662 ☐☐☐ **demolish** [dimɔ́liʃ]	動 ～を解体する	plan to **demolish** the building 建物を解体する計画
1663 ☐☐☐ **scenic** [síːnik]	形 景色の、眺め の良い	use a **scenic** wallpaper for the room 部屋に景色の壁紙を使う
1664 ☐☐☐ **haven** [héivən]	名 避難所、安息 所	a **haven** of peace in the midst of chaos 混沌の中にある平和な安息所
1665 ☐☐☐ **traverse** 動[trəvɔ́ːs] 名[trǽvəːs]	動 ～を横切る 名 横切ること	**traverse** the unknown reaches of space 宇宙にある未知の範囲を横切る
1666 ☐☐☐ **boulevard** [búːlvɑ̀ːd]	名 並木通り	a tree-lined **boulevard** in the European style ヨーロッパ式の並木通り
1667 ☐☐☐ **offshore** [ɔ́fʃɔ́ː]	形 沖の	set up an **offshore** oil platform 沖の石油プラットフォームを立ち上げる
1668 ☐☐☐ **causeway** [kɔ́ːzwèi]	名 土手道	The island and the mainland are linked by a **causeway**. 離島と本島は土手道によってつながっている。
1669 ☐☐☐ **nomadic** [noumǽdik]	形 遊牧の	join a **nomadic** caravan 遊牧のキャラバンに参加する
1670 ☐☐☐ **tranquil** [trǽŋkwil]	形 静かな、穏や かな、平穏な	acquire a **tranquil** residence 穏やかな住居を得る ★tran（横切る）+ quil（静かな）

| Level 1 | Level 2 | Level 3 | Level 4 | **Level 5** |

1671
round-trip
[ráundtríp]

形 往復旅行の

I purchased a **round-trip** ticket to Oxford.
オックスフォード行きの往復チケットを購入した。

1672
reservoir
[rézəvwὰː]

名 貯水池

reinforce the **reservoir** with cement
セメントで貯水池を強化する

1673
jolt
[dʒóult]

動 激しく揺れる

The school bus **jolted** to a stop.
スクールバスが激しく揺れ止まった。

1674
captivating
[kǽptəvèitiŋ]

形 魅惑的な

an actress with a **captivating** beauty
魅力的な美しさをもつ女優
► captivate 動 ～を魅惑する

1675
fabulous
[fǽbjuləs]

形 素晴らしい、途方もない

offer a **fabulous** range of attractions
素晴らしいアトラクションを提供する

1676
quaint
[kwéint]

形 趣のある

a **quaint** little railway museum
趣のある小さな鉄道博物館

1677
flimsy
[flímzi]

形 脆い

reinforce the **flimsy** bridge
脆い橋を強化する

1678
dredge
[drédʒ]

動 ～をしゅんせつする、水底からすくう

dredge the river of sediment
川の堆積物をすくう

1679
unspoiled
[ʌnspóild]

形 害されていない

unspoiled travel destinations
手つかずの旅行地

1680
vicinity
[visínəti]

名 近隣

a post box in the **vicinity** of my house
自分の家の近隣の郵便ポスト

325

6 | Transport

Track 2-060

1681 □□□ **zip** [zíp]	**動** ビュンと走る	**zip** dangerously in and out of traffic 渋滞を突き抜けて危険な走り方をする
1682 □□□ **scaffold** [skǽfəld]	**動** 〜に足場を組む	The instructor **scaffolded** the assignment step by step. 講師は課題を段階的に組み立てた。
1683 □□□ **disfigure** [disfígjə]	**動** 外観を損じる	**disfigure** the natural landscape 自然の景観を損なう
1684 □□□ **obstruct** [əbstrʌ́kt]	**動** 〜を遮断する	**obstruct** oncoming traffic 対向車線を遮断する
1685 □□□ **exodus** [éksədəs]	**名** 外出、移民の出国	an **exodus** of cars from the concert venue コンサート会場からの車が一斉に退出
1686 □□□ **desolate** **形**[désələt] **動**[désəlèit]	**形** 荒れ果てた **動** 〜を荒廃させる	live in a **desolate** village 荒れ果てた村に住む ★de（分離）+ sol（1人） ▶ desolation **名** 荒廃
1687 □□□ **submerge** [səbmə́ːdʒ]	**動** 〜を沈める	The warship was completely **submerged** in the water. その軍艦は完全に水中に沈められた。
1688 □□□ **embankment** [imbǽŋkmənt]	**名** 土手	climb onto the **embankment** opposite 向こう側の土手に登る
1689 □□□ **reckless** [réklis]	**形** 無謀な	as a result of **reckless** driving 無謀な運転の末に
1690 □□□ **tow** [tóu]	**名** 牽引 **動** 〜を牽引する	**tow** a broken-down vehicle 故障した車両を牽引する

326

| Level 1 | Level 2 | Level 3 | Level 4 | **Level 5** |

1691

picturesque

[pìktʃərésk]

形 絵のような

a **picturesque** drive along the river
絵のように美しい川沿いの道

1692

archipelago

[ὰːkəpéləgòu]

名 諸島

sail around the **archipelago**
諸島の周りを航海する

1693

smuggle

[smʌ́gl]

名 密輸

Smuggling is a serious problem at the US-Mexico border.
密輸はアメリカとメキシコの国境での深刻な問題である。

1694

deviate

動[díːvièit] 名[díːviit]

動 それる、外れる

People who **deviate** from the norms of society are creative.
社会の規範からそれた人はクリエイティブだ。
► deviation 名 逸脱、脱線

1695

sprawl

[sprɔ́ːl]

名 都市のスプロール現象

a vast urban **sprawl**
広大な都市のスプロール現象
𝄢 動詞には「手足を伸ばして座る」という意味がある

1696

sumptuous

[sʌ́mptʃuəs]

形 壮厳な

enjoy a **sumptuous** feast
壮厳な御馳走を楽しむ

1697

haul

[hɔ́ːl]

名 運搬
動 運搬する

haul off to be scrapped
廃棄するために運搬する

1698

straddle

[strǽdl]

動 ～をまたがる

a volcano **straddling** Nagano and Gifu prefectures
長野県と岐阜県をまたがる火山

1699

harness

[háːnis]

名 馬具
動 自然の力を利用する

harness the horse to the cart
馬を荷馬車に繋ぐ

1700

vantage

[vǽːntidʒ]

名 有利な地位

The lighthouse has a great **vantage** point to light the sea.
灯台は海を照らすため見晴らしの良い地点にある。

327

7 | Health

◀ Track 2-061

1701 ☐☐☐ **lead** [líːd]	動 ～を導く	**lead** a healthy life 健康な生活を送る
1702 ☐☐☐ **athlete** [ǽθliːt]	名 運動選手、アスリート	train to be an Olympic **athlete** オリンピックの選手になるためにトレーニングをする ► athletic 形 競技の、体育の
1703 ☐☐☐ **treatment** [tríːtmənt]	名 治療、治療法	Honey is a good **treatment** for coughs and colds. 蜂蜜は咳や風邪に効く良い治療法である。 ♀ receive an intensive treatment （集中治療を受ける）の表現もチェック
1704 ☐☐☐ **faint** [féint]	動 卒倒する、気絶する	**faint** at the first sight of blood 血液を一目見て気絶する
1705 ☐☐☐ **contagious** [kəntéidʒəs]	形 接触により感染する	AIDS is a **contagious** disease. エイズは接触感染病である。
1706 ☐☐☐ **painful** [péinfəl]	形 つらい、苦しい	undergo a **painful** procedure 厄介な手続きを行う ► pain 名 痛み
1707 ☐☐☐ **vitality** [vaitǽləti]	名 生命力、活力	My 93-year-old grandmother is full of **vitality**. 私の 93 歳の祖母は生命力に溢れている。 ≒ vigour 活力
1708 ☐☐☐ **bamboo** [bæmbúː]	名 竹	eat **bamboo** shoots on a daily basis 毎日タケノコを食べる
1709 ☐☐☐ **digest** [daidʒést]	動 ～を消化する	Pandas cannot **digest** bamboo. パンダは竹を消化することができない。 ► digestion 名 消化
1710 ☐☐☐ **admit** [ædmít]	動 ～を認める、～に入ることを許可する	She was **admitted** to hospital with a high temperature. 彼女は高熱で病院に入れられた。 ★ ad （方向）＋ mit （送る）

328

| Level 1 | Level 2 | Level 3 | Level 4 | Level 5 |

1711 □□□
effective
[iféktiv]

形 効果的な

an **effective** treatment for scoliosis
脊柱側弯症の効果的な処置
► effect 名 効果

1712 □□□
welfare
[wélfèə]

名 福祉

take advantage of the social **welfare** system
社会福祉制度を有効活用する

1713 □□□
periodic
[pìəriɔ́dik]

形 定期的な

have a **periodic** health examination
定期健康診断を受ける

1714 □□□
certain
[sə́ːtn]

形 一定の

The drug has **certain** inherent side effects.
その薬剤には一定の固有の副作用がある。

1715 □□□
dental
[déntl]

形 歯の

get a good **dental** plan
良い歯科治療計画をもらう
★ dent（歯）
♀ dandelion（ヒマワリ）はフランス語の dent de lion（ライオンの歯）に由来

1716 □□□
properly
[prɔ́pəli]

副 きちんと、適切に

Make sure that the sick are **properly** looked after.
病人が適切に世話を受けられるようにしなさい。
► proper 形 ちゃんとした、適切な

1717 □□□
inform
[infɔ́ːm]

動 〈人〉に知らせる

A doctor needs to **inform** a patient about the situation.
医者は患者に状況を知らせなければならなりません。
► information 名 情報

1718 □□□
stiff
[stíf]

形 硬い

have a **stiff** neck
首が凝っている

1719 □□□
examine
[igzǽmin]

動 専門家や病院の先生が調べる

examine the effects of the newly-developed medicine
新しく開発された薬の効果を考察する

1720 □□□
kidney
[kídni]

名 腎臓

My father developed a **kidney** stone.
私の父は尿路結石になった。

329

7 | Health

Track 2-062

1721 ☐☐☐ **staple** [stéipl]	名 主要産物、重要商品 形 主要な	Rice is a staple food in Japan. 米は日本の主食です。
1722 ☐☐☐ **psychological** [sàikəlɔ́dʒikəl]	形 心理的な	maintain a psychological advantage 心理的優位性を維持する
1723 ☐☐☐ **vitamin** [vítəmin]	名 ビタミン	It is difficult to get sufficient vitamins just from food. 十分なビタミンを食事のみで取るのは難しい。
1724 ☐☐☐ **overdose** [óuvədòus]	名 過剰摂取	die from an overdose 過剰摂取で死ぬ
1725 ☐☐☐ **chronic** [krɔ́nik]	形 慢性的な	suffer from a chronic condition 慢性的な症状に苦しむ
1726 ☐☐☐ **remedy** [rémədi]	名 治療	try a traditional remedy 伝統的な治療法を試す
1727 ☐☐☐ **infectious** [infékʃəs]	形 伝染病の	Yawns are known to be infectious. あくびはうつりやすいことで知られている。 ▶ infection 名 感染
1728 ☐☐☐ **prayer** [préə]	名 祈り	offer prayers for the victims 犠牲者に祈りを捧げる ▶ pray 動 祈る
1729 ☐☐☐ **sensitivity** [sènsətívəti]	名 敏感性	have high sensitivity towards sound 音に対してとても敏感である ▶ sensitive 形 敏感な
1730 ☐☐☐ **infancy** [ínfənsi]	名 幼少期、幼年時代	Many young children died in infancy in the past. かつて多くの幼い子どもが幼少期に亡くなった。 ▶ infant 名 幼児

| Level 1 | Level 2 | Level 3 | Level 4 | Level 5 |

1731 ☐☐☐
intake
[íntèik]

名摂取量

increase the **intake** of fibre
食物繊維の摂取量を増やす

1732 ☐☐☐
whiten
[wáitn]

動白くする

Strawberries can **whiten** teeth.
イチゴは歯を白くする。
★white（白）＋ en（動詞）

1733 ☐☐☐
vein
[véin]

名血管

Blood flows through your **veins**.
血液は血管を通る。

1734 ☐☐☐
limb
[lím]

名四肢

travel through every **limb**
すべての四肢に行きわたる

1735 ☐☐☐
squeeze
[skwíːz]

動～を絞る

Cut the lemon in half and **squeeze**
the juice into the bowl.
レモンを半分に切って果汁をボウルに絞る。

1736 ☐☐☐
abnormal
[æbnɔ́ːməl]

形異常な

display of **abnormal** behaviour
異常な行動の表れ
↔ normal **形**普通の

1737 ☐☐☐
starve
[stáːv]

動餓死する

I was about to **starve** to death.
私は飢え死にするところだった。
► starvation **名**餓死

1738 ☐☐☐
beverage
[bévəridʒ]

名飲み物、飲料

You must limit your intake of sugary
beverages.
あなたは甘い飲み物の摂取を制限すべきだ。

1739 ☐☐☐
scan
[skǽn]

名スキャン
動～をよく調べ
る

perform a CT **scan**
CT スキャンを行う

1740 ☐☐☐
vocal
[vóukəl]

形声の

bruised **vocal** chords
傷めた声帯

331

7 | Health

Track 2-063

1741 □□□ **disability** [dìsəbíləti]	名 障害	show understanding towards any **disability** あらゆる障害に対する理解を示す
1742 □□□ **pharmaceutical** [fàːməsúːtikəl]	形 製薬の	work at a **pharmaceutical** company 製薬会社で働く
1743 □□□ **pharmacist** [fáːməsist]	名 薬剤師、薬局	go fill a prescription at the **pharmacist** 処方箋を記入しに薬局へ行く 👤 chemist 化学者
1744 □□□ **allergic** [əlɔ́ːdʒik]	形 アレルギーの	watch out for **allergic** reactions アレルギー反応に注意する ▶ allergy 名 アレルギー
1745 □□□ **portion** [pɔ́ːʃən]	名 量	eat a small **portion** of cake 少量のケーキを食べる
1746 □□□ **diabetes** [dàiəbíːtis]	名 糖尿病	a mild case of **diabetes** 軽い糖尿病
1747 □□□ **acute** [əkjúːt]	形 急性の、鋭い、激しい、重大な	fall ill with **acute** pneumonia 急性肺炎を患う
1748 □□□ **chop** [tʃɔ́p]	動 小さく切る 名 切断、肉片	thoroughly-cooked pork **chop** 十分に調理された豚肉の切り身
1749 □□□ **muscular** [máskjulə]	形 筋肉の	prevent **muscular** atrophy 筋肉の萎縮を妨げる
1750 □□□ **unconscious** [ʌnkɔ́nʃəs]	形 無意識の	remain **unconscious** for three days 3日間意識不明である

332

Level 1	Level 2	Level 3	Level 4	Level 5

1751 ☐☐☐

deterioration

[dìtìəriəréiʃən]

名 悪化

rapid **deterioration** of health
急激な健康の悪化
► deteriorate 動 〜を悪化させる

1752 ☐☐☐

edible

[édəbl]

形 食べられる、
食用の

edible wild mushrooms
食べられる野生のキノコ

1753 ☐☐☐

attributable

[ətríbjutəbl]

形 起因する

My illness is definitely **attributable**
to overwork.
私の病気は絶対に過労からきている。
► attribute 動 〜に帰する

1754 ☐☐☐

insomnia

[insɔ́mniə]

名 不眠症

suffer horribly from **insomnia**
不眠症にひどく苦しむ
≒ sleep deprivation 睡眠不足

1755 ☐☐☐

stroke

[stróuk]

名 発作、脳卒中

survive a severe **stroke**
深刻な脳卒中で一命をとりとめる

1756 ☐☐☐

symptom

[símptəm]

名 症状

oversee early **symptoms**
早期段階の兆候を監視する

1757 ☐☐☐

treadmill

[trédmìl]

名 ランニングマ
シン

go on the **treadmill** every morning
毎朝ランニングマシンで走る

1758 ☐☐☐

hydrated

[haidréitid]

形 水分が足りて
いる

make an effort to stay **hydrated**
水分をしっかりとる努力をする

1759 ☐☐☐

fatigue

[fətíːg]

名 疲労

I fought off **fatigue** by changing my
diet and exercise habits.
食事と運動習慣を変えることで疲労を撃退した。

1760 ☐☐☐

transfusion

[trænsfjúːʒən]

名 輸血

The first blood **transfusion** was
recorded in 1628.
最初の輸血は1628年であったと記録されている。

333

7 | Health

Track 2-064

1761 ☐☐☐ **rehabilitate** [rìːhəbílətèit]	動 回復する	**rehabilitate** from alcohol addiction アルコール中毒から回復する
1762 ☐☐☐ **canteen** [kæntíːn]	名 食堂	have lunch at the **canteen** 食堂で昼食を食べる
1763 ☐☐☐ **plague** [pléig]	名 ペスト、疫病、伝染病 動 疫病にかからせる、悩ます	The **plague** was prevalent in Europe. ペストはヨーロッパで流行していた。
1764 ☐☐☐ **clinical** [klínikəl]	形 臨床の	a degree in **clinical** psychology 臨床心理学の学位
1765 ☐☐☐ **invalid** [ínvəlid]	名 病人	tend carefully to the **invalid** 注意深く病人の世話をする
1766 ☐☐☐ **full-fledged** [fúlflédʒd]	形 本格的な、一人前の	become a **full-fledged** doctor 一人前の医者になる
1767 ☐☐☐ **trait** [tréi]	名 特徴、特色	inherit a recessive **trait** 劣性の特徴を受け継ぐ
1768 ☐☐☐ **admonish** [ədmóniʃ]	動 注意する、忠告する	My mother **admonished** me for eating too quickly. 早く食べ過ぎることを母は私に注意した。
1769 ☐☐☐ **airborne** [ɛ́əbɔ̀ːn]	形 空輸の、空気伝染の	Please beware of **airborne** infection. 空気感染に気をつけてください。 ≒ flying 飛行
1770 ☐☐☐ **allay** [əléi]	動 怒りや興奮を鎮める、心配や苦痛を和らげる	**allay** public concern about the spread of the disease 病気の広がりに対する国民の心配を鎮める

334

| Level 1 | **Level 2** | Level 3 | Level 4 | Level 5 |

1771 ☐☐☐
dough
[dóu]

名こね粉、パン生地

Put your back into kneading the **dough**.
生地をこねるのに身を入れなさい。

1772 ☐☐☐
preventable
[privéntəbl]

形予防できる

stop premature death from **preventable** diseases
予防できる病気による早死にを防ぐ
▶ prevent 動 ～を予防する

1773 ☐☐☐
drain
[dréin]

動水切りをする、排水する
名排水

drain the rice thoroughly
十分にお米の水を切る
♀ brain drain は優秀な人材が流出するという意味での「頭脳流出」

1774 ☐☐☐
pulse
[pʌ́ls]

名鼓動、脈拍、パルス

send an electromagnetic **pulse** through the affected muscle
影響を受けた筋肉を通して、電磁パルスを送る

1775 ☐☐☐
substitute
[sʌ́bstətjùːt]

名代用品
動～を代わりに使用する

substitute natural sweeteners for sugar
天然甘味料を砂糖の代わりに使う
▶ substitution 名 代替

1776 ☐☐☐
robust
[roubʌ́st]

形丈夫な

in **robust** good health
丈夫で健康優良である

1777 ☐☐☐
impair
[impéə]

動～を低下させる、悪くする

impair vision as a side effect
副作用として視力を低下させる

1778 ☐☐☐
glucose
[glúːkous]

名ブドウ糖

produce **glucose** at an exponential rate
指数関数的速度でブドウ糖を生成する

1779 ☐☐☐
brink
[bríŋk]

名縁、がけっぷち、間際

The man was on the **brink** of death.
その男は死にかけていた。
≒ rim 縁

1780 ☐☐☐
constrict
[kənstríkt]

動～を締め付ける、圧縮する

constrict the flow of blood
血の流れを圧迫する

335

7 | Health

Track 2-065

1781 □□□ **curable** [kjúərəbl]	形 治療できる	**Cancer can be a curable disease.** 癌は治療できる病気である。 ★cur（注意）+ able（可能） ℚ careful（注意深い）や curious（好奇心のある）と同語源
1782 □□□ **nourishment** [nə́ːriʃmənt]	名 滋養物、栄養	**afford proper forms of nourishment** 適切な形の栄養素を供給する
1783 □□□ **bodily** [bɔ́dili]	形 身体の	**lose all bodily function** 全ての身体機能を失う ► body 名 体
1784 □□□ **terminal** [tə́ːmənl]	形 末期の、最後の	**diagnose with terminal cancer** 末期がんと診断する ★term（終わり）
1785 □□□ **practitioner** [præktíʃənə]	名 開業医	**a practitioner of medical science** 医学の専門家 ℚ general practitioner (GP)
1786 □□□ **immunity** [imjúːnəti]	名 免疫	**develop herd immunity** 集団免疫を高める ► immune 形 免疫の
1787 □□□ **epidemic** [èpədémik]	名 感染病	**The Spanish flu epidemic swept through Europe.** スペイン風邪伝染病がヨーロッパで流行した。 ★epi（間の）+ dem（人々）+ ic（性質）＝人々の間で広まる性質
1788 □□□ **moderate** [mɔ́dərət]	形 適度な	**moderate eating behaviours** 適度な食事行動
1789 □□□ **balanced** [bǽlənst]	形 バランスの取れた	**adopt a nutritionally-balanced diet** 栄養バランスに富んだ食事を取る
1790 □□□ **vulnerable** [vʌ́lnərəbl]	形 傷つきやすい、弱い	**vulnerable to heart disease** 心臓疾患に弱い ≒susceptible 影響を受けやすい

Level 1	Level 2	**Level 3**	Level 4	Level 5

1791 □□□

thermometer

[θəmɔ́mətə]

名 温度計、体温計

Place the **thermometer** under your tongue.
舌の下に体温計を置いてください。
★ therm （熱）

1792 □□□

decay

[dikéi]

動 腐らせる
名 腐敗

Eating sweets **decays** your teeth.
甘い物を食べると虫歯になる。
≒ go bad 腐る

1793 □□□

batch

[bǽtʃ]

名 ひと焼き分、1度分、ひと束、一群、一団

make a **batch** of cookies
ひと焼き分のクッキーを作る

1794 □□□

fermented

[fəmént]

形 発酵された

a diet of **fermented** beans
発酵させた豆の食事
► fermentation 名 発酵
► ferment 動 発酵させる

1795 □□□

chickenpox

[tʃíkənpɔ̀ks]

名 水ぼうそう

Chickenpox is a common disease among children.
水疱瘡は子どもによくある病気である。

1796 □□□

carbohydrate

[kὰːbouháidreit]

名 炭水化物

turn **carbohydrates** into energy
炭水化物をエネルギーに変える

1797 □□□

anatomy

[ənǽtəmi]

名 解剖学

An elephant's teeth are a vital part of its **anatomy**.
象の歯は解剖学における一つの重要な要素である。

1798 □□□

starch

[stάːtʃ]

名 でんぷん

the breakdown of **starch** into glucose
でんぷんからブドウ糖への分解

1799 □□□

constipated

[kɔ́nstəpèitid]

形 便秘をしている

I have been **constipated** for a while.
私はしばらく便秘である。

1800 □□□

inject

[indʒékt]

動 〜を注射する

inject a concoction of drugs
調合された薬を注射する
★ in （中に）＋ ject （投げる）

337

7 | Health

Track 2-066

1801 □□□ **healthcare-related** [hélθkèərɪléɪtid]	形 健康管理に関係する	various **healthcare-related** concerns 様々な健康管理に関する不安
1802 □□□ **sanitary** [sǽnətəri]	形 衛生的な	keep the room **sanitary** 部屋を衛生的に保つ ► sanitation 名 衛生
1803 □□□ **hygiene** [háɪdʒiːn]	名 衛生	Tooth decay is caused by poor dental **hygiene**. 虫歯は悪い衛生状態で引き起こされる。
1804 □□□ **stir** [stə́ː]	動 ～をかき回す	**stir** the medicine into food 薬を食べ物に入れてかき混ぜる
1805 □□□ **mineral** [mínərəl]	名 ミネラル	an important source of **minerals** 大事なミネラル源
1806 □□□ **malnutrition** [mæ̀lnjuːtríʃən]	名 栄養不足	lift people out of **malnutrition** 栄養不足から人々を救う
1807 □□□ **lucidity** [luːsídəti]	名 平静、明晰	**Lucidity** indicated the patient was getting better. 平静さはその患者が良くなっていることを示していた。 ⚲ 四字熟語「意識清明」（患者の意識がはっきりしていること）と同じ意味
1808 □□□ **preservatives** [prɪzə́ːvətivz]	名 保存料	consist of many **preservatives** 保存料をたくさん含む ► preserve 動 ～を保存する
1809 □□□ **induce** [indjúːs]	動 ～を誘発する	suffer from radiation-**induced** illness 放射線により発症した病気に苦しむ ★ in（中に）+ duc（導く）
1810 □□□ **sodium** [sóudiəm]	名 塩分	reduce **sodium** intake 塩分の摂取を減らす

Level 1	Level 2	**Level 3**	Level 4	Level 5

1811 ☐☐☐

culinary

[kʌ́linəri]

形 料理の

I wanted to test my girlfriend's **culinary** skills.
私の彼女の料理のスキルを試したかった。

1812 ☐☐☐

cuisine

[kwizíːn]

名 料理

try **cuisine** from other countries
他の国の料理を食べてみる

1813 ☐☐☐

diagnosis

[dàiəgnóusis]

名 診断

make a preliminary **diagnosis**
予備的診断を下す
► diagnose 動 ～を診断する

1814 ☐☐☐

squash

[skwɔ́ʃ]

名 スカッシュ
（果汁に水を
加えた飲み
物）、雑踏

make a batch of lemon **squash**
レモンスカッシュを作る

1815 ☐☐☐

respiration

[rèspəréiʃən]

名 呼吸

perform artificial **respiration**
人工呼吸を行う

1816 ☐☐☐

outbreak

[áutbrèik]

名 発生、勃発

an **outbreak** of the novel coronavirus
新型コロナウイルスの発生

1817 ☐☐☐

cluster

[klʌ́stə]

名 集団、群れ、
房、クラスター

track **cluster** infections
集団感染を追跡する

1818 ☐☐☐

skeleton

[skélətn]

名 骨格

all the component parts of a **skeleton**
骨格の全ての構成要素

1819 ☐☐☐

conspicuous

[kənspíkjuəs]

形 目立つ

a **conspicuous** scar on the forehead
おでこの目立った傷

1820 ☐☐☐

alleviate

[əlíːvièit]

動 ～を和らげる

alleviate the pain using prescription painkillers
処方された痛み止めを使って痛みを和らげる

339

7 | Health

Track 2-067

1821 □□□ **spotless** [spɔ́tlis]	形 汚れのない	**a spotless hospital room** 汚れのない病室
1822 □□□ **arouse** [əráuz]	動 ～を呼び起こす、喚起する、刺激する	**arouse suspicion in vaccination programs** 予防接種プログラムへの疑惑を招く
1823 □□□ **asthma** [ǽsmə]	名 ぜんそく	**overcome childhood asthma** 小児ぜんそくを克服する
1824 □□□ **dairy** [déəri]	形 酪農の	**avoid dairy products** 乳製品を避ける
1825 □□□ **brisk** [brísk]	形 活発な	**take a brisk walk** 活発に歩く ≒ energetic 活動的な
1826 □□□ **texture** [tékstʃə]	名 歯応え	**I like the texture of natto.** 納豆の歯応えが好きです。 ♀ 納豆は fermented soy beans
1827 □□□ **threatening** [θrétniŋ]	形 脅かす	**a hereditary life-threatening disease** 生命を脅かす遺伝性の病気 ► threaten 動 ～を脅かす ► threat 名 脅威
1828 □□□ **measles** [míːzlz]	名 はしか	**come down with measles** はしかにかかる ♀「じんましん」は hives
1829 □□□ **spine** [spáin]	名 脊柱、脊椎	**take an x-ray of the spine** 脊椎のX線を撮る
1830 □□□ **chemist** [kémist]	名 化学者、薬剤師	**take the prescription to the chemist** 薬剤師へ処方箋を持っていく

340

Level 1	Level 2	Level 3	**Level 4**	Level 5

1831 ☐☐☐
moody
[múːdi]

形 気分屋の、不機嫌な

periods of **moody** behaviour
不機嫌な行動の期間
► mood 名 気分

1832 ☐☐☐
habitual
[həbítjuəl]

形 習慣的な

a **habitual** excess of eating
習慣的な食べ過ぎ
► habit 名 癖

1833 ☐☐☐
deficiency
[difíʃənsi]

名 不足

address a nutritional **deficiency**
栄養不足に対処する

1834 ☐☐☐
dissolve
[dizólv]

動 〜を溶かす、溶ける

dissolve a pill into the food
錠剤を食事の中に溶かす

1835 ☐☐☐
bloodstream
[blʌ́dstriːm]

名 血流

observe the flow of the **bloodstream**
血流を観察する

1836 ☐☐☐
anaesthesia
[æ̀nəsθíːziə]

名 麻酔

use **anaesthesia** during surgery
手術中に麻酔を使用する
≗ anesthesia ［米］

1837 ☐☐☐
dehydration
[dìːhaidréiʃən]

名 脱水

watch out for **dehydration**
脱水に気を付ける
► dehydrate 動 脱水する

1838 ☐☐☐
dementia
[diménʃiə]

名 認知症

early onset **dementia**
早期に発症した認知症
★de（分離）+ mens（心）+ ia（病名）

1839 ☐☐☐
traumatise
[trɔ́ːmətàiz]

動 〜に精神的外傷を与える

My son was **traumatised** by the accident.
私の息子は事故がトラウマになった。
≗ traumatize ［米］

1840 ☐☐☐
prescribe
[priskráib]

動 〜を処方する

prescribe medicine to the patient
患者に薬を処方する
★pre（前に）+ scribe（書く）

341

7 | Health

● Track 2-068

1841 □□□
irritability
[ìrətəbíləti]

名 怒りっぽさ、イライラ

result in increased **irritability**
怒りっぽさを助長させる結果になる
► irritate 動 ～をイライラさせる

1842 □□□
yolk
[jóuk]

名 卵黄

drink raw egg **yolks** for breakfast
朝食として生卵の卵黄を飲む

1843 □□□
check-up
[tʃékʌp]

名 健康診断

have a regular **check-up**
定期健康診断を受ける

1844 □□□
syndrome
[síndroum]

名 症候群

suffer from a severe neurological **syndrome**
重度の神経症候群に苦しむ

1845 □□□
grind
[gráind]

動 粉をひいて作る、みがく、擦る、すり砕く

grind coffee beans
コーヒー豆をひく
⚥ grind-ground-ground

1846 □□□
rash
[rǽʃ]

名 発疹、吹き出物

an itchy flaky **rash**
かゆい薄片状の吹き出物

1847 □□□
crisp
[krísp]

形 カリカリした

Dried seaweed has a **crisp** texture.
乾燥のりはカリカリとした触感がある。
≒ crunchy カリカリの

1848 □□□
nourish
[nʌ́riʃ]

動 ～を養う、肥料をやる

Milk **nourishes** a baby.
牛乳は赤ん坊の栄養になる。

1849 □□□
rib
[ríb]

名 肋骨

count down to the seventh **rib**
第七肋骨まで数える

1850 □□□
scrutiny
[skrúːtəni]

名 精密な検査、監視

undergo medical **scrutiny**
精密な医療検査を受ける
► scrutinise 動 ～を徹底して調べる

342

| Level 1 | Level 2 | Level 3 | **Level 4** | Level 5 |

1851 □□□
devour
[diváuə]
動 むさぼり食う

devour a full meal
全ての食べ物をむさぼり食う

1852 □□□
sterilise
[stérəlàiz]
動 ～を殺菌する

sterilise the room for surgery
手術のために部屋を殺菌する

1853 □□□
imminent
[ímənənt]
形 差し迫った

in danger of **imminent** heart failure
心不全が差し迫っている危険がある

1854 □□□
vigorous
[vígərəs]
形 活発な

encourage **vigorous** exercise in adults
大人の活発な運動を奨励する

1855 □□□
hangover
[hǽŋòuvə]
名 二日酔い

A **hangover** is the effect of too much drinking.
二日酔いは飲酒をし過ぎた結果である。

1856 □□□
shudder
[ʃʌ́də]
名 身震い
動 身震いする

experience an involuntary **shudder**
無意識の身震いを体験する

1857 □□□
numb
[nʌ́m]
動 ～を麻痺させる

numb the pain using morphine
モルヒネを使って痛みを麻痺させる

1858 □□□
antibiotics
[æ̀ntibaiɔ́tiks]
名 抗生物質

prescribe a course of **antibiotics**
一定期間の抗生物質を処方する

1859 □□□
nausea
[nɔ́ːsiə]
名 吐き気

ease **nausea** through natural remedies
生薬で吐き気を緩和する

1860 □□□
incurable
[inkjúərəbl]
形 不治の

Learn to live with an **incurable** disease.
不治の病と共に生きることを学びましょう。

343

7 | Health

Track 2-069

1861 ☐☐☐ **leukemia** [ljuːkíːmiə]	名白血病	grant the wish of a child with **leukemia** 白血病の子どもの願いを叶える
1862 ☐☐☐ **sprain** [spréin]	名捻挫 動〜を捻挫する	rest a **sprained** ankle 捻挫した足首を休める
1863 ☐☐☐ **deprivation** [dèprəvéiʃən]	名不足、欠如	suffer from sleep **deprivation** 睡眠不足で苦しむ ► deprive 動〜を奪う
1864 ☐☐☐ **frostbite** [frɔ́stbàit]	名凍傷	**Frostbite** is an injury caused by the severe cold. 凍傷は厳しい寒さで引き起こされるけがである。
1865 ☐☐☐ **toxicate** [tɔ́ksikèit]	動〜を薬物中毒にする	**toxicate** a new variant of a drug 薬の新しい変種を中毒にする ► toxic 形中毒の
1866 ☐☐☐ **bait** [béit]	名餌、誘惑	fish with artificial **bait** 擬似餌で釣りをする
1867 ☐☐☐ **self-isolate** [sélfáisəlèit]	動自主隔離する	My parents have been **self-isolating** since 10 March. 私の両親は3月10日から自主隔離をしている。
1868 ☐☐☐ **mutation** [mjuːtéiʃən]	名突然変異	at risk of further **mutation** さらなる突然変異の危険性にある
1869 ☐☐☐ **brewery** [brúːəri]	名ビール醸造所	take a tour of the **brewery** ビール醸造所のツアーに参加する
1870 ☐☐☐ **cardiovascular** [kàːdiouvǽskjulə]	形心臓血管の	undergo **cardiovascular** surgery 心臓血管手術を受ける

344

	Level 1	Level 2	Level 3	Level 4	**Level 5**

1871 □□□

brew

[brúː]

動〈コーヒーや茶〉を淹れる、〈ビールなど〉を醸造する

brew a cup of coffee
1杯のコーヒーを淹れる

1872 □□□

ravenous

[rǽvənəs]

形 がつがつした、貪欲な

I am so **ravenous** that I could eat a horse.
馬を食べられるほどがつがつしている。

1873 □□□

undermine

[ʌndəmáin]

動 ～を傷つける、害する、徐々に衰えさせる、密かに傷つける

Dementia **undermines** the mind and body.
認知症は心身をむしばむ。

1874 □□□

maternal

[mətə́ːnl]

形 母の

lacking in **maternal** instinct
母性本能に欠ける

1875 □□□

wholesome

[hóulsəm]

形 健康に良い

a **wholesome** walk in the woods
健康に良い森林での散歩

1876 □□□

aggravate

[ǽɡrəvèit]

動 ～を悪化させる

aggravate an existing condition
現状を悪化させる

1877 □□□

enervate

[énəvèit]

動 ～を無気力にする

The presence of mosquitos **enervates** me.
蚊の存在が私を無気力にさせる。

1878 □□□

pathology

[pəθɔ́lədʒi]

名 病理学

work at a **pathology** laboratory
病理学の研究所で働く

1879 □□□

stammer

[stǽmə]

名 吃音、口ごもること

speak with a noticeable **stammer**
明らかに口ごもりながら話す
≒ stutter 口ごもりながら話す

1880 □□□

abortion

[əbɔ́ːʃən]

名 妊娠中絶

Abortion is legal in Japan until the 22nd week of pregnancy.
日本の妊娠中絶は妊娠の22週目まで合法である。

345

7 | Health

Track 2-070

1881 ☐☐☐ **frail** [fréil]	形 弱い	become increasingly **frail** as one gets older 年を取るにつれてますます弱くなる ★ frail（壊れる）
1882 ☐☐☐ **hiatus** [haiéitəs]	名 中断	take a **hiatus** from work 仕事を中断して休む
1883 ☐☐☐ **distort** [distɔ́:t]	動 ～をゆがめる	Hallucinogens **distort** the perception of reality. 幻覚剤は現実の認知を歪める。 ★ dis（分離）+ tort（ねじる）
1884 ☐☐☐ **psychiatric** [sàikiǽtrik]	形 精神病の	suffer from a **psychiatric** disorder 精神疾患に苦しむ ► psychiatrist 名 精神科医
1885 ☐☐☐ **escalating** [éskəlèitiŋ]	形 段階的に拡大する	the **escalating** cost of health care 医療費の高騰 ► escalate 動 段階的に増大する
1886 ☐☐☐ **potent** [póutnt]	形 よく効く、濃い	a **potent** concoction of drugs よく効く薬の調合
1887 ☐☐☐ **mitigation** [mìtəgéiʃən]	名 緩和	effective **mitigation** against airborne infection 空中感染に対する効果的な緩和 ► mitigate 動 ～を緩和する
1888 ☐☐☐ **pungent** [pʌ́ndʒənt]	形 味覚や嗅覚を刺激するほど強い、辛辣な	the **pungent** aroma of ammonia アンモニアの刺激臭
1889 ☐☐☐ **indolent** [índələnt]	形 怠惰な	pursue an **indolent** lifestyle 怠惰な生活様式を追い求める 類 lazy 怠惰な
1890 ☐☐☐ **obese** [oubí:s]	形 肥満した	Twenty percent of children in England are **obese**. イギリスの 20% の子どもは肥満である。 ► obesity 名 肥満

346

Level 1 | Level 2 | Level 3 | Level 4 | **Level 5**

1891 ☐☐☐
gastronome
[gǽstrənòum]

名 食通

a guide specifically for **gastronomes**
食通のために特化したガイド

1892 ☐☐☐
feeble
[fíːbl]

形 弱々しい

offer a **feeble** excuse
説得力の無い言い訳をする

1893 ☐☐☐
luscious
[lʌ́ʃəs]

形 甘くて美味しい、快適な、魅力的な

a **luscious** expanse of green
魅力的な緑地の広がり
♀ delicious（おいしい）の「de-」の消失形

1894 ☐☐☐
inflammation
[ìnfləméiʃən]

名 炎症

treat an **inflammation** of the knee
膝の炎症を治療する

1895 ☐☐☐
malady
[mǽlədi]

名 病気

a **malady** caused by the surrounding environment
周囲の環境によってもたらされた病気

1896 ☐☐☐
tuberculosis
[tjubə̀ːkjulóusis]

名 結核

efforts at eradicating **tuberculosis**
結核を根絶する努力

1897 ☐☐☐
pant
[pǽnt]

動 あえぐ、息切れする

excessive **panting** due to heat exhaustion
熱中症による過呼吸

1898 ☐☐☐
lethal
[líːθəl]

形 致命的な

administer a **lethal** injection
致死注射を行う

1899 ☐☐☐
meagre
[míːgə]

形 乏しい、貧弱な、痩せた

Children in poor countries are sustained on a **meagre** diet.
貧困国の子どもはわずかな食事で生き延びている。
♀ meager ［米］

1900 ☐☐☐
quarantine
[kwɔ́rəntìːn]

名 隔離
動 伝染病予防のために〜を隔離する

The Australian government has introduced **quarantine** regulations.
オーストラリア政府は隔離規制を導入した。

347

8 | Economy

Track 2-071

1901 ☐☐☐ **launch** [lɔ́ːntʃ]	動 ～を始める	**launch** a new business 新しい事業を始める
1902 ☐☐☐ **venture** [véntʃə]	動 ～を思い切っ てやる	start a **venture** company ベンチャー企業を始める
1903 ☐☐☐ **discount** [dískaunt]	名 割引	get a small **discount** 少し割引をしてもらう
1904 ☐☐☐ **statement** [stéitmənt]	名 声明、明細書	a monthly bank **statement** 毎月の銀行取引明細書
1905 ☐☐☐ **opportunity** [ɔ̀pətjúːnəti]	名 機会	Job **opportunities** for women are steadily increasing. 女性の仕事の機会は着実に増えている。
1906 ☐☐☐ **superpower** [súːpəpàuə]	名 超大国	become an economic **superpower** 経済大国になる
1907 ☐☐☐ **allowance** [əláuəns]	名 小遣い、手当	a small weekly **allowance** 1週間のわずかなお小遣い
1908 ☐☐☐ **considerable** [kənsídərəbl]	形 相当の	Essential workers do not earn a **considerable** amount of money. エッセンシャルワーカーは大金を稼いでいない。 🔑 sider の語源は「星」なので、数が多いことを連想できる
1909 ☐☐☐ **countless** [káuntlis]	形 無数の	I need to work for **countless** hours to become a billionaire. 億万長者になるためには数え切れないほどの時間働 かなければいけない。
1910 ☐☐☐ **voucher** [váutʃə]	名 クーポン券、 引換券	purchase a gift **voucher** ギフト券を購入する

348

| Level 1 | Level 2 | Level 3 | Level 4 | Level 5 |

1911 ☐☐☐

emerging

[imə́ːdʒiŋ]

形 新たに発生した

live in an **emerging** economy
新興経済国に住む
► emerge 動 出現する

1912 ☐☐☐

interest

[íntərəst]

名 利子

keep an eye on the **interest** rate
利率を監視する

1913 ☐☐☐

affordable

[əfɔ́ːdəbl]

形 お手頃な

get a house at an **affordable** price
手頃な価格で家を手に入れる
≒ for a song 捨て値（損もいとわない安値）で

1914 ☐☐☐

overtime

[óuvətàim]

副 規定時間を超えて

Employees are expected to work **overtime**.
従業員は残業することを期待されている。

1915 ☐☐☐

consumption

[kənsʌ́mpʃən]

名 消費

Consumption plays a crucial role in our social lives.
消費は我々の社会生活において重大な役割を果たしている。
► consume 動 ～を消費する

1916 ☐☐☐

stability

[stəbíləti]

名 安定

preserve the **stability** of the Japanese yen
日本円の安定を維持する

1917 ☐☐☐

costly

[kɔ́stli]

形 高価な

a **costly** city to live in
生活費が高い都市
≒ expensive

1918 ☐☐☐

abundance

[əbʌ́ndəns]

名 豊かさ

an **abundance** of financial resources
経済的資源の豊かさ

1919 ☐☐☐

reasonable

[ríːzənəbl]

形 合理的な、お手頃な

I recently bought a wallet at a **reasonable** price.
最近手頃な価格で財布を買った。

1920 ☐☐☐

low-income

[lóuínkʌm]

形 低所得の

support **low-income** families
低所得世帯を支援する

349

8 | Economy

 Track 2-072

1921 ☐☐☐ **invest** [invést]	動 ～を投資する	**invest** all the savings in stocks 預金を全て株に投資する ► investment 名 投資
1922 ☐☐☐ **inflation** [infléiʃən]	名 インフレ、膨張	a rising rate of **inflation** インフレの上昇率
1923 ☐☐☐ **alive** [əláiv]	形 活発な	The street was **alive** with children playing. その通りは遊ぶ子どもたちで活気に満ちていた。
1924 ☐☐☐ **unemployment** [ʌ̀nimplɔ́imənt]	名 失業	The introduction of robots increased **unemployment**. ロボットの導入のために失業が増えた。
1925 ☐☐☐ **projection** [prədʒékʃən]	名 見積もり、予想	the **projection** of future growth 今後の成長の見通し
1926 ☐☐☐ **pension** [pénʃən]	名 年金	review the national **pension** system 国の年金制度を見直す ♀ 宿泊施設のペンションも同じスペル
1927 ☐☐☐ **applicant** [ǽplikənt]	名 申込者、志願者、応募者	a welfare benefits **applicant** 福祉給付金への申請者 ► apply 動 申し込む
1928 ☐☐☐ **accountant** [əkáuntənt]	名 会計士	become a certified **accountant** 公認会計士になる
1929 ☐☐☐ **luxurious** [lʌgʒúəriəs]	形 豪華な、贅沢な	stay at a **luxurious** hotel 豪華なホテルに泊まる ► luxury 名 贅沢品
1930 ☐☐☐ **wealth** [wélθ]	名 裕福さ	the **wealth** of sovereign nations 主権国家の裕福さ

Level 1	Level 2	Level 3	Level 4	Level 5

1931 ☐☐☐

advertisement

[ədvə́ːtismənt]

名 広告

place an **advertisement** in a newspaper
新聞に広告を出す

1932 ☐☐☐

high-income

[háiínkʌm]

形 高収入の

The region is classed as a **high-income** area.
その地域は高所得エリアとして分類されている。

1933 ☐☐☐

hardship

[háːdʃip]

名 苦難

go through **hardship** during university
大学時代に苦難を体験する
★hard（困難な）+ ship（状態）

1934 ☐☐☐

coupon

[kúːpɔn]

名 クーポン

eligible for government-issued **coupons**
政府が発行したクーポンをもらう資格がある

1935 ☐☐☐

enterprise

[éntəpràiz]

名 企業

The government subsidises small-to-medium **enterprises**.
政府が中小企業に助成金を与えている。
★enter（中に）+ prise（捕らえる）

1936 ☐☐☐

debt

[dét]

名 借金

pay off the **debts**
借金を返済する

1937 ☐☐☐

seniority

[sìːniɔ́rəti]

名 年功序列

under the **seniority** system
年功序列制度の下
► senior 形 年上の

1938 ☐☐☐

immense

[iméns]

形 膨大な

make an **immense** profit
莫大な利益をあげる
★im（否定）+ mense（測る）＝測れないほど大きい

1939 ☐☐☐

assure

[əʃúə]

動 〜を保証する

assure a client of its quality
顧客にその品質を保証する

1940 ☐☐☐

fiscal

[fískəl]

形 会計の

at the end of the **fiscal** year
会計年度の終わりに

351

8 | Economy

Track 2-073

1941 □□□ **recession** [riséʃən]	名 景気後退	forecast a deepening **recession** 深刻化する不景気を予測する ★re（後ろに）+ cession（進む）
1942 □□□ **fortune** [fɔ́ːtʃən]	名 財産	inherit the family **fortune** 家族の財産を受け継ぐ
1943 □□□ **financially** [finǽnʃəli]	副 財政的に	become **financially** independent 経済的に自立する ► financial 形 財政の
1944 □□□ **sustain** [səstéin]	動 ～を維持する	**sustain** economic growth 経済成長を維持する ★sus（下で）+ tain（保つ）
1945 □□□ **corporation** [kɔ̀ːpəréiʃən]	名 法人、企業、会社	a merger with a listed multinational **corporation** 上場した多国籍企業との合併
1946 □□□ **impose** [impóuz]	動 ～を課す	Costa Rica **imposed** a water tax on major water users. コスタリカは主要な水の使用者に水道税を課した。 ★im（上に）+ pose（置く）
1947 □□□ **budget** [bʌ́dʒit]	名 予算	Due to **budget** cuts, we have to cut overtime pay. 予算の削減のせいで、残業代を減らさなければならない。
1948 □□□ **withdraw** [wiðdrɔ́ː]	動 ～を引き出す	**withdraw** money from a bank 銀行からお金を引き出す ► withdrawal 名 引き出し
1949 □□□ **notorious** [noutɔ́ːriəs]	形 悪名高く有名な	The company is **notorious** for low wages. その会社は低賃金で有名である。
1950 □□□ **subtract** [səbtrǽkt]	動 ～を引く、控除する	**subtract** taxes and liabilities 税金と負債を控除する ★sub（下に）+ tract（引く）

352

| Level 1 | **Level 2** | Level 3 | Level 4 | Level 5 |

1951 ☐☐☐

exclusively

[iksklú:sivli]

副 ～だけ、排他的に、独占的に

exclusively trade with vegan brands
ヴィーガンブランドと独占的に取引する

1952 ☐☐☐

indebted

[indétid]

形 借金がある、借りがある、恩恵がある（+to）

Japan is heavily **indebted** to China.
日本は中国に非常に恩恵を受けている。

1953 ☐☐☐

flourish

[flʌ́riʃ]

動 繁栄する、繁殖する

Watercolour painting **flourished** in Britain.
水彩画はイギリスで栄えた。
★ flour（花）

1954 ☐☐☐

prosperous

[prɔ́spərəs]

形 繁栄している

In the early 1900s, San Francisco was a **prosperous** city.
1900年代初頭、サンフランシスコは繁栄した街だった。
▶ prosper 動 繁栄する

1955 ☐☐☐

monetary

[mʌ́nitəri]

形 通貨の

improve the stability of the world **monetary** system
世界の通貨制度の安定性を向上させる

1956 ☐☐☐

property

[prɔ́pəti]

名 財産

find a hidden common **property**
隠された共有財産を見つける

1957 ☐☐☐

accumulate

[əkjú:mjulèit]

動 ～を徐々に集める、蓄積する

The debt was **accumulated** over the past 2 years.
過去2年で借金がたまってしまった。

1958 ☐☐☐

acumen

[əkjú:mən]

名 鋭い洞察力、眼識

have a wealth of business **acumen**
鋭い商才が豊富にある

1959 ☐☐☐

tighten

[táitn]

動 ～を強化する

tighten financial regulations
財政規制を強化する
▶ tight 形 きつい

1960 ☐☐☐

allocate

[ǽləkèit]

動 ～を分配する

allocate the profits fairly
利益を公平に分配する

8 | Economy

Track 2-074

1961	vendor [véndə]	名 物売り	an ice-cream **vendor** on the beach ビーチにいるアイスクリーム売り
1962	refund 名[rí:fʌnd] 動[rifʌnd]	名 払戻金 動 ～を払い戻す	receive a **refund** on the credit card used to purchase clothes 洋服を買うために使ったクレジットカードの払い戻しを受ける
1963	possess [pəzés]	動 ～を所有する	**possess** a large house 巨大な家を所有する ▶ possession 名 所有
1964	loan [lóun]	名 貸付、ローン	take out a **loan** of one million yen 100万円のローンを借りる
1965	estate [istéit]	名 不動産、地所、財産	invest in real **estate** 不動産に投資する
1966	upper [ʌ́pə]	形 上部の	**upper** class snobbery 上流階級の気取った言動
1967	top-notch [tɔ́pnɔ̀tʃ]	形 一流の、最高	stay at a **top-notch** hotel 一流ホテルに滞在する
1968	invaluable [invæljuəbl]	形 計り知れないほど貴重な、非常に貴重な	Your advice is **invaluable**. あなたの助言は値千金である。
1969	inaccurate [inækjərit]	形 不正確な	My bank statement was **inaccurate**. 銀行の明細書は不正確だった。
1970	escalate [éskəlèit]	動 段階的に拡大する、次第に上がる	Prices are **escalating** unexpectedly. 予期せず物価が次第に上昇している。

| Level 1 | **Level 2** | Level 3 | Level 4 | Level 5 |

1971 □□□
improper
[imprɔ́pə]
形 不適切な

improper withdrawals from bank accounts
銀行口座からの不適切な払い戻し

1972 □□□
application
[æpləkéiʃən]
名 申込み

fill out the **application** form
申込書に記入する
► apply 動 申し込む

1973 □□□
gloomy
[glúːmi]
形 悲観的な

a **gloomy** financial forecast
悲観的な財務予測

1974 □□□
asset
[æset]
名 財産

target offshore **assets**
そのオフショア資産を狙う

1975 □□□
affluent
[æfluənt]
形 裕福な

My girlfriend comes from an **affluent** family.
僕の彼女は裕福な家族の生まれである。
★ af（方向）＋ flu（流れる）

1976 □□□
founder
[fáundə]
名 創業者

Steve Jobs was a **founder** of Apple.
スティーブ・ジョブズはアップルの創業者であった。
► found 動 ～を創業する

1977 □□□
index
[índeks]
名 索引、指数

consult the price **index**
物価指数を参照する

1978 □□□
overspend
[òuvəspénd]
動 ～を使いすぎる

overspend money on investment
投資にお金を使い過ぎる

1979 □□□
inherit
[inhérit]
動 ～を相続する

inherit a lot of money
たくさんのお金を相続する

1980 □□□
profitable
[prɔ́fitəbl]
形 有益な、もうかる、ために なる

Higher education became a **profitable** market in rich countries.
高等教育は裕福な国でもうかる市場となった。
► profit 名 利益
≒ lucrative もうかる、利益のあがる

355

8 | Economy

Track 2-075

1981 □□□ **subsidy** [sʌ́bsədi]	名補助金、助成金	take advantage of a fishing **subsidy** 漁業助成金を利用する
1982 □□□ **utility** [juːtíləti]	名有用性、実用性	**Utility** clothes are sold very well nowadays. 実用的な衣服が最近ではとてもよく売れている。
1983 □□□ **boom** [búːm]	名好景気	Japan's economic **boom** was followed by a crash. 日本の経済好景気の後に大暴落が続いた。
1984 □□□ **prosper** [prɑ́spə]	動繁栄する	The company **prospered** after the tragedy. その悲劇の後に会社は繁栄した。 ▶ prosperity 名繁栄
1985 □□□ **hinder** [híndə]	動〜を妨げる	**hinder** economic growth 経済成長を妨げる ▶ hinderance 名妨害
1986 □□□ **shabby** [ʃǽbi]	形粗末な、みすぼらしい、卑しい	donate old and **shabby** clothes 着古した粗末な服を寄付する
1987 □□□ **expenditure** [ikspénditʃə]	名支出	avoid unnecessary **expenditure** by introducing a new system 新たなシステムを導入することにより不要な出費を避ける ★ex（外に）+ pend（費やす）
1988 □□□ **entrepreneur** [ɔ̀ntrəprənə́ː]	名起業家	The **entrepreneur** set up an innovative company. その起業家は革新的な会社を設立した。
1989 □□□ **stake** [stéik]	名利害関係	have a **stake** in the company その会社と利害関係がある
1990 □□□ **expend** [ikspénd]	動〜を費やす、消費する	**expend** a lot of energy 多くのエネルギーを費やす ★ex（外に）+ pend（費やす）

356

Level 1	Level 2	**Level 3**	Level 4	Level 5

1991 ☐☐☐

dispense

[dispéns]

動 分配する

dispense subsidies all companies
すべての企業への補助金を分配する

1992 ☐☐☐

depression

[dipréʃən]

名 景気後退

suffer from a severe **depression**
深刻な景気後退に苦しむ
♀ Great Depression 世界恐慌

1993 ☐☐☐

well-off

[wélɔ́f]

形 裕福な

born into a **well-off** family
裕福な家庭に生まれる

1994 ☐☐☐

exclusive

[iksklúːsiv]

形 排他的な、独占的な

exclusive rights to the patent
特許の独占権
★ex（外に）+ clus（閉める）

1995 ☐☐☐

invoice

[ínvɔis]

名 送り状、請求書

draw up a monthly **invoice**
毎月の請求書を作成する

1996 ☐☐☐

guarantee

[gæ̀rəntíː]

動 ～を保証する

The clock is **guaranteed** for two years.
この時計は2年間の保証付きである。

1997 ☐☐☐

promising

[prɔ́misiŋ]

形 見通しが明るい、有望な

a **promising** financial forecast
見通しの明るい財務予測
► promise 名 約束

1998 ☐☐☐

glory

[glɔ́ːri]

名 栄光

Teams compete for **glory** and school pride.
チームは栄光と学校のプライドのために競い合う。

1999 ☐☐☐

equilibrium

[ìːkwəlíbriəm]

名 均衡

The Nash **equilibrium** is a concept of game theory.
ナッシュ均衡はゲーム理論に基づく。
★equ（等しい）

2000 ☐☐☐

reimburse

[rìːimbə́ːs]

動 ～を払い戻す

The travel expenses will be **reimbursed**.
旅費は払い戻されるだろう。

357

8 | Economy

Track 2-076

2001 □□□ **remittance** [rimítəns]	名 送金	make a **remittance** to pay residential fees 家賃を払うために送金する ► remit 動 〈お金〉を送る
2002 □□□ **consecutive** [kənsékjutiv]	形 連続した	two **consecutive** quarters of negative growth 2四半期期連続のマイナス成長 ★con（共に）+ sec（続く）
2003 □□□ **exploit** [iksplóit]	動 ～を搾取する	**exploit** the working class 労働者階級を搾取する ► exploitation 名 利己的な利用、搾取、開発
2004 □□□ **stabilise** [stéibəlàiz]	動 ～を安定させる	**stabilise** the unemployment rate 失業率を安定させる ★st（立つ）+ able（できる）+ ise（動詞） ⚥ stabilize ［米］
2005 □□□ **long-term** [lóŋtə̀ːm]	形 長期的な	make a **long-term** investment 長期投資を行う
2006 □□□ **manoeuvre** [mənúːvə]	名 戦略	make a business **manoeuvre** 経営戦略を立てる ⚥ maneuver ［米］
2007 □□□ **lucrative** [ljúːkrətiv]	形 もうかる	start a **lucrative** business もうかる仕事を始める
2008 □□□ **famine** [fǽmin]	名 飢饉、食料不足	lengthy period of **famine** 長期にわたる飢饉
2009 □□□ **bankrupt** [bǽŋkrʌpt]	形 倒産した	A lot of companies went **bankrupt**. 多くの企業が倒産した。
2010 □□□ **feasible** [fíːzəbl]	形 実行可能な	This plan is the most **feasible** one. この計画が一番うまくいく。

Level 1	Level 2	**Level 3**	Level 4	Level 5

2011 ☐☐☐

intuitive

[intjúːətiv]

形 直感的な

an **intuitive** knack for predicting profit
利益を予想するための直感的なコツ
► intuition 名 直感

2012 ☐☐☐

commodity

[kəmɔ́dəti]

名 日用品、商品

manipulate the **commodity** price
物価を操作する

2013 ☐☐☐

comparable

[kɔ́mpərəbl]

形 同等の

A customer is looking for a **comparable** product.
顧客は同等の商品を探している。
► compare 動 ～を比較する

2014 ☐☐☐

perpetual

[pəpétʃuəl]

形 絶え間のない、永久の

calculate a **perpetual** annuity
終身年金を計算する

2015 ☐☐☐

transaction

[trænzǽkʃən]

名 取引

make an authorised **transaction**
認可された取引をする
★ trans（横切る）＋ act（行為）

2016 ☐☐☐

bold

[bóuld]

形 大胆な

make **bold** economic reforms
大胆な経済改革をする

2017 ☐☐☐

calculation

[kæ̀lkjuléiʃən]

名 計算

make complicated **calculations**
複雑な計算をする
★ cal（石）＝かつては石で数えたため

2018 ☐☐☐

tentative

[téntətiv]

形 仮の

formulate a **tentative** plan
仮の計画を立てる

2019 ☐☐☐

incentive

[inséntiv]

名 奨励金

receive an **incentive** payment
奨励金をもらう

2020 ☐☐☐

vogue

[vóug]

名 流行

Memory-training courses are much in **vogue** nowadays.
記憶力トレーニングの講座が最近とても流行っている。

8 | Economy

Track 2-077

2021 □□□ **mediocre** [míːdióukə]	形 並の	**mediocre** returns on an investment 投資に対する並みの収益
2022 □□□ **predicament** [pridíkəmənt]	名 苦境	face a financial **predicament** 財務の苦境に直面する
2023 □□□ **identity** [aidéntəti]	名 アイデンティティ	create a new brand **identity** 新たなブランドのアイデンティティをつくる
2024 □□□ **equity** [ékwəti]	名 普通株	an increase in the amount of **equity** investment 普通株への投資量の増加 ♀ 固定金利のつかない株
2025 □□□ **affiliate** [əfílièit]	動 〜を提携させる	transfer to an **affiliated** company 関連会社へ異動する ► affiliation 名 提携
2026 □□□ **reluctant** [rilʌ́ktənt]	形 躊躇した、遠慮がちな	**reluctant** to provide information 情報を提供することに消極的な ► reluctance 名 気が進まないこと
2027 □□□ **capitalise** [kǽpətəlàiz]	動 利用する	**capitalise** on cheap labour 安い労働力に付け込む ♀ capitalize ［米］
2028 □□□ **merchandise** [mə́ːtʃəndàiz]	名 商品	survey the display **merchandise** 展示商品を調査する
2029 □□□ **impoverished** [impɔ́vəriʃt]	形 貧困の	assist **impoverished** countries 貧困国を支援する
2030 □□□ **appraise** [əpréiz]	動 〜を査定する	**appraise** the estate of the deceased 故人の財産を査定する

360

Level 1	Level 2	Level 3	**Level 4**	Level 5

2031
backing
[bǽkiŋ]

名 援助

receive financial **backing**
財政的援助を受ける

2032
cutback
[kʌ́tbæk]

名 生産の縮小

The company announced production **cutbacks**.
その会社は生産の縮小を発表した。

2033
millionaire
[mìljənέə]

名 億万長者

become a **millionaire** overnight
一晩で億万長者になる

2034
flourishing
[flʌ́riʃiŋ]

形 繁栄している

enter a **flourishing** industry
繁栄している産業に参入する
★flour （花）

2035
serial
[síəriəl]

形 連続する

I consider myself a **serial** entrepreneur.
私は自分自身を連続起業家と見なしている。

2036
offset
[ɔ̀fsét]

名 相殺するもの
動 ～を相殺する

offset the loss in sales by succeeding in investment
投資に成功することで売り上げの損失を相殺する

2037
turnover
[tə́ːnòuvə]

名 総売上

high annual **turnover**
高い年間総売上

2038
entice
[intáis]

動 ～の気を引く

entice consumers through advertising
広告を通じて消費者の気を引く

2039
disparity
[dispǽrəti]

名 格差

widening economic **disparities**
広がる経済格差

2040
strategic
[strətíːdʒik]

形 戦略的な

make a **strategic** exit
戦略的な離脱をする
► strategy 名 戦略

361

8 | Economy

Track 2-078

2041 □□□ **withdrawal** [wiðdrɔ́ːəl]	名引き出すこと	make cash **withdrawals** free of charge 無料で現金を引き出す ► withdraw 動 ～を引き出す
2042 □□□ **foresight** [fɔ́ːsàit]	名先見の明、洞察、見通し	economic perfect **foresight** 経済上の完璧な見通し
2043 □□□ **hype** [háip]	名誇大宣伝	**hype** around the latest iPhone release 最新の iPhone 発売をめぐる誇大宣伝
2044 □□□ **thrifty** [θrífti]	形倹約な	I want to marry a **thrifty** person. 倹約家と結婚したい。
2045 □□□ **shortlist** [ʃɔ́ːtlìst]	動最終候補者名簿に載る	I was **shortlisted** for the business competition. ビジネス大会で最終候補者になった。
2046 □□□ **revenue** [révənjùː]	名歳入	tax **revenue** of a country 国の税収
2047 □□□ **initiate** [iníʃièit]	動～を始める、起こす、創始する	**initiate** a merger between two competitors 二つの競合他社の合併が起こる
2048 □□□ **jeopardise** [dʒépədàiz]	動～を危険にさらす	Using social media may **jeopardise** your career prospects. ソーシャルメディアの利用はあなたのキャリアの展望を危険にさらすかもしれない。
2049 □□□ **livelihood** [láivlihùd]	名生計、暮らし	For my **livelihood**, I write books. 生計のために本を書く。
2050 □□□ **monopoly** [mənɔ́pəli]	名独占	exercise a **monopoly** over the aviation industry 航空業界を独占する

362

Level 1	Level 2	Level 3	**Level 4**	Level 5

2051 ☐☐☐

downturn

[dáuntə̀ːn]

名 景気・物価の下降

The market started to take a **downturn**.
市場は下降し始めた。

2052 ☐☐☐

replenish

[ripléniʃ]

動 ～を補充する

replenish stocks as soon as possible
できるだけ早く仕入れる

2053 ☐☐☐

lavish

[lǽviʃ]

形 贅沢な、豪華な

The celebrities attended the **lavish** party.
その芸能人らは豪華なパーティーに参加した。

2054 ☐☐☐

audit

[ɔ́ːdit]

名 会計監査

external **audit** corporation
外部の監査法人
★aud （聞く）
♀ auditorium （講堂）や audio （音声）と同語源

2055 ☐☐☐

customer-centred

[kʌ́stəməséntəd]

形 顧客中心の

design a **customer-centred** strategy
顧客中心の戦略を設計する
♀ customer-centered ［米］

2056 ☐☐☐

deep-pocketed

[díːppɔ́kitid]

形 金持ちの

approach **deep-pocketed** sponsors
裕福なスポンサーに接近する

2057 ☐☐☐

stagnant

[stǽgnənt]

形 低迷した

revive a **stagnant** economy
低迷した経済を回復させる
► stagnation 名 低迷

2058 ☐☐☐

uncertainty

[ʌ̀nsə́ːtnti]

名 不確実、不安

weather economic **uncertainty**
経済不安を切り抜ける

2059 ☐☐☐

lure

[ljúə]

動 抵抗できないもので誘惑する

Lured by the high salary, I decided to work for the company.
高給に誘惑され、その会社で働くことに決めた。
♀ 釣りの「ルアー」もこの語と同じ

2060 ☐☐☐

slump

[slʌ́mp]

名 暴落、不況
動 ドスンと落ちる

a post-boom economic **slump**
好景気後の経済不況

363

8 | Economy

🔊 Track 2-079

2061 ☐☐☐ **stipend** [stáipend]	名 給付金	depend on an annual stipend 年間の給付金に頼る
2062 ☐☐☐ **chic** [ʃíːk]	形 シックな、あか抜けした、洗練された 名 洗練	a chic downtown neighbourhood シックな繁華街街区
2063 ☐☐☐ **mid-term** [mídtə̀ːm]	形 中期の	revise the mid-term budget 中期予算を修正する
2064 ☐☐☐ **tariff** [tǽrif]	名 関税	impose tariffs on trade 貿易に関税を課す
2065 ☐☐☐ **transcend** [trænsénd]	動 ～を超える	transcend the usual limits 通常の限度を超える
2066 ☐☐☐ **afflict** [əflíkt]	動 ～を苦しめる	afflict the finances of the nation 国の財政を苦しめる
2067 ☐☐☐ **optimum** [ɔ́ptəməm]	形 最適の	Find an optimum solution to save the company. 会社を救うための最適解を探せ。
2068 ☐☐☐ **render** [réndə]	動 ～にする、与える、行う	render the plan unnecessary 計画を不要にする
2069 ☐☐☐ **gratuity** [grətjúːəti]	名 チップ	give a gratuity at the restaurant レストランでチップを払う ★grat（喜び） ≒tip
2070 ☐☐☐ **slash** [slǽʃ]	動 大幅に削減する	slash the budget deficit 財政赤字を大幅に削減する

364

Level 1	Level 2	Level 3	Level 4	**Level 5**

2071 □□□

suffice

[səfáis]

動 十分である、足りる

Suffice to say, we are headed for a recession.
言うまでもなく、私たちは不況に向かっている。

2072 □□□

bounty

[báunti]

名 奨励金、賜物

economic **bounty** of natural gas
天然ガスの経済的恩恵
★boun（良い）
♀ bonus や benefit と同語源

2073 □□□

outlay

[áutlèi]

名 経費

increase advertising **outlay**
宣伝費を増やす

2074 □□□

debacle

[deibάːkl]

名 大失敗

a PR and advertising **debacle**
宣伝広告の大失敗

2075 □□□

barrage

[bǽrɑːʒ]

名 集中砲火

overwhelm with a **barrage** of information
情報の洪水で圧倒する

2076 □□□

counterfeit

[káuntəfit]

形 偽物の

counterfeit brand bag
偽物のブランドバッグ

2077 □□□

subsistence

[səbsístəns]

名 生存、生計

live on the margin of **subsistence**
ぎりぎりの生活をする

2078 □□□

aggregate

[ǽgrigèit]

形 総計の

The **aggregate** expenditure of countries outweighs revenue.
国の総支出が歳入を上回る。

2079 □□□

arbitrary

[άːbətrèri]

形 恣意的な

forbid cruel and **arbitrary** punishment
残酷で恣意的な罰を禁ずる

2080 □□□

cede

[síːd]

動 ～に譲る

cede the posts to his grandson
孫にその地位を譲る

365

8 | Economy

Track 2-080

2081 □□□ **sterling** [stɔ́ːliŋ]	名 純銀、英貨 形 純銀の、英貨の	the value of **sterling** silver 純銀の価値
2082 □□□ **deploy** [diplɔ́i]	動 ～を配置する	**deploy** a trade mission 貿易使節団を配置する
2083 □□□ **mundane** [mʌndéin]	形 日常の、世俗的な、ありきたりの	complete a **mundane** task 日課をこなす
2084 □□□ **levy** [lévi]	名 徴税	impose a 10% **levy** on alcohol アルコールに 10% の税金を課す
2085 □□□ **price-prohibitive** [práisprouhíbitiv]	形 費用がかかる	Golf can be a **price-prohibitive** sport. ゴルフは費用がかかるスポーツである。
2086 □□□ **subsidiary** [səbsídiəri]	形 補助の 名 子会社	transfer to a regional **subsidiary** 地域の子会社に異動する
2087 □□□ **wring** [riŋ]	動 ～をしぼり取る	**wring** a confession out of a tax evader 脱税者の自白を強要する
2088 □□□ **splurge** [splə́ːdʒ]	動 たくさんお金を使う	**splurge** on fast fashion おしゃれにたくさんお金を使う
2089 □□□ **volatility** [vɔ̀lətíləti]	名 不安定さ	monitor market **volatility** 市場の不安定さを監視する ► volatile 形 不安定な
2090 □□□ **unforeseen** [ʌ̀nfɔ́ːsiːn]	形 不測の	a fund for **unforeseen** expenditures 不測の出費のための資金

| Level 1 | Level 2 | Level 3 | Level 4 | **Level 5** |

2091 □□□ **accrue** [əkrúː]	動 利子がつく	A five-percent interest **accrued** on my savings. 私の貯金には 5% の利子がついた。
2092 □□□ **mortgage** [mɔ́ːgidʒ]	名 担保	35-year **mortgage** on my house 私の家の 35 年の住宅ローン 👤 mortgage 「(住宅等を買う) 担保、抵当」, loan 「銀行等から借りるお金」
2093 □□□ **frugal** [frúːgəl]	形 質素な	My girlfriend was **frugal** with the budget. 私の彼女は予算を節約していた。
2094 □□□ **procure** [prəkjúə]	動 〜を入手する	**procure** a government contract 政府契約を獲得する ★pro （前に）＋ cur （注意）
2095 □□□ **extravagant** [ikstrǽvəgənt]	形 金遣いの荒い	an **extravagant** use of public funds 公的資金の法外な浪費 ≒lavish 気前よくお金を浪費する
2096 □□□ **heyday** [héidèi]	名 全盛、最盛期	Japan was in its **heyday** in the 1980s. 1980 年代は日本の全盛期だった。
2097 □□□ **vested** [véstid]	形 既得の	sell a **vested** house 既得の家を売る ► vest 動 権利や財産などを与える
2098 □□□ **exorbitant** [igzɔ́ːbətənt]	形 途方もない	The customer was astonished at the **exorbitant** price. その客は突飛な価格に驚いた。 ★ex （外に）＋ orbit （軌道）＋ ant （形容詞）
2099 □□□ **collateral** [kəlǽtərəl]	形 担保による	put down a **collateral** security 見返り担保を預ける
2100 □□□ **remuneration** [rimjùːnəréiʃən]	名 報酬	The **remuneration** needs to be discussed with your colleagues. 仲間と報酬について話し合う必要がある。

367

9 | Speaking

🔊 Track 2-081

2101 ☐☐☐ **series** [síəriːz]	名 続きもの、シリーズもの	My favourite books are the Harry Potter **series**. 私の好きな本はハリー・ポッターシリーズである。
2102 ☐☐☐ **actually** [ǽktʃuəli]	副 実は	**Actually**, this is the first time for me. 実はこれが私にとって初めてである。
2103 ☐☐☐ **afraid** [əfréid]	形 残念である	I'm **afraid** I can't afford to go out tonight. 残念なことに今夜は出かける余裕がない。
2104 ☐☐☐ **hearing** [híəriŋ]	名 聞くこと	My grandma has become hard of **hearing**. 祖母は難聴になってしまった。
2105 ☐☐☐ **switch** [swítʃ]	動 変える	**switch** the focus from English to French 焦点を英語からフランス語に変える
2106 ☐☐☐ **hopefully** [hóupfəli]	副 願わくば	**Hopefully**, I will get accepted into the university. 願わくばその大学に合格したい。
2107 ☐☐☐ **uncomfortable** [ʌnkʌ́mfətəbl]	形 心地よくない	I am **uncomfortable** with older people. 歳上と人と一緒にいるのは落ち着かない。
2108 ☐☐☐ **passionate** [pǽʃənət]	形 情熱的な	I made a **passionate** speech at the school assembly. 私は学校の集会で情熱的な演説をした。
2109 ☐☐☐ **chore** [tʃɔ́ː]	名 雑用	I hate doing household **chores**. 私は家事をするのが嫌いである。
2110 ☐☐☐ **wonder** [wʌ́ndə]	動 不思議に思う	I **wonder** why people in general like celebrities. なぜたいていの人は有名人を好きなのか不思議に思う。

| Level 1 | Level 2 | Level 3 | Level 4 | Level 5 |

2111 ☐☐☐
vivid
[vívid]
形 色鮮やかな

I prefer **vivid** colours to monochrome.
私はモノクロよりも鮮やかな色が好きである。
★viv （生きる）

2112 ☐☐☐
fluent
[flúːənt]
形 流暢な

I hope to be **fluent** in Spanish.
スペイン語を流暢に話せたらと思う。
★flu （流れる）

2113 ☐☐☐
straight
[stréit]
副 真っ直ぐに

I cannot look someone **straight** in the eye.
誰かの顔を真っ直ぐにじっと見ることができない。
♀ terror 名 恐怖

2114 ☐☐☐
previously
[príːviəsli]
副 以前は

I was **previously** acquainted with the lady.
以前その女性と知り合いだった。

2115 ☐☐☐
stick
[stík]
動 突き刺す

The nail that **sticks** out gets hit with the hammer.
《ことわざ》出る杭は打たれる。（突き出る杭はハンマーで打たれる）

2116 ☐☐☐
memorable
[mémərəbl]
形 記憶に残る

I have never had such a **memorable** dream.
そこまで記憶に残る夢は見たことがない。

2117 ☐☐☐
handy
[hǽndi]
形 役に立つ

The organised manual is **handy** for new recruits.
整理されたマニュアルは新人にとって役に立つ。

2118 ☐☐☐
frequently
[fríːkwəntli]
副 頻繁に

I **frequently** visit my grandparents.
私は頻繁に祖父母を訪れる。

2119 ☐☐☐
amazed
[əméizd]
形 予想を覆されて強く驚く

I was **amazed** when my colleague left the company.
同僚が会社を辞めた時とても驚いた。

2120 ☐☐☐
comprise
[kəmpráiz]
動 構成する

The research team **comprises** of dozens of psychologists.
その研究チームは数十人の心理学者から成りたっている。

9 | Speaking

Track 2-082

2121 ☐☐☐ **realistic** [rìəlístik]	形 現実的な	**from a more realistic point of view** より現実的な視点から見て
2122 ☐☐☐ **pursue** [pəsjúː]	動 ～を追求する、 ～に従事する	**She was determined to pursue a career in journalism.** 彼女はジャーナリズムの道に進むと心に決めていた。 ► pursuit 名 追求
2123 ☐☐☐ **trigger** [trígə]	動 ～の引き金と なる 名 銃の引き金	**Books can trigger children's imagination.** 本は子どもの想像力を掻き立てる。
2124 ☐☐☐ **refresh** [rifréʃ]	動 ～を再び元気 づける	**Sleep refreshes the body and the mind.** 睡眠は体と心をリフレッシュさせる。 ► refreshment 名 元気を回復させるもの
2125 ☐☐☐ **life-changing** [láiftʃéindʒəiŋ]	形 人生が変わる	**I had a life-changing experience at the camp.** キャンプで人生が変わるような経験をした。
2126 ☐☐☐ **currently** [kʌ́rəntli]	副 現在は	**There are about 6,000 languages currently spoken in the world.** 世界中で現在話されている言語は、約6,000語である。 ★cur（走る）
2127 ☐☐☐ **owe** [óu]	動 ～に借りがあ る、恩がある	**I owe my success to your help.** 私の成功はあなたの援助のおかげである。
2128 ☐☐☐ **flatter** [flǽtə]	動 ～にお世辞を 言う	**The student flattered me about my way of teaching.** 私の生徒が私の教え方に関してお世辞を言った。
2129 ☐☐☐ **grateful** [gréitfəl]	形 感謝して	**You don't know how grateful I am for your kindness.** 私があなたの親切さにどれほど感謝しているかあなたは知らない。
2130 ☐☐☐ **precious** [préʃəs]	形 貴重な	**recall a precious memory** 貴重な記憶を思い出す ★preci（価値）+ ous（形容詞）

370

| Level 1 | Level 2 | Level 3 | Level 4 | Level 5 |

2131 □□□

rewarding
[ríwɔ̀ːdiŋ]

形 価値のある

take up a challenging and **rewarding** job
やりがいがあって価値ある仕事に就く

2132 □□□

invaluable
[invǽljuəbl]

形 評価できない
程 価値がある

consider the internship as an **invaluable** experience
インターンシップをとても貴重な経験だと考える

2133 □□□

humble
[hʌ́mbl]

形 謙虚な、控え
めな

in my **humble** opinion
私の控えめな意見として

2134 □□□

allude
[əljúːd]

動 〜をほのめか
す、示唆する

I always **allude** to the fact that IELTS is the best exam.
IELTS が一番のテストであるということを、いつもほのめかしている。

2135 □□□

quarrel
[kwɔ́rəl]

名 口論

get caught up in a **quarrel**
口論のとばっちりを受ける

2136 □□□

anxiety
[æŋzáiəti]

名 不安

My **anxiety** has really increased.
不安感が増してきた。

2137 □□□

ambition
[æmbíʃən]

名 野望、野心

have a modest **ambition**
控えめな野心を持っている

2138 □□□

supposedly
[səpóuzidli]

副 おそらく、推定
では

It's **supposedly** good to drink red wine.
赤ワインを飲むことはきっと良いことである。
≒ presumably おそらく

2139 □□□

badly
[bǽdli]

副 ひどく

I **badly** wanted to learn taekwondo.
テコンドーをとても学びたかった。

2140 □□□

regret
[rigrét]

動 〜を後悔する

regret saying a stupid thing
ばかなことを言ってしまって後悔する

371

9 | Speaking

🔊 Track 2-083

2141 ☐☐☐ **awesome** [ɔ́ːsəm]	形 凄い	receive an awesome opportunity 素晴らしい機会をもらう
2142 ☐☐☐ **nowadays** [náuədèiz]	副 今日では	Nowadays people rarely do their laundry by hand. この頃、人々は手で洗濯をしなくなった。
2143 ☐☐☐ **talkative** [tɔ́ːkətiv]	形 よく話す	I would describe myself as a talkative person. 私は自分自身をおしゃべりだと思う。
2144 ☐☐☐ **rarely** [réəli]	副 滅多に〜しない	I rarely go to museums. 美術館にはほとんど行かない。
2145 ☐☐☐ **hardly** [háːdli]	副 あまり〜しない	I hardly see my cousins. いとこたちにはあまり会わない。
2146 ☐☐☐ **greet** [gríːt]	動 挨拶する	I always greet my neighbours with a smile. いつも近所の人々に笑顔で挨拶をする。
2147 ☐☐☐ **satisfactory** [sæ̀tisfǽktəri]	形 申し分のない	complete the project in a satisfactory manner 申し分のないやり方でそのプロジェクトをやり遂げる
2148 ☐☐☐ **especially** [ispéʃəli]	副 特に	Studying abroad is difficult, especially in these times. 特に今の時勢では海外留学は難しい。
2149 ☐☐☐ **absolutely** [æ̀bsəlúːtli]	副 絶対的に	The restaurant is absolutely worth visiting. そのレストランは絶対に行く価値がある。 ▶ absolute 形 絶対的な
2150 ☐☐☐ **distract** [distrǽkt]	動 注意をそらす	I easily get distracted. すぐに気が散る。 ★dis（分離）+ tract（引く）

372

Level 1	**Level 2**	Level 3	Level 4	Level 5

2151 ☐☐☐

couple

[kʌ́pl]

名2つ

I've visited the temple a **couple** of times.
その寺には2回ほど訪れたことがある。

2152 ☐☐☐

eventually

[ivéntʃuəli]

副結局は、最終的に

eventually come to the conclusion
最終的に結論に至る

2153 ☐☐☐

anniversary

[æ̀nəvə́ːsəri]

名記念日

celebrate the wedding **anniversary**
結婚記念日を祝う
★ann （1年）＋vers （回転）

2154 ☐☐☐

pressure

[préʃə]

名圧力

I feel a lot of **pressure** from society.
社会からのプレッシャーをたくさん感じる。

2155 ☐☐☐

occasionally

[əkéiʒənəli]

副時々

I **occasionally** cook pasta at home.
時々家でパスタを作る。
≒sometimes

2156 ☐☐☐

briefly

[bríːfli]

副簡潔に

Can you **briefly** introduce yourself?
簡潔に自己紹介をできますか？

2157 ☐☐☐

marvelous

[máːvələs]

形驚くべき、不思議な

What a **marvelous** coincidence!
なんて驚くべき偶然でしょう！
★marvel （驚く）

2158 ☐☐☐

blast

[blǽst]

名楽しいこと、突風、爆発

I had a **blast** at the party.
パーティーでは楽しんだ。

2159 ☐☐☐

episode

[épəsòud]

名エピソード

I can't just stop at one **episode**.
私は1話で止めることができない。

2160 ☐☐☐

profile

[próufail]

名目立つこと、プロフィール

keep a low **profile**
目立たないようにする

373

9 | Speaking

Track 2-084

2161			
necessarily [nésəsərli]	副 必ず、必然的に	That's not **necessarily** the case. 必ずしもそうとは限らない。	

2162			
obviously [ɔ́bviəsli]	副 明らかに	The guy is **obviously** lying. 彼は明らかに嘘をついている。	

2163			
definitely [défənitli]	副 間違いなく	My hometown is **definitely** a good place to live. 私の故郷は間違いなく住むのに良い場所である。	

2164			
clarify [klǽrəfài]	動 ～を明らかにする	I want to **clarify** your question. 質問を明確にしたい。 ★clar （明るい）	

2165			
comedian [kəmíːdiən]	名 コメディアン	You're a real **comedian**. あなたは本物のコメディアンだ。 ⚲ 発音注意	

2166			
distinctive [distíŋktiv]	形 独特の、特有の	**distinctive** features of my hometown 私の故郷特有の特徴 ★debt （借金） や due （締め切り） や duty （義務） と同語源	

2167			
barely [béəli]	副 辛うじて	**barely** a hint of regret わずかな後悔	

2168			
perhaps [pəhǽps]	副 おそらく、多分	**Perhaps** I was wrong. おそらく私が間違っていた。 ★happening と同語源	

2169			
persuade [pəswéid]	動 ～を説得する	I tried to **persuade** my dad to quit smoking. 私は父を説得して喫煙を止めさせようとした。	

2170			
productivity [prɔ̀udʌktívəti]	名 生産性	There are many ways to increase **productivity** 生産性を高める方法はたくさんある。 ⚲ prolific 形 多産の	

374

Level 1	**Level 2**	Level 3	Level 4	Level 5

2171 ☐☐☐

fascinate

[fǽsənèit]

動 ～を魅了する

I have always been **fascinated** by sharks.
私は常にサメに魅了されてきた。
► fascinating 形 魅力的な

2172 ☐☐☐

literarily

[lítərèrili]

副 まさに、文字通り

I was **literarily** exhausted on that day.
その日はまさに疲労困憊であった。

2173 ☐☐☐

chaos

[kéiɔs]

名 無秩序、大混乱

That would be complete **chaos**.
それは完全なる大混乱となるだろう。
≒ disorder

2174 ☐☐☐

outfit

[áutfìt]

名 服装

I have to choose my **outfit** for the day.
その日の服装を決めなければならない。

2175 ☐☐☐

basis

[béisis]

名 基礎

I talk with my parents on a daily **basis**.
私は日常的に両親と会話をする。
♀ on a weekly basis 一週間単位で

2176 ☐☐☐

desperate

[déspərət]

形 死に物狂いの、必死の、絶望的な

I am **desperate** to improve my English speaking ability.
私は自分の英語のスピーキング力を向上するのに必死である。

2177 ☐☐☐

beforehand

[bifɔ́ːhæ̀nd]

副 前もって、事前に

My parents should have told me **beforehand**.
私の両親は事前に教えてくれるべきであった。

2178 ☐☐☐

rephrase

[rìːfréiz]

動 ～を言い換える

Could you **rephrase** the question?
質問を言い換えてくれますか？

2179 ☐☐☐

indeed

[indíːd]

副 実際に、実に

That is **indeed** the issue.
それは実に問題だ。
≒ actually

2180 ☐☐☐

unpleasant

[ʌnplézənt]

形 不愉快な

I still remember that **unpleasant** moment.
私はまだあの不愉快な瞬間を覚えている。

375

9 | Speaking

◀ Track 2-085

2181 □□□ **beneficial** [bènəfíʃəl]	形 有益な、ためになる	prove **beneficial** to society 社会に有益であることが判明する
2182 □□□ **relief** [rilíːf]	名 安心	It was a great **relief** to hear that the alpinist is alive. あの登山家が生きていると聞いてとても安心した。
2183 □□□ **roughly** [rʌ́fli]	副 おおよそ	The tradition started **roughly** 100 years ago. その伝統はおおよそ100年前に始まった。
2184 □□□ **comparatively** [kəmpǽrətivli]	副 比較的に	Translating English into Japanese is **comparatively** easy. 英語から日本語に翻訳することは比較的に簡単である。
2185 □□□ **slight** [sláit]	形 わずかな	There was a very **slight** difference. とてもわずかな違いがあった。 ► slightly 副 わずかに
2186 □□□ **amazing** [əméiziŋ]	形 驚くべき	It was **amazing** to see the celebrity in person. その芸能人を直接見られるとは驚きであった。 ≒ astonishing
2187 □□□ **influential** [ìnfluénʃəl]	形 影響力のある、有力な	Volunteering is an **influential** part of my life. ボランティア活動は私の人生に影響のある一部分だ。 ★in（中に）+ flu（流れる）
2188 □□□ **recharge** [rìtʃɑ́ːdʒ]	動 〜を再充電する	**recharge** the battery of my mobile phone 携帯電話のバッテリーを再充電する
2189 □□□ **envisage** [invízidʒ]	動 〜を想像する	**envisage** a different future 異なる未来を思い描く
2190 □□□ **thrilling** [θríliŋ]	形 ぞくぞくさせる	Rollercoasters can be a **thrilling** experience. ジェットコースターはぞくぞくさせる経験になるかもしれない。

| Level 1 | Level 2 | **Level 3** | Level 4 | Level 5 |

2191 □□□
devote
[divóut]
動 〜を捧げる

Mother Teresa **devoted** herself to poor people.
マザーテレサは貧しい人々に身を捧げた。

2192 □□□
tease
[tíːz]
動 〜をからかう、いじめる

tease mercilessly without compassion
思いやりもなく情け容赦なくいじめる

2193 □□□
babysit
[béibisìt]
動 〜の子守りをする

I sometimes **babysit** my nephew.
私はたまに甥の子守りをする。

2194 □□□
accustom
[əkʌ́stəm]
動 慣れさせる

get **accustomed** to solitary living
孤独な生活に慣れる

2195 □□□
firework
[fáiəwə̀ːk]
名 花火

an ostentatious display of **fireworks**
花火の派手な演出

2196 □□□
relatively
[rélətivli]
副 比較的に

My family is **relatively** small.
私の家族は比較的小さい。
► relative 形 比較の

2197 □□□
scratch
[skrǽtʃ]
動 〜をひっかく

My cat has a habit of **scratching** the furniture.
私の猫は家具をひっかく癖がある。

2198 □□□
sympathetic
[sìmpəθétik]
形 同情的な

I am **sympathetic** to your situation.
私はあなたの状況に同情する。
► sympathy 名 同情
★sym（同じ）＋ path（気持ち）

2199 □□□
articulate
[ɑːtíkjulèit]
動 〜をはっきりと発音する、はっきりと表現する

Please **articulate** your thoughts properly.
自分の考えを適切にはっきりと表現してください。

2200 □□□
roundabout
[ráundəbàut]
形 遠回りの

use a **roundabout** expression
遠回しな表現を使う
≒ indirect 回りくどい

377

9 | Speaking

Track 2-086

2201 □□□ **halfway** [hǽːfwèi]	副 途中で	**halfway** through the process 処理の途中で
2202 □□□ **astonish** [əstɔ́niʃ]	動 〜を驚かす	**astonish** the world with a display of fireworks 花火の演出で世界を驚かせる ► astonishing 形 驚くべき
2203 □□□ **unforgettable** [ʌ̀nfəgétəbl]	形 忘れられない	an **unforgettable** moment in history 歴史上忘れられない瞬間
2204 □□□ **offensive** [əfénsiv]	形 侮辱的な、不快な、攻撃的な	I don't want to be **offensive** but you should change your clothes. 侮辱するつもりはないけど、あなたは服を変えるべきだ。 ► offend 動 〜を怒らせる
2205 □□□ **dilemma** [dilémə]	名 板ばさみ、窮地、ジレンマ	I was caught in a **dilemma**. 私は板挟みとなった。 ★ ギリシャ語「二重の問題」
2206 □□□ **weird** [wíəd]	形 異様な	It is **weird** to eat crisps with soy sauce. ポテトチップスを醤油で食べるのは異様である。
2207 □□□ **relieved** [rilíːvd]	形 安心して	I was **relieved** to find someone who speaks Japanese. 日本語を話す人を見つけてほっとした。
2208 □□□ **spacious** [spéiʃəs]	形 広々とした	relax in a **spacious** living room 広々とした居間でリラックスする
2209 □□□ **tidy** [táidi]	動 散らかっているものを片付ける	My mother keeps telling me to **tidy** my room. 母は部屋を片付けなさいと言い続けている。
2210 □□□ **dark-coloured** [dáːkkʌ̀ləd]	形 暗い色の	People wear **dark-coloured** clothes at funerals. 葬式では黒い色の服を着る。 ⚲ dark-colored ［米］

378

| Level 1 | Level 2 | **Level 3** | Level 4 | Level 5 |

2211 ☐☐☐

mutual

[mjúːtʃuəl]

形 相互の

manipulate the system for the **mutual** benefits
相互利益のためにシステムを操作する

2212 ☐☐☐

trivial

[tríviəl]

形 些細な

get caught up in a **trivial** issue
些細な問題にとらわれる
★tri（3）+ via（道）
▶ trifle 名 些細なこと

2213 ☐☐☐

appealing

[əpíːliŋ]

形 魅力的な

Working abroad is **appealing** to many people.
外国で働くことは多くの人にとって魅力的である。

2214 ☐☐☐

easygoing

[íːzigóuiŋ]

形 のんきな

My son is much more **easygoing** than your child.
うちの息子はお宅の子どもよりのんきである。

2215 ☐☐☐

aside

[əsáid]

副 わきに、〜は別として

Joking **aside**, I am very confident.
ジョークはさておき、私はとても自信がある。

2216 ☐☐☐

outright

[áutráit]

副 率直に

I wouldn't dare say it **outright**.
私はそれを率直には言ったりしないだろう。

2217 ☐☐☐

terrify

[térəfài]

動 〜を怖がらせる

Ghost stories usually **terrify** children.
お化けの話はたいてい子どもを怖がらせる。

2218 ☐☐☐

dialect

[dáiəlèkt]

名 方言

China has 200 regional **dialects**.
中国には 200 の方言がある。

2219 ☐☐☐

bluff

[blʌ́f]

動 はったりをする

My friend was just **bluffing**.
私の友人はただはったりをきかせていただけだ。

2220 ☐☐☐

bounce

[báuns]

動 〜をバウンドさせる

I used to **bounce** the baby on my knee.
かつて膝の上で赤ちゃんをゆすってあやしたものだった。

379

9 | Speaking

Track 2-087

2221 □□□ **secure** [sikjúə]	動 ～を確保する	**secure** the place with a deposit デポジットを払って場所を確保する
2222 □□□ **ignorant** [íɡnərənt]	形 無知の	I am **ignorant** of mechanical engineering. 私は機械工学について無知である。 ★i（否定）+ gn（知る）
2223 □□□ **stumble** [stʌ́mbl]	動 口ごもる	The speaker **stumbled** over his words. その話し手は言葉に詰まった。
2224 □□□ **defeat** [difíːt]	動 ～を打ち負かす	My favourite team was badly **defeated** in the final match. 私の好きなチームは最終戦でひどく打ち負かされた。
2225 □□□ **laundry** [lɔ́ːndri]	名 洗濯物、洗濯	do the **laundry** every morning 毎朝洗濯をする
2226 □□□ **dumb** [dʌ́m]	形 ばかな、口の聞けない	I was struck **dumb** with astonishment. 驚きでものも言えなかった。
2227 □□□ **reckon** [rékən]	動 思う、推測する、計算する	I **reckon** I could do that. それはできると思う。
2228 □□□ **scenario** [sináːriòu]	名 脚本、筋書き、シナリオ	I cannot imagine the worst **scenario**. 最悪のシナリオを想像できない。
2229 □□□ **exaggerate** [iɡzǽdʒərèit]	動 ～を誇張する	**exaggerate** the childhood story 子どもの頃の話を誇張する ► exaggeration 名 誇張
2230 □□□ **persist** [pəsíst]	動 継続して主張する	My wife always **persists** in her own belief. 私の妻はいつも自分の信念を貫いて主張する。 ★per（完全に）+ sist（立つ）

| Level 1 | Level 2 | Level 3 | **Level 4** | Level 5 |

2231 ☐☐☐

evenly

[íːvənli]

副 平等に

distribute it **evenly** between participants
参加者間でそれを平等に分配する

2232 ☐☐☐

ironic

[airɔ́nik]

形 皮肉な

It is **ironic** to think that people thought the world would end in the year 2000.
世界が 2000 年に終わると人々が信じていたのは皮肉なことである。
► irony 名 皮肉

2233 ☐☐☐

intimate

[íntəmət]

形 親密な

have an **intimate** friendship with a foreigner
外国人と親密な友情をもつ
► intimacy 名 親密さ

2234 ☐☐☐

plunge

[plʌ́ndʒ]

動 飛び込む

plunge into the river naked
裸で川に飛び込む

2235 ☐☐☐

despise

[dispáiz]

動 ～を軽蔑する

despise the thought of giving up
諦めるという考えを完全に軽蔑する
★de（下に）＋ spise（見る）

2236 ☐☐☐

frustrate

[frʌstréit]

動 ～を挫折させる、くじける

frustrate the efforts of politicians
政治家の努力をくじく
► frustration 名 失望

2237 ☐☐☐

revitalise

[riːváitəlaiz]

動 ～を活性化させる

revitalise myself as a learner
学習者としてやる気を取り戻す
⚲ re（再び）＋ vit（生きる）＋ ise（動詞）
⚲ revitalize［米］

2238 ☐☐☐

paternity

[pətə́ːnəti]

名 父であること

take a **paternity** leave
育児休暇を取得する

2239 ☐☐☐

seemingly

[síːmiŋli]

副 見た目は

My wife is **seemingly** bored of cooking.
私の妻は見たところ料理に飽きている。

2240 ☐☐☐

mislead

[mislíːd]

動 ～を誤解させる、迷わせる

Conmen **mislead** others into thinking that they are trustworthy.
信用詐欺師は、自分が信用できる人物だと思われるように人を欺く。

381

9 | Speaking

Track 2-088

2241 □□□ **vacuum** [vǽkjuəm, -juːm, juːm]	動 ～を掃除機で掃除する	I **vacuum** my room every weekend. 毎週末、私は掃除機で部屋を掃除する。 ★vac （空）
2242 □□□ **newly-wed** [njúːliwéd]	名 新婚	congratulate the **newly-weds** with a glass of champagne 1杯のシャンパンで新婚夫婦を祝う
2243 □□□ **impeccable** [impékəbl]	形 申し分のない	My friend speaks **impeccable** Russian. 私の友達は完璧なロシア語を話す。
2244 □□□ **periodically** [pìəriɔ́dikəli]	副 定期的に	check my email **periodically** 定期的に自分のメールをチェックする
2245 □□□ **thankful** [θǽŋkfəl]	形 有り難く思う	I am really **thankful** for the contribution. 私はその貢献に対してとても有り難く思う。 ≒grateful
2246 □□□ **maximise** [mǽksəmàiz]	動 ～を最大化する	**maximise** the potential energy 位置エネルギーを最大化する
2247 □□□ **resourceful** [risɔ́ːsfəl]	形 機知に富んだ	prove to be **resourceful** in many ways 様々な方法で機知に富んでいることを証明する
2248 □□□ **comeback** [kʌ́mbæk]	名 復帰	The band's **comeback** made me nostalgic. そのバンドの復帰によって私は郷愁に満ちた気持ちになった。
2249 □□□ **dual** [djúːəl]	形 二重の、二面性の	overcome the question of **dual** citizenship 二重国籍の問題を克服する
2250 □□□ **indulge** [indʌ́ldʒ]	動 夢中になる	**indulge** in a treat now and then 時々もてなしに夢中になる

382

| Level 1 | Level 2 | Level 3 | **Level 4** | Level 5 |

2251

chummy

[tʃʌ́mi]

形 親しい

get **chummy** with the boy
その少年と親しくなる
❣ friendly より怪しい関係

2252

hindrance

[híndrəns]

名 妨害、邪魔、障害物

You are more of a **hindrance** than a help.
君は助けになるというよりむしろ邪魔だよ。
► hinder 動 ～を妨げる

2253

resistance

[rizístəns]

名 抵抗

I feel strong **resistance** to change.
変化に強い抵抗感がある。
► resist 動 ～に抵抗する

2254

enthusiastic

[inθjùːziǽstik]

形 熱烈な

make an **enthusiastic** speech
熱のこもった演説をする
► enthusiasm 名 熱意

2255

fortunate

[fɔ́ːtʃənət]

形 幸運な

I was **fortunate** enough to win the lottery.
私は幸運にも宝くじに当たった。

2256

supportive

[səpɔ́ːtiv]

形 協力的な

I was lucky to have **supportive** parents.
私は幸運にも協力的な親がいた。

2257

applaud

[əplɔ́ːd]

動 拍手喝采する

applaud the government's efforts
政府の努力を賞賛する

2258

geeky

[gíːki]

形 オタクっぽい

I used to be **geeky** in school.
学校ではオタクっぽかった。
► geek 名 オタク

2259

syllable

[síləbl]

名 音節

"Technology" is a word with four **syllables**.
Technology（技術）は4音節の単語である。

2260

cynical

[sínikəl]

形 皮肉な、冷笑的な

a **cynical** outlook on life
人生についての冷笑的な見方
≒ sarcastic

383

9 | Speaking

◀ Track 2-089

2261 □□□ **skyward** [skáiwəd]	副 空の方へ	**look skyward for a sign** 空を見上げて兆候を探す
2262 □□□ **lenient** [líːniənt]	形 寛大な	**I am lenient with my children.** 私は自分の子どもに寛大である。
2263 □□□ **tempt** [témpt]	動 ～を悪いことに誘惑する	**tempt me into eating dessert** 私にデザートを食べるように誘惑する
2264 □□□ **pervade** [pəvéid]	動 ～に全面的に広がる	**The aroma of tea pervaded the room.** 紅茶の香りが部屋中に広がった。
2265 □□□ **indecisive** [ìndisáisiv]	形 優柔不断な	**indecisive at the best of times** 普段から優柔不断である
2266 □□□ **solicit** [səlísit]	動 ～を懇願する	**solicit information from the police** 警察に情報を懇願する
2267 □□□ **deem** [díːm]	動 思う	**Qualifications are deemed unnecessary for this position.** この地位には資格は必要ないと思う。 ≒ consider
2268 □□□ **elicit** [ilísit]	動 引き出す	**elicit the answer from the student** 生徒から答えを引き出す
2269 □□□ **anecdote** [ǽnikdòut]	名 逸話	**use an anecdote for demonstration** 実演に逸話を用いる
2270 □□□ **wit** [wít]	名 機知	**deliver a speech full of wit and humour** 機知とユーモアに満ちた演説をする

| Level 1 | Level 2 | Level 3 | Level 4 | **Level 5** |

2271 ☐☐☐
aspiration
[æ̀spəréiʃən]

名 熱望、野心

have high **aspirations**
大きな野望を持っている

2272 ☐☐☐
self-motivated
[self-móutəvèitid]

形 自発的な

Language learners are **self-motivated** people.
言葉を学ぶ者は自発的な人々だ。

2273 ☐☐☐
waggle
[wǽgl]

動 ～を振る

My dog **waggles** his tail when I get home.
私が家に帰ると私の犬はしっぽを振る。

2274 ☐☐☐
immerse
[imə́ːs]

動 没頭する

I always **immerse** myself in reading novels.
私はいつも小説を読むことに没頭している。

2275 ☐☐☐
vicious
[víʃəs]

形 悪性の

escape a **vicious** cycle
悪循環から抜け出す

2276 ☐☐☐
addiction
[ədíkʃən]

名 中毒

I have an **addiction** to coffee.
私はコーヒー中毒である。

2277 ☐☐☐
pave
[péiv]

動 ～を舗装する

pave the way for a bright future
明るい未来に向けての道を切り開く
🔑 pave the way 切り開く

2278 ☐☐☐
criticism
[krítəsìzm]

名 批評

withstand severe **criticism**
厳しい批評に耐える
► criticise 動 ～を非難する

2279 ☐☐☐
coordinate
動[kouɔ́ːdənèit]
形[kouɔ́ːdənət]

動 ～を同等にする、調整する
形 同等の

coordinate an effective plan to combat climate change
気候変動に対処するための効果的な計画を調整する。
★ co （共に）+ ord （順序）

2280 ☐☐☐
eccentric
[ikséntrik]

形 風変わりな

an **eccentric** pattern of behaviour
風変わりなパターンの行動

385

9 | Speaking

◀ Track 2-090

2281 □□□ **proclaim** [proukléim]	動宣言する	My father was a self-**proclaimed** magician. 私の父は自称マジシャンであった。
2282 □□□ **philosophically-minded** [fìləsɔ́fikəli-mâindid]	形哲学志向の	recommend the book to **philosophically-minded** readers 哲学志向の読者にその本を勧める
2283 □□□ **staircase** [stɛ́əkèis]	名階段	reside in a house with a spiral **staircase** 螺旋階段付きの家に居住する
2284 □□□ **irresistible** [ìrizístəbl]	形抵抗できない	I feel **irresistible** pressure from my parents. 両親から圧倒的な圧力を感じる。 ★ir（否定）＋re（反対に）＋sist（立つ）＋ble（可能）
2285 □□□ **elaborate** [ilǽbərèit]	動詳しく述べる	Can you **elaborate** on your question? あなたの質問について詳しく述べてくれますか？ ★e（外に）＋labor（労働）
2286 □□□ **startle** [stάːtl]	動びっくりする、 ～をびっくり させる	**startle** out of a dream 驚いて夢から覚めさせる
2287 □□□ **monumental** [mɒ̀njuméntl]	形不朽の、不滅 の、記念碑の	That was a **monumental** life event 記念となる人生の出来事であった。 ► monument 名記念碑
2288 □□□ **community-run** [kəmjúːnəti-rʌ́n]	形地域社会に よって運営さ れる	The festival is **community-run**. その祭りは地域社会によって運営されている。
2289 □□□ **dismay** [disméi]	名狼狽 _{ろうばい}	The decision sparked deep **dismay**. その決定はひどい狼狽を招いた。
2290 □□□ **improvise** [ímprəvàiz]	動～を即興で作 る	**improvise** a last-minute solution 土壇場の解決策を即席で生み出す ≒ make up

386

Level 1	Level 2	Level 3	Level 4	**Level 5**

2291 ☐☐☐

likeminded

[láikmáindid]

形 同じ考えを持った

professionals with **likeminded** goals
同じような考えの目的をもった専門家たち

2292 ☐☐☐

bombastic

[bɔmbǽstik]

形 大袈裟な

make a **bombastic** speech
大袈裟な演説をする

2293 ☐☐☐

incongruous

[inkɔ́ŋgruəs]

形 不調和な

incongruous with the setting
状況と調和していない

2294 ☐☐☐

triumphantly

[traiʌ́mfəntli]

副 得意げに、得意満面で

triumphantly return home
得意げに家に帰る

2295 ☐☐☐

trailblazer

[tréilblèizər]

名 先駆者

a **trailblazer** in the niche field of commercial space travel
ニッチな商業宇宙旅行分野の先駆者

2296 ☐☐☐

vernacular

[vənǽkjulə]

形 話し言葉の

The term is commonly used in the **vernacular**.
その言葉は話し言葉でよく使われる。

2297 ☐☐☐

lunatic

[lúːnətik]

名 精神異常者、変人

The professor is considered a raging **lunatic**.
その教授はひどい変人だと思われている。

2298 ☐☐☐

whimsical

[wimzikəl]

形 気まぐれな、妙な

come up with a **whimsical** idea
妙なアイディアを思いつく

2299 ☐☐☐

reiterate

[riːítərèit]

動 ～を何度も繰り返し言う

reiterate the importance of providing evidence
証拠を示すことの重要性を何度も言う

2300 ☐☐☐

invincible

[invínsəbl]

形 無敵の

Superman felt **invincible** after overcoming his fears.
スーパーマンは恐怖を克服したのちに無敵であると感じた。
≒ unbeatable 負かすことのできない

387

10 | Writing

◀ Track 2-091

2301 □□□ **drop** [drɔ́p]	名 落下、下降	**a sharp drop in blood pressure** 血圧の急激な低下
2302 □□□ **rapid** [rǽpid]	形 速い、急な	**The year 1900 saw a rapid increase.** 1900年には急激な上昇があった。
2303 □□□ **climb** [kláim]	動 上がる、登る	**The death toll climbed sharply until the peak.** 死者数はピークに到達するまで急激に上がった。
2304 □□□ **level** [lévəl]	動 平らにする	**The sales levelled off in recent years.** 近年の売り上げは横ばいであった。
2305 □□□ **gradually** [grǽdʒuəli]	副 徐々に	**The Japanese economy has been recovering gradually.** 日本経済は徐々に回復している。 ★ grad（進む） ≒ by degrees
2306 □□□ **overall** [óuvərɔ̀ːl]	形 全体の	**The overall trend shows a shift in preference.** 全体の傾向は好みの変化を示している。
2307 □□□ **site** [sáit]	名 位置	**The restaurant site is in the middle of the town.** そのレストランは町の真ん中にある。
2308 □□□ **shift** [ʃíft]	名 変化	**There has been a dramatic shift in public opinion toward vaccination.** ワクチンに対する市民の意見に大きな変化がある。
2309 □□□ **upward** [ʌ́pwəd]	形 上向きの	**There has been an upward trend in the number of tourists.** 旅行者数の上昇傾向がある。
2310 □□□ **vital** [váitl]	形 不可欠な	**Gestures are vital for smooth communication.** ジェスチャーは円滑なコミュニケーションのために不可欠である。 ▶ vitality 名 活力　vitalize 動 活性化する

Level 1	Level 2	Level 3	Level 4	Level 5

2311 ☐☐☐

reduce

[ridjúːs]

動 減らす

reduce the number of microplastics
マイクロプラスチックの数を減らす
★re（後ろに）+ duce（導く）

2312 ☐☐☐

considerably

[kənsídərəbli]

副 かなり、大幅に

change **considerably** within the period 1950 to 2000
1950 年から 2000 年の期間に大きく変わる
★con（共に）+ sider（星）

2313 ☐☐☐

axis

[ǽksis]

名 軸

turn on a 360-degree **axis**
360 度軸で回る
≒pivot 旋回軸

2314 ☐☐☐

downward

[dáunwəd]

形 下向きの

The graph demonstrates a **downward** trend.
そのグラフは減少傾向を見せている。

2315 ☐☐☐

throughout

[θruːáut]

前 ～の間ずっと

The number stayed the same **throughout** the five year period.
その数は 5 年間の間中ずっと同じであった。

2316 ☐☐☐

contrary

[kɔ́ntrəri]

形 反対の
名 逆

end up **contrary** to all expectations
あらゆる予想とは逆に終わった

2317 ☐☐☐

completely

[kəmplíːtli]

副 完全に

The evidence **completely** disagrees with the statement.
証拠は証言と完全に一致していない。

2318 ☐☐☐

alter

[ɔ́ːltə]

動 ～を変える

Industrialisation **altered** the pace of people's lives.
工業化が人々の生活ペースを変えた。

2319 ☐☐☐

substantial

[səbstǽnʃəl]

形 たくさんの

There was a **substantial** reduction in the number of dropouts.
中退者の数が大幅に減少している。
► substantially **副** 相当に　substance **名** 物質

2320 ☐☐☐

layout

[léiàut]

名 配置

follow a standard-form **layout**
標準形式のレイアウトに従う

389

10 | Writing

Track 2-092

2321 □□□ **therefore** [ðéəfɔ:]	副 それゆえ	People are therefore less inclined to do volunteer work. 人々はそれゆえボランティア活動をする傾向にない。
2322 □□□ **except** [iksépt]	前 ～以外は	The store opens every day except Sunday. その店は日曜日以外毎日開店している。 ★ex（外に）+ cept（取る）
2323 □□□ **comparison** [kəmpǽrisn]	名 比較	The earth is small in comparison to the sun. 太陽と比べて地球は小さい。 ► compare 動 ～を比較する
2324 □□□ **percentage** [pəséntidʒ]	名 パーセンテージ、割合	a significant percentage of pensioners 年金受給者のかなりの割合 ★per（～につき）+ cent（百） ♀ centipede ムカデ（百足／pede は足の意味）
2325 □□□ **constantly** [kɔ́nstəntli]	副 常に	Things are constantly changing in the world. この世界で物事は常に変化している。
2326 □□□ **remodel** [rì:mɔ́dl]	動 ～を改築する	remodel the original house 元の家を改築する ♀ reform は「改革する」という意味
2327 □□□ **ascertain** [æ̀sətéin]	動 ～を確かめる	ascertain the worth of the jewelry 宝石の価値を確かめる
2328 □□□ **sharp** [ʃɑ́:p]	形 急勾配の	a sharp rise in prices 物価の急激な上昇 ≒ steep 険しい ↔ moderate 穏やかな、適度な
2329 □□□ **slightly** [sláitli]	副 わずかに	drop slightly in the intervening years その年の間にわずかに降下する ► slight 形 わずかな
2330 □□□ **enormously** [inɔ́:məsli]	副 莫大に、大幅に	increase enormously over a short period of time 短期間に大幅に増える ★e（外）+ norm（基準）＝基準を超えている

390

Level 1 Level 2 Level 3 Level 4 Level 5

2331 ☐☐☐
advantageous
[ǽdvəntéidʒəs]

形 有益な

prove advantageous to marine life
海洋生物に有益だと判明する
► advantage 名 利点

2332 ☐☐☐
decline
[dikláin]

動 減退する、
〜を辞退する

decline dramatically in value
価値が劇的に減る
★ de（下に）+ cline（傾く）
❢「減る」の他に「断る」の意味も

2333 ☐☐☐
steep
[stíːp]

形 急な

a steep decline in price
価格の急激な低下
≒ sharp 急な

2334 ☐☐☐
halve
[hǽːv]

動 〜を半分にする

halve the number of seagulls
カモメの数を半分にする
≒ bisect 2等分する

2335 ☐☐☐
coherent
[kouhíərənt]

形 筋の通った、首尾一貫した

the most coherent explanation
最も首尾一貫した説明

2336 ☐☐☐
hourly
[áuəli]

形 毎時間の
副 1時間毎に

renew on an hourly basis
1時間で更新する

2337 ☐☐☐
abrupt
[əbrʌ́pt]

形 急な、突然の

abrupt chance for promotion
昇進への突然のチャンス

2338 ☐☐☐
nationwide
[néiʃənwáid]

形 全国的な

hold a nationwide referendum
全国的に国民投票を行う

2339 ☐☐☐
indication
[ìndikéiʃən]

名 指示、兆候、表示

a strong indication of jaundice
黄疸の強い兆候

2340 ☐☐☐
various
[véəriəs]

形 様々な

Various changes were made to the museum.
その博物館には多くの変更がなされた。

391

10 | Writing

Track 2-093

2341 ☐☐☐ **gradual** [grǽdʒuəl]	形 段階的な、緩やかな	a **gradual** increase in the number of spectators 観客数の段階的な増加 ★grad（進む）
2342 ☐☐☐ **greatly** [gréitli]	副 大いに	Infection rates can be **greatly** reduced. 感染率は大幅に減少できる。
2343 ☐☐☐ **dramatic** [drəmǽtik]	形 劇的な	a **dramatic** decrease in admission rates to the university その大学の合格率の劇的な減少
2344 ☐☐☐ **triple** [trípl]	形 3 倍の 動 3 倍になる	**triple** in size overnight 一晩で大きさが 3 倍になる ★tri（3）+ ple（折る） ≒ threefold 3 倍の
2345 ☐☐☐ **revolutionary** [rèvəlúːʃənəri]	形 革命的な、画期的な	a **revolutionary** change as far as space exploration is concerned 宇宙探索に関する革命的な変革
2346 ☐☐☐ **estimate** [éstəmèit]	動 ～を見積もる	It is **estimated** that there are about 2,000 species of rodent. 約 2000 種の齧歯類が存在すると推測されている。
2347 ☐☐☐ **resilience** [rizíliəns]	名 回復力	symbolise the **resilience** of humankind 人類の立ち直る力を象徴する
2348 ☐☐☐ **annually** [ǽnjuəli]	副 毎年	draw millions of tourists **annually** 毎年何百万人もの観光客を引き寄せる
2349 ☐☐☐ **comparatively** [kəmpǽrətivli]	副 比較的に	The suburbs are **comparatively** safer than the inner city. 郊外は都心よりも比較的に安全である。
2350 ☐☐☐ **overwhelm** [òuvəwélm]	動 ～を圧倒する	The police were **overwhelmed** by the number of protesters. 警察は抗議をする人の数に圧倒された。

| Level 1 | **Level 2** | Level 3 | Level 4 | Level 5 |

2351 ☐☐☐

circumstance

[sə́ːkəmstəns]

名 環境、状況、事情

under these circumstances
これらの状況下で
★circum（周りに）+ st（立つ）

2352 ☐☐☐

neighbouring

[néibəriŋ]

形 近くの、隣の

relations with neighbouring countries
隣国との関係
≒adjacent 隣り合った；nearby 近くの

2353 ☐☐☐

ounce

[áuns]

名 オンス、少量

not an ounce of regret
少しの後悔もしていない

2354 ☐☐☐

strongly

[strɔ́ŋli]

副 強く

I strongly believe that we should study abroad.
我々は留学すべきだと私は強く信じている。

2355 ☐☐☐

remarkable

[rimáːkəbl]

形 著しい

show remarkable progress
著しい成果を見せる

2356 ☐☐☐

evolution

[ìːvlúːʃən]

名 進化、発展

undergo a process of evolution
進化の過程を経験する
► evolve **動** 進化する

2357 ☐☐☐

radical

[rǽdikəl]

形 根本的な、急進的な

The election of the new president marked a radical shift.
大統領選で示されたのは劇的な転換だった。
► radically **副** 根本的に

2358 ☐☐☐

advocate

[ǽdvəkèit]

動 ～を擁護する

Some people advocate censorship.
一部の人は検閲を擁護している。

2359 ☐☐☐

transform

[trænsfɔ́ːm]

動 変形する

Kinetic energy has transformed into thermal energy.
運動エネルギーが熱エネルギーに変わった。
★trans（横切る）+ form（形）
► transformation **名** 変形、変質

2360 ☐☐☐

retort

[ritɔ́ːt]

名 反論

make a biting retort
辛辣な反論をする

393

10 | Writing

Track 2-094

2361 □□□ **steadily** [stédili]	副 安定して	**steadily** move inland 安定に内陸へ移行する ≒ stably 副 安定して
2362 □□□ **expand** [ikspǽnd]	動 ～を拡張する	**expand** the business into related industries 関連分野へビジネスを広げる ★ ex（外に）+ pand（広がる） ► expansion 名 拡張
2363 □□□ **emphasis** [émfəsis]	名 強調	put an **emphasis** on agriculture 農業を強調する ♀ put は place と lay に置き換えられる
2364 □□□ **profound** [prəfáund]	形 深い	have a **profound** effect on history 歴史への深い影響がある
2365 □□□ **indicate** [índikèit]	動 ～を指し示す	The map **indicates** the location of the treasure. その地図は宝の在り処を示している。
2366 □□□ **dip** [díp]	名 低下	The 1980s saw a **dip** in Coca-Cola sales. 80年代頃にコカ・コーラの売り上げが低下した。
2367 □□□ **alternatively** [ɔːltə́ːnətivli]	副 代わりに、あるいは	We could **alternatively** go to the beach. 代わりにビーチに行くこともできる。
2368 □□□ **drastically** [drǽstikəli]	副 激しく	The temperature dropped **drastically** once it snowed. 雪が降ってから気温が激しく下がった。
2369 □□□ **changeable** [tʃéindʒəbl]	形 変わりやすい	In general, the weather in Scotland is very **changeable**. 概して、スコットランドの天気はとても変わりやすい。
2370 □□□ **proximity** [prɔksíməti]	名 近辺	Tech entrepreneurs are in close **proximity** to global leaders. IT企業家はグローバルリーダーたちの近くにいる。

Level 1	**Level 2**	Level 3	Level 4	Level 5

2371 ☐☐☐

relocate
[rìːloukéit]

動 ～を移転させ
る、再配置す
る

The post office has been **relocated**.
郵便局は移転された。
★re（再び）＋ loc （場所）

2372 ☐☐☐

crucial
[krúːʃəl]

形 重大な、重要
な、決定的な

Antarctica plays a **crucial** role in the
global environmental system.
南極大陸は地球の環境システムにおいて、重大な役
割を果たしている。

2373 ☐☐☐

essential
[isénʃəl]

形 不可欠の、本
質的な

A positive attitude is **essential** for
success.
成功には積極的な態度が不可欠である。

2374 ☐☐☐

indispensable
[ìndispénsəbl]

形 必要不可欠な

Supply and demand is **indispensable**
to economics.
需要と供給は経済に必要不可欠である。

2375 ☐☐☐

paraphrase
[pǽrəfrèiz]

名 言い換え、パ
ラフレーズ

use **paraphrase** effectively
効果的に言い換えを使う

2376 ☐☐☐

ascend
[əsénd]

動 ～を登る、上
昇する

gradually **ascend** the stairs
階段を徐々に上る
≒rise 上がる ; climb ～を登る

2377 ☐☐☐

assert
[əsə́ːt]

動 ～を断言する

A criminal **asserts** his innocence.
犯人は無実を主張している。
♀ It is asserted that… の形でよく使う

2378 ☐☐☐

range
[réindʒ]

名 範囲
動 ～に及ぶ、変
動する

have a wide **range** of skills
多くのスキルを持っている

2379 ☐☐☐

fluctuate
[flʌ́ktʃuèit]

動 変動する

The weather in Hokkaido **fluctuates**
as a result of climate change.
気候変動の結果、北海道の天気は変動している。

2380 ☐☐☐

mention
[ménʃən]

動 ～に言及する

As **mentioned** above, climate
change is a pressing issue.
上記で述べたように気候変動は差し迫った問題であ
る。

395

10 | Writing

Track 2-095

2381 ☐☐☐ **oppress** [əprés]	動 圧迫する、抑圧する、迫害する	feel **oppressed** by the constant pressure 絶え間ないプレッシャーに抑圧されていると感じる
2382 ☐☐☐ **primarily** [praimérəli]	副 主に	Healthcare is **primarily** a cause for concern. 健康管理が主な心配の種だ。
2383 ☐☐☐ **effect** [ifékt, ə-]	名 効果	have a marginal **effect** on the dollar ドルにほとんど影響がない ★ef（外に）＋ fect（作る）
2384 ☐☐☐ **crustacean** [krʌstéiʃən]	名 甲殻類	The population of **crustaceans** in the area has decreased. そのエリアの甲殻類の数は減っている。
2385 ☐☐☐ **potentially** [pəténʃəli]	副 潜在的に	Honey is **potentially** harmful to babies. ハチミツは赤ちゃんにとって潜在的に有害である。
2386 ☐☐☐ **fraction** [frǽkʃən]	名 少量、ほんの一部	interview a small **fraction** of cinemagoers 映画ファンのほんの一部にインタビューする
2387 ☐☐☐ **dramatically** [drəmǽtikəli]	副 劇的に	Her life will **dramatically** change. 彼女の人生は劇的に変化するであろう。
2388 ☐☐☐ **excessive** [iksésiv]	形 過度な	**excessive** use of smart phones スマホの過度な使用
2389 ☐☐☐ **constitute** [kɔ́nstitjùːt]	動 ～を構成する	Seventy percent **constitutes** a passing grade. 70パーセントで合格点です。
2390 ☐☐☐ **significantly** [signífikəntli]	副 かなり	The sales have improved **significantly**. 売り上げはかなり改善した。

396

Level 1	Level 2	**Level 3**	Level 4	Level 5

2391 ☐☐☐
situate
[sítʃuèit]

動 位置する

The train station is **situated** next to the stadium.
その駅はスタジアムの隣に位置している。

2392 ☐☐☐
regardless
[rigá:dlis]

形 ～にもかかわらず

regardless of conflicting evidence
矛盾する証拠にもかかわらず

2393 ☐☐☐
hence
[héns]

副 したがって

Hence it is important to show that the claim is provable.
したがって、その主張が証明可能だと示すことは重要である。

2394 ☐☐☐
respectively
[rispéktivli]

副 それぞれに

The candidates received 306 and 232 votes **respectively**.
候補者はそれぞれ 306 票、232 票を獲得した。

2395 ☐☐☐
approximately
[əprɔ́ksəmətli]

副 おおよそ

approximately half the amount of donations
約半数の募金

2396 ☐☐☐
adjacent
[ədʒéisnt]

形 隣接した

My house is directly **adjacent** to the library.
私の家は図書館のすぐ隣である。

2397 ☐☐☐
purely
[pjúəli]

副 単に、純粋に

meet a former colleague **purely** by coincidence
単に偶然で元同僚に会う

2398 ☐☐☐
surprisingly
[səpráiziŋli]

副 驚くことに

Surprisingly, my boss did not yell at me.
驚くことに、上司は私に怒鳴らなかった。

2399 ☐☐☐
acknowledge
[æknɔ́lidʒ]

動 ～を認める

It is widely **acknowledged** that chocolate is poisonous to dogs.
チョコレートが犬にとって有害だということは広く認められている。

2400 ☐☐☐
pros
[próuz]

名 賛成意見

outline the **pros** of the plan
計画への賛成意見を概説する

397

10 | Writing

Track 2-096

2401 □□□ **scale** [skéil]	名 規模	The research was conducted on a large **scale.** その研究は大規模に行われた。
2402 □□□ **emergence** [imə́ːdʒəns]	名 出現	The **emergence** of SNS changed the way people behave. SNS の出現により人々の振る舞い方が変わった。 ♀ SNS : Social Network Service は英語で social media
2403 □□□ **invariably** [invéəriəbli]	副 常に、変わることなく	The surplus electricity generated is **invariably** stored for later use. 発電された余剰電力は後の使用のために常に貯蔵されます。
2404 □□□ **outnumber** [àutnʌ́mbə]	動 ～に数で勝る	**outnumber** the population of foxes キツネの個体数に勝る
2405 □□□ **bulk** [bʌ́lk]	名 大半	order in **bulk** quantities 大量に注文する
2406 □□□ **soar** [sɔ́ː]	動 急上昇する	**soar** across the sky 空を急上昇する
2407 □□□ **awareness** [əwéənis]	名 意識	raise **awareness** of breast cancer 乳がんについての意識を高める
2408 □□□ **array** [əréi]	動 ～を整列させる 名 整列	an **array** of available choices たくさんの選択可能な選択肢
2409 □□□ **multifaceted** [mʌ̀ltifǽsitid]	形 多角的な	develop a **multifaceted** cooperational relationship with China 中国と多角的な協調関係を築く
2410 □□□ **verify** [vérəfài]	動 ～を証明する	**verify** the effect of narcotics 麻薬の効果を実証する

| Level 1 | Level 2 | **Level 3** | Level 4 | Level 5 |

2411 ☐☐☐

remain

[riméin]

動 ～のままである

名 遺産

remain steadfast in the belief that the Earth is flat
地球は平たいという信念を曲げないままだ
★re （後ろに） + main （留まる）
remain to be seen （まだ分からない）の表現もチェック

2412 ☐☐☐

marked

[mɑ́ːkt]

形 著しい

There has been a **marked** increase in crimes.
犯罪において顕著な増加があった。
≒ remarkable ; noticeable

2413 ☐☐☐

diminish

[dimíniʃ]

動 ～を減らす

diminish the value of properties in the area
その地域の不動産の価格を下げる
≒ reduce ; decrease ; decline
★mini （小さい）

2414 ☐☐☐

fluctuation

[flʌ̀ktʃuéiʃən]

名 変動

There was a marked **fluctuation** in price.
著しく価格が変動した。
► fluctuate 動 変動する

2415 ☐☐☐

numerous

[njúːmərəs]

形 数の多い

numerous accounts of theft
おびただしい数の窃盗

2416 ☐☐☐

innumerable

[injúːmərəbl]

形 数えられない
ほどの

This island had an **innumerable** amount of mosquitoes.
この島には数え切れないほどの量の蚊がいた。
★in （否定） + num （数） + able （可能）

2417 ☐☐☐

irresponsible

[ìrispɑ́nsəbl]

形 無責任な

make an **irresponsible** decision
無責任な決定を下す

2418 ☐☐☐

subsequently

[sʌ́bsikwəntli]

副 その後、続い
て

Subsequently, all Hallows Eve became Halloween.
その後、万聖節前夜祭はハロウィンになった

2419 ☐☐☐

horizontal

[hɔ̀rizɔ́ntl]

形 水平な、横の

on the **horizontal** axis
横軸において
► horizon 名 水平線

2420 ☐☐☐

marginal

[mɑ́ːdʒinl]

形 わずかな

experience a **marginal** fall
わずかな落ち込みを経験する
► margin 名 余白、利ざや

399

10 | Writing

Track 2-097

2421 □□□ **noticeable** [nóutisəbl]	形 目を引くほど 顕著な	One of the **noticeable** changes is that we don't memorise people's phone numbers. 顕著な変化の一つは、私たちが電話番号を覚えなくなったことである。 ≒ remarkable 目立った
2422 □□□ **devastating** [dévəstèitiŋ]	形 壊滅的な	have a **devastating** impact on tourism 観光業に壊滅的な影響を与える
2423 □□□ **ever-growing** [évə-gróuiŋ]	形 成長し続ける、 増え続ける	try to meet an **ever-growing** demand 増え続ける需要に対応しようとする
2424 □□□ **unavoidable** [ʌ̀nəvɔ́idəbl]	形 避けられない、 不可避の	an **unavoidable** consequence of food production 食物生産の避けられない結果 ≒ inevitable 避けられない
2425 □□□ **unpredictable** [ʌ̀npridíktəbl]	形 予測できない	Love is **unpredictable** and unforeseeable. 恋の行方は予想できない。 ★ un（否定）＋ pre（前に）＋ dict（言う）＋ able（可能）
2426 □□□ **previously** [prí:viəsli]	副 以前に	The universe is larger than **previously** thought. 宇宙は以前考えられていたよりも広い。
2427 □□□ **likewise** [láikwàiz]	副 同じように	Cartilage is **likewise** prone to wear and tear. 軟骨は同じように傷みやすい。
2428 □□□ **notably** [nóutəbli]	副 とりわけ	Hospitality comes first most **notably** in Japan. おもてなしは、日本でとりわけ顕著に大切にされている。
2429 □□□ **ludicrous** [lú:dəkrəs]	形 滑稽な	reject a **ludicrous** suggestion 滑稽な提案を拒絶する
2430 □□□ **propagate** [prɔ́pəgèit]	動〈思想〉を普及 させる	**propagate** a religion to the community そのコミュニティに宗教を普及させる

400

| Level 1 | Level 2 | Level 3 | **Level 4** | Level 5 |

2431
prevalent
[prévələnt]

形 普及している

prevalent in today's society
今日の社会に普及している

2432
reportedly
[ripɔ́:tidli]

副 伝えられると
ころによると

reportedly owing to inflation
伝えられるところによると、インフレによる

2433
accelerate
[æksélərèit]

動 ～を加速させ
る

accelerate the pace of development
発達の速度を加速させる

2434
accordingly
[əkɔ́:diŋli]

副 従って、それに
応じて、それ
故に

respond **accordingly** to the eviction notice
退去通知に応じて返答する

2435
inscribe
[inskráib]

動 ～を刻み込む

It is a custom to **inscribe** the wedding date inside wedding rings.
結婚指輪に結婚の日付を刻み込むのが習慣である。

2436
unchanged
[ʌntʃéindʒd]

形 変化していな
い

Architecture is **unchanged** since 2000.
建築は 2000 年から変わっていない。

2437
burgeoning
[bə́:dʒəniŋ]

形 急成長の

witness a **burgeoning** technology
テクノロジーの急成長を目撃する
► burgeon 動 急成長する 名 芽

2438
adverse
[ædvə́:s]

形 不都合な、反
対の

have an **adverse** effect
逆効果がある
★ad（方向）+ verse（回転）

2439
adjustment
[ədʒʌ́stmənt]

名 調整

require minor **adjustment**
若干の調整を必要とする
► adjust 動 調整する

2440
scope
[skóup]

名 範囲、領域

beyond the **scope** of mathematics
数学の範疇にない

401

10 | Writing

Track 2-098

№	Word	意味	例文
2441	**characterise** [kǽriktəràiz]	動 ~を特徴づける	**characterise** the start of the Ice Age 氷河期の始まりを特徴づける
2442	**hasten** [héisn]	動 ~を早める、急かす、促進する	**hasten** the pace of soil erosion 土壌浸食のペースを速める ≒ accelerate ~を加速する
2443	**exemplify** [igzémpləfài]	動 ~を例示する	**exemplify** the current trend 現在の傾向を例示する
2444	**detrimental** [dètrəméntl]	形 有害な	have a **detrimental** effect on society 社会に対して悪影響がある
2445	**dwindle** [dwíndl]	動 減少する	**dwindle** into mere remnants ごくわずかにまで減少する
2446	**succession** [səkséʃən]	名 連続	Several mysterious things happened in **succession**. 不思議なことが連続して起こった。
2447	**lessen** [lésn]	動 減らす、減少する	**lessen** the effect of sun damage 日光による損傷を減らす ★less（少ない）+ en（動詞）
2448	**preferable** [préfərəbl]	形 好ましい	**preferable** modes of learning 好ましい学習形態
2449	**minimise** [mínimàiz]	動 ~を最小化する、最小限にする	**minimise** the fallout of the radiation 放射能の効果を最小にする ⑧ minimize ［米］
2450	**outperform** [àutpəfɔ́:m]	動 ~を上回る、より優れる	The players **outperformed** all expectations. 選手たちはあらゆる期待を上回った。

402

Level 1	Level 2	Level 3	**Level 4**	Level 5

2451 ☐☐☐

midst

[mídst]

名 最中

in the **midst** of a pandemic
パンデミックの最中で
★mid （中間）

2452 ☐☐☐

concede

[kənsíːd]

動 〜を渋々認める

concede defeat to the opponent
相手への敗北を渋々認める
► concession 名 譲歩

2453 ☐☐☐

differentiate

[dìfərénʃièit]

動 〜を区別する

differentiate between right and left
左右を区別する
≒ distinguish

2454 ☐☐☐

significant

[signífikənt]

形 著しい

The year 2000 suffered a **significant** downward trend.
2000年は著しい減少傾向に苦しんだ。

2455 ☐☐☐

previous

[príːviəs]

形 前の、以前の

The figure is a sharp rise from the **previous** year.
その数字は前年からの急増を示している。

2456 ☐☐☐

emblematic

[èmbləmǽtik]

形 象徴的な

Economic regeneration was **emblematic** of the postwar period.
経済復興は戦後を象徴している。

2457 ☐☐☐

reliance

[riláiəns]

名 信頼

reliance on non-renewable resources
非再生可能資源への信頼

2458 ☐☐☐

disparate

[díspərət]

形 本質的に異なる

a **disparate** view of things
本質的に異なる物の見方

2459 ☐☐☐

peripheral

[pərífərəl]

形 周囲の

peripheral vision in sports
スポーツにおける周辺視野

2460 ☐☐☐

drawback

[drɔ́ːbæk]

名 欠点、不利な点

One of the **drawbacks** of social media is cyberbullying.
ソーシャルメディアにおける欠点の一つはネットいじめである。

403

10 | Writing

Track 2-099

2461 □□□ **allege** [əléʤ]	動十分な証拠なしに断言する、申し立てる	The witness is alleged to have fled the scene of the crime. その目撃者は犯罪現場から立ち去ったと申し立てられている。
2462 □□□ **multitude** [mʌ́ltətjùːd]	形多数の	present a multitude of reasons 多数の理由を提示する ★multi（複数）
2463 □□□ **cement** [simént]	動〜を固める	That event cemented our friendship. その出来事が私たちの友情を強固にした。
2464 □□□ **notwithstanding** [nɔ̀twiθstǽndiŋ]	副それにも関わらず	notwithstanding the fact that children misbehave 子どもの行儀が悪いという事実にも関わらず
2465 □□□ **rampant** [rǽmpənt]	形はびこる	Drug abuse is rampant in the country. その国では薬物の乱用がはびこっている。
2466 □□□ **contend** [kənténd]	動〜を強く主張する	contend the fact that God exists 神は存在するという事実を強く主張する
2467 □□□ **tremendous** [triméndəs]	形物凄い、凄まじい	The museum experienced a tremendous surge in ticket sales. その美術館のチケットの売上げが急に上がった。
2468 □□□ **fringe** [frínʤ]	名へり、周辺	on the fringes of society 社会の一角で
2469 □□□ **plunge** [plʌ́nʤ]	名急落、飛び込むこと 動急落する、飛び込む	take a plunge into the unknown 未知の世界に飛び込む
2470 □□□ **interchangeable** [ìntətʃéinʤəbl]	形交換できる、置き換えできる	interchangeable at any given time 与えられた時間ならいつでも交換できる

404

| Level 1 | Level 2 | Level 3 | Level 4 | **Level 5** |

2471

immensely
[iménsli]

副 非常に

immensely popular with students
生徒にとって非常に人気である

2472

eradicate
[irædəkèit]

動 ～を根絶する

The NPO is fighting to **eradicate** malaria in Africa.
その非営利組織はアフリカからマラリアを根絶しようと戦っている。
► eradication 名 撲滅

2473

graphic
[grǽfik]

名 図

refer to the **graphic** above
上の図を参照する

2474

nuisance
[njúːsns]

名 嫌がらせ、迷惑

prove a **nuisance** to the neighbourhood
近隣の迷惑となる

2475

phenomenal
[finɔ́mənl]

形 驚異的な

experience **phenomenal** growth
驚異的な成長をする

2476

applicable
[ǽplikəbl]

形 当てはまる

applicable to real-life situations
実生活の状況に当てはまる
► apply 動 応用する

2477

substantially
[səbstǽnʃəli]

副 実質上、大いに

increase **substantially** as compared to the previous year
前年に比べて実質的に増える
► substantial 形 実態のある、相当な
► substance 名 物質、重要性

2478

gender-neutral
[dʒéndənjùːtrəl]

形 性別による区別のない

enter the **gender-neutral** debate
性別による区別のない議論に突入する

2479

demolition
[dèmɘlíʃən]

名 解体

The **demolition** of the house was postponed.
その家の解体は延期された。
► demolish 動 解体する

2480

mitigate
[mítəgèit]

動 ～を軽減する

mitigate potential problems
潜在的な問題を軽減する

10 Writing

○ Track 2-100

2481 □□□ **viable** [váiəbl]	形 実行可能な	a **viable** plan for the project そのプロジェクトの実行可能な計画 ≒ feasible 実行可能な
2482 □□□ **cooperative** [kouɔ́pərətiv]	形 協力的な	Being **cooperative** is the cornerstone of human society. 協力的であることは人間社会の基盤である。
2483 □□□ **relentless** [riléntlis]	形 情け容赦ない、絶え間ない	**relentless** in the pursuit of happiness 絶え間ない幸福の探求
2484 □□□ **scarcity** [skéəsəti]	名 不足	In spite of the **scarcity** of good data, investigators continued their search. 良いデータが不足していたのにも関わらず、捜査官たちは調査を続けた。
2485 □□□ **presumably** [prizjúːməbli]	副 おそらく	**presumably** as a result of widespread drought おそらく広範囲に及ぶ干ばつの結果で
2486 □□□ **tenfold** [ténfóuld]	形 10 倍の	There has been a **tenfold** increase. 10 倍の増加があった。
2487 □□□ **underestimate** [ʌ̀ndəréstəmèit]	動 〜を過小評価する	**underestimate** the scale of the problem 問題の規模を過小評価する
2488 □□□ **periodically** [pìəriɔ́dikəli]	副 周期的に、定期的に	**periodically** check in on the progress 周期的に進捗を確認する
2489 □□□ **transient** [trǽnʃənt]	形 瞬間的な、一時的な	Acting tends to be a **transient** profession. 俳優業は一時的な職業になりがちである。
2490 □□□ **cumulative** [kjúːmjulətiv]	形 累積的な	judge social progress based on the **cumulative** experiences 蓄積的な経験を元に社会の発展を判断する

Level 1	Level 2	Level 3	Level 4	**Level 5**

2491 ☐☐☐

elucidate

[ilúːsədèit]

動 ～をはっきり
させる

elucidate a strange dream
奇妙な夢をはっきりさせる

2492 ☐☐☐

arguably

[ɑ́ːgjuəbli]

副 おそらく間違
いなく

Noam Chomsky is arguably the
most eminent scholar.
ノーム・チョムスキーはほぼ間違いなく一番著名な
学者である。

2493 ☐☐☐

flaw

[flɔ́ː]

名 欠点、傷

expose a flaw in the plan
計画の欠点をさらす

2494 ☐☐☐

culminate

[kʌ́lmənèit]

動 最高点に達す
る

The entire process culminates in a
perfectly-brewed cup of tea.
完璧に入れられた一杯の紅茶の中に、全ての手順が
凝縮されている。

2495 ☐☐☐

scrupulous

[skrúːpjuləs]

形 厳正な

conduct a scrupulous inspection
厳正な調査を行う

2496 ☐☐☐

discrepancy

[diskrépənsi]

名 矛盾、食い違
い

There is a discrepancy in the data.
そのデータには矛盾がある。

2497 ☐☐☐

stark

[stɑ́ːk]

形 完全な、正真
正銘の

show a stark difference
完全な違いを見せる

2498 ☐☐☐

momentum

[mouméntəm]

名 勢い

Sales gained momentum through
the latter half of 2020.
2020 年下半期を通して、売り上げが勢いづいた。

2499 ☐☐☐

disproportionately

[dìsprəpɔ́ːʃənətli]

副 不均等に

disproportionately affect minority
groups
不均等に少数派集団に影響を与える

2500 ☐☐☐

seesaw

[síːsɔ̀ː]

名 変動

seesaw between two opinions
2つの意見の拮抗

407

Index

この索引には本書で取り上げた 2500 の見出し語がアルファベット順に掲載されています。数字はページ番号を示しています。

A

abandon	161
abduction	302
abide	307
ability	49
abnormal	331
abominable	306
abortion	345
abroad	38
abrupt	391
absence	131
absolute	215
absolutely	372
absorption	236
absurd	215
abundance	349
abundant	257
abuse	159
academic	148
academically	260
accelerate	401
accept	43
access	173
accessible	280
accident	42
accommodate	195
accompany	175
accord	88
accordingly	401
account	187
accountant	350
accrue	367
accumulate	353
accuracy	272
accurate	112
accustom	377
ache	176
achieve	46
achievement	210
acid	232
acidification	247

acknowledge	397
acquaintance	294
acquire	142
acquisition	252
acrimonious	225
act	24
action	293
active	50
actually	368
acumen	353
acute	332
adapt	103
add	32
addict	180
addiction	385
address	26
adequate	117
adhesive	272
adjacent	397
adjoin	318
adjust	151
adjustment	401
administer	290
admire	140
admit	328
admonish	334
adolescent	260
adopt	150
adult	119
advantage	61
advantageous	391
advent	272
adventurous	315
adverse	401
advertise	73
advertisement	351
advise	97
advocate	288, 393
aesthetic	254
affable	209
affect	69
affection	208

affiliate	360
affirm	219
afflict	364
affluent	355
affordable	349
afraid	368
age	28
agency	309
agenda	217
agent	286
aggravate	345
aggregate	365
aggressive	210
agile	274
agitation	273
agree	35
agreeable	220
agriculture	122
aim	127
airborne	334
aircraft	308
aisle	309
alarming	84
alert	291
alive	228, 350
allay	334
allege	404
allergic	332
alleviate	339
alley	323
allocate	353
allow	67
allowance	348
alloy	274
allude	371
aloft	222
alter	249, 389
alternative	83
alternatively	394
altitude	318
altruism	227
amazed	369

amazing	376	applicable	405	aside	379
ambiguous	202	applicant	350	aspect	84
ambition	371	application	355	aspiration	385
ambitious	250	apply	65	assassin	302
amend	220	appraise	360	assault	299
amicable	221	appreciate	97	assemble	197
amphibian	222	apprentice	258	assembly	253
ample	228	approach	174	assert	395
amplify	254	appropriate	118	assessment	136
amuse	215	approve	168	asset	183, 355
analogous	227	approximately	397	assignment	131
analysis	130	aptitude	252	assimilate	303
analytical	257	aquarium	232	assimilation	289
anarchy	297	aquatic	238	assist	145
anatomy	337	aquifer	243	associate	110
ancestor	121	arable	231	assume	152
anchor	85	arbitrary	265, 365	assure	351
ancient	61	arc	282	asthma	340
anecdote	384	archaeology	132, 260	astonish	378
animosity	306	archipelago	327	astrology	284
anniversary	373	architect	259	asymmetry	244
announce	111	architecture	126	athlete	328
annoy	108	ardent	221	atmosphere	84
annual	195	arduous	267	atom	281
annually	392	arguably	407	attach	100
anonymity	263	argue	71	attain	213
anonymous	275	arid	237	attempt	135
antagonistic	224	arithmetic	265	attend	249
anthropology	293	armchair	267	attendance	130
antibiotics	343	arouse	340	attention	60
anticipate	102	arrange	64	attitude	132
anxiety	371	arrangement	310	attract	99
anxious	117	array	211, 398	attributable	333
ape	239	arrest	160	attribute	205
apologise	109	arrogant	213	audacious	265
apology	252	article	35	audit	363
apparent	115	articulate	377	aurora	241
appeal	93	articulation	258	authentic	219
appealing	379	artificial	122	author	248
appear	71	ascend	395	authority	156
appetite	200	ascertain	390	autonomous	256
applaud	383	ash	237	available	66

409

☐ avalanche	245	☐ betray	213	☐ bud	238
☐ aviation	321	☐ beverage	331	☐ budget	184, 352
☐ avoid	71, 309	☐ bilingual	256	☐ bulk	398
☐ award	86	☐ bill	78	☐ bulletin	250
☐ aware	119	☐ binding	303	☐ bumpy	314
☐ awareness	398	☐ biodiversity	269	☐ buoyant	276
☐ awesome	372	☐ biology	79	☐ burden	203
☐ awful	228	☐ bishop	254	☐ bureaucracy	298
☐ awkward	114	☐ bite	181	☐ burgeoning	401
☐ axis	389	☐ bizarre	236	☐ burial	246

B

		☐ blanket	230	☐ bustling	322
		☐ blast	373		
☐ babysit	377	☐ bloodstream	341		

C

☐ backing	361	☐ bloom	235	☐ cactus	235
☐ bacteria	233	☐ blueprint	285	☐ calculate	188
☐ badly	371	☐ bluff	379	☐ calculation	359
☐ baffling	226	☐ blur	279	☐ calf	242
☐ bait	344	☐ board	78	☐ calibre	264
☐ bake	228	☐ bodily	336	☐ calm	118
☐ balance	179	☐ bold	359	☐ camouflage	244
☐ balanced	336	☐ bombastic	387	☐ campaign	296
☐ bald	236	☐ boom	356	☐ campus	251
☐ bamboo	328	☐ boost	254	☐ candid	212
☐ ban	162	☐ borrow	43	☐ candidate	156
☐ bankrupt	358	☐ boulevard	324	☐ canteen	334
☐ banner	297	☐ bounce	379	☐ capable	148
☐ barely	374	☐ boundary	308	☐ cape	323
☐ barrage	365	☐ bounty	365	☐ capital	183
☐ barren	240	☐ branch	317	☐ capitalise	360
☐ basin	317	☐ breakdown	276	☐ capsize	317
☐ basis	375	☐ breed	240	☐ captivating	325
☐ batch	337	☐ breeze	228	☐ carbohydrate	337
☐ battery	269	☐ brew	345	☐ cardiovascular	344
☐ battlefield	293	☐ brewery	344	☐ cargo	310
☐ beak	245	☐ bribe	295	☐ carnivore	234
☐ bearing	320	☐ brief	113	☐ carpenter	318
☐ beat	62	☐ briefly	373	☐ carry	18
☐ beforehand	375	☐ brighten	312	☐ case	288
☐ begin	26	☐ brink	335	☐ cashless	219
☐ beneficial	376	☐ brisk	340	☐ castle	313
☐ benefit	73	☐ brittle	284	☐ casualty	319
☐ benevolent	258	☐ broadcast	159	☐ catalyst	287

410

☐ catastrophe	246	☐ clay	230	☐ competent	259
☐ cater	223	☐ clean	19	☐ competitive	170
☐ causeway	324	☐ clerical	297	☐ complain	70
☐ cautious	214	☐ climate	60	☐ complement	259
☐ cease	229	☐ climb	388	☐ completely	389
☐ cede	365	☐ clinical	334	☐ completion	216
☐ cement	404	☐ cluster	339	☐ complex	112
☐ cemetery	218	☐ coarse	283	☐ compliant	251
☐ census	268	☐ coastal	315	☐ compliment	260
☐ centrifugal	277	☐ coexistence	302	☐ comply	292
☐ certain	329	☐ coherent	391	☐ component	273
☐ chair	18	☐ coincide	221	☐ compose	142
☐ challenge	134	☐ collapse	217	☐ compound	269
☐ chamber	296	☐ collateral	367	☐ comprehension	257
☐ changeable	394	☐ colleague	62	☐ comprehensive	264
☐ chaos	375	☐ collision	318	☐ compress	219
☐ characterise	402	☐ colloquial	262	☐ comprise	292, 369
☐ charcoal	242	☐ colony	154	☐ compromise	213
☐ charge	186	☐ combine	101	☐ compulsory	171, 252
☐ chartered	319	☐ combustible	278	☐ compute	276
☐ cheat	138	☐ comeback	382	☐ concede	403
☐ check-up	342	☐ comedian	374	☐ concentrate	147
☐ chemical	268	☐ command	256	☐ concentration	251
☐ chemist	340	☐ comment	135	☐ conclude	140
☐ chemotherapy	275	☐ commentary	223	☐ conclusive	277
☐ chic	364	☐ commodity	359	☐ concrete	113
☐ chickenpox	337	☐ common	208	☐ condense	278
☐ chop	332	☐ commonplace	217	☐ conduct	248
☐ chore	368	☐ commonwealth	302	☐ conductor	270
☐ chorus	254	☐ communist	296	☐ conference	155
☐ chronic	330	☐ community-run	386	☐ confess	294
☐ chummy	383	☐ commute	314	☐ confidence	133
☐ circular	232	☐ company	37	☐ confidential	301
☐ circulate	204	☐ comparable	359	☐ configuration	237
☐ circulation	221	☐ comparatively	376, 392	☐ confine	301
☐ circumstance	393	☐ compare	36	☐ confirm	109
☐ civilisation	295	☐ comparison	390	☐ conflict	158
☐ clandestine	223	☐ compass	241	☐ conform	299
☐ clarify	374	☐ compassion	263	☐ confront	290
☐ clarity	210	☐ compatible	282	☐ confuse	109
☐ classify	146	☐ compel	257	☐ congestion	321
☐ clatter	305	☐ compensate	296	☐ conjecture	286

conquer	294	convince	193	crude	226
consecutive	358	cooperative	290, 406	cruel	209
consensus	291	coordinate	385	crusade	307
consequence	131	copper	242	crustacean	396
consider	44	coral	230	crystal	274
considerable	348	cordial	210	cube	278
considerably	389	corpora	252	cuisine	339
consist	163	corporation	352	culinary	339
conspicuous	339	correction	277	culminate	407
constant	308	correlation	261	cultivate	262
constantly	390	correspond	313	culture	22
constipated	337	cosmetic	222	cumulative	406
constitute	396	cosmic	282	curable	336
constitution	304	cosmopolitan	322	currency	184
constrain	210	costly	349	current	194
constrict	335	cot	247	currently	370
construction	309	counsel	249	curse	226
consume	189	counterfeit	365	custom	154
consumption	349	countless	348	customer	40
contact	94	country	24	customer-centred	363
contagious	328	couple	373	cutback	361
contemplate	263	coupon	351	cynical	383
contend	404	courage	126		
content	209	courier	321		
continent	309	coverage	296		
contingency	239	craftsman	261		
continue	45	cram	319		
contract	160	crane	244		
contradict	110	crash	96		
contradiction	279	crater	277		
contraption	287	crave	273		
contrary	389	crawl	208		
contribute	189	create	27		
contribution	212	credibility	292		
control	57	crime	75		
controversial	216	crisp	342		
controversy	159	criterion	259		
convenient	115	criticise	164		
conversation	35	criticism	385		
convert	274	crop	122		
convey	141	crowd	63		
convict	292	crucial	395		

D

dairy	340
damp	235
danger	51
dark-coloured	378
data	271
dazzle	223
debacle	365
debate	135
debris	283
debt	351
decay	337
deceive	211
decipher	281
decision	209
decision-making	306
declare	164
decline	391
decorate	193
deduce	283
deem	384
deep	29
deep-pocketed	363
deepen	248
defame	298
defeat	380
defective	279
deficiency	341
deficit	183
definitely	374
degeneration	303
degree	39
dehydration	341
delinquent	304
deliver	101
demand	187
demanding	258
dementia	341
democracy	157
demographic	277
demolish	324

demolition	405
demonstrate	141
denial	212
denounce	302
densely-populated	320
density	288
dental	329
depend	72
depict	254
deploy	366
depress	209
depression	179, 357
deprivation	344
deprive	203
deregulation	297
derive	121
descend	219
describe	38
descriptive	262
designated	316
desolate	326
desperate	375
despise	381
despoil	224
destabilise	222
destination	79
destination	308
destroy	68
detail	39
detain	307
detect	274
detective	260
deter	218
deterioration	333
determine	143
deterrent	294
detour	310
detrimental	402
devastate	239
devastating	400
deviate	327
devious	214

devote	377
devotion	272
devour	343
diabetes	332
diagnose	196
diagnosis	339
dialect	379
diameter	273
dictionary	27
die	27
differentiate	403
diffuse	285
digest	328
digestion	216
dignity	256
dilemma	378
dimension	269
diminish	399
dinosaur	229
dioxide	284
dip	394
dirty	115
disability	332
disadvantage	192
disadvantaged	263
disaster	42
discard	213
discern	255
discipline	138
discord	294
discount	348
discrepancy	407
discrimination	289
disfigure	326
disguise	224
dismantle	285
dismay	386
dismiss	164
disparate	403
disparity	261, 361
dispense	357
disperse	295

413

☐ displace	314	☐ drawback	403	☐ eliminate	106
☐ display	86	☐ dreary	244	☐ elocution	262
☐ disposal	304	☐ dredge	325	☐ eloquent	223
☐ disproportionately	407	☐ drift	312	☐ elucidate	407
☐ disregard	301	☐ drive	16	☐ elusive	261
☐ disreputable	226	☐ drizzle	243	☐ embankment	326
☐ disrupt	288	☐ drop	388	☐ embark	320
☐ dissect	286	☐ dual	382	☐ emblematic	403
☐ disseminate	221	☐ duke	302	☐ embody	211
☐ dissemination	303	☐ dumb	380	☐ embrace	265
☐ dissolve	341	☐ duplicate	275	☐ emerge	104
☐ distinction	318	☐ durable	274	☐ emergence	271, 398
☐ distinctive	374	☐ duty	155	☐ emergency	309
☐ distort	346	☐ dwell	233	☐ emerging	349
☐ distract	372	☐ dwelling	320	☐ eminent	257
☐ distress	221	☐ dwindle	402	☐ emit	268
☐ distribute	189	☐ dye	275	☐ emotion	93
☐ district	321	☐ dyke	323	☐ emotional	250
☐ disturb	108	☐ dynamic	113, 273	☐ emphasis	394
☐ divergent	285	☐ dyslexia	266	☐ emphasise	142
☐ diverse	210			☐ empirical	287
☐ diversity	291	**E**		☐ employ	64
☐ divert	319	☐ earthquake	123	☐ enactment	299
☐ divine	243	☐ easygoing	379	☐ enchant	218
☐ divulge	301	☐ eccentric	385	☐ encounter	95
☐ docile	264	☐ eclipse	273	☐ encourage	146
☐ dock	316	☐ eco-friendly	228	☐ encroachment	307
☐ doctorate	258	☐ ecology	230	☐ encyclopaedia	257
☐ doctrine	258	☐ edible	333	☐ endangered	232
☐ domestic	175	☐ effect	396	☐ endeavour	257
☐ domesticated	246	☐ effective	329	☐ endorse	302
☐ dominate	289	☐ effort	126	☐ endure	198
☐ dormant	243	☐ ego	256	☐ enemy	84
☐ dough	335	☐ elaborate	386	☐ enervate	345
☐ downfall	237	☐ elastic	282	☐ enforce	293
☐ downturn	363	☐ election	291	☐ engage	170
☐ downward	389	☐ electron	280	☐ engagement	293
☐ draconian	294	☐ electronic	276	☐ engrave	298
☐ drain	335	☐ elegance	315	☐ enhance	111
☐ dramatic	392	☐ elementary	147	☐ enjoy	20
☐ dramatically	396	☐ elicit	384	☐ enlarge	208
☐ drastically	394	☐ eligible	300	☐ enormously	390

enquiry	217	eventually	373	explore	250
enrich	290	ever-growing	400	explosion	269
enrol	253	evidence	77	explosive	277
entail	284	evoke	214	export	311
enterprise	351	evolution	393	expose	114
enthusiastic	383	evolve	232	express	49
entice	361	exacerbate	244	extend	102
entitle	303	exaggerate	380	extensive	230
entrepreneur	356	examine	329	extinction	232
environment	41	excavate	283	extraordinary	216
envisage	376	except	390	extrapolate	286
enzyme	286	exceptional	259	extravagant	367
epidemic	336	excessive	396	eye-opening	209
episode	373	exchange	188		

F

equal	149	exclude	106		
equation	254	exclusive	357	fabric	236
equator	311	exclusively	353	fabulous	325
equilibrium	357	excuse	95	facade	323
equip	194	execute	288	face	12
equity	360	exemplify	402	facility	315
equivocal	224	exempt	304	factor	165
era	230	exercise	33	factual	269
eradicate	227, 405	exert	297	fade	275
erect	261	exhaust	217	fail	62
erroneous	266	exhibit	92	faint	328
escalate	354	exist	72	fallacious	224
escalating	346	exodus	326	familiar	148
escape	228	exorbitant	367	famine	358
especially	372	exotic	233	famous	33
essential	395	expand	102, 394	fancy	190
establish	162	expansion	319	fascinate	375
estate	354	expect	45	fatal	234
estimate	392	expedition	314	fatality	321
estuary	247	expel	255	fate	85
eternal	213	expend	356	fatigue	333
ethical	301	expenditure	356	feasible	358
ethnic	295	expense	185	feat	301
evacuate	204	experience	32	feature	73
evaluation	253	experiment	75	federalism	304
evaporate	277	expertise	249	feeble	347
evasive	220	explain	23	feedback	252
evenly	381	exploit	358	fermented	337

415

fertiliser	230	fortune	352	genre	255
fierce	237	fossil	238	genuine	221
figurative	264	foster	197	geology	249
financial	191	founder	355	geometric	282
financially	352	fraction	396	geothermal	242
finesse	266	fragile	212	germ	221
fingerprint	271	fragment	225	glacial	232
finite	229	fragrant	283	glare	280
firework	377	frail	346	globe	309
fiscal	351	fraud	292	gloomy	355
fit	80	freight	308	glory	357
flammable	278	frequently	369	glow	276
flatter	370	friction	276	glucose	335
flaw	407	fringe	404	govern	291
fleet	317	frontier	314	government	64
flexible	116	frost	240	grade	136
flimsy	325	frostbite	344	gradual	392
flourish	353	frown	226	gradually	388
flourishing	361	frugal	367	graduate	143
fluctuate	395	frustrate	381	grain	228
fluctuation	399	fuel	123	grammatical	253
fluent	369	fulfill	218	granite	222, 245
fluid	245	full-fledged	334	graphic	405
fluorescent	287	function	150	grasp	252
flush	220	fungus	240	grateful	370
foam	269	fur	231	gratuity	364
focal	283	fuse	281	gravitational	279
folklore	299			gravity	283
follow	288	**G**		graze	233
footnote	257	gadget	271	greatly	392
forecast	229	gallery	248	greenhouse	235
foreign	38	garner	226	greet	372
foresee	275	garret	226	grimace	225
foresight	362	gastronome	347	grind	342
forest	121	gather	208	groan	225
forestry	242	geeky	383	grow	22
foretell	224	gender	294	guarantee	357
formidable	299	gender-neutral	405	gush	285
formulate	293	gene	176		
forthcoming	220	general	82		
fortnight	224	generate	270		
fortunate	383	genetic	268		

H

- habit — 47
- habitable — 320
- habitat — 125, 232
- habitual — 341
- halfway — 378
- halve — 391
- hand — 13
- handful — 209
- handicap — 256
- handicraft — 260
- handle — 92
- handout — 252
- handwriting — 235
- handy — 369
- hangover — 343
- hardly — 372
- hardship — 351
- harm — 119
- harness — 327
- harvest — 228
- hasten — 402
- haul — 327
- haven — 324
- havoc — 316
- haze — 238
- headline — 253
- healthcare-related — 338
- hearing — 368
- hemisphere — 278
- hence — 397
- herd — 238
- hereditary — 222
- heritage — 312
- hesitate — 104
- heyday — 367
- hiatus — 346
- hibernate — 239
- hiccup — 217
- hierarchy — 295
- high-income — 351
- hillside — 243
- hinder — 356
- hindrance — 383
- historical — 291
- hive — 243
- holistic — 262
- homogeneous — 241
- honour — 250
- honourable — 215
- hopefully — 368
- horizontal — 399
- host — 216
- hostile — 306
- hourly — 391
- housekeeping — 214
- hum — 224
- humble — 371
- hurdle — 252
- hurricane — 229
- hybrid — 232
- hydrated — 333
- hydroelectric — 287
- hydrogen — 272
- hygiene — 338
- hype — 362
- hypnosis — 270
- hypothesis — 150, 268

I

- icicle — 238
- identity — 360
- ignite — 280
- ignorance — 259
- ignorant — 380
- ignore — 106
- illicit — 305
- illuminate — 266
- imaginative — 249
- imitate — 236
- immediate — 83
- immense — 351
- immensely — 405
- immerse — 385
- immigration — 154
- imminent — 343
- immortal — 245
- immunity — 336
- impair — 335
- impaired — 218
- impartial — 227
- impeccable — 382
- impeccably — 323
- impermeable — 278
- implement — 152
- imply — 111
- import — 173
- important — 23
- impose — 352
- impoverished — 360
- impression — 209
- imprisonment — 305
- improper — 355
- improve — 40
- improvise — 386
- impurity — 280
- inaccurate — 354
- inadvertent — 267
- inaugurate — 304
- incapable — 250
- incentive — 260, 359
- incineration — 225
- include — 30
- income — 184
- incongruous — 387
- increase — 52
- incurable — 343
- indebted — 353
- indecisive — 384
- indeed — 375
- independent — 81
- index — 355
- indicate — 394
- indication — 391
- indispensable — 395

417

☐ indolent	346	☐ instinct	231	☐ isle	320
☐ induce	338	☐ instruct	255	☐ isolate	316
☐ indulge	382	☐ instrument	78	☐ issue	89
☐ industrialise	305	☐ instrumental	272	☐ itinerary	322
☐ industrious	251	☐ insulate	237	☐ ivory	245
☐ industry	62	☐ insurance	184		

J

☐ infancy	330	☐ intake	331	☐ jammed	323
☐ infant	216	☐ integrate	109	☐ jeopardise	362
☐ infection	178	☐ intellectual	254	☐ jewellery	209
☐ infectious	330	☐ intense	116	☐ jolt	325
☐ inferior	251	☐ intensive	251	☐ junction	319
☐ inflammable	285	☐ interact	143	☐ jury	299
☐ inflammation	347	☐ interchangeable	404	☐ justify	299

K

☐ inflation	350	☐ interest	349		
☐ inflict	307	☐ international	37		
☐ influence	139	☐ interpersonal	306	☐ kidney	329
☐ influential	376	☐ interpret	144	☐ kindle	278
☐ inform	329	☐ interruption	255	☐ kit	253
☐ information	36	☐ intimate	256, 381	☐ knowledgeable	266

L

☐ infrastructure	313	☐ intimidate	262		
☐ ingenious	265	☐ intrinsic	264	☐ laboratory	84
☐ ingenuity	259	☐ introduce	40	☐ labour	290
☐ inhabit	231	☐ introspection	211	☐ lament	225
☐ inhabitant	299	☐ intrude	298	☐ land	24
☐ inherent	234	☐ intrusion	306	☐ landlocked	321
☐ inherit	355	☐ intuitive	359	☐ landmark	317
☐ inheritance	264	☐ invalid	334	☐ lantern	217
☐ inhibit	262	☐ invaluable	354, 371	☐ lapse	263
☐ inhumane	225	☐ invariably	398	☐ latitude	277
☐ initiate	362	☐ invent	44	☐ laugh	31
☐ initiative	266	☐ inventive	253	☐ launch	348
☐ inject	337	☐ invest	190, 350	☐ laundry	380
☐ injure	77	☐ invincible	387	☐ lavish	363
☐ inland	319	☐ invoice	357	☐ lawsuit	305
☐ innocent	299	☐ invoke	296	☐ layout	389
☐ innumerable	399	☐ involve	69	☐ lead	328
☐ inscribe	401	☐ ironic	381	☐ leaflet	87
☐ insecticide	240	☐ irrational	218	☐ leak	293
☐ insider	304	☐ irresistible	386	☐ leap	212
☐ insomnia	333	☐ irresponsible	399	☐ legacy	291
☐ inspect	196	☐ irrigation	241		
☐ instantaneously	219	☐ irritability	342		

418

legal	298	lunar	233	mayor	288
legislation	294	lunatic	387	maze	312
legitimate	294	lure	363	meadow	242
lemur	246	luscious	347	meagre	347
lenient	384	luxurious	350	meal	28
lessen	402	luxury	186	mean	29
lethal	347	lyric	254	meaningful	249
leukemia	344			measles	340
level	388			measure	137

M

lever	270	magnetic	319	medicine	51
levity	227	magnificent	317	medieval	295
levy	366	mainland	313	mediocre	360
liable	305	mainstream	212	meditation	261
life-changing	370	maintain	101	melt	120
lifespan	231	majestic	323	memorable	369
lifetime	241	major	79	memorise	249
lift	291	majority	210	memory	30
lightbulb	270	malady	347	menace	247
likeminded	387	malevolent	224	mental	182
likewise	400	malice	305	mention	395
limb	331	malnutrition	338	merchandise	360
limitation	268	mammal	233	merciless	227
linguistic	263	manage	63	mercury	236
literacy	198	mandatory	304	metaphor	261
literal	263	manipulate	281	method	78
literarily	375	manoeuvre	358	methodology	259
literate	249	manufacture	160	meticulous	286
livelihood	362	marble	235	metropolis	322
lively	215	marginal	399	metropolitan	321
lizard	237	mark	211	microbe	245
loan	354	marked	399	microscopic	284
locality	322	marry	58	mid-term	364
locate	174	marsh	240	midst	403
locomotive	321	marvel	312	migrate	313
log	236	marvelous	373	migratory	236
long-term	358	mason	322	military	171
lord	290	masterpiece	265	millionaire	361
lorry	319	maternal	345	mineral	338
low-income	349	matter	73	minimise	402
lucidity	338	mature	215	minister	155
lucrative	358	maturity	246	misbehave	261
ludicrous	400	maximise	382	misconception	289

misinterpret	253
mislead	381
misleading	268
mist	234
mistake	25
mitigate	405
mitigation	346
mode	310
moderate	336
modification	270
modify	151
module	257
moisten	245
molecular	284
momentum	407
monarchy	302
monetary	353
monopoly	362
monotonous	291
monumental	386
moody	341
moral	130
mortgage	367
moss	246
motorcycle	308
motorway	315
mould	239
mountainous	311
movable	274
movie	14
muddy	241
multifaceted	398
multiply	188
multitude	404
mundane	366
municipal	296
murderer	300
murmur	223
muscular	332
music	14
mutation	344
mutual	379

myth	88
mythical	220

N

name	12
narrow	83
nationwide	391
natural	34
nausea	343
navigate	175
navigate	313
necessarily	374
necessary	81
neighbour	40
neighbouring	393
nervous	81
neutral	214
newly-wed	382
nightmare	212
nitrogen	279
nobility	307
nocturnal	242
nomadic	324
norm	292
notably	400
note	41
noticeable	400
notorious	352
notwithstanding	404
nourish	342
nourishment	336
novel	268
novelty	277
nowadays	372
nuclear	269
nuisance	405
numb	343
numerous	399
nursery	255
nurture	290
nutritious	179

O

obese	346
obey	165
oblige	292
observatory	321
observe	151
obstacle	173
obstruct	326
obtain	100
obviously	374
occasionally	373
occupy	290
occur	123
odd	258
odour	240
offence	298
offensive	378
offset	361
offshore	324
offspring	237
one-sided	303
opaque	283
open-minded	218
operate	107
opinion	168
opportunity	348
oppose	110
optical	272
optimal	221
optimism	261
optimist	223
optimum	364
orbit	234
order	25
ordinary	80
organ	177
organisation	288
organise	64
organism	241
origin	120
original	60

originate	238	particle	273	petrol-powered	320
ounce	393	passion	192	pharmaceutical	332
outbreak	339	passionate	368	pharmacist	332
outer	271	passive	257	phenomenal	405
outfit	375	pastoral	245	phenomenon	149, 270
outlay	365	pasture	238	philosophically-minded	
outnumber	398	patent	304	386	
outperform	402	paternity	381	phonetically	267
outrageous	300	pathology	345	physics	79
outright	379	patronage	265	picturesque	327
outskirts	320	pause	159	pier	312
outsource	295	pave	385	pilot	220
outstanding	113	pavement	316	pine	241
overall	388	pedestrian	311	plague	334
overcome	103	penalty	157	plain	228
overdose	330	penetrate	274	plaintiff	307
overhaul	267	peninsula	311	plastic	182
overspend	355	pension	350	plausible	281
overtake	316	perceive	100	plot	239
overtime	349	percentage	390	plug	278
overwhelm	392	perch	247	plunge	381, 404
owe	370	perhaps	374	pointless	253
own	57	perilous	247	poison	180
oxygen	123	periodic	329	poisonous	242
		periodically	382, 406	polar	235

P

		peripheral	403	politician	292
pacify	258	periphery	323	poll	285
paddle	318	perish	226	pollution	42
painful	328	permanent	182	poorly	255
palace	288	perpetrate	305	popular	32
palpable	220	perpetual	359	popularity	210
pant	347	perseverance	267	port	312
paradigm	286	persist	380	portion	332
paradox	265	persistent	224	portrait	211
parallel	195	personality	48	possess	354
parameter	276	personnel	303	possession	300
paraphrase	395	perspective	133	potent	346
parasite	239	persuade	374	potential	148
parental	248	persuasive	280	potentially	396
parliament	296	pervade	384	practical	248
parliamentary	306	pessimistic	222	practice	33
participate	100	petrol	77	practitioner	336

pragmatic	264	primate	246	psychology	132
praise	137	primitive	297	publish	66
prayer	330	principal	248	puff	281
precaution	217	principle	86	pulse	335
precious	370	priority	88	punctual	298
precipitation	236	pristine	237	pungent	346
predecessor	300	privilege	205	punish	248
predicament	360	proclaim	386	pupil	251
predict	50	procure	367	purchase	186
predominant	320	produce	68	pure	118
prefer	48	productivity	374	purely	397
preferable	402	profile	373	purity	243
preference	211	profitable	355	purpose	46
pregnant	183	profound	394	pursue	144, 370
prehistoric	292	progress	136	pursuit	217
prejudice	200	prohibit	288		
preliminary	281	projection	350	**Q**	
prelude	223	proliferate	246	quad	320
premature	254	prominence	289	quaint	325
premise	282	promising	357	qualification	134
prepare	34	promote	163	qualitative	286
prescribe	341	pronounce	70	quantitative	281
preservation	237	proofread	251	quarantine	347
preservatives	338	propagate	400	quarrel	371
preserve	124	properly	329	quest	260
president	59	property	353	questionnaire	248
presidential	302	proposition	261	queue	315
pressure	373	pros	397	quote	130
prestigious	250	prospect	185		
presumably	406	prospective	250	**R**	
pretend	105	prosper	356	race	152
prevail	215	prosperous	353	radiation	270
prevailing	301	protein	229	radiation-resistant	284
prevalent	222, 401	prototype	273	radical	393
prevent	69	protrusive	265	radius	272
preventable	335	prove	152	rampant	404
previously	369, 400	provide	67	ranch	244
prey	234	province	317	randomised	279
price-prohibitive	366	provocative	227	range	395
priest	216	proximity	394	rapid	388
primarily	396	psychiatric	346	rarely	372
primary	124	psychological	330	rash	342

ratio	255	reinforce	169	reservoir	325
rational	272	reiterate	387	reside	202
ravenous	345	reject	105	residential	308
read	17,248	relationship	76	resilience	392
readily	230	relatively	377	resist	295
realise	57	relentless	406	resistance	383
realistic	370	relevant	116	resistant	271
realm	266	reliable	279	resolute	216
reason	21	reliance	403	resource	124
reasonable	349	relic	307	resourceful	382
rebellion	299	relief	376	respect	140
recession	352	relieve	181	respectively	397
recharge	376	relieved	378	respiration	339
recitation	253	religion	153	responsibility	134
reckless	326	relocate	395	restoration	289
reckon	380	reluctant	360	restrict	168
recognise	68	remain	92,399	restructure	211
recognition	218	remarkable	393	resumption	219
recollection	267	remedial	258	retain	311
recommend	72	remedy	330	retort	393
reconsider	286	remittance	358	retreat	212
record	20	remodel	390	revamp	322
recover	181	remuneration	367	reveal	107
rectify	278	Renaissance	295	revenue	362
redistribute	293	render	364	reverberate	318
reduce	56,389	renew	214	revitalise	381
redundant	214	repair	59	revive	229
reference	209	repel	284	revolution	153
referendum	300	rephrase	375	revolutionary	392
refine	259	replace	58	revolve	231
reflect	125	replenish	363	rewarding	371
refrain	314	replicate	271	rhinoceros	244
refresh	370	reportedly	401	rib	342
refund	354	represent	199	rickety	227
refute	287	reproduce	273	rigid	260
regardless	397	reproduction	240	rigorous	281
regime	305	reputation	216	riot	295
regional	314	require	161	ritual	291
regret	371	requirement	213	robbery	296
regulation	158	rescind	304	robust	335
rehabilitate	334	resemble	195	rodent	235
reimburse	357	reserve	87	role	50

romance	310	sediment	246	single-handed	267
room	26	seemingly	381	site	388
rotten	234	seesaw	407	situate	397
roughly	376	segment	297	skeleton	339
round-trip	325	seismic	243	skew	287
roundabout	377	select	97	skyscraper	317
rousing	289	selective	280	skyward	384
rowdy	223	self-catering	323	slash	364
rudimentary	265	self-isolate	344	sledge	311
rumour	208	self-motivated	385	slender	247
run	17	semiconductor	282	slight	376
runway	309	seniority	351	slightly	390
rust	236	sense	31	slim	210
		sensitivity	330	slump	363
S		sentence	39	smell	48
		separate	58	smuggle	327
sacrifice	205	serial	361	soar	398
salary	50	series	368	sodium	338
sanction	306	settle	170	solar	231
sanitary	338	sewage	316	sole	215
satellite	172	shabby	356	solemn	264
satisfactory	372	sharp	390	solicit	384
satisfy	104	shatter	280	solid	268
save	21	shed	232	solitary	251
scaffold	326	shelter	239	soluble	280
scale	398	shift	388	solve	66
scan	331	shipment	314	soothe	222
scarcity	406	shortage	117, 310	sophisticated	279
scenario	380	shortlist	362	source	75
scenic	324	shovel	313	sovereign	297
scholar	127	shrewd	266	sovereignty	303
scope	401	shriek	227	spacious	378
scout	300	shrink	271	specialise	145
scratch	377	shudder	343	species	230
scrupulous	407	sibling	210	specific	81
scrutinise	270	siege	301	specimen	231
scrutiny	342	sight	215	spectacle	201
sculpture	256	significant	403	spectrum	284
seal	290	significantly	396	speculate	275
seaweed	235	similarity	275	sphere	230
secrecy	298	simplify	273	spine	340
secret	25	simultaneous	250	spit	208
secure	380				

spite	225	stern	220	succession	402
splurge	366	stick	96, 369	suction	276
spoiled	215	stiff	329	suffice	365
spontaneous	263	stimulate	146	suicide	203
spotless	340	stipend	364	summit	214
spouse	289	stir	338	sumptuous	327
sprain	344	store	22	superficial	259
sprawl	327	stormy	229	superior	255
spray	235	story	14	superpower	348
spread	102	straddle	327	superstition	243
squash	339	straight	369	supervision	297
squeeze	331	strait	319	supervisor	213
stabilise	358	strand	233	supplement	214
stability	349	strategic	361	supportive	383
stable	191	strategy	77	supposedly	371
stagger	225	stratum	274	suppress	222
stagnant	363	stray	239	supreme	219
stain	216	strenuous	264	surgery	178
staircase	386	striped	225	surprise	56
stake	356	stroke	333	surprisingly	397
stammer	345	stroll	324	surrender	300
standard	208	strongly	393	surveillance	323
standardisation	293	struggle	138	survey	269
staple	330	studious	255	suspect	160
starch	337	stumble	380	suspend	162
stark	407	stunning	322	sustain	352
startle	386	submarine	317	sustainable	311
starve	331	submerge	326	swamp	246
statement	348	subordinate	298	sway	218
static	276	subsequently	399	sweatshop	303
stationary	278	subsidiary	366	sweltering	244
statistical	285	subsidy	356	switch	89, 368
statistics	127	subsistence	365	syllable	383
statutory	307	substantial	389	sympathetic	377
steadily	394	substantially	405	sympathy	88
steady	211	substitute	335	symptom	178, 333
steep	391	subterranean	316	syndrome	342
steer	309	subtle	272	synonym	256
stem	233	subtlety	267	synthesis	282
stereotype	289	subtract	352		
sterilise	343	suburb	309		
sterling	366	succeed	46		

T

talkative	372	thrifty	362	transmit	150
tangible	282	thrill	212	transparency	271
tariff	364	thrilling	376	transparent	202
taste	47	throughout	389	transport	74
taxonomy	287	thunderstorm	244	traumatise	341
teach	19	tidal	234	travel	18
tease	377	tidy	378	traverse	324
technique	262	tiger	250	treadmill	333
tedious	266	tighten	353	treat	213
teleconference	298	tilt	279	treatment	328
temperate	318	timber	247	tremendous	404
temporal	283	token	217	trench	239
tempt	384	tolerance	274	trespass	316
tend	181	tolerate	256	tribe	293
tender	233	toll	312	tribute	263
tenfold	406	tomb	292	tricky	249
tension	86	top-notch	354	trigger	370
tentative	359	tornado	240	triple	392
tenuous	287	torrential	247	triumphantly	387
term	76	torture	306	trivial	379
terminal	336	tourism	310	trolley	315
terrace	315	tow	326	troop	300
terrestrial	286	toxic	268	troublesome	214
terrify	379	toxicate	344	trust	94
territorial	316	track	308	tuberculosis	347
territory	172	traditional	60	turbulence	322
terse	267	traffic	308	turmoil	306
textile	234	trail	313	turnover	361
texture	340	trailblazer	387	twig	243
thankful	382	train	15		
theorem	285	trait	334		

U

theory	271	trajectory	244	ultraviolet	275
therefore	390	tram	318	unacceptable	307
thermometer	337	tranquil	324	unanimous	276
thesis	130, 252	transaction	359	unavoidable	400
thickness	218	transcend	364	uncertainty	363
thin	80	transfer	174	unchanged	401
thorn	220	transform	98, 393	uncomfortable	368
thoroughly	98, 270	transfusion	333	unconscious	332
threatening	340	transient	406	uncover	279
		transit	313	underestimate	406
		translation	258	undergo	289

underground	311	various	391	volcano	229
undermine	345	vehicle	74, 310	voltage	283
understand	29	vein	331	volume	310
understanding	211	velocity	275	voluntary	262
underway	315	vendor	354	vote	168
unearth	281	veneration	226	voucher	348
unemployment	350	vent	240	voyage	312
unfavourable	241	ventilate	284	vulnerable	336
unfold	219	venture	348		
unforeseen	366	venue	317		
unforgettable	378	verbal	251	waggle	385
unfounded	285	verify	398	warehouse	313
unity	296	vernacular	387	warmth	208
unpleasant	375	versatile	266	warn	219
unpredictable	400	vessel	318	warrant	301
unspoiled	325	vested	367	waterproof	234
upheaval	301	viable	406	wealth	350
uphold	297	vibrant	322	web	245
upper	354	vicinity	325	weed	229
upright	221	vicious	385	weep	208
upset	108	vicissitudes	226	weird	378
upward	388	victim	303	welfare	329
urban	308	victimise	305	well-off	357
urbanisation	321	vigorous	343	well-preserved	277
utilisation	310	vine	242	well-rounded	264
utilise	204	violate	294	whimsical	387
utility	356	violation	315	whirl	241
utterance	262	violent	233	whisper	194
		virtue	260	whiten	331
		viscosity	287	wholesome	345
		viscous	282	widespread	82
vacation	36	visible	231	wilderness	247
vacuum	382	vital	388	wisdom	132
vain	212	vitality	328	wit	384
valid	170, 269	vitamin	330	withdraw	190, 352
validity	300	vivid	369	withdrawal	362
valley	311	vocal	331	witness	192, 314
value	96	vocational	290	wonder	368
van	312	vogue	359	woodland	238
vandalise	302	volatile	238	work	16
vanish	223	volatility	366	workmanship	263
vantage	327	volcanic	242	worthy	213
variable	280				

V

W

427

□ wreck	314
□ wring	366

Y

□ yield	231
□ yolk	342

Z

□ zenith	227
□ zip	326

本書と併せて活用したい英語コンテンツ

　本書に掲載されている重要表現を覚えると同時に、多読や多聴などを通した大量のインプット学習を並行して行うのが大事です。下記のようなコンテンツもぜひ勉強に役立ててください。

● BBC 6 Minute English

　英語学習者向けのポッドキャストです。私の場合、全てのエピソードのスクリプトをダウンロードして何度も繰り返し聞きました。1エピソードが6分間と短いので1日に2〜3エピソードを聞き、気に入った回はリピートして聞くようにしましょう。IELTSの頻出単語がよく登場するので、リスニング対策になります。

● TED Talks ／ TED-Ed

　動画を活用した英語学習もおすすめです。世界の著名人による講演動画を配信しているTED Talksや専門知識がアニメーションでまとまったTED-Edは、字幕機能をうまく活用することで大量のインプットにつながります。日本語字幕で意味を理解した後、英語字幕に切り替え、最終的には英語音声のみで聞き取れるようにすることで、負担なく学習を続けられます。

● BBC や CNN などの英字文記事

　私がIELTS受験者として毎日欠かさず行っていたことは、1日1つの英文記事を読破することです。まず、インターネットでBBCやCNNなどの記事を厳選します。500語から700語程度の自分が興味のある記事を選ぶことが大切です。そして記事を流し読みし、分からない、または重要だと感じる単語を抜き出し、派生語や語法を調べてまとめます。本書で紹介した表現はこの方法の学習にも役立ちます。

■ 著者紹介

嶋津幸樹 Koki Shimazu

1989年山梨県生まれ。17歳のときに海外進学塾を創設。山梨学院高校、青山学院大学文学部英米文学科卒業。ロンドン大学（UCL）教育研究所応用言語学修士課程修了。ケンブリッジ大学認定英語教授資格CELTA取得、IELTS 8.0取得。Pearson ELT Teacher Award 2017受賞。現在はタクトピア株式会社にてELT（英語教育）ディレクターを務める傍ら、大学講師やIELTS講師を務める。ジャパンタイムズが発行する週刊英語学習新聞『The Japan Times Alpha』に「伝わるコツを解説！ 英文ライティング講座」を連載中。

■ 執筆協力

ゴヴィンディ・ディラシンハ　Govindi Deerasinghe
白柳璃音　Rion Shirayanagi
庄司康介　Kosuke Shoji

ビジュアルで覚える IELTS基本英単語［新装版］

2025年4月20日　初版発行

著者	嶋津幸樹
	© Koki Shimazu, 2025
発行者	伊藤秀樹
発行所	株式会社 ジャパンタイムズ出版
	〒102-0082 東京都千代田区一番町2-2
	一番町第二TGビル2F
	ウェブサイト https://jtpublishing.co.jp/
印刷所	日経印刷株式会社

本書の内容に関するお問い合わせは、上記ウェブサイトまたは郵便でお受けいたします。
定価はカバーに表示してあります。
万一、乱丁落丁のある場合は、送料当社負担でお取り替えいたします。ジャパンタイムズ出版・出版営業部あてにお送りください。

Printed in Japan　ISBN 978-4-7890-1915-6

本書のご感想をお寄せください。
https://jtpublishing.co.jp/contact/comment/